全渠道营销

后电商时代新常态

范小军 著

清华大学出版社
北京

内 容 简 介

随着移动互联网和社交化电商的快速发展，消费者行为发生了巨大改变，传统电商发展已经呈现放缓趋势。消费者在追求电商的便捷性和经济性的同时，也对购物体验提出了新的要求，线下实体店、传统电商、移动电商和社交电商等多种模式相结合的全渠道模式成为渠道发展的必然趋势。全渠道的发展对当前企业的渠道运作构成了很大的挑战，正确理解全渠道并合理运用全渠道进行高效率营销成了企业必然要面对的问题。本书通过对全渠道营销的系统阐述与举例分析，为读者有效地进行全渠道运作提供理论借鉴和实际运作指导。

本书封面贴有清华大学出版社防伪标签，无标签者不得销售。
版权所有，侵权必究。举报：010-62782989，beiqinquan@tup.tsinghua.edu.cn。

图书在版编目（CIP）数据

全渠道营销：后电商时代新常态/范小军著．—北京：清华大学出版社，2022.1（2024.9重印）
ISBN 978-7-302-54593-4

Ⅰ.①全⋯ Ⅱ.①范⋯ Ⅲ.①电子商务—网络营销—研究 Ⅳ.① F713.365.2

中国版本图书馆 CIP 数据核字（2020）第 002582 号

责任编辑：刘士平
封面设计：常雪影
责任校对：刘 静
责任印制：刘海龙

出版发行：清华大学出版社
  网 址：https://www.tup.com.cn, https://www.wqxuetang.com
  地 址：北京清华大学学研大厦 A 座 **邮 编**：100084
  社 总 机：010-83470000 **邮 购**：010-62786544
  投稿与读者服务：010-62776969, c-service@tup.tsinghua.edu.cn
  质量反馈：010-62772015, zhiliang@tup.tsinghua.edu.cn
印 装 者：三河市龙大印装有限公司
经 销：全国新华书店
开 本：185mm×260mm **印 张**：23.25 **字 数**：386 千字
版 次：2022 年 3 月第 1 版 **印 次**：2024 年 9 月第 4 次印刷
定 价：89.00 元

产品编号：075368-01

本书摘要

随着移动互联网和社交化电商的快速发展,消费者行为发生了巨大改变,传统电商发展已经呈现放缓趋势。消费者在追求电商的便捷性和经济性的同时,也对购物体验提出了新的要求,线下实体店、传统电商、移动电商和社交电商等多种模式相结合的全渠道模式成为渠道发展的必然趋势。全渠道的发展对当前企业的渠道运作构成了很大的挑战,正确理解全渠道并合理运用全渠道进行高效率营销成了企业必然要面对的课题。本书通过对全渠道营销的系统阐述与举例分析,为读者有效地进行全渠道运作提供理论借鉴和实际运作指导。

本书共分四篇内容,第一篇介绍移动互联时代的渠道发展全景,主要帮助读者完整地理解全渠道形态,包含电商大发展(第1章)、超级电商的零售生态战略(第2章)、电商将进入全渠道时代(第3章)三章内容;第二篇深入分析全渠道时代的消费行为变迁,主要帮助读者理解全渠道营销的驱动力,包含全渠道环境下的消费者渠道选择行为(第4章)、在线评价的影响效应(第5章)、新技术驱动消费行为(第6章)、移动社交化环境的消费者行为(第7章)四章内容;第三篇探讨全渠道情境下的智慧营销战略布局,为传统零售商、纯电商和多渠道零售商发展全渠道提供渠道布局、定价战略、渠道协同等方面的理论指导,包含零售商全渠道发展战略(第8章)、全渠道零售商的定价战略(第9章)、全渠道体验协同战略(第10章)三章内容;第四篇阐述后电商时代的制造商全渠道智慧营销,为制造商在全渠道环境下的产品开发、品牌塑造和渠道布局提供指导,包含数据赋能产品开发创新(第11章)、基于移动社交的品牌塑造(第12章)两章内容。

前　言

　　网络零售以方便、省时、经济等优势获得了快速发展。随着网络零售市场的发展，消费者体验差、过度依赖低价和退货率高等网络零售的问题也凸显出来。在网络渠道快速发展背景下，实体渠道受到了巨大冲击，但实体零售在增强消费者体验、建立品牌认知和降低物流成本方面也有其独特的优势。自2016年以来，以双十一为代表的传统电商线上发展逐渐进入疲态，同时消费者的体验与服务需求日渐强烈，线下实体渠道优势凸显。根据商务部数据，2017年实体零售业回稳向好的态势基本形成，2018年零售企业创新转型不断升级，实体零售回暖的趋势持续增强。

　　在移动互联网时代，消费者获取信息更便捷，可以轻松跨越渠道查询产品、价格等信息并进行实时比较；消费者购买不再受时间和空间的约束，购买更自由；移动营销更容易获取顾客个性化数据，可以有效实现精准化营销；伴随智能技术、物联网技术的发展，商家更容易采集到消费者跨渠道行为的大数据。因此，在移动互联网时代，将实体零售渠道、传统电商渠道和移动电商渠道整合起来进行全渠道运作以满足顾客购物、娱乐和社交的综合体验需求将是未来渠道的主要发展方向。作为纯电商领头羊的阿里巴巴提出"新零售"，京东发布无界零售，苏宁则倡导智慧零售，这些模式的本质就是零售商的全渠道运作。

　　全渠道营销是以消费者为中心，利用所有的销售渠道，将消费者在各种不同渠道的购物体验无缝连接，同时将消费者在消费过程中体验的愉悦性最大化，其本质是消费者的全渠道购物。随着物流、人工智能、大数据和云计算等技术的快速发展，全渠道营销已具备良好的技术条件。国际上，全渠道运作较为成功的企业是美国的梅西百货。梅西百货推行全渠道战略，整合线上、线下以及移动终端的资源，以期为顾客打造出贯穿多种购物渠道的、始终如一的和无缝的购物体验。这种无缝对接的全渠道模式使得梅西百货成功走出金融危机的困境，市值和销售规模连续增长。国内全渠道运作较为成功的是苏宁云商，2012年苏宁净利润出现了罕见的大幅缩水，2013年第三季度还收获了第一份亏损季报。为了突破困境，重获增长，苏宁更名为"苏宁云商"，发展线上、线下相互补充的零售业态。新模式让苏宁在2014—2017年逐年快速增长，2017年苏宁全渠道实现了163%的爆发性增长，收获了42亿元的净利润。

本书特点：

—— 本书全面把握全渠道营销发展的前沿趋势。本书主要内容是基于相关领域的前沿学术成果和作者长期的研究积累，全面反映全渠道营销的最新发展趋势，如新技术驱动消费者行为、移动社交情景的品牌塑造等内容。

—— 深刻洞察消费者发展趋势。本书从消费者渠道选择、技术驱动的消费行为、移动社交情景下的消费行为多个角度对消费者行为进行深刻剖析，帮助读者全面、深刻地理解全渠道情景下的消费行为。

—— 系统思维。本书内容从多个角度系统阐述全渠道营销发展，既让读者理解全渠道整体发展趋势，又帮助读者理解全渠道发展的消费者动因，同时从零售商和制造商两个视角对全渠道营销进行指导。

—— 大数据和社交思维。本书体现了当前实际运作中的大数据思维和社交思维两个趋势性思维方式，在零售定价、产品开发中运用大数据思维，在全渠道品牌塑造时体现社交化思维。

本书读者对象：

——从事零售管理的实务的管理者，含电商、实体零售商的高层经理和中层经理。

——厂商的营销实务工作人员，主要是从事产品开发、品牌经营、渠道管理的中层管理人员和营销高层。

——从事渠道战略和零售管理的研究学者，为他们提供理论借鉴。

本专著受国家自然科学基金项目（No.71372187）资助。

范小军
2021 年 8 月

目 录

第一篇 移动互联时代的渠道发展全景

第1章 电商大发展 2

1.1 传统零售渠道形态 2

1.2 大连锁兴起 5

1.3 传统电商快速发展 8

1.4 社交电商突飞猛进 16

第2章 超级电商的零售生态战略 23

2.1 流量入口 24

2.2 零售支付体系 37

2.3 零售金融链 42

第3章 电商将进入全渠道时代 50

3.1 零售行业全渠道发展现状 50

3.2 全渠道的成因 58

3.3 全渠道零售的过程与实施 64

3.4 全渠道发展的机遇与挑战 70

第二篇 全渠道时代的消费行为变迁

第4章 全渠道环境下的消费者渠道选择行为 ... 76

4.1 三次零售浪潮下的消费行为变革 76

4.2 全渠道时代的SoMoLoPe消费者 81

4.3 新媒体环境下的客户全渠道体验 87

4.4 全渠道环境下的消费者渠道选择 93

4.5 企业全渠道选择策略 99

第5章 在线评价的影响效应 105

5.1 在线评论概述 105

5.2 在线评论效果的影响因素 115

5.3 在线评论对消费者购买决策的影响 123

5.4 负面评论对消费者品牌转换行为的影响 128

5.5 电子零售商开发在线评论的策略 135

第6章 新技术驱动消费行为.............................140

6.1 无人零售环境的顾客行为.................................. 141

6.2 移动视频直播与购买决策.................................. 152

6.3 AR技术运用与购买决策.................................... 163

第7章 移动社交化环境的消费者行为............175

7.1 社交平台的自我呈现与消费动机.......................... 175

7.2 网络推荐与消费决策.. 183

7.3 网络嵌入与用户分享.. 199

第三篇 全渠道情境下的智慧营销战略布局

第8章 零售商全渠道发展战略........................210

8.1 传统零售商的全渠道战略选择.............................. 211

8.2 多渠道零售商的全渠道战略选择.......................... 223

8.3 纯电商的全渠道战略选择.................................. 233

第9章 全渠道零售商的定价策略....................239

9.1 全渠道定价影响因素及形成机制.......................... 240

9.2 常见定价方法.. 245

9.3　创新定价方法 251

9.4　全渠道定价趋势 258

第10章　全渠道体验协同策略 261

10.1　供应链优化策略 261

10.2　供应链一体化策略 267

10.3　全渠道协同策略 273

10.4　全渠道整合可行性 277

第四篇　后电商时代的制造商全渠道智慧营销

第11章　数据赋能产品开发创新 304

11.1　产品创新 304

11.2　产品创新途径 311

11.3　大数据环境下的产品开发创新 320

第12章　基于移动社交的品牌塑造 329

12.1　UGC：用户创造时代 329

12.2　社交电商：电商新黑马 331

12.3　移动社交环境下品牌塑造 345

参考文献 357

第一篇

移动互联时代的渠道发展全景

第1章 电商大发展

相对传统零售渠道，电商近年来取得了快速发展，其发展形势也呈现多样化特征。本章首先介绍了传统零售渠道的发展形态，接着描述了大连锁的兴起，继而阐述了传统电商的快速发展，探讨了社交电商快速崛起的原因。

1.1 传统零售渠道形态

零售渠道的功能

零售渠道是产品或服务从上游生产者转移到最终消费终端所经过的路径。渠道中通常存在多级中间商。根据中间商介入的层次，将分销渠道按级数来进行划分，可以将零售渠道分为零级渠道、一级渠道、二级渠道、三级渠道等。一般而言，渠道越长、越多，企业的产品市场的扩展可能性就越大，但与此同时，企业对产品销售的控制能力和信息反馈的清晰度也越低。渠道设计的质量直接影响企业的收益与发展。零售渠道分类见表1-1。

表 1-1 零售渠道分类

渠道级别	销售渠道结构
零级渠道	生产者→消费者
一级渠道	生产者→零售商→消费者
二级渠道	生产者→批发商→零售商→消费者
三级渠道	生产者→代理商→批发商→零售商→消费者
	生产者→批发商→中间商→零售商→消费者

市场营销渠道就是商品和服务从生产者向消费者转移过程的具体通道或路径，它执行三个主要功能：交流渠道功能、交易渠道功能和分销渠道功能。交流渠道功能是指市场营销渠道是使消费者与销售商之间顺利进行信息交换的途径。交易渠道功能是指消费者与销售商之间在市场营销渠道中发生实际的销售活动。分销渠道功能是指市场营销渠道是商品和服务发生现货交易的途径。

传统渠道的交流渠道功能

传统渠道中，消费者能够检查、体验产品，很容易通过观察、试用来获知产品是怎样的，是否符合消费要求。消费者可以通过嗅觉，触觉，视觉体验产品特征尤其在购买服饰、生鲜农产品、玩具和家具这类产品中起着非常重要的作用。

传统渠道中零售商和消费者可以面对面互动，这是和朋友家人交流与社会接触的好机会，在传统渠道与销售人员的互动对于一些人来说很有吸引力。直接面对面交流可以提供更多微妙的交流，消费者可以通过销售人员的肢体语言、语音语调鉴别一些变化。有些人觉得和家人和朋友一起购物是个愉快的活动。

传统渠道的交易渠道功能

消费者认为传统渠道购物支付比较安全，买到的产品质量也较有保障。在传统渠道中消费者不需要担心隐私泄露，不用担心购物是否安全。他们也能够收集更多的产品质量信息。传统渠道接受更多形式的支付方式，除了信用卡和支票还可以使用现金。

传统渠道的分销渠道功能

传统渠道中分销渠道功能是直接、即时满足的。消费者在传统渠道购买产品时，可以即刻获取自己的产品，从购买的产品中得到即时的满足。如果消费者是在电子渠道购物，除去可下载的产品，其他产品由于需要快递运送，消费者需要等待一段时间才能享受到自己购买的产品，这样就存在购买与消费的延期。传统渠道购物不存在运送费用和手续费，网购中产品的价格通常都包括了运送费用及相关的手续费。

早期零售渠道的形态与规模

20世纪90年代以前，我国零售业态主要是以传统的百货商店、专业店、杂货店、集贸市场为主，全国零售百强基本被百货商店和副食品商店包揽。从经营模式上看，当时我国的所有零售企业，都是以单店经营、柜台销售方式为主的传统的经营模式。百货店在20世纪80年代中后期进入了快速发展时期。这一时期，大型百货店效益普遍良好，因而成为投资的热点。一方面，老企业纷纷投资扩建改造，扩大营业面积，豪华装修店面；另一方面，社会各部门竞相投资，兴建豪华高档的商厦，出现了一股"大商场热"。从百货店数量上看，仅从1986年到1990年，我国新建的大型百货商场数量就相当于前35年建设的总和。大型百货商场由16.4万家发展到17.4万家；人员由109.2万人增加到212万人。从百货店销售额上看，中国百货商店的销售额也一直占据整个零售商业比重的60%以上。

改革开放以后，我国零售业以前所未有的速度快速发展。从市场规模来看，1978—1991年间，全国零售网点从104.8万个增至924.1万个，增长了9倍。零售从业人员从1978年的447.4万人增加至1991年的2198.7万人，增长了5倍多。从市场结构来看，由表1-2可知，1980—1990年我国零售行业市场集中度非常低。市场集中度按照贝恩分类法，根据中国统计年鉴的相关数据，计算出CR4（行业内前四位企业市场占有率总和）和CR8（行业内前八位企业市场占有率总和）两个指标来衡量。虽然整体增长速度较快，但都是中小型零售企业，企业规模较小（李飞，2008）。

表1-2 1980—1990年我国零售行业市场集中度

年　份	CR4	CR8
1980	0.46%	0.67%
1985	0.41%	0.63%
1990	0.28%	0.67%

1.2 大连锁兴起

20世纪90年代以后,中国爆发了一场综合性的商业革命,以连锁经营模式出现的各类大型超级市场连锁企业、专业店连锁企业等零售形式得到快速发展,成为中国零售业规模扩大的主要动力。与此同时,仓储商店、便利商店、现代百货商店、购物中心这些零售形态也都出现。中国零售业态由单一的百货店发展为以连锁超市为主体的多业态并存格局。

1991年上海市创办"联华"超市连锁商业公司,1993年上海又创办了另一家"华联"超市连锁公司。另外,我国餐饮行业此时也打破了中式一般餐饮的统治,引进了包括"麦当劳""肯德基""加州牛肉面"等西式快餐连锁店。我国一些传统的老字号餐饮企业,也学习和效仿西方国家的快餐经营模式,试办了一些诸如全聚德连锁烤鸭店、狗不理包子连锁店等。在经过了10年左右时间的高速繁荣发展之后,涌现了一大批大型的、不同业态的连锁经营零售企业。比较著名的有联华超市连锁企业、农工商超市连锁企业、国美电器家电连锁、苏宁电器家电连锁等。全球零售业500强中,也有不少大型连锁企业进入我国,包括沃尔玛、家乐福、麦德龙等。

2005年之后,我国各大中城市的适合各类零售业态生存的各种商业地段,基本上已经被各零售企业瓜分完毕,我国各大中城市的各类零售商场的网点,从布局上和数量上几都已相继出现了不同程度的饱和。连锁经营模式已成为我国零售业经营模式的主流,以连锁经营为代表的一大批大型连锁经营企业,在经营规模、企业实力、市场覆盖面等方面已经历史性地全面超过了单店零售企业,使我国的零售业进入了一个前所未有的繁荣发展阶段。

连锁业的规模

20世纪90年代后,中国零售行业规模的增长速度超过了以往任何时期。从市场整体规模来看,社会消费品零售总额从1990年的7250亿元的增长到1999年31 135亿元,翻了两番。批发零售业占国民生产总值的比例,由上一年代的平均8.4%上升至90年代的9.4%,对国民经济的贡献率增长了一个百分点。同时,零售企业的规模迅速扩大。1991年全国最大的零售企业——上海第一百货公司的年销售额仅7.6亿元,未超过10亿元。而到2000年,约40家零售企业年销售额超过 10 亿元。因此，从市场结构来看，我国零售行业市场集中度正逐年增加。不过从表 1-3 可以看出，我国零售行业市场集中度仍停留在较低水平。

表 1-3 1990—2000 年我国零售行业市场集中度

年　份	CR4	CR8
1990	0.28%	0.67%
1995	0.44%	0.76%
2000	0.87%	1.42%

从业态规模上看，20 世纪 90 年代前，国内零售百强几乎全是百货商店。但从 1996 年开始，百货商店的销售增长幅度放缓。1999 年，上海联华连锁超市年销售额达 74 亿元，超过以百货商店为主力业态、长期位于中国零售业第一的上海一百股份有限公司。且 2000 年的零售百强榜中，前三名都不是百货商店业态。连锁经营模式历史性地超过了以百货商店为主的单店销售模式。1994—2000 年，连锁企业数量从 150 个增加到 2100 个，增长到约 14 倍；连锁企业销售额占社会商品零售额的比例从 0.18% 增长到 6.83%，增长到 38 倍，对国民经济的贡献率增长了一个百分点。见表 1-4。

表 1-4 1994—2000 年我国连锁企业发展情况

年份	连锁企业 / 个	销售额 / 亿元	占社会商品零售额 / %
1994	150	30	0.18
1995	400	80	0.38
1996	700	300	1.21
1997	1000	420	1.54
1998	1150	1000	3.43
1999	1800	1500	4.82
2000	2100	2300	6.83

资料来源：李飞. 零售革命 [M]. 北京：经济管理出版社，2003.

连锁商业的特点

连锁商店是现代大工业发展的产物,是与大工业规模化的生产要求相适应的。其实质就是通过将社会化大生产的基本原理应用于流通领域,达到提高协调运作能力和规模化经营效益的目的。连锁商店的基本特征表现在以下四个方面。

标准化管理

在连锁商店中,各分店统一店名,使用统一的标识,进行统一的装修,在员工服饰、营业时间、广告宣传、商品价格方面均保持一致性,从而使连锁商店的整体形象标准化。

专业化分工

连锁商店总部的职能是连锁,而店铺的职能是销售。两者在实际上有质的不同。总部的作用就是研究企业的经营技巧,并直接指导分店的经营,这就使分店摆脱了过去靠经验管理的影响,大大提高了企业管理水平。

集中化进货

连锁总部集中进货,商品批量大,从厂家可以得到较低的进货价格,从而降低进货成本,取得价格竞争优势。由于各店铺是有组织的,因此,在进货上克服了盲目性,不需要过大的商品库存,就能保证销售需要,库存成本又得到降低。各店铺专门负责销售,就有更多的时间和手段组织推销,从而加速了商品周转。

简单化作业

连锁商店的作业流程、工作岗位上的商业活动要尽可能简单,以减少经验因素对经营的影响,由于连锁体系庞大,在各个环节的控制上都有一套特定的运作规程,要求精简不必要的过程,达到事半功倍的效果。

1.3　传统电商快速发展

互联网络技术在全球的广泛使用，标志着人类社会开始进入"信息经济"时代。"信息经济"时代最显著的特征之一就是信息通信技术在传统商业领域的应用，即电子商务。借助互联网络技术，经济全球化进程大大加快，国际经济结构进一步调整，原有的时空间隔被打破，产品市场逐步形成全球化趋势，同时生产和消费更为贴近，大大降低了产品的成本，企业同时也获得了更为广泛、公平的竞争市场，消费者也从中获得更多的选择和更为个性化的服务。电子商务的实施使"信息经济"时代具有市场全球化、商业平民化和消费个性化的显著特征，对世界经济的发展产生前所未有的影响。

随着互联网络技术和信息技术的日臻成熟，互联网络规模日益扩大，网络用户数量迅猛增加，互联网络的应用已经逐步进入了社会的各行各业，与人们的日常工作和生活逐渐紧密地联系在一起。国内开始出现许多电商平台。2003年，阿里孵化出淘宝网。次年，京东涉足电商行业。许多传统零售也顺应时代潮流，发展电商。2011年，早在2004年就上市的电器零售巨头苏宁，大举进攻线上的业务，成立苏宁易购，并首次提出线下、线上同价的经营理念。苏宁利用其在长期从事实体零售业务过程中所形成的、稳定的供应商关系和强大的品牌影响力在较短时间内取得了不错的业绩。

传统电商的规模

我国电子商务发展了十几年，一直保持高速稳定增长。但从2013年开始，网上零售增速降至50%以下，2015年增速首次低于40%，2016年增速下降至26.2%，直到2017年网上零售额重新加速。商务部的《中国电子商务报告（2017）》显示，2017年中国电子商务交易规模继续扩大并保持高速增长态势，全年实现电子商务交易额29.16万亿元，同比增长11.7%；实现网上零售额7.18万亿元，同比增长32.2%；跨境电商进出口商品总额902.4亿元，同比增长80.6%；网购用户规模达5.33亿，同比增长14.3%；非银行支付机构在线支付金额达143.26万亿元，同比增长44.32%；快递业务量累计完成400.6亿件，同比增长28%；电子商务直接从业人员和间接带动就业达4250万人。根据国家统计局的统计，2018年上半年，全国网上零售额达到4.08万亿元，同比增长30.1%，再创新高。其中，实物商品网上零售额为 3.13 万亿元，同比增长 29.8%，对消费的拉动作用进一步增强。

从地区结构看，东部地区网络零售额占全国网络零售总额的比重为 83.3%，同比增长 30.2%；中部地区占比 8.6%，同比增长 35.1%；西部地区占比 6.7%，同比增长 38.9%；东北地区占比 1.4%，同比增长 22.9%。从品类结构看，上半年服装、家电、日用品网络零售额位居前三，占比分别为 28.3%、14% 和 9%。另外，农村地区和农产品网络零售成为亮点，上半年全国农村网络零售额达到 6322.8 亿元，同比增长 34.4%，占全国网上零售额的比重为 15.5%。全国农产品网络零售额达到 906 亿元，同比增长 39.6%。

传统电商的特点

网络消费市场是一个虚拟的消费市场，是基于因特网这一技术手段，而在消费者与厂商之间、不同消费者之间形成的一个信息、商品、服务交易平台。网络消费市场是对传统消费市场的超越。

消费者在网上购物只需按一下网页上"购买"按钮即可实现，但往往简单的背后就是复杂，而且这种模式不可能用于所有的商品或服务，认识到这一点非常重要。尽管每个消费者有自己的购物习惯，但分析者还是可以从中找出一些共同的规律。这些规律（或者说是商业模式）是了解消费者动态变化的基础，它决定了消费者和商家之间的互动关系。这些商业模式使卖家不必单独创立自己的商业过程，而且还能方便消费者，使交易行为程序化。反过来，如果没有一个通用的程序来管理和进行交易，电子商务就会陷入一种混战状态，即每个公司都以独特的方式进行在线交易。事实上，网上媒体非常适合于发布产品信息，也可以为消费者提供品评产品优缺点的天地。

在网上购物的过程中也不得不使用一些传统工具，比如传真机、电话等。网上的商业程序需要重新设计，以使整个购物过程便捷，从与客户初步接触、接受订单和处理订单到完成订单以及售后服务尽可能在网上完成。

电子商务最明显的特征就是交易双方不需要实体上的协调，他们只需要面对电子屏幕就能完成交易。线上交易的天然属性影响了市场互动的许多方面。从供应端来说，这些新的组织生产与销售流程会使供应商考虑各种可能的成本节约方式。从需求端来说，互联网使得消费者能够获取更全面的产品特征与价格方面的信息。而且，因为互联网的全球属性，市场规模也会有潜在的激增趋势：在线销售可能涉及全世界的消费者。最后，关于信息商品的分发，则可能是完全电子化的。

传统电商的形式

传统电子零售商的分类依据有很多种：提供服务的类型、收益的方式、经营产品的品类、参与商业活动的主体等都可以成为划分电子零售商分类的根据。其中最为常见的分类方法是根据销售主体和对象的不同简单地分为 C2C 类和 B2C 类（见图 1-1）。

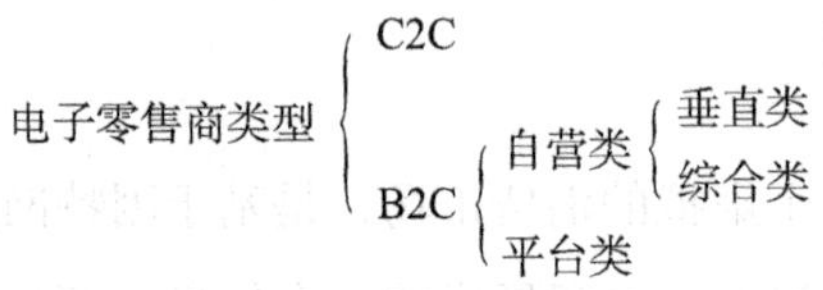

电子零售商类型 { C2C; B2C { 自营类 { 垂直类; 综合类 }; 平台类 } }

图 1-1　电子零售商分类

C2C 是指消费者对消费者的交易模式，类似于现实中的跳蚤市场，交易的双方都是个人，C2C 企业只是为双方提供一个交易的平台，如淘宝网、拍拍网都是 C2C 类的典型电子零售商。此类零售商为零售的买卖双方提供一个网络平台，是双方交流信息、支付交易的枢纽，零售商本身并不参与交易的过程。卖方在网站上展示自己的商品，标明价格；买方通过网站了解商品的信息、卖方的诚信度等。C2C 平台类网站通常提供信息交流工具、信用评价、支付手段等服务，以此连接买卖双方，突破空间地域的限制。

B2C 是指企业对个人的交易模式，又可以进一步分为平台式 B2C 和自营式 B2C（见图 1-2）。平台式 B2C 类似于现实中的百货商场，品牌入驻 B2C 平台需要交纳类似于柜台租金的保证金，通常还要抽取部分销售收入作为佣金交给 B2C 平台。淘宝网推出的淘宝商城就属于此类。这一类型最形象的比喻是网上的百货商场，其提供品牌厂家和消费者个人交易的平台，通过向品牌收取"柜台租金"或销售佣金而盈利。我国的平台式 B2C 类网站多由其他类型的老牌网上零售企业创立，如淘宝网创立的淘宝商城、京东商城的"品牌直销"分站、当当网的"商店街"等都是这一类型。消费者可以在这些网站上得到品牌的正品保障，同时品牌自身也可以规避自建购物网站的运营风险，并且平台类 B2C 零售

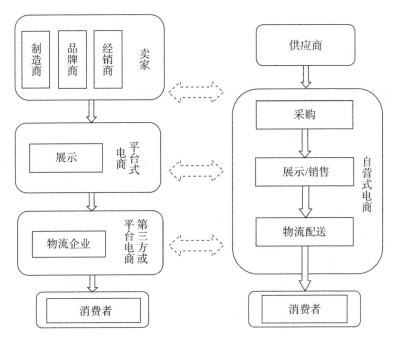

图 1-2 平台式与自营式电商供应链对比

商更是可以坐享原来的自营式零售的益处和 B2C 平台上各大品牌的协同效应，可谓"三赢"。自营式 B2C 网站可以比作现实中的超级市场，企业统一自行采购商品，在自己的网站上售卖，从中赚取进货价和销售价的差价。如京东商城、当当网、亚马逊等企业在初创时都属于自营式 B2C 类型。这类零售商的模式最接近于现实中传统的零售商，零售商本身并不生产商品，而是基于对消费者需求的判断自行采购商品，并在自己的网站上出售。依据所售商品的品类范围的大小，自营式 B2C 零售企业进一步分为综合类和垂直类两种。综合类零售商力图提供尽可能多的产品种类，小到一支笔，大到一台车，甚至一栋房。垂直类零售商则往往只专注于特定的领域，在选定的产品品类中为消费者提供尽可能多的选择。国内许多著名的综合类自营式 B2C 网站都是由垂直类网站发展而来的。当当网从"全球最大的中文图书网站"做起，京东商城从 3C 类产品的专业网站开始，现在都已发展为提供品种齐全的综合类自营式 B2C 网站，堪称网上的沃尔玛。

从平台式和自营式的运营的供应链对比图中我们可以知道，自营式的电商是集采购、展示/销售以及物流配送为一体的运营模式，制造商、品牌商等在此环节上主要担当的是供应商的角色并且不参与整个销售的流程。平台式的电商主要负责的商品展示的部分。在此制造商、品牌商等依然是起决定性作用的卖家，他们决定商品的价格；在配送方面，平台式的电商既可以参与者也可以是"局外人"，由卖方决定物流零售商。

形式演变：自营 B2C 电商从垂直到综合的转变

2010—2012 年可谓是垂直电商发展的黄金时期。在当当、凡客、唯品会、聚美优品等的带领下，一大批"风口猪"应运而生，包括美丽说、蘑菇街、贝贝、蜜芽等。垂直电商确实有自己的优势所在。垂直电商的品类相对综合电商较窄，这使得网站的起步成本更小。在采购时，垂直电商在这一品类的议价权也相对较大。同时，垂直电商在该细分领域更加专业、精细，可更深入地触碰到用户的购买需求。在运营环节，垂直类电商对该品类的运营能力更加精细，更加完善。因此，垂直电商呈现出了"小而美"的特点。成立于 2007 年的凡客诚品专注于自由品牌服装，2010 年爆火后的三年里，营收一路攀升，最高超过 20 亿元，同比增长 300%。截至 2011 年 7 月，凡客就已先后完成了 7 轮融资，累计融资金额超 4.2 亿美元，最高估值达 32 亿美元。成立于 2010 年的聚美优品在第二年销售额就突破 1.5 亿元，并获得了来自红杉资本的千万级别投资。2014 年 5 月，成立仅三年的聚美优品赴美上市，总市值一度高达 376 亿元。

然而，短暂的惊艳之后垂直电商开始逐渐没落。2013 年是垂直电商发展的转折点。这一年，电子商务在中国零售份额的比重在逐步扩大，淘宝、天猫、京东等的销售额都实现了增长。在一片大好的形势下，却唯独垂直电商活得异常艰辛。很多垂直电商最终还是败给了综合型平台。这是因为：首先，消费者对一站式购物有着天然的需求，更倾向于在一个平台上完成所有商品的购买。相较于综合性电商的全品类产品覆盖，垂直电商大多聚焦在某一细分品类，逐渐失去了自己的优势。而且，很多垂直电商平台提供的商品，与综合型平台上的同类型商品相比无论在价格上还是在品质上都未存在较大优势，所以顾客也自然没有必要留下。另外，在争夺网购流量中，垂直电商也逊色一筹。各电商平台都开始转做深层次的留存以培养用户使用习惯和忠诚度，综合电商由于自己本身用户基数较大，通过提升客单价和转化率，可以更轻松、更低成本地提升销售额。而垂直电商品类有限，转化有限，又无法承担高昂的引流成本，于是举步维艰。最后，虽然垂直电商在起步成本方面小有优势，但是综合电商的大规模也压低了运营过程中的综合成本，扩大了利润空间。于是光鲜过后的凡客在负债中苦苦挣扎。自2012年起，凡客都在压缩营销、消化库存、裁撤冗员。当时，凡客库存达到14.45亿元，总亏损近6亿元，而员工总数已经从高峰时的1.3万缩减至仅剩180人。2015年1月，聚美优品爆出假货比例高达90%，当年公司市值蒸发60%。自那时起，聚美优品的营收持续下降，从2015年的73.4亿元到2016年的62.7亿元，再到2017年只剩58.17亿元。活跃用户数也以数十万的速度逐年递减。

很多自营B2C网站创立伊始都选择垂直类电商的形式，除了一些发展陷入瓶颈的企业，其中也不乏由垂直电商成功转型为综合类电商的企业。成立于2004年的京东专注于3C产品的全线搭建，依靠低价、用户体验和垂直等战略，发展迅猛，从2007年销售额3.5亿元到2009年超过40亿元。2010年，京东决心从3C网络零售商向综合型网络零售商转型。至2018年，京东第三次入榜《财富》全球500强，位列第181位，在全球仅次于亚马逊和Alphabet，位列互联网企业第三。

场景迁移：电商从PC端转移到移动端

随着智能手机的盛行和网速的提升，智能手机逐渐成为互联网第一入口，超过PC端。互联网领域的加速效应如今颠覆了传统的互联网PC端电商，正如此前PC端电商领域对线下传统贸易的颠覆一样，移动互联网以前所未有的速度改变着人们的购物和生活体验。受移动互联网的影响，线上零售业的重心逐渐从PC端朝移动端转移。从阿里巴巴2014年的双十一交易数据中可以发现，移动电商快速崛起，已占到了总交易额的42.6%。同一时间，京东集团各平台全天订单量超过1400万单，移动端方面下单比例超过40%，其中，京东微信购物入口和手机QQ购物入口达到10月份日均水平的20倍。据艾瑞数据显示，2015年网络交易额为3.8万亿，而移动端网购交易额达2.1万亿，已超越PC端份额，移动电商的爆发趋势不可逆转。

移动电子商务是移动信息服务和电子商务融合的产物，而与传统PC电商相比，移动电子商务具有独特的优势：随时随地和个性化，PC端会受到地域的限制；用户规模大，从计算机和移动电话的普及程度来看，移动电话远远超过了计算机。移动电商与PC电商存在本质的不同：PC电商是先有货再有交易，移动端可以实现先有交易再有货。从格局上看，PC电商是线下零售的升级，移动电商则是绝对颠覆性的；移动电商有两个维度阐述"高频打低频"。第一个维度是PC时代已有的高频低价或低频高价。在移动端，需要让用户先记住这个App，然后才有机会。所以移动电商的第二个维度是：高频低时长和低频高时长。即如果要被一个用户记住，最好通过高频低时长的功能、入口引流，让用户养成习惯，然后再拓展到低频高时长的领域；移动端有流量不代表有用户，留存和用户认可很关键。只有用户记住并认可，才能成为有价值的用户。

传统电商的影响

电子商务扩大了零售企业或厂商的市场范围和产品需求

对于厂商企业来说，传统零售渠道层级多、流通成本高，使得全国性的零售品牌会放弃偏远或贫困地区，地区性品牌也仅局限于本地市场。对于消费者来说，购物范围受到地域与交通成本的限制，商品的可选择范围较少。所以厂商与消费者之间存在广泛接触的需求，却无法实际达成。但是依靠线上购物，偏远地区或三、四线城市与农村都可以随时随地下单并等待货物上门，这有效地扩大了厂商的销售市场。同时，线上购物平台拥有全国乃至全世界的商品供应，消费者的丰富需求得到了极大的满足。电子商务的出现，打破了时间与空间的限制，为厂商带来了更大的市场范围，也为消费者提供了更丰富的产品种类。

电子商务加快了产品交易速度，提高了消费规模

线下购物时，为了了解产品信息和价格，消费者需要逐个专柜或逐个商场进行搜寻和比较，耗费大量的时间以及沟通成本。由于中国地区经济发展水平与人口密度不平衡，零售商倾向于在相对发达城市和人口密集地段集中开设店铺，因此，乡镇或偏远地区的消费者前往实体店获取目标产品耗费的时间更长；同时，发达城市或人口密集地区的城市拥堵严重，消费者工作时间长或收入水平高，因此，消费者前往实体店获取目标产品的机会成本更高。相比之下，网购平台或网站的搜索与排序等功能能够帮助消费者快速且直观地了解到产品信息，尤其当消费者的目标商品的可选择范围很大时，利用搜索与排序等功能进行产品信息的比较将大大节约消费者的搜寻成本和交易成本，提高交易效率和频率，从而提高电

商企业的交易规模；这种优势对于单位价值不高、标准化程度高或可替代性大的产品品类（如生活用品、中低端的服饰品和电子产品等）尤为明显。根据凯度的研究报告，2015年上半年数据显示，快消品中网络销售额最高的5种为服饰、家具装饰、手机配件、家电、计算机与办公用品；前两类属于品牌款式繁多、可替代性强的品类，而后两类属于标准化程度高的品类，销售这些类产品的零售商最先享受到巨大的电商红利。

电商企业的扩张经历了"网络效应—规模经济—技术创新"正反馈过程

经过近百年的并购与拓展，美国的实体零售业中出现了许多以沃尔玛为代表的大型连锁品牌零售商，这些零售商往往拥有先进的管理体系、高水平的人才团队以及完善的产品服务制度。由于规模经济的优势，大型零售商常常激励进行各类研发活动，并将新的技术成果投入新一轮的营销或流通活动中去，进一步扩大大型零售商的市场份额，即形成良性反馈机制。而在中国，实体零售企业分散化导致中国零售业长期处于现代化水平较低的阶段。电商平台的出现赋予了中国零售业新的机会。在电商发展的初期，和美国等发达国家零售市场拥有大量高效率流通主体不同，中国仍有大量依靠低效率的专业市场（如义乌小商品市场等）的中小型交易主体，正是这些交易主体的存在促成了网络平台模式在中国的成功。电商平台凭借先进的交易技术和低廉的入场费用吸引了大量中小型交易主体，并利用"间接网络效应"与补贴机制聚集了第一批平台买家，再通过口碑传播等手段利用"直接网络效应"扩大网购平台的用户规模。在"间接网络效应"和"直接网络效用"的持续作用下，电商平台对消费者和供应商的吸引力越来越大。而随着交易规模的不断扩大，资金实力的不断增强，平台用户的不断集聚以及交易信息的不断积累，电商平台有激励通过持续的交易技术创新，为平台用户提供更有效的网络交易服务，进而吸引更多的交易主体，形成积极的"反馈环"：网络效应的存在将放大电商平台投入所产生的规模经济，规模经济所带来的交易规模的扩大将鼓励电商企业增加技术研发投入，而技术创新又将进一步扩大企业的市场规模和与之相应的网络效应。凯度还分析，网络零售业中的先发优势将会远远大于实体零售的，其原因是实体零售企业的优势在于积累的资产，而电商企业的优势在于积累的交易信息，后者无法简单地用资金获取。作为中国电商平台巨头，阿里巴巴利用巨大的交易数据库，已经在物联网、云计算、智能物流、人工智能的大数据和深度学习方面获得了引人注目的成绩，马云在2016年提出的"新零售"更体现了作为中国网络零售的先行者，阿里巴巴正在利用互联网以及人工智能等技术创新实现进一步的扩张和对传统零售的彻底改变。

1.4 社交电商突飞猛进

社交电商的兴起

2018年电商领域最值得关注的经济现象就是"社交+"的强势发力。随着微信等社交应用软件发展越来越成熟，"社交"正在重新塑造购物模式。社交网络是无可争议的"超级渠道"。社交网络中的流量成本低廉、规模几乎无上限。于是，社交电商就能节约大量的流量成本，根本上改变传统营销手段的价值分配模式。从拼多多的创建三年便上市，"社交"的强大能量可见一斑。据不完全统计，2017年下半年开始，包括唯品会、蜜芽、贝店纷纷设立社交电商项目，大举杀入这片"流量大池"，如法炮制现成的"成功模式"，采用了相似的店主运营手法及提成规则。

社交媒体的出现和发展使得每一个人都有了自己去生产和传播信息的平台，很多人通过社交媒体收获了更大的话语权和价值，比如我们今天看到的小红书的达人、微博的"大V"、抖音的红人。互联网促进了中国消费者的社群化，加速了社交电商的发展，相比于实体零售，互联网的普及大大降低了"口口相传"的成本并提高了其传播速度，加之各类网购网站评价与分享功能的不断便提化，中国网民对于网络以及社交群体的依赖性有利于网络零售企业的快速扩张与掠夺市场。当前,中国消费的主力军已经是"80后"和"90后"，他们善于使用社交媒体，并会基于对某一些商品有相似的需求而形成社群（如美食、母婴、宠物、影视文化等为主题的QQ群、微信群等），他们乐于使用社交媒体并在网络上发表观点，在社群内交换对商品的评价，并从其他社群成员处获得反馈，进而从互动中影响他人或受到他人影响。社群成员之间通过频繁的交流可以建立较深的信任感，这会加强社群内部产品的口碑效应，社群成员也会倾向于购买其他成员所椎荐的产品，以获得社群认同感。实际上，社交电商本质上利用了产品价值和需求会随着购买该产品的消费者数量的增加而增加的机制，即"直接网络效应"。相同产品的使用者交流机会更多，沟通成本更低，且这种现象在网络社交群体中尤为突出，因此，"直接网络效应"对利用网络进行营销的产品的影响尤为明显。2018年年初，今日头条旗下短视频软件"抖音"短视频火爆全国，在智能推荐技术的辅助下，通过15秒短视频所展示或推荐的产品快速地在潜在消费者中扩散，催生了大量"网红产品""抖音神器"，在极短的时间内吸引了大量消费者的购买。其中，卡通角色"小猪佩奇"被冠以"社会人"称号，抖音使大量原本不是动画片"小猪佩奇"的受众的成年人也争相抢购其周边产品，争当"社会人"；而不断增加的购物需求又将反过来加速了网红现象的升温。可见，相比于实体渠道，"直接网络效应"更有利于网络渠道形成消费需求的正反馈机制，从而实现网络消费需求的指数级扩张；因此，中国消费者尤其是年轻消费者社群高水平互动的特点也赋予了中国网络零售企业巨大竞争优势。

社交电商的规模

在2015年左右，由于社交电商爆发式增长、良莠不齐，出现了虚假广告和类似传销等行为，使得消费者望而却步。在2016年左右，行业逐渐摸清了健康发展的规律，配合监管部门的要求进行规范，从2017年左右开始，进入冷静发展期。而随着腾讯推出的小程序升级，社交电商在过去一年又迎来井喷式增长。2018年7月召开的第十七届中国互联网大会上，《2018中国社交电商行业发展报告》显示社交电商作为一种基于社会化移动社交而迅速发展的新兴电子商务模式，自2013年出现后，连续五年高速发展。2018年，中国社交电商市场规模预计达到11 397.78亿元，较2017年增长66.73%。越来越多的人群加入到社交电商从业者大军中来。2018年，中国社交电商从业者规模预计达到3032.6万人，增长率为50.22%。根据商务部统计，2020年预计中国网络零售市场规模为9.6万亿元。其中，社交电商市场规模将达3万亿元，占到网络零售交易规模的31.3%。

代表性社交零售商

移动社交电商已成为电商行业中一股强劲的力量。2017年中国移动社交电商交易规模已达4965亿元，从业人数达18 117万人，据艾瑞咨询估计市场规模年华增长超70%，至2020年交易规模将增长三倍以上突破万亿，从业人数可达到2400万人。相比之下，传统电商的整体增速已逐年下滑到30%以下，增长乏力。以下将以四家具有代表性的社交零售商——拼多多、云集、小红书以及网易严选——为例介绍移动社交电商的发展状况。

拼多多

拼多多成立于2015年，是一家致力于为最广大用户提供物有所值的商品和有趣互动购物体验的"新电子商务"平台。平台采用拼团购买模式，为消费者提供低价的商品。2018年，拼多多平台已汇聚3.855亿用户和200多万商户，平台年交易额超过3448亿元。

拼多多成功的核心原因在于其成功地避开了阿里巴巴与京东目前所占据的存量市场。一方面聚焦在微信的社交网络流量，另一方面深耕比阿里巴巴、京东核心用户更下沉的"五环"外与县城、乡村市场。另外，拼多多的模式实际上可以称为全民零售。在拼多多场景中，消费者不仅仅是消费者，还可能通过"拼团"行为成为零售者，收益来源是拼团之后获得的价格优惠。在小程序飞速发展后，以小程序为入口，拼多多依靠用户拉好友来快速获取新用户（比如利用小程序的"社交立减金"功能），不断裂变。

云集

云集成立于2015年，是一家由社交驱动的精品会员电商平台。消费者可通过邀请成为云集的个人店主。云集微店并不直接向消费者售卖商品，而是通过专业培训、IT系统赋予个人店主营销和零售能力。截至2018年11月，云集拥有超过4000万注册用户，单日销售额最高超过8.7亿元。

区别淘宝、天猫等传统的电商把品牌与商家集中到一起，为他们提供交易平台和用户流量，而品牌与商家则为平台提供商品和2C端（用户端）服务，云集模式的核心是反其道而行，先挑选一定数量的精选商品，集中到云集自己的仓库，并通过云集网络平台分配给上百万甚至上千万有消费号召力的意见领袖，再依靠这些意见领袖店主在微信、微博等社交网络上的推荐、宣传和口碑传播，带来用户流量和商品交易。云集也是很好地利用了微信社交网络的流量红利，在中国的"电商江湖"获得了一席之地。

这种模式对于云集而言，实际上分散了它的风险，同时销售渠道还可无限拓展，逐渐形成一个庞大的销售网络。对于店主而言因为没有任何成本与风险，所以其也愿意扮演平台经销商的角色，与平台达成一种稳固的合作关系。云集创始人肖尚略把云集这种商业模式总结为S2b2c，b即一千万或几百万的小微意见领袖；c是数千万的消费者；S是云集，是整个电商零售服务的集成。

小红书

小红书创建于2013年，是一个年轻生活方式分享平台。2018年6月1日，小红书完成由阿里领投的3亿美元C轮融资，公司估值超过30亿美元。截至2018年10月，小红书用户数超过1.5亿，"90后"是其中最活跃的用户群体，成为"社区电商"的代名词。

小红书最初是一个带有购物攻略性质的海淘化妆品平台，品牌授权和品牌直营模式并行。小红书商城的优势在于：一是拥有大量的真实用户口碑，给商城带来极大的购物转化率；二是小红拥有大量的用户行为数据，通过这些数据，小红书可以分析出用户的偏好与需求，从而实现精准采购与精准销售。但随着天猫、京东等巨头们不断丰富品类，纷纷布局跨境海淘、奢侈品与化妆品等领域的细分市场，垂直电商企业获取流量的机会越来越少。于是小红书另辟蹊径，不断地加大UGC的内容分享社区，通过优质内容吸引海量用户，一方面为电商业务提供稳定、精准且低成本的流量；另一方面还可以在电商业务之外探索新的商业模式。

网易严选

网易严选成立于2016年，是网易旗下原创生活类自营电商品牌，是国内首家ODM（原始设计制造商）模式的电商。网易在2018年前三季度净收入累计超过125亿元。

ODM（原始设计制造商模式）只指由制造商设计出某个产品后，被品牌方选中，配上品牌名称或稍作改良来生产。若无特殊协议，在ODM模式中，产品的外观、面料、尺寸等权益归属于制造商，制造商可将其方案和产品一并售于多个品牌方。网易严选通过 ODM 模式与大牌制造商直连，剔除品牌溢价和中间环节。同时，与传统电商相比，网易严选依托网易公司大平台所拥有的海量用户资源，可以省去购买流量的巨额成本。以上两点使网易严选能够消费者提供高性价比的优质商品。

网易严选从自有品牌的"精选电商"作为切入点，绕开与阿里巴巴、京东等平台电商的正面战场，成功获得一批忠实用户，同时也让网易严选与天猫、京东、拼多多等电商平台的合作大于竞争。网易严选于 2018 年相继在天猫、拼多多等电商平台开设官方旗舰店，并于在杭州开设面积为 300 平方米左右的线下店，以拓宽自己的用户群体。

社交电商的特点

社交电商对传统商业发展产生的变革主要体现在人、货、场的变迁。人的变迁是消费者从线下卖场到中心化电子商务平台到碎片化社交平台的演变；货的变迁体现在货品设计理念从围绕产品产生，到规模化提供，到个性化设计的不断提升；场的变迁主要体现在旧的明星企业消亡，新的明星企业崛起。电商行业正在变革中走向新电商时代，以"社交"为显著特征的新电商时代有着与数字经济时代的传统电商截然不同的特点。

电商系统呈去中心化

传统电商以货为中心，而社交电商以人为中心。当前整个电商系统正呈现出去中心化的状态，通过个体的影响力进行传播和吸引用户购买，成为这种新形态的核心要素。所谓去中心化主要表现在售卖主体和渠道的去中心化，过去售卖主体集中于大的零售企业和电商平台，未来人人都可能成为卖家，过去销售渠道集中于门店和网店，未来会逐步渗透至各大社交平台。商品的营销推广变为由有影响力的个人实现，这种去中心化的形式替代原有的中心化推广方式，并催生了一个新的群体。在微信聊天社交场景中，有影响力的推手们通过分享、互动推动用户进行购买，然后获益。在此过程中，品牌不仅获得了社交渠道交易金额，而且实现了覆盖目标人群的、快速传播的品牌效应。在传统零售时代，电商平台类似大卖场，其态势是人被商品引导，要买东西，就要去看这个商品在哪个店里面有卖，然后货跟场走。到了电商时代，场的概念其实"消失"了，场变成了大家的手机，即"货去找人"。而到了社交零售时代，最核心的是"人跟人走"。

基于社交关系链的营销网络

社会化电商区别于传统电商的最大特点是，它的营销网络是基于社交关系链的，因此社会化电商有着天然的营销能力。180万店主背后是180万个社交圈子，品牌传播的覆盖范围之大可想而知。这必然会帮助云集微店吸引更多的优质品牌成为它的合作伙伴，最终形成一个品牌、平台、店主、消费者共同受益的零售生态，如图1-3所示。

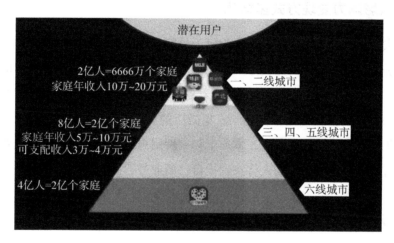

图1-3 社交电商的目标用户群

目标市场下沉

社交电商的主要目标用户群体已从一线和二线城市转变为三线到五线城市。拼多多就是利用了微信社交网络与"五环"外的流量红利。从图1-3可以看到，三线及以下城市存在非常庞大的潜在用户。如果过去15年的电商历史主要是一线和二线城市人们将消费从线下转移到线上的过程。那么，在接下来的15年里，未被阿里和京东捕获的三、四、五线城市，将直接跨入社交电商新时代。

社交电商带来的趋势

消费者主权

移动互联网使人们的信息获取方式发生变化。传统电商是搜索零售,消费者通过搜索引擎获得购买路径。到了移动端,消费者的信息获取更多来自社交。与此同时,零售要素也有了巨大的变化:传统的线上零售靠的是货源、价格和服务,而移动互联网是去中心化的,谁拥有信任、拥有粉丝,谁就可以做好零售,"人人都可以成为商业的主导力量"这种认知开始形成。颜艳春提出"我们将进入消费者主权时代",人人皆商的时代将逐渐到来。

个人影响力变现方式多样化

过去我们讲品牌的人格化,意为赋予品牌拟人化的特征,来对消费者形成独有的吸引力。品牌的号召力实际上是品牌所传达的某种格调、理念和价值观的号召力,作为售卖主体的个人身上同样有着各自不同的号召力。随着电商的社会化,将号召力变现的方式开始多样化。云集微店的 80 万店主中也有很多红人,他们选择云集微店来将号召力变现,本质上与"罗辑思维"罗振宇用收取会费的方式变现没有区别。未来更多的人将找到把自己商业号召力变现的方式。

共享模式

一种商业模式必然是基于某个产业链条的,好的商业模式一定是链条各个环节都受益的,就是 Uber 调动社会闲置车辆资源实现了平台、车主和乘客的三方受益,这种模式是由一种共享机制支撑的。云集微店不售卖商品,而是将零售能力和商品资源共享给所有店主,最终实现了品牌方、平台、店主、消费者的四方收益。这也是一个基于共享机制的产业链条,"共享"模式已成为主流的商业逻辑。

第2章　超级电商的零售生态战略

互联网经过20多年的商业化发展，正迎来全新的超级网络平台时代，资源正在倾向于向超级网络平台集中。随着移动互联网和社交网络的崛起，超级电商平台迎来了前所未有的发展机遇。一方面，多渠道的流量入口给互联网电商带来了大量的潜在用户，尤其是在全渠道和新零售的业态下，线上线下逐渐融合已成为大趋势，线下流量成为电商的重要流量入口之一；另一方面，在线评论、电子口碑等网络渠道的发展为产品提供更广泛的传播渠道，吸引更多的消费者关注。谁掌握着更多的流量和支付手段，谁就能获得更多的资源，在行业竞争中就会占据优势。在这个"流量为王"的时代，电商平台与其他互联网公司、传统零售企业的合作正在拉开帷幕。目前，我国电子商务领域的超级网络平台垄断局面迅速形成并不断强化，形成了以阿里巴巴、京东商城、拼多多等平台型超级电商相互竞争为主的局面，而在竞争中同样不断出现腾讯、沃尔玛等公司的身影。

仔细分析可以发现，平台型商业模式是一种可以实现内外部资源整合、配置的商业框架，是一种协作共生、竞争与合作共生的不断演化中的开放式生态系统。以电商为核心搭建起来的商业系统作为参与各方协作的中介，吸引和服务上下游所有参与主体来创造价值，并且随着平台参与者的增加而显现出"网络效应"。一个企业在生态系统中的生态位将取决于其服务创新能力以及对服务价值链的整合能力和控制力。面对着激烈的市场竞争，这些超级电商的管理者逐渐明白，其生存与发展越来越依赖于价值共创和生态管理，利益分配机制、虚拟企业联盟向心力和风险控制能力将成为系统稳定运转的关键；而通过引入新的利益相关者（如第三方金融服务商、物流服务商）可以把金融工具作为系统加速器从而打破系统拓展和价值增值的瓶颈，提高企业生态系统价值创造能力。所以，超级电商的生态系统作为一种开放式、网络化的复杂系统，不仅包括电商企业及电商企业所处的自然环境，还包括系统中直接或间接地相互依赖的各种企业或组织，系统中的企业、组织与外部组织、环境进行资源、能力的互补、交换，相互之间依靠价值的传递和增值维系。因此，超级电商的生态系统战略是有效实现信息流、物流、资金流三流合一的价值网络，企业可以通过打造自身生态系统获取竞争优势。

由于本书在其他章节单独讨论智慧物流，本章则主要关注信息流和资金流，从流量入口，零售支付体系以及供应链金融三个方面探索超级电商的生态战略，结合理论与实践经验详细阐述，为电商的零售生态战略提出针对性的营销策略及相应建议。

2.1 流 量 入 口

流量

流量这个名词来源于网络，是指在一定时间内打开网站地址的人气访问量。流量是网络商家营销的基础，是实现价值的重要一环。因此，流量是各类商家竞相争夺的焦点。所以说，想要赢得新时代互联网的战争，最重要的就是掌握住流量和数据。

"互联网+"时代是一个"注意力经济"的时代。诺贝尔经济奖获得者赫伯特·西蒙曾说过，随着互联网的发展，最有价值的东西不再是信息，而是你的注意力。如何保持信息黏性、能抓住用户的眼球便成为互联网产品和服务的核心命题。抓住了眼球，就有了流量，有了流量自然就能够吸引广告和投资，从而创造价值、实现盈利。

流量是实现互联网企业货币价值的基础。不管极致是广告还是获取投资，谁掌握着较多得流量，谁就拥有更强的变现能力。2017年，网红经济呈现出如火如荼的状态，正是因为网红具备大量的粉丝群体和强大的粉丝黏性、自带巨大流量，且这种资源的变现能力较强。考虑到网红的流量吸附属性，社会资本开始大量介入，商家乐意出巨资在这些网红的直播、推文中植入广告或让其代言广告。如斗鱼女主播冯提莫在直播中就曾向广大的粉丝推荐联想 ZUKZ2 手机，该手机随后夺得了 2017 年 6 月 18 日手机品类单日销量冠军。与传统代言相比，网红代言具有成本低、辐射范围广等优势，但不足在于代言的专业性不够，影响的深度也不够。

流量变现的逻辑仍是互联网企业的主导商业模式之一。"互联网+"时代，流量变现仍不过时，只不过形式上开始从线上向线下延伸，线上线下日趋融合。范围上不再是单一的应用场景，而是多种应用场景的融合，即生态场景的构建。从形式上看，原来在平台模式或社群模式下，流量实际上在线上，这时候流量就是一切，企业通过打造平台或构建社群在线上获取流量，然后再将流量通过广告、投资或其他增值服务的形式进行变现，最后实现盈利，这实际上就是"流量为王"。

流量入口

线上流量入口

随着移动互联网时代的到来，线上流量入口面临又一次洗牌，以 BAT 为代表的互联网企业争夺移动互联网流量入口的战争也更加激烈。在社交领域，多家企业很早就展开了竞争，结果仅有微信拿到了移动互联网时代社交的船票，而阿里的来往、网易易信，包括人人网都已经折戟沉沙。时至今日，微信用户已经突破 10 亿，并将社交、支付、小程序等功能优势发挥到了极致，特别是微信小程序用户规模爆发式增长，2018 年一季度月度活跃用户突破 4 亿，小程序流量红利加持下的微信，牢牢地霸占了社交流量入口。

所以电商营销公式中把流量放第一位，是有道理的，如果没有流量，产品就像空谷幽兰，再美丽也无人知晓，要想获得业绩，第一步就是解决流量的问题，只有拥有足够的流量，才能增加产品的曝光率，因此运营几乎每天都在关注流量。

一般来说，超级电商的线上流量来源分三种，即付费流量、免费流量和资源流量。

付费流量

付费流量是指通过付费推广得到的流量。淘宝平台一般通过直通车、钻石展位和淘宝客等渠道来获取付费流量。付费不仅可以获得付费流量，往往还会影响到免费流量。这是因为，平台是靠卖广告位获得盈利的，若店铺未付费其销量将会有所减少，对于商家来说，付费流量在一定可接受范围内，一般付费流量占比为30%，主要的付费方式如下。

首先平台广告联盟，这是按销售额付佣金，如淘宝客等；其次搜索定向基于平台访客搜索行为，如直通车，同时，直通车也可以人群定向的；再次为人群定向，主要指基于平台访客浏览与购买行为，如钻展、品销宝、淘积木、内容渠道。这些渠道其实是可以获得大量免费流量的，只要产品足够优质，平台或者达人会主动且免费推，但不能全部指望免费，偶尔联系精准达人付费一下，收获流量与转化率双高，效果会很不错；最后是硬广，包断某时段的固定位置，如2012年前淘宝首页首屏焦点图是可以每天16万元买到，还送登录页面左侧广告等平台免费资源，这就是传说中的"电商红利"，当没有了红利，硬广的红利就很难买了。

免费流量

免费流量是所有商家都十分青睐的资源，也是一家健康店铺的主要流量来源，一般占总流量近70%。相比付费渠道简单的4种方式，免费渠道显得零散很多，看生意参谋免费流量构成，至少30条之多，在此，以淘宝平台为例，仅概括占比大、可操作性强的3种方式。

首先是搜索流量：搜索流量涉及的提升维度很多，如全店关键词布局、标题、产品架构等都是细致功夫。其次是首页：如手淘首页流量的入口有很多，包括在上文付费流量中提及的"生活研究所""爱逛街""必买清单""淘立拍""有好货""有好店""猜你喜欢"等板块，都是手机淘宝首页流量来源。其中流量最大的可操作性最强的，是猜你喜欢；再次是主动访问：如直接访问、购物车、宝贝收藏、已买到商品等；最后是新品流量。此外，淘宝对店铺新品的扶持流量也是值得关注的。一件商品在刚上架的时候，淘宝平台会有一定的流量扶持，但是由于一件商品的扶持流量比较小，效果不会很明显。这时候就可以利用大量的上货，利用淘宝的扶持流量发展自身。想要利用这个规则的话，一次性上架几件宝贝肯定是不行的，最好是一次性上架数百的商品，这样才能让店铺自身有较大的流量。

但是无论一次性上架上百的商品，还是每天都上架数百的商品，都几乎不可能完全非人工完成这个任务。这种情况下只能靠一些软件来采集上传商品，以达到一直不断地获取淘宝的扶持流量的目的。这种大量铺货的模式适用于店铺前期的经营,等到店铺有比较稳定的流量转化的时候,就可以用精细化运营技术来经营店铺了。

资源流量

资源流量指的是平台玩的营销 IP,如常见的门槛较低的聚划算,门槛高的欢聚日、超级品牌日、超级品类日、天猫小黑盒等,拿到这些资源就能带来海量流量。小赚靠付费或免费流量,大赚得靠资源,有时候,一场资源流量可以带来一年收入,所以,上进的店都在努力争取资源流量。

一个努力的品牌,一般怎么拿到资源流量的呢?常见以下两种方法:①用资源换资源:品牌方通过主题活动在站内、站外投放大量广告。比如,百雀羚著名的"与时间做对"一镜到底长图文,配合站外投放资源,在站内也可以谈到不错的资源支持。②用个性换资源:品牌跟其他 IP 合作,开发比较有个性的产品,比如最近可口可乐与菲诗小铺合作出彩妆,自然堂与巴西艺术家合作出面膜,都可以申请到天猫小黑盒的流量。

线下流量入口

随着电子商务的发展趋于平稳,近年来一直存在的用户规模红利逐渐消失,线下流量变得极为重要。一些电商企业开始关注线下流量,寻求线上与线下的融合以及渠道的下沉,新零售模式应运而生。随着"互联网+"的蓬勃发展,线上与线下相结合的 O2O 模式逐渐向各行各业渗透,与传统零售企业进军电商领域相反的是,由于企业为了共享资源、促进核心技术的延伸以及推动品牌价值的落地,许多知名纯互联网电商开始试水线下零售。纯互联网电商试水线下的方式主要有建立自身品牌的线下实体店,与线下企业强强联合,打造了独具特色的"新零售模式",开创了纯互联网电商线下化的新纪元。各大超级电商纷纷将新零售作为打开线下流量入口的主要渠道之一。

2016 年 10 月,阿里巴巴集团在杭州云栖大会中首次提出"新零售"的概念,指出线上线下与现代物流结合在一起,才能诞生新的零售业。目前"新零售"尚无明确的定义,本书在将零售的线上渠道与线下渠道融合的基础上,结合现代物流,推出"线上+线下+物流"模式,以互联网、物联网、大数据等技术为驱动，将以消费者为中心的会员、支付、库存、服务等方面的数据全线打通，面向线上线下的全客户提供全渠道、全品类、全时段、全体验的新型零售模式。"新零售"模式是我国零售业发展的一种新型业态，在线下布局上具有以下特点。

虽然纯电商的线下实体店仍旧在全国范围内布局，但兼并扩张以达到与线下零售企业的合作已成为各大电商巨头线下布局的主流。从阿里、京东、腾讯等电商巨头的投资风向来看，除腾讯将线下业务主要交于京东，其他几家均有加大线下投资的趋势。而零售业由于线上和线下流量联系更为紧密，成为互联网企业渠道下沉的首选。京东的主要投资集中在本地服务领域，从 2015 年的生鲜及智能硬件到 2016 年金融领域的布局，战略较为清晰。同时加速京东实体店"京选空间"的布局，进行新零售渠道下沉的进一步探索。京东的主要布局在线下实体店与自身物流优势的结合，落地空间较大。但由于都处在起步阶段，未来发展尚有待考察。阿里的投资覆盖面极广，但多为短期分散的投资，这些短期的分散投资在短期内很难对阿里系产生本质性的影响。与京东重点发展线下实体店不同，阿里以对现有企业的投资为主，其投资的重点集中在进一步扩大市场份额，实施多元化策略。但由于阿里市场份额已经较为巨大，获取新用户的边际成本较高。但阿里的优势在于其广泛的布局以及支付渠道的铺陈，支付渠道覆盖餐饮、超市、外卖、电影院等众多消费场景，有助于线下业务的进一步展开。

现阶段来看，"京东 + 永辉 / 沃尔玛"与"阿里 + 苏宁 / 百胜"将开启我国零售业线上线下协同发展的新篇章。传统零售企业通过线下核心区域的发展，门店的价值和商品的采购渠道明显优于纯互联网电商企业，线下实体商业通过线上线下的结合发展，将在采购管理、社交媒体、场景体验中发挥新的价值。而线上通过运用其丰富的营销手段，便捷的传播渠道以及巨大的数据存储，从而完成消费者需求的精准挖掘。"新零售"模式在各大商业巨头的参与下，有望带来零售业的又一次提升。

代表性平台流量入口

拼多多 + 微信流量

正当互联网圈内人士普遍认为搅动 2018 年中国电商格局将是如火如荼的"新零售"时，没人会料想到，微信流量红利催生的一家不容小觑的社交电商拼多多打乱了整个节奏，让国内电商在开年就上演了"五分天下"的大变局，这样的故事转折直接拉低了"新零售"的主角光环。2017年初拼多多的月GMV（总营收）才20多亿，而今年3月份已达到400亿元，即便是国内的电商四巨头的阿里、京东、苏宁易购、唯品会，在这样惊人的增长速度面前也是黯然失色。事实上，自2015年9月创立，拼多多只用了2年3个月的时间就做到了全年GMV超过千亿的规模，而要达到这样的规模淘宝用了5年，唯品会用了8年，京东用了10年之久。当巨头们在"新零售"领域的火拼，让社交电商拼多多获得了一个非常宽松的电商竞争环境。正是在这两年时间里，微信的流量红利被拼多多演绎到了极致，借助微信平台，拼多多用极低的成本和极短的路径直接触到了目标消费群体，并由此获得了成功。那么微信流量到底是什么呢？为何具有如此大的魔力？

实际上，微信社交平台上就可以建立起自己的流量生态群，不再受平台限制。对于想把品牌做大的商家而言，微信电商社交可以不断积聚人气，这是有梦想的商家弯道超车的唯一机会。

微信社交电商的本质，就是利用人和人的关系网，以关系网的信任替代了品牌的信任，从而实现消费。微信流量可以裂变：假设一个微信用户，把相应的信息分享到他的朋友圈，再经由大众不断转发，就会吸引更多人的注意，最后在全社会形成更大的反响。

新的工具诞生，伴随着新的消费习惯。营销不需要太多的销售渠道，只需要您的产品和品牌进入消费者的手机就能被大多数人看到，就能产生巨大的营销目的。具体而言，微信流量来自以下几个方面。

微信朋友圈：2018年7月8日，微信官方宣布全新开放"数字营销新能力"，商家可在朋友圈进行广告投放。而这一做法可能会戳到阿里命脉，因为阿里是国内最大的广告商，主要收入都来自给平台上的商家提供引流服务。微信宣称，朋友圈广告可以带来亿级曝光，抓住顾客碎片时间，同时该业务支持智能化定向投放，依托微信支付精准消费数据来向新老顾客投放广告。广告可以与电商形成营销闭环，拉动微信内电商发展。

微信小程序：小程序是一种不需要下载、无须安装即可使用的应用，它实现了应用触手可及的梦想，用户扫一扫或者搜一下就能打开应用，也实现了用完即走的理念，用户不用安装太多应用，应用随处可用，又无须安装卸载。微信小程序经过将近两年的发展，已经构造了新的小程序开发环境和开发者生态。小程序也是这么多年来中国IT行业里一个真正能够影响到普通程序员的创新成果，现在已经有超过150万的开发者加入到了小程序的开发，小程序应用数量超过了一百万，覆盖200多个细分的行业，日活用户达到两个亿，小程序还在许多城市实现了支持地铁、公交服务。小程序发展带来更多的就业机会，2017年小程序带动就业104万人，社会效应不断提升。小程序是新零售的最好载体，这将是未来线下门店的发展趋势。它的传播能力强，能够做到覆盖附近5公里所有微信用户。商家开通小程序将能被五公里范围内的微信用户看到，解决当下商家广告无处可打的难题。五公里排名根据距离来排名，和店铺品牌大小没有关系。小程序可以有效地和公众号进行打通，其本身在微信体系内也拥有多达50多流量入口，可以与微信的整个生态完美地结合。工欲善其事必先利其器，现在淘宝店铺在微信里是打不开的，而小程序是腾讯的战略级产品，跟着互联网巨头走，总归不会错的。

微信公众号：微信公众号是开发者或商家在微信公众平台上申请的应用账号，该账号与QQ账号互通。通过公众号，商家可在微信平台上实现和特定群体的文字、图片、语音、视频的全方位沟通、互动，形成了一种主流的线上线下微信互动营销方式。

优质的微信群：移动互联网的普及让我们的生活更加便利，也让时间呈现碎片化趋势。微信群营销的目的就是要把这些碎片化的时间变为自己的营销资源。加入优质的微信群，其实也是零售增加流量的最佳的方式。

阿里巴巴流量

线上流量入口

全域营销（uni marketing）是阿里2017年提出来的新营销战略，是指主要基于数据驱动营销，通过统一消费者身份体系，将广告营销定义为消费者资产管理，把消费者管理路径分为：认知—兴趣—购买—忠诚，从而摆脱阶段性营销，帮助商家建立全周期健康的消费者全域营销。全域营销主要通过技术手段，将传统营销链路上看不见的消费者和消费者决策路径变成可视的、可触达的消费者群体，让消费者的行为可以分析、可被追溯、能够互动。

而阿里的产品主要是基于"阿里妈妈"这个数字营销大平台；从卖家在淘宝

和天猫的营销端开始,"阿里妈妈"就一直在努力建立以数据为驱动的全域营销解决方案。旗下电商营销产品平台包括淘宝联盟、跨屏 SSP 平台、Tanx SSP 橱窗推广平台三大流量营销平台,如图 2-1 所示。

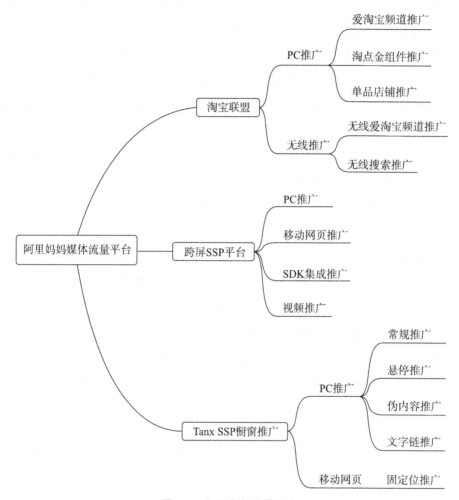

图 2-1 阿里妈妈流量平台

淘宝联盟

淘宝联盟依托阿里电商体系,拥有海量电商商家,按 CPS 结算,推广者引导成交后,商家支付相应比率的佣金。

流量来源:爱淘宝频道推广、淘点金组件推广、单品店铺推广、无线爱淘宝频道推广、无线搜索推广;淘宝客自有流量渠道——QQ 群、微信群以及各种社群等。

收费模式：单品佣金＋单品成交服务费。

跨屏 SSP 平台

跨屏 SSP（供应方平台）产品，通过全面、丰富的推广管理功能、聚合优化与程序化交易技术帮助媒体实现全流量管理，助力媒体提高流量售卖效率与效益。AFP 致力于为媒体提供一站式跨屏推广管理和售卖解决方案。

流量来源：PC 推广、移动网页推广、SDK 集成推广、视频推广。

收费模式：由阿里统一采买站外媒体资源，商家在各自店铺后台进行资源采买。

Tanx SSP 橱窗推广是基于实时竞价交易市场的高收益产品，商家只需在网站上添加橱窗推广代码，系统会动态地将推广位的每次展现分配给出价最高的买方，按 CPM 计费，最大限度地提升商家的收益。买方包括淘宝直通车、钻石展位以及第三方联盟等。

流量来源：固定和浮窗、悬停推广、伪内容推广、文字链推广、固定位推广。

收费模式：同上跨屏 SSP 平台，一般由阿里统一采买站外媒体资源，商家在各自店铺后台进行资源采买。

除了以上提到的阿里巴巴三大流量营销平台，各大商家也会结合自己渠道选择一些自然流量渠道来弥补不足的流量。

除了提到的付费流量方面，品牌主该如何通过全域营销方面赋能品牌流量呢？

第一，品牌管理维度上包含策略、传播、运营和数据沉淀的全链路管理，即对整个品牌管理实现全链路决策、全链路执行，结合品牌的流量规划思维，从多角度配合阿里妈妈进行全域流量管理。

第二，品牌和消费者关系的维度，消费者做决策的时候每个人都有一个决策链路，而且是网状、立体和个性化的，因此我们强调的不是消费者决策路径的个体性和线性趋势，而是消费者和品牌的关系表达，就是认知、兴趣、购买、忠诚；从消费者接触路径上，管理品牌流量影响路径。

阿里的线下新零售布局

作为我国最早创立的电商企业之一，阿里巴巴公司的电商基因更为浓厚（以下简称阿里）。随着阿里电商业务的崛起，阿里开始了广泛的战略布局，但在与电商业务紧密相关的O2O和本地生活领域，阿里却屡屡碰壁。2016年4月阿里宣布入股饿了么，表明阿里放弃了在O2O领域从零开始逐渐经营的策略，此后阿里将不断利用庞大的资本开展兼并式的外延扩张。阿里在线下的布局方面，2014年4月，阿里入股银泰商业成为第二大股东，尝试打通线上和线下渠道。

2015年8月苏宁和阿里相互入股，阿里成为苏宁的第二大股东。阿里和苏宁一个从线上走向线下，一个从线下走到线上，二者将最大限度地整合双方资源，利用大数据、物联网、移动支付等多种手段实现线上与线下的无缝对接。2016年11月，浙江本土品牌——三江购物正式"入伙"阿里系，达成了电商巨头与线下实体零售业的又一次重磅合作。生鲜电商成为三江购物与阿里联手的重点领域。但银泰、苏宁和三江购物分别只是零售的单一业态，很难满足阿里全渠道发展的战略布局。

在马云首次提出"新零售"概念之后的四个月，阿里巴巴与百联签订合作协议，将与拥有主题百货、购物中心、大型卖场、标准超市、便利店等多元化业态的百联集团正式合作，开始大规模的零售新实验，向电子商务业务转型方向进行探索。在与百联集团战略合作之后，阿里巴巴在百货、大型卖场、超市、便利店等零售业态上有了更加多元化的试验空间，而双方在仓储、物流、电子信息等领域也有着极大的合作前景。

这种全渠道、全业态的合作将主要从四个领域展开：一是智能化、网络化的全渠道布局，通过高效的运营提高订单的处理能力，为消费者提供创新式的体验服务；二是零售技术的研发，阿里将利用大数据、物联网、智能支付等的优势，总结线下的零售经验和技术，进而进行推广和复制；三是支付体系互联，阿里与百联的合作将支付宝和百联旗下的安付宝/联华OK卡相互介入，成为消费者首选的第三方支付渠道；四是物流体系的协同发展，百联物流与阿里的菜鸟网络展开业务合作，双方通过物流规划的协同发展，为消费者提供更好的服务。这一合作体系也成为"新零售"时代电商巨头与线下布局的主要模式。

当然，购物地区局限性，线下推广成本高，顾客关系维护难，无法建立商家与顾客之间强关联等劣势，是导致营销无头绪等都是纯线下零售的限制所在。

现在传统零售最大的痛苦在于线上与线下是完全独立开的，造成了1+1<2的局面。

线上电商交易在节省消费者时间、电商业绩暴增的同时，出现的投诉的事件也层出不穷，加上电商商家刷单、假货等不良操作，导致直接损害了电商的品牌价值和消费者的消费积极性。

线下传统零售近几年在线上电商的严重冲击下萧条不少，主要在于线下零售的劣势无法转变。随着消费升级和人们消费观念的转变，零售不再是以商家为核心提供商品的输出，而是以消费者体验为核心的全方位购买体验。

跟传统零售模式不同，新零售不再是单纯的线上电商或是单纯的线下门店，而是需要结合线上线下双重优势开拓的一种新型的零售模式。线上虚拟化的劣势通过线下体验弥补，线下区域限制、推广成本高、用户管理难等劣势通过线上功能弥补，结合起来构成新零售的结构。新零售有很多较为理论的内容，但有一点是肯定的，线下店如果操作互联网流量和用户思维，学会线下获取流量，线上服务、传播、裂变，那么线下有线上没有的体验感、信任度、服务，二者双结合，零售不再是难事。

京东流量

京东店铺流量的组成包括 5 个部分，如图 2-2 所示。

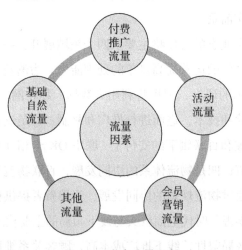

图 2-2　京东流量平台

基础自然流量：基础自然流量可以分为两大部分，一是新顾客自然搜索的流量，如站内搜索、类目导航等，二是老顾客带来的流量。其中，老顾客的流量价值明显会更高，不过最差的但是往往也是最大的流量来源就是搜索的自然排名流量了。

付费推广流量：付费后京东会帮你把你的商品放在一个比较显眼的地方，这样，顾客的点击率就会大一些。京东付费流量，就是访客通过商家在京准通平台上设置的付费推广链接进入店铺的流量，包括京选展位、京东快车、京东直投和京挑客四种类型的营销推广方式。

活动流量：京东活动分为很多种，不同的活动会针对不同的卖家群体，固定的大促就是各类节庆，如五一、6·18、十一以及团购等。还有平日花样不断的促销，如"月黑风高""逢九必杀"等，这些活动都是需要商家自己主动提报的。很多新卖家容易忽视这些活动，从而浪费大量免费资源。刚开店的新卖家可以选择报一些小的活动，慢慢提升自己店铺的流量。

会员营销流量：会员营销流量的精髓在于，在顾客成为京东会员后，给其提供满足和超出他们需求的高品质产品及服务，再通过维护等方式促进其第二次进行消费。

其他流量包括 App 流量、微信端流量、手机 QQ 端的流量等渠道，以及京东站外流量，例如百度、搜狗等搜索网站或者各种导航网站带来的流量。

网易流量

凭借着在邮箱领域的深耕，网易公司的一大优势在于掌握着大量的用户邮箱资源。所以，当网易公司意识到要做电商，其掌握的邮箱为目录营销提供了天然的渠道。网易严选在问世之时就给自己打上了精品品质电商的标签，在消费升级的概念浪潮中，整个网易严选的规模和营收都在不断地攀升。不多时间之后，一大批的"网易严选们"都开始跟进这个模式，在网易缺乏大流量体导流情况下，严选的增速正在慢慢下降，它的先发优势正在慢慢消失。

与此相反的是，拼多多从去年下半年开始爆发式增长，消费降级和消费分级的概念相比严选概念更受欢迎，网易严选的模式虽然是电商产业的升级，但资本和市场都能看到，网易严选的规模天花板要比拼多多低得多。因此网易严选不管是向消费者还是资本市场上都急需要描绘出一个足够宏伟的发展蓝图。在线上走到流量的瓶颈口之时，如何将现有的品牌形象覆盖到更广阔的市场上成了当务之急，而向线下发展成了严选唯一可能的阳关大道。

如何向线下发展，网易整整摸索了接近两年的时间，去年年中之时，网易严选和亚朵酒店合作，通过酒店场景来尝试网易严选的向下方式，之后网易严选尝试了多达五十种不同的严选场景，但后来貌似并没有很成功的案例，今年年初网易丁磊透露，网易电商一定会发展线下业务的，基于丁磊的预言，媒体认为严选线下店很快将到来。但实际情况却是严选线下店直到几天前才开业。

网易严选这次开出的线下店占地面积在 300 平方米左右，区位的选择上依然是商场。在整体的布局上是零售区域和体验区域各占一半。因为受限于店面面积所限，线下商品品类的选择原则是基于网易 2 万多个 SKU 中挑选出来的爆款和热门商品。在会员、商品实时价格、售后服务等方面，线下严选店和严选商城是完全打通的。

网易严选的模式从各个角度来看就是以新零售为范本打造的。但于小米之家的模式还是不同的，虽然两者在选址和定位上有重合，但本质却不同。小米之家的店内主要是以一些展示类的电子产品为主，辅之以其他的智能家居产品。但严选在仅有的 300 平方米的店铺中划出了一半的区域作为商品体验区。所以，严选的逻辑是通过爆款商品的线下展示体验，为整个的电商带来足够强劲的流量。最终体现在线上线下的成交额之中。小米直接的想法是，将小米的商品设立一个展示区，让人直接感受、购买，也即严选中体验、重曝光，小米更注重卖货。这是两者根本上的不同点。

严选走线下曝光的路是一个好方法，但如何寻找到自己需要的那部分"中产人群"还很关键，这是决定未来严选天花板高低的重要影响因素。严选要做的就是品牌的文化内涵不断丰富和清晰，名创优品卖的东西虽然只是十元或者十元以内的产品，但它在短时间内能将各个区域市场上的两元店打败，靠的就是品牌内涵和品牌文化，虽然同是两元商品，但走进名创优品和走进传统两元店是完全不同的消费体验和消费层次。

虽然网易严选目前线下店的发展速度落后于淘宝心选、小米有品这样同类型的电商品牌，但严选也有它自身极强的优势，严选大品牌的概念、统一的 ODM 模式，不仅在未来有统一可以运营的商品品牌，而且严选已牢牢地将自己的影响力覆盖到了上游的优质制造产业链上。通过 F2C 的模式很大程度上减少了商品流通环节中成本的增加。

2.2 零售支付体系

零售支付是指商业银行、消费者、商家、非银行金融机构参与的，以小额消费、转账为主的不同形式的支付结算业务。与通常的支付结算概念不同的是，零售支付不包含标准化、固定化的大额支付。

零售支付模式

零售支付的业务种类

零售支付包括传统零售支付和新兴零售支付两个组成部分，传统零售支付以银行卡为主，业务包括银行卡消费、ATM 机、CRM 机存取款、转账。新兴支付以网络支付、移动支付为主，业务有网上缴费、转账、消费等。随着新兴支付的兴起，2013 年第三方支付达到 16 万亿元；网上支付由银行处理的为 1060.78 万亿元，同比增长 28.89%，由支付机构处理的为 8.96 万亿元，同比增长 30.04%；移动支付业务由银行处理的为 9.64 万亿元，同比增长 317.56%，由支付机构处理的为 1.19 万亿元，同比增长 556.75%。2014 年新兴支付更是取得了质的飞跃，电子支付业务共计 333.32 亿笔，1404.65 万亿元，其中网上支付业务 285.74 亿笔，1376.02 万亿元；电话支付业务 2.34 亿笔，6.04 万亿元；移动支付业务 45.24 亿笔，22.59 万亿元。虽然票据支付概念趋近于零售支付，但是票据支付具有形式固定、具有筹融资等金融市场业务的特点，所以本文所述零售支付业务不包括票据支付。

零售支付的业务特点

零售支付与大额支付的区别有以下几点：一是应用场景不同。零售支付与消费和购买服务有关，伴随着现金或资金的转移，而大额支付主要是银行间交易，比如大额实时支付系统、小额批量支付系统等；二是业务模式不同。零售支付是一种市场化的应用，模式种类丰富，比如移动支付、网上支付、近场支付等。大额支付政策性特色更加明显，大小额支付一般都由各国的中央银行主导建设，监管运行；三是支付工具选择范围不同。零售支付工具由传统的银行卡支付，发展到以手机为载体的移动支付，支付工具不断前移，支付体验更加人性化。大额支付主要依托固定的系统端口进行资金汇划;四是创新动因不同。零售支付更贴近市场,更加注重效率,注重满足消费者需求的变化,创新驱动力强,发展迅猛。大额支付系统作为国家核心资金清算网络,注重安全稳健,服务渠道和模式单一,每一代核心支付系统的建设往往需要举一国之力,系统更迭期也达数十年之久。

互联网金融趋势下的零售支付主要划分为三个模式:一是以银行金融机构为主的网关支付模式;二是以第三方企业为主的网络支付模式;三是以通信运营商为主的移动支付模式。

(1)网关支付:消费者直接使用银行专属建设的支付网关通道,由银行自身后台系统完成整套支付交易过程。在该模式中,支付网关主要由用户界面系统、银行网银中心、数据系统处理、身份认证中心等组成。消费者登录银行网银进行消费、转账等资金汇划交易。

(2)第三方支付:由除银行业金融机构、消费者以外的第三方机构作为中间商来对接银行与消费者,提供便捷、多样的支付通道。在近几年的电子商务浪潮中,该模式已成为网上支付领域的最大特色。在该模式中,消费者主要在线上网络、线下实体店消费时,使用由第三方机构构建的支付交易通道,完成支付指令的信息交互,如支付宝提供线上网络的支付金融服务,拉卡拉主要提供线下实体店的银行卡 POS 终端金融服务。

(3)移动支付:应用移动智能终端,利用 RAID 技术,实现近场和远程的移动金融线上线下业务。在该模式中,消费者主要通过使用移动智能手机,利用其中加载的安全芯片,完成身份认证与支付指令处理,从而完成整个消费交易过程。

零售支付商业模式

移动运营商主导

在中国,主要有两大运营商主导的移动支付服务。中国移动依托 NFC 技术推出的手机钱包"和包"业务,用户可使用"和包"账户,完成线上购物、充值、理财服务,线下依托 NFC 近场通信,实现便利店、商场、公交、地铁等线下消费。中国电信推出"翼支付",线上业务同中国移动"和包"模式相同,线下业务利用具有 RFID 功能的 UIM 卡,通过带有进场感应的 UIM 卡实现线下消费。在国际上,比较成功的案例是肯尼亚的第一大移动运营商 Safaricom 推出的手机银行系统 M-PES，支付服务依赖小型代理店铺组织网络，顾客通过店铺将现金充值到开立在 M-PES 中的账户中，通过消息和代码在不同的 M-PES 账户中实现转账，也能实现代理商店兑换现金。

金融机构主导

自从银行卡推广以来，金融机构就开始提升支付结算业务电子化替代率，随着作为银行卡互补品的 ATM、CRM 机的价格下降，银行卡的使用环境得到改善，金融机构主导建设了庞大的线下卡基支付体系。但是随着互联网金融的发展和电子商务的发展，基于 ATM 等终端以及传统的网上银行已经不能满足社会发展需要，金融机构借助智能手机终端，实现了依托 App 的转账汇款，并将购物、消费、理财等功能同零售支付很好地结合在一起，形成了具备互联网金融的移动零售支付体系。2016 年各银行宣布取消网上跨行转账手续费，同时成立"商业银行网络金融联盟"，打响同其他支付机构争取支付入口的第一枪。

支付机构主导

第三方支付机构在国际上发展较快的主要有美国的 PayPal，在中国有支付宝、微信支付，其支付服务镶嵌在具有社交功能的 App 中，业务覆盖网上购物、理财、缴费充值等支付服务等生活的各个方面。支付机构主导的零售支付服务对银行业金融机构造成了一定冲击，加速了金融脱媒的进程，零售支付服务和互联网金融的整合，同时渗透到保险业、证券业等多个金融领域。P2P 正是依托零售支付平台迅速崛起，蚕食了银行卡收单业务，分流了优质的活期储蓄。

零售支付典型案例

微信支付

微信支付是由腾讯公司知名即时通信服务免费聊天软件微信（Wechat）及腾讯旗下第三方支付平台财付通（Tenpay）联合推出的互联网创新支付产品。有了微信支付，用户的智能手机就成为一个全能钱包，用户不仅可以通过微信与好友进行沟通和分享，还可以通过微信支付购买合作商户的商品及服务。用户只需在微信中关联一张银行卡，并完成身份认证，即可将装有微信 App 的智能手机变成一个全能钱包，之后即可购买合作商户的商品及服务，用户在支付时只需在自己的智能手机上输入密码，无须任何刷卡步骤即可完成支付，整个过程简便流畅。

微信支付是集成在微信客户端的支付功能，用户可以通过手机完成快速的支付流程。微信支付以绑定银行卡的快捷支付为基础，向用户提供安全、快捷、高效的支付服务。微信支付已实现刷卡支付、扫码支付、公众号支付、App 支付，并提供企业红包、代金券、立减优惠等营销新工具，满足用户及商户的不同支付场景，如图 2-3 所示。

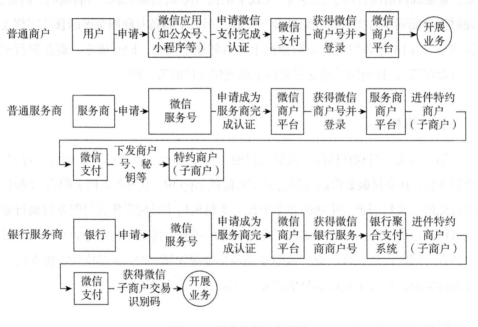

图 2-3　微信支付业务模块

微信支付模式分为两大类：普通商户直连模式和服务商模式。

服务商模式下，微信支付又分为三种：拓客类服务商（普通服务商）、开发类服务商（普通服务商）和银行服务商（银行服务商）。最早的时候，微信也尝试过地推来引流商户使用，但效果不明显。

拓客类服务商，最早即地推商家使用微信支付，效果不好，且初期商户需要开展一些运营活动，大转盘、抽奖等都无法被支持了，因此用户流失也会大。

后面就提倡向有一定开发能力,可以维护商户日常运营或提供软件服务的服务商转变。但是实质上带来微信支付快速崛起的是银行服务商。微信支付,其实并没有强大的地推团队。

微信支付可以迅速崛起就是依靠银行服务商,银行帮微信支付倒流高质量的商户,微信支付把钱结算给银行,银行再结算给商户。

微信支付有五大安全保障为用户提供安全防护和客户服务。

技术保障:微信支付后台有腾讯的大数据支撑,海量的数据和云计算能够及时判定用户的支付行为是否存在的风险。基于大数据和云计算的全方位的身份保护,最大限度地保证用户交易的安全性。同时微信安全支付认证和提醒,从技术上保障交易的每个环节的安全。

客户服务:7×24小时客户服务,加上微信客服,及时为用户排忧解难。同时为微信支付开辟的专属客服通道,以最快的速度响应用户的提出问题并做出处理判断。

业态联盟:基于智能手机的微信支付,将受到多个手机安全应用厂商的保护,如腾讯手机管家等,将与微信支付一道形成安全支付的业态联盟。

安全机制:微信支付从产品体验的各个环节考虑用户心理感受,形成了整套安全机制和手段。这些机制和手段包括:硬件锁、支付密码验证、终端异常判断、交易异常实时监控、交易紧急冻结等。这一整套的机制将对用户形成全方位的安全保护。

赔付支持:如果出现账户被盗被骗等情况,经核实确为微信支付的责任后,微信支付将在第一时间进行赔付;对于其他原因造成的被盗被骗,微信支付将配合警方,积极提供相关的证明和必要的技术支持,帮用户追讨损失。

支付宝支付

支付宝(中国)网络技术有限公司是国内的第三方支付平台,致力于提供"简单、安全、快速"的支付解决方案。支付宝公司从2004年建立开始,始终以"信任"作为产品和服务的核心。旗下有"支付宝"与"支付宝钱包"两个独立品牌。自2014年第二季度开始成为当前全球最大的移动支付厂商。支付宝与国内外180多家银行以及VISA、MasterCard国际组织等机构建立了战略合作关系,成为金融机构在电子支付领域最为信任的合作伙伴。

微信支付和支付宝支付的比较

微信可以没有微信支付，但是支付宝不能没有支付功能，这就是两者本质上的区别。虽然，微信支付跟支付宝都是在做支付，但是两者的"出身"是不一样的。支付宝一开始就是在做跟"钱"有关的事，不管是早期的买卖双方资金担保，还是后来的支付再到现在的日常生活缴费，一切的一切都是围绕着"钱""支付"来的。所以通过支付宝衍生出了余额宝等产品，最终形成了以蚂蚁金服为母公司的一系列围绕"钱"而形成的业务块。

但是微信就不一样，微信起初是运营社交服务，最初的目的是提供更加便捷的支付渠道，并强化微信的社交体验（比如红包），微信支付的前身是财付通，是腾讯对标支付宝做的一个支付系统，因为电商业务不成功，财付通也就没了动静，结果被微信支付给救活了。通过微信支付居然误打误撞进入了支付宝的市场。然后才开始大量铺市场，开拓微信支付应用场景。

从定位就可以看出，微信支付需要追赶的，并不是简简单单的市场份额，而是基因决定了，微信支付如果不从微信独立出来，在大众的意识中，就只会觉得支付宝做支付是专业的，而微信只不过是个"插班生"。

此外，在使用模式上，两种支付方式也有很大的区别，例如以下情形。

支付宝是存量模式。不论你在淘宝上购买东西，还是银行间转账，都是把钱先打到支付宝账号中，然后再由支付宝支付给商家或银行，所以支付宝是一个居中的资金管理者，是用户的个人资金管理账号，并且支付宝致力于让用户放更多的钱在支付宝里，以便从巨大的存量资金中获得利息收入。

微信支付是流量模式，舍弃了存量资金所能带来的利息收入，而简化成了一个从银行卡到商户的资金转账工具。微信在打造的社交关系的闭环，而不同于支付宝的资金交易的闭环。

2.3 零售金融链

新零售企业以互联网为依托，通过运用大数据、人工智能等先进技术手段，对商品的生产、流通与销售过程进行升级改造，进而重塑业态结构与生态圈，并对线上服务、线下体验以及现代物流进行深度融合的零售新模式。线上线下和物流结合在一起，才会产生新零售。

在中国经济放缓的背景下，各电商巨头纷纷布局新零售进一步拓展利润空间。众多企业的涌入，使新零售从一片蓝海变成了红海。为了能够在红海竞争中占据优势，新零售的玩家需要克服三大难题：首先是效率。在快节奏的生活中，企业需要做到实时联动，提高自己业务供应链的运转效率；其次是供需匹配。由于传统零售业存在信息壁垒，常常出现供需错配导致企业库存增量。再加上新零售的发货时间不定、地点分散、货品类型繁多，需要进一步协调物流和时效的矛盾；最后是资金压力。不论是电商还是传统实体想要获取更多利润，最直接的就是扩大销售量。而销量增加的同时商品的交易频率激增，这就增加了商品供应商、经销商的资金周转压力。

零售企业的发展转型要借力新型金融工具和技术手段，而最好的方式就是：通过供应链金融服务注入资金流，借助大数据、人工智能、生物识别等技术手段打破信息壁垒，构建智慧化新零售生态圈，这样"新零售＋供应链金融模式"应运而生。

"新零售＋供应链金融"模式，是依照我国改革新思路，以"互联网＋商品"思路为指导，将"互联网＋"商品交易模式渗透到传统金融业，引导社会资金进入实体经济，充分发挥产业资本与金融资本的结合，打造出生产方、投资方、消费者多方同时参与的全新交易生态圈；对于新零售中的商品供应环节，对于核心企业来说会有授权给一些经销商，供应链金融可以凭借核心企业授信及数据分析，为这些经销商提供资金支持，缓解其资金周转压力；对于新零售中的物流环节，一些运输公司、快递公司总是希望更快拿到应收账款，开展其他业务从而扩大经营规模。那么，通过供应链金融的接入就可以满足其需求。

在仓储环节，可以综合考虑上下游企业的交易、库存、位置等数据，通过大数据分析可以做风险定价和风险评估，从而核算风险贷款金额。

在新零售这一业态中，随着流通链条的缩短，数据的低成本流动，拓展了供应链金融市场。未来，供应链金融服务将呈现多维度、高频次、多触点的特征，并以"客户为本"为原则与业态中的企业进行合作，服务提供者也将从中获取更多收益。

发展现状

一路高歌

近几年,随着国家对消费金融支持力度的加大,消费金融一路高歌,服务主体、支持力度、消费场景实现快速发展,为我国民众消费能力的快速提升提供了资金支撑。

一是服务主体日渐增多。随着中产阶级的快速崛起,我国消费金融市场快速发展,参与主体也日渐增多,如商业银行、消费金融公司以及互联网电商平台等。

其中,商业银行和消费金融公司的服务对象主要以信用等级相对较高的白领、代发工资户等客户为主,服务产品主要集中在消费贷、信用卡以及购物分期等领域;互联网电商平台则主要依托自身平台,为平台内部的用户提供购物分期以及现金借贷等服务。

二是支持力度不断增强。在强监管、去杠杆、回归本源的大环境下,消费金融市场逐步向规模与质量并重转换。

三是消费场景不断延伸。近年来,金融服务主体紧贴居民各类消费生活场景,不断延伸服务领域,拓宽产品体系,如商业银行方面,不断拓展消费领域,从原来的装修需求逐步延伸到教育需求、旅游需求等。

互联网电商平台方面,除积极拓展线上场景外,也积极与外界合作拓展线下场景。如京东金融通过与新东方、丁丁租房、居然之家等企业合作,将京东白条的应用场景逐步扩大到教育、租房、装修等领域,搭建了"线上+线下"的全渠道场景。

风险积聚

消费金融行业与生俱来的高风险高收益特性,在吸引大量主体涌入的同时也积聚了一定的风险,如高利率、暴力催收等给消费者带来了诸多不利影响,逐渐引起了社会和监管的关注。

一是实际利率惊人。以一部 10 999 元的 iPhone 手机为例,分 12 期购买的话,每期需支付 1040.06 元,计算后得到实际利率为 23.9998。

二是暴力催收盛行。2018 年 3 月 29 日,中国互联网金融协会发布《互联网金融逾期债务催收自律公约(试行)》,对催收行为进行了规范。

三是擅自更改用途。近两年，在房价上涨的背景下，消费贷款迅猛增长，其中不乏一些违规资金混在其中干扰房地产调控政策。为此，2017年9月末，住建部会同人民银行、原银监会联合下发《关于规范购房融资和加强反洗钱工作的通知》，提出严禁房地产开发企业、房地产中介违规提供购房首付融资等要求，并加大了相应的查处力度。

努力转型

天使与魔鬼之间往往只有一步之遥，如何封住消费金融"魔"性的一面，更好地为消费者提供服务成为各消费金融机构转型的重点。各消费金融机构主体可从以下层面进行尝试，做好转型。

商业银行积极向零售金融转型

产品层面，完善消费金融产品体系。近年来，随着我国中产阶级的崛起，消费者对定制旅行、健身美容、继续教育等方面的需求日渐增多，且对品质的关注日渐提升。商业银行可围绕健身、教育、医疗等需求，开发相应的消费金融产品，丰富产品体系，满足客户个性化、品质化的消费需求。场景层面，继续延伸金融服务触角。在开展跨界合作的同时，商业银行可依托乡村振兴战略，开发农村金融业务场景，创新农村金融服务产品，向农村地区进一步延伸服务触角。渠道层面，积极利用直销银行和线下网点构筑线下、线上互为补充的网络体系，打造开放融合的跨界合作平台，更好地满足客户综合金融需求。风控方面，当前个人部门贷款增速过快，商业银行要做好个人部门的风险控制。

消费金融公司需找准自身优势

随着金融严监管的推进，消费金融跑马圈地的时代已成过往，之前存在的多头借贷和借新还旧等行为受到明显制约，消费金融行业也进入了比拼核心竞争力的时代。夹在拥有低廉成本的商业银行和拥有丰富场景的互联网电商平台之间的消费金融公司必须根据自身实际，明确市场定位，寻找细分领域，提升核心竞争力。

非持牌机构要回归普惠初心

2017年底，原银监会P2P网络借贷风险专项整治工作领导小组办公室发布了《小额贷款公司网络小额贷款业务风险专项整治实施方案》，要求对网络小贷公司做分类处理，整改不合规以及不具备相关资质的企业。监管高压之下，网络小贷等非持牌机构业务亟须转型。

第一，放慢速度，做好存量业务的消化。非持牌机构要对现有消费金融业务进行整改和压降，逐步退出无场景依托、无指定用途、无客户群体限定、无抵押等特征的"现金贷"业务，做好存量业务的消化和整改。

第二，加强风控，搭建全面防控体系。非持牌机构在运用大数据提升风控技术的同时，也要注重贷前、贷中和贷后全面风险防控体系的构建，此外，充分借助外部数据，减少欺诈等行为的发生，提升风控水平。

第三，回归初心，向普惠金融转型。非持牌机构的客户很多都是享受不到银行服务的低收入客群，因此非持牌机构在转型的过程中可将普惠金融作为转型重点和方向，利用自身的技术优势向农村等薄弱领域拓展服务的深度和广度，精准对接，满足普惠领域的资金需求。

消费金融的分类

银行系互联网消费金融

银行的互联网消费金融服务模式相对最为简单（见图2-4）。消费者向银行申请消费贷款，银行审核并发放，消费者得到资金后购买产品或服务。

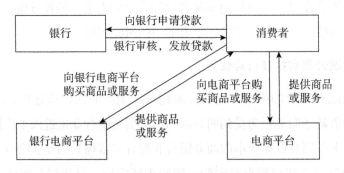

图2-4 银行系互联网消费金融模式

目前，个人消费贷款业务在银行整体个人贷款业务中占比偏低。各大银行目前在积极布局网络消费的全产业链，丰富自身网上商城的消费场景，力图在相关领域追赶淘宝、京东等电商领先企业。

持牌消费金融公司系互联网消费金融

互联网消费金融公司服务模式与银行类似（见图 2-5）。一般情况下，消费金融公司的审核标准较银行的标准更为宽松，贷款额度也更高。不过消费金融公司的整体实力和消费者的接受程度与银行相比还有很大差距。

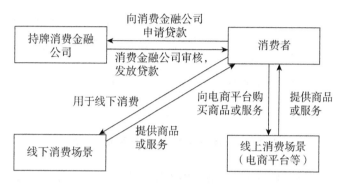

图 2-5　消费金融公司互联网消费金融模式

未来消费金融市场或将比较注重线上和线下双重消费场景，比如海尔消费金融、苏宁消费金融，这也将为消费金融公司带来差异化的发展模式。

电商系互联网消费金融

电商系互联网消费金融服务模式（见图 2-6 和图 2-7）主要依托自身的互联网金融平台，面向自营商品及开放电商平台商户的商品，提供分期购物及小额消费贷款服务。

图 2-6　电商系互联网消费金融模式（一）

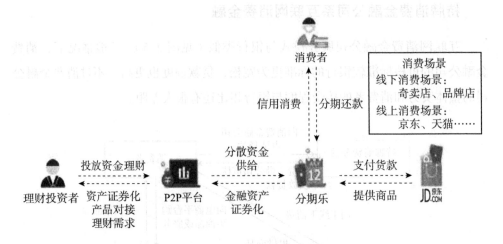

图 2-7 电商系互联网消费金融模式（二）

由于电商在互联网金融、网络零售、用户大数据等领域，均具有较明显的优势，在细分的互联网消费金融领域中，综合竞争力也最强，未来也将引领市场的发展趋势。

P2P 系互联网消费金融

作为新涌现出来的互联网消费金融服务模式，P2P 系互联网消费金融用户群体面向在校学生（校园消费金融）、白领（发薪日消费金融）、有固定收入阶层；消费场景包括线上与线下。以分期购物平台为例，目前主要针对大学生群体。

但由于目标群体缺乏稳定收入，且客户绝对数量较小，未来分期购物平台在坏账率、征信数据获取、客户群体延续性等方面均面临挑战。

四种互联网消费金融模式差异比较

三大类别银行系、持牌消费金融系、互联网金融系（电商和 P2P），四种不同互联网消费金融模式在客群覆盖、审批模式、资金来源方面有不同特点，如图 2-8 所示。

	银行	消费金融公司	电商	P2P
客群覆盖	通过自身银行业务，拥有大量潜在客户	业务模式接受程度不高，覆盖用户群体较小	通过自身电商及支付，覆盖大量的消费者	针对性的用户覆盖，目前绝对用户数量不大
审批模式	成熟的征信及审批模式，但效率极低	风险容忍度略高，审批程序比银行更有效率	可借助用户的消费记录完成审批，并开展征信业务	征信模式比较初级，具有互联网特色的风控体系相对传统机构更有效率
资金来源	资金来源于吸收的存款，成本低，来源稳定	资金只能来自股东资金及金融机构间拆借	资金来源于股东资金，但自身资金实力雄厚	资金除了来源于自身外，还来自P2P理财用户及传统金融机构
	业务模式成熟，主要劣势在于审批要求严格，周期较长	现有业务模式受众较小，亟待丰富创新自身的服务模式	用户覆盖优势明显，业务创新及大数据等技术实力突出	新兴的互联网消费金融模式，各方面能力均有待提升

图 2-8　四种互联网消费金融模式比较

第3章 电商将进入全渠道时代

随着移动渠道、平板电脑、社交媒体的出现,以及营销和零售业进一步数字化,新渠道在线上和线下整合,零售业格局进一步发生变化,现行的多渠道不可阻挡地转向全渠道模式。Brynjolfsson,Hu 和 Rahman(2013 年,第 23 页)提到:"过去,实体零售店在让消费者触摸和感受商品并提供即时满足方面是独一无二的;与此同时,互联网零售商试图通过丰富的产品选择,低廉的价格以及产品评论和评级等内容来吸引购物者。随着零售行业向无缝'全渠道零售'体验发展,实体和在线之间的区别将逐渐消失,将世界变成一个没有围墙的展厅。"是的,种种现象表明全渠道零售时代正在全面到来,但是全渠道究竟是什么,对我们很多人来说还很模糊。想要充分把握全渠道时代,必须先对全渠道有清晰整体的把握。

本章主要对电商全渠道的发展进行全局分析,以对全渠道零售有整体清晰的把握,为零售商制定全渠道战略提供参考。本章首先对国内零售行业全渠道的发展现状进行了整体描述,然后分析全渠道的成因,最后着眼当下全渠道的发展中的实际问题,分别阐述了全渠道的零售过程以及全渠道当前发展的机遇与挑战。

3.1 零售行业全渠道发展现状

在过去十年中,零售业发生了巨大变化。在线渠道的出现以及移动渠道和社交媒体等新增加的数字渠道改变了零售业务模式。本节首先介绍了国内零售行业全渠道的发展历程,随后阐述了零售渠道的演化路径,最后总结了全渠道的特征。

零售行业全渠道发展历程

虽然"全渠道"这一概念从 2013 年初才开始在国内兴起,但是自互联网和电子商务在我国出现并发展开始,便有大量的传统零售企业从线下实体零售向线上网络零售拓展。总体上国内全渠道的发展分为初期探索阶段、高速发展阶段以及全渠道零售变革阶段。

初期探索阶段

国内零售企业全渠道发展的初期探索阶段主要集中在 2010 年前后,这一阶段,我国已经开始有部分零售业巨头开展线上业务。以苏宁为例,2009 年在实体零售被电商猛烈冲击导致营业状况急转直下的背景下,苏宁毅然决定实施零售革新,于 2009 年开始开展线上业务,苏宁易购上线,提出了"科技转型、智慧服务"的十年发展战略。而也正是在转型初期,苏宁业绩首次超越国美,2010 年苏宁电器销售收入从 583 亿元增长至 755 亿元,营业利润从 38.8 亿元攀升至 54.3 亿元。同时国美在受到电商冲击后也迅速响应,于 2008 年和 2009 年坚决推动电商业务的发展,通过改变供应链利益分配模式实现供货商关系优化,以推动电商业务发展,但是在这一探索阶段,国美遭遇重创,盲目扩大规模导致国美在电商领域出现了亏损。可见在初期探索阶段,虽然不少零售巨头都已经意识到零售业发展的大方向,但是从传统零售转向电子商务也需要付出一定的探索成本。

高速发展阶段

2011 年起,向线上发展的零售巨头已经在不断探索之中找到了稳定的发展对策,同时一些中小零售企业也开始顺应市场发展潮流以及追赶零售巨头的脚步,纷纷涉足线上业务,到 2012 年年底涉足网络零售业务的传统零售企业数量达到了近百家。在这一阶段,线上零售市场规模随着传统零售企业的加入不断扩大。也正是在这一阶段,已经开始有零售企业不满足于单纯线上业务的开展,开始探索更适合零售企业发展的 O2O 模式。以苏宁为例,在经历了初期的线上扩张之后,苏宁认为单纯的传统电商与单纯的传统线下实体两种渠道并不能够很好地发挥零售企业的优势,纯电商对于零售企业而言只能作为一种简单的过渡模式,因此苏宁开始进一步明确互联网转型策略——一体两翼策略。即以互联网零售为主题,以O2O模式和开放平台为两翼的发展战略，打造出"电商+店商+零售服务商"的发展模式。为了实现这一战略，苏宁不断优化仓储物流，于2012年在南京投入自动化仓库，同时在北京、上海、广州等地启动小件仓库，解决了O2O的商品、服务对接难题。因此2012年全年苏宁易购销售额高达183.36亿元，同比增长210.8%，同年纯电商平台京东商城销售额增速为183%。由此可见在这一阶段，一些进行革新的零售企业不仅适应了电子商务领域的发展，而且为零售企业开辟了一条特色鲜明的发展道路。

全渠道零售变革阶段

2013年起，电子商务与线下实体界限逐渐模糊，全渠道已经开始代替线上渠道和O2O渠道成为最新的发展风向。全渠道是融合了实体、电子商务、移动电子商务的零售渠道。全渠道发展至今，零售企业也从此前单纯的投资拓展线上渠道转型为谋求企业战略和资本合作的深度融合发展。全渠道零售变革阶段最显著的特征就是线上电商纷纷"下线"，扩展线下市场，传统零售企业在不断挖掘线上市场的同时又再次回归实体零售，但无论从哪一个角度看，全渠道零售都在重新改写零售行业。以苏宁为例，这一阶段苏宁正式更名为苏宁云商。经历了前两个阶段的发展，苏宁在这一阶段的全渠道变革更加深入，不仅进行了重大的组织构架调整，更对门店进行了改造，并对品类进行了扩容，在物流金融先行的战略下逐渐拉开了全渠道零售变革的序幕。因此，苏宁也成为最早布局金融的零售企业之一，其业务板块形成了"民营银行+供应链金融+消费金融"三大板块，苏宁将金融业务与全渠道零售紧密结合，不仅扩张了业务版图，也提升了服务层次。而经历了调整的实体门店被分为大店（云店、旗舰店）、中型店（中心店、社区店）、县镇店、红孩子、超市店，实现了全方位、多层次地覆盖全渠道与各地市场。2017年苏宁易购营业收入高达1879.10亿元，同比增长26.47%，净利润达到42.10亿元，同比增长497.66%，领跑零售行业。

零售渠道的演化路径

为了应对零售业务模式的发展需求，许多零售商开始探索多渠道战略。但是随着移动渠道、平板电脑、社交媒体以及这些新渠道在线上和线下零售的整合，多渠道正向着全渠道零售模式继续发生变化。

零售渠道是指产品或服务从某一经营主体手中向另外一个主体(个人或组织)转移所经过的路径，这些产品和服务主要用于最终消费，单次交易批量较小。完成一次交易的完整路径，被视为一条零售渠道，例如蔬菜通过超市卖给顾客，图书通过网站卖给网友，各自都是一条完整的零售渠道。一般认为零售渠道的演化发展经历了4个过程：单渠道、多渠道、跨渠道以及现在的全渠道。

单渠道零售

根据一些咨询公司专家的观点，"实体店铺"也被整体视为单一零售渠道了，因此他们认为单渠道零售时代就是实体店铺的时代。但是，从学术角度看，单渠道零售，是渠道宽度问题，它是指选择一条渠道，将产品和服务从某一销售者手中转移到顾客或者消费者手中的行为。单渠道策略通常被认为是窄渠道策略，而不管这一条渠道是实体店，还是邮购，还是网店。例如在古代，自给自足的农民常常通过集市贸易单一渠道销售自己剩余的农副产品；在计划经济情境下，日常生活用品也是遵循着工厂—一级批发商—二级批发商—三级批发商—零售店—顾客的单一渠道方式；在互联网时代，通过一家网店进行零售，也属于单渠道零售。

多渠道零售

咨询公司专家把实体店加网店的分销视为多渠道，但是从渠道分类的学术视角看，它是指企业采用两条及以上完整的零售渠道进行销售活动的行为，顾客一般要在一条渠道完成全部的购买过程或活动。例如汽车厂商对于团购的出租汽车公司采取直销渠道的方式，对于零散顾客采取4S店铺的渠道的方式，每条渠道都完成销售的所有功能，其间不进行交叉。其实，多渠道零售并非2000年之后才出现的行为，例如美国西尔斯公司在20世纪初期就开始了店铺和邮购相结合的零售方式，一些化妆品供应商不仅在百货商店零售产品，也在化妆品专卖店或超市零售。

跨渠道零售

依据专家的观点,有形店铺、虚拟店铺和移动商店的结合,就是跨渠道零售。根据已有的渠道管理理论,这还是多渠道,而跨渠道是指企业采用多条非完整的零售渠道进行销售活动的行为,每条渠道仅完成零售的部分功能。例如利用电话与顾客进行商品介绍,通过实体店完成交易,通过呼叫中心进行售后服务等。多渠道零售表现为多渠道零售的组合,每条渠道完成渠道的全部而非部分功能;跨渠道则表现为多渠道零售整合,整合意味着每条渠道完成渠道的部分而非全部功能。

全渠道零售

omni channel retailing 起源于 2009 年,但是引起领先咨询公司和零售公司更多关注和讨论的是在 2011 年。贝恩全球创新和零售业务负责人达雷尔·里格比(Darrell Rigby),在 2011 年第 12 期《哈佛商业评论》发表了"The future of shopping"(《购物未来》)一文,指出:"随着形势的演变,数字化零售正在迅速地脱胎换骨,我们有必要赋予它一个新名称'omni channel retailing'。这意味着零售商能够通过多种渠道与顾客互动,包括网站、实体店、服务终端、直邮和目录、呼叫中心、社交媒体、移动设备、上门服务等。"因此全渠道零售(Omni Channel Retailing)是指企业采取尽可能多的零售渠道类型进行组合和整合(跨渠道)销售的行为,以满足顾客购物、娱乐和社交的综合体验需求。这些渠道类型包括有形店铺(实体店铺、服务网点)和无形店铺,以及信息媒体等。

在今天,几乎一种媒体就是一种零售渠道。随着新媒体类型如雨后春笋般地不断涌现,跨渠道进入了全渠道的时代。当然,这里的全渠道,不是指企业选择所有渠道进行销售的意思,而是指面临着更多渠道类型的选择和组合、整合。如果从更准确的另外一个交易方看,全渠道零售实际上是顾客的全渠道购物,如图 3-1 所示。

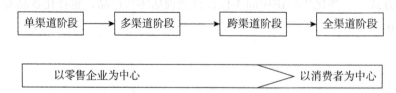

图 3-1 全渠道演化路径

四个阶段里单渠道、多渠道和跨渠道三种模式均是以零售商为中心的渠道布局模式，只有全渠道是唯一以消费者为中心的渠道模式。在多渠道零售和跨渠道零售中，零售商只站在自己的角度考虑，与消费者是割裂的。即使是同一个消费者，如果在同一个零售商的多个渠道中，仍然会被视为不同的消费者。在全渠道零售中，无论消费者在一个零售商的哪一个渠道，零售商都能协调多个渠道，为消费者提供一致的购物体验与一致的营销服务，让消费者感受不到渠道壁垒的存在。

全渠道的特征

全渠道零售也是跨渠道零售的更高级阶段，全渠道强调在搜索和购买过程中，多个渠道之间的互换和无缝地使用。与多渠道和跨渠道零售相比，全渠道模式下渠道数量增加，并且渠道之间的自然边界逐渐消失。此外，全渠道下另外一个特征就是客户—品牌—渠道互动加深。

渠道数量增加

不同于多渠道，在全渠道环境中，渠道之间可以通过相互协同，为消费者提供多个渠道之间的无缝转换和使用。因此在全渠道环境中，扩大了传统渠道的定义范围，只要能与消费者接触的点都是渠道。例如，我们可以将搜索、显示、电子邮件、附属机构和推荐网站都视为在线媒体中的单独渠道，因为它们可以促进一个——或双向沟通或互动[2]。同样，在移动环境中，除了上述渠道外，品牌应用程序也被视为一个渠道。因此，跨越渠道和设备（如台式计算机、笔记本电脑和移动设备）的消费者切换都是购物者全渠道体验的一部分，企业需要考虑这一点以提供无缝体验。具体而言，客户和公司不断互换，同时使用不同的渠道和接触点，以促进客户的零售体验。

渠道边界消失

在全渠道的模式下，一个重要的变化是，渠道之间的自然边界开始消失，不同的渠道变得模糊。从消费者的角度来看，随着全渠道的发展，越来越多的消费者选择线上和线下相结合的方式进行购物。来自麦肯锡的一份消费者研究报告显示,目前只有5%的消费者选择了纯线上购买商品,79%的消费者是线上线下相结合的方式进行购物,而只有16%的消费者只进行单一的线下消费。这是因为购物是感官之旅,是体验之旅。如果一个产品不需要体验,线上可以完全取代线下。只要购物还需要体验,不管O2O,还是微信扫码,线上不可能完全取代线下,电商不可能完全取代实体店,两者应该共存。因为线下提供的是体验,线上提供的是方便,两者缺一不可。

从零售商的角度来看,伴随着全渠道的发展,线上线下全渠道融合零售模式使线下零售企业积极提升门店数字化水平,打通线上线下商品、客户、订单信息,更好地匹配顾客、商品、场地等零售要素,提升运营效率;线上零售商则通过强大的供应链体系、技术和完善零售基础设施提升行业智能化升级;而O2O、互联网综合服务平台等则通过技术手段及服务方式,优化消费者购物体验。线上线下融合分为基于供应链效率提升的融合、基于消费体验重构的融合、基于消费场景延伸的融合。

基于供应链效率提升的融合。线上线下融合的重要目的之一是实现信息流、资金流、物流之间的有机衔接与融合,使得生产、流通、服务等过程更加高效。为了更好地将"人、场、货"相匹配,实现人在其场,货在其位,人货相匹配的供应效应。供应链的全方位融合提升是重要基础,智能供应链将不仅仅是传统意义上的供应链,它将依托大数据和信息系统把综合感知用户需求、智慧指挥协同、客户精准服务、智能全维协同、重点聚焦保障等要素集成于一体,使各个系统在信息主导下协调一致的行动,最大限度地凝聚服务能量,有序释放服务能力,这样最终会使服务变得更精准,使供应链变得更透明、柔性和敏捷,使各个职能更加协同。

基于消费者体验重构的融合。基于消费者体验重构的融合,通过线上、线下融合以及众多零售技术的运用,实现消费者到店体验的优化。当前基于消费者重构的融合主要有两种不同的路径:一是对现有门店实现数字化的创新升级,这种方式成本相对较低,且可以实现迅速规模化的复制和扩张;二是运用各类零售科技,以及多种业态有机结合(如超市+餐饮),打造商场新物种。两种模式均通过线上线下的融合,实现了消费者体验的优化和门店效率的提升。

基于消费场景延伸的融合。基于消费场景延伸的融合,主要表现为线下门店进行线上化升级,并通过即时配送满足消费者即时性需求。对于消费者而言,即时消费以其短距离即时配送的优势，充分满足了消费者对高频生活消费品便捷性、即时性的消费需求，为消费者提供1小时送达的方便快捷的购物体验，满足了消费者对购物时效性提出的更高要求。

整体来说，线上线下全渠道融合打通了线上、线下资源，提升了线上线下商家的经营效率，更重要的是向消费者提供了全渠道融合的多场景、多种方式的购物体验，极大地丰富了零售供给中的服务内容，促进居民消费结构由商品消费向享受/服务型消费转型。虽然线上线下融合是趋势，但是对所有零售商来说，并没有任何成熟的模式可以借鉴，只能摸着石头过河。在中国，传统零售商仍然停留在把网络和移动销售看作一种新增的销售渠道，并没有把这些视作一种对购物过程的变革，电商也只是把实体店视作消费者的体验店。两者都没有在零售的价值链上彻底实现各类资源的整合。价值链是整个分销渠道为消费者提供的利益的总和。而当前消费者仍通过光顾各种业态的商店来满足不同的需求，具体而言，他们会将商品的购买过程与寻求价值增值的购物过程分开来。从某种意义上说，线上更多地迎合了前者，线下更多地满足了后者。

客户—品牌—渠道互动

全渠道模式下，加深了客户—品牌—零售渠道之间的互动。这也意味着在全渠道世界中，研究人员对每个客户接触点如何影响品牌和零售业绩的问题感兴趣。

全渠道营销与消费者的接触，是通过不同的渠道进行频繁沟通。当你的用户想要与你的品牌进行互动时，你的工作就是洞察需求，并要跟上他们的步伐。众所周知，针对性的电子邮件、再营销广告活动和地理推送通知的营销很有效，因为它们为用户提供与他们相关的体验：他们已经采取的行动，感兴趣的内容等。他们希望每次在不同设备上能够拥有一致的体验。在客户用来访问您的品牌的所有渠道中，全渠道营销可以提供持续的用户体验：从您的应用和网站，到广告和现实世界的接触点，如店内体验。我们知道用户经常在不同的渠道间访问，与品牌进行互动，可以通过让他们选择"在哪离开"来更好地服务他们。从数据的角度来看，这意味着他们的购物车中的物品将被保存。从内容的角度来看，信息传递在整个渠道中是一致的、互补的、不间断的。

3.2 全渠道的成因

顾客变化催生了全渠道，信息技术革命的进一步深化催生了全渠道，可以说全渠道的产生是信息技术和顾客需求双向驱动的结果。信息技术的进步，为零售商和品牌商提供了丰富的零售渠道，实现了信息的移动化和全天化，形成了全渠道信息传递模式，同时也促进顾客的变化——SOLOMO消费者是全渠道典型的消费群体，另外消费主权时代的来临也进一步促进了全渠道的形成。

信息技术进步

零售的本质就是信息传递沟通的过程，消费者购物的过程也主要是信息传递的过程。在顾客的购买过程中，绝大多数活动是信息的采集、加工、比较和发出指令等行为，因此零售渠道越来越接近于信息渠道，信息技术的发展带来的信息传播路径的拓展必然催生大量零售渠道。

20世纪50年代开始的信息变革，其标志是电子计算机的普及应用及计算机与现代通信技术的有机结合。随后在20世纪90年代之后，单一的计算机很快发展成计算机联网，实现了计算机之间的数据通信、数据共享。在单一计算机时代，出现了电子技术控制的自动售货机。在第一代互联网Web 1.0时代，把人和计算机联系在一起了；在第二代互联网Web 2.0时代，把人和人联系在一起了，形成了一个社交的网络；在第三代互联网Web 3.0时代，有海量的数据，又有云计算工具将其转化为数字化信息，信息规模巨大且传递速度更快，还可以使用多种接收装置收集信息，如计算机、手机、电视、收音机、谷歌眼镜等，实现信息传递移动和随身化、24小时全天候化以及文字和图像的多元化。因此，从2012年开始人类进入了大数据时代。

迈尔·舍恩伯格和库克耶在《大数据时代》一书中提出了大数据时代的特征，认为大数据的核心就是预测，这个核心代表着分析信息时的三个转变：一是在数据采集规模方面，在大数据时代可以采集和分析更多的数据，甚至可以处理和某个特别现象相关的所有数据，而不再依赖于随机采样；二是在数据分析准确性方面，研究数据如此之多，以至于不再热衷于追求精确度，因为大数据的简单算法比小数据的复杂算法要准确得多；三是在数据分析的目的方面，不再热衷于寻找因果关系，而是相关关系。大数据意味着大量信息的传递，这表明，伴随着大数据时代的到来,人类也自然地进入了全渠道的信息传递时代。

在全渠道的信息传递时代,信息传播路径多样化、快速化,信息接收终端丰富化,信息传递移动化和全天化。如今信息传递媒体已从用户在特定时间、特定场所,被动获取信息的单点接触,发展到在任何时间、任何场所,主动获取信息的多点接触。罗振宇提出"一切皆媒体"的概念。媒体也由一个有明确边界的行业,变成无边界行业,变成所有人都能参与的工具,信息的传播已经快速扁平化,媒体和渠道实现了前所未有的统一。过去任何传统媒体都是一对多的一次传播,而社交产品则一对一,这也导致消费者对零售企业提出了更高的要求。由此可见,技术变化导致的全渠道信息传递时代必然催生全渠道购物者的崛起。

全渠道购物者崛起

信息技术催生全渠道购物者

顾客购物过程,大量的是信息的传递过程,或者说是顾客收集、分析、比较、接受和反馈信息的过程,这其中只有物流不是信息传递,但这项活动对于购买过程来说可有可无,即它是可以游离于购买过程之外的购买后的行为,因此信息渠道就是购物渠道,二者归一了。自然地,全渠道信息传递时代的来临必然导致顾客全渠道购物者群体的崛起。艾司隆欧洲、中东和非洲战略咨询与高级分析总监珊娜·杜巴瑞(Sana Dubarry)认为,全渠道购物者已经崛起,他们同时利用包括商店、产品名录、呼叫中心、网站和移动终端在内的所有渠道,随时随地浏览、购买、接收产品,期待着能够贯穿所有的零售渠道和接触点的一屏式、一店式的购物体验。

还有一点需要强调的是,这不仅意味着全渠道购物者通过尽可能多的渠道完成购买过程,更重要的变化是他们的生活方式与购物过程融合在一起,人们已经把越来越多的工作时间和休闲时间放在互联网和手机微博上。换句话说,现代人在互联网和手机上工作、休闲,信息的搜索、浏览、分析、传递成为人们生活方式越来越重要的、不可缺少的一部分,而购物则简化为信息流转的过程,自然可以轻易地完成。

SOLOMO 消费群体

2011年2月全球最有影响力的风险投资家约翰·杜尔提出SOLOMO概念，即社交（So-social）、本地化（Lo-local）、移动（Mo-mobile）三个词的整合。这三个概念成了互联网创新应用的三大支点。SOLOMO时代，每一位消费者成了SOLOMO消费者。消费者变成了社交消费者（Social Consumer），即每个消费者在购买决定做出之前会更多地通过社会化网络平台，比如微博、论坛、微信群等咨询他们的好友、同事、专家、同行、网友等社交群体成员来作出购买决策。消费者变成了本地消费者（Local Consumer），基于LBS（Location Based Service），即基于本地位置的定位与服务，消费者能够随时在本地位置附近找到各类商家，并及时收到商家基于位置推送的优惠促销信息，商家也能及时便利地找到位置附近的消费者，做到精准营销。同时消费者也变成了移动消费者（Mobile Consumer），每个消费者把所有的商店信息与商品都装进了自己的口袋，可以随时随地拿出移动终端，收集任何购物信息、逛任何商店，或者直接付款购买。移动化使得传统的实体商店货架实现了时间和空间上的无限延伸。2012年全球知名管理咨询公司凯捷集团，在"与数字化购物用户契合"（Digital Shopper Relevancy）报告中提到，通过对16个发展中和成熟市场的16 000名数字化消费者调研后表明，消费者不再忠诚于单一零售渠道，而是期望零售企业能实现多渠道间的无缝集成购物体验，SOLOMO消费群正在兴起。SOLOMO消费群的快速崛起，重新定义了商圈的含义，除地面商圈以外，互联网商圈和社交商圈加速形成。

SOLOMO 消费群的特征

每个消费者是社交化的消费者，消费者高度社交化的"再部落化"重新定义了商圈。麦克卢汉认为人类社会经历了"部落化—非去部落化—再部落化"三种社会形态。当网络媒介发展到高级阶段后，人类社会开始"再部落化"。今天的消费者寄生在社交网络中，消费者开始"再部落化"，社交网络成为聚客力最强的商圈或部落群。社交化媒体的不断盛行，使消费者购买行为中的互动参与等社交性元素不断增强，每个消费者都能组建自己的粉丝团或好友团等微型商圈。消费者开始自发组织起来，关注、分享、参与甚至主导整个购物过程。社交化消费者的"再部落化"彻底打破了过去买家和卖家的信息不对称的局面，消费者开始更多倾向于听取各种社交圈子好友的意见，而不是商家提供的产品广告与信息，市场主权真正回归消费者。

每个消费者是基于本地化产品和服务的消费者。虽然大量时间寄生于互联网络，但消费者也需要大量的基于地理位置的产品与服务。互联网基于本地化的创新应用是LBS，LBS可以将线上消费者带到线下，将线下消费者带到线上，并提供大量基于本地的产品与服务。龙亚平（2013）认为它包括两个要点，一是确定消费者或者移动终端所在的地理位置；二是提供基于消费者或移动终端地理位置相关的各类信息服务。基于LBS这样的技术消费者能够准确找到本地位置附近的商家，商家也能够找到周围的消费者，并及时发布最新动态与优惠信息，做到精准营销[5]。

每个消费者开始成为移动消费者。中国互联网信息中心（CNNIC）数据表明，截至2014年12月，中国手机网民规模达5.57亿人，使用手机上网比例提升至85.8%，已经超过PC上网，手机作为第一大上网终端设备的地位将更加巩固。日益增长的移动消费者对于零售商来说无疑是一个巨大的机会。零售商开始进入O2M时代，由于Online和Offline的客户群重叠度太小导致O2O的失败，O2O误导了企业向全渠道零售的转变，而Offline客户群与移动客户群的重合度至少在60%，Online客户群与移动客户群的重合度至少在80%以上甚至更高。结合颜艳春（2013）的观点，随着SOLOMO消费群的兴起，消费者行为特征发生了三大变化：第一，消费者是全天候消费者。从时间的角度来看，消费者希望在任何时候都能买到想买的东西。SOLOMO消费者最为活跃的地方就是社交网站和移动设备；第二，消费者是全渠道消费者。从空间的角度来看，消费者希望在任何地方都能买到想买的东西。消费者不再忠诚单一渠道，而是交错出现于不同的渠道之中；第三，消费者成为个性化消费者。消费需求和零售渠道的完美契合是零售企业成功的关键。当消费者变得全天候、全渠道以及个性化时，只有全渠道零售才能契合SOLOMO消费群变化的这三大特征。

消费主权时代来临

消费主权时代来临将改变市场格局，引发零售企业渠道模式的创新与变化。消费者主权（Consumer Paramountcy）这一概念最早出现在《国富论》中，消费者主权理论的核心含义是：消费者依据自己的意愿和偏好到市场上购买所需产品，市场把这一信号传递给生产者,生产者又依据消费者偏好安排生产,提供其所需要的产品。消费者凭借消费者市场上生产者的竞争,向生产者"发布命令"与行使主权,整个经济模式由消费者所主导。与消费者主权对应的是生产者主权和销售者主权。市场经历了生产者主权—销售者主权—消费者主权的发展过程。不管是哪一种主权时代,主权主体是市场发展变革的主要驱动力。很显然,消费者主权时代,作为一种高级阶段,表达的是消费者与生产者的一种新型关系,消费者对商品生产销售起着决定性作用,零售渠道模式要契合这种新型关系。消费者主权时代应将选择权(我的消费我做主),定价权(一客一价),定制权(一客一店)还给客户。

《零售业的新规则——战斗在全球最艰难的市场上》的作者之一罗宾·李维斯(Robin Lewis)认为:"零售业的第三次浪潮正席卷全球。未来将会有一半的零售企业和品牌会被淘汰,传统的零售模式和批发模式将会崩溃。"他把过去零售业150年来的发展划分为三次浪潮,他认为目前全球已经进入消费者绝对主权时代,无论线上还是线下零售商都将面临零售商的第三次浪潮挑战。社会的主导权力已经由生产厂商转移到消费者手中,不管销售或者推荐任何信息与商品,首先要获得消费者的授权或者许可。事实上,当消费者能够借助技术进步形成"再部落化",全世界所有的消费者真正联系了起来,借助社交网络实时分享共享各种企业与产品信息,在消费者眼中企业与产品已经没有太多秘密。同时,买家和卖家之间的信息不对称被彻底打破,过去依靠信息不对称盈利的模式将不复存在,每一家企业与产品在消费者眼中都是透明的,市场主权将彻底回归消费者。在消费主权时代,传统零售渠道模式只能加速向全渠道零售模式转变。

全渠道零售时代来临

由于人们所有生活几乎都寄生在互联网和手机等信息媒体上,同时决定购买时不必看到实物,付款时不必现场支付现金,付款后也不必立即自提货物,因此,谁拥有与顾客交流的信息接触点,谁就可以向顾客卖东西,零售简单化和社会化了,就进入了一个新的全民经商时代,准确地说是"全民零售业"的时代。就像20世纪80年代"个体户业"爆发的时代一样,个体网商开始几年不用上税,不用工商注册,这标志着几十年不遇的平等发财的新机会来临,催生了新的富翁

（三十年前是万元户，今天是千万元户或者说是亿元户）。近几年网商优胜劣汰，逐渐规范，催生了一大批电子商务组群，寄生于社交网站、网店、手机、电视、谷歌眼镜、户外、报刊等媒体，采用文章、谈话、聊天、直播、微信、E-mail、博客等形式，向寄生在这些媒体的顾客零售产品和服务，自然会取得不错的业绩。

在买方市场的市场环境下，实体零售店必须迎合顾客全渠道购物的挑战，一方面赢得顾客的"芳心"，另一方面应对电子商务公司的蚕食。对策是增加有形店铺的现场体验，以及进入电子商务零售领域。贝恩公司咨询顾问达雷尔·里格比，在2011年曾经为我们描绘了2016年（全渠道零售时代）一位顾客的购买过程：芝加哥，一个飘雪的星期六，28岁的艾米打算买夏装去加勒比海沿岸度假。她坐在家里的沙发上，通过视频和达内拉商城的私人购物助理聊了一会儿（上个月她曾经在这家商店买过两套衣服），购物助理向她推荐了几件衣服，并在网上用替身向她进行了展示，艾米对其中几件有了购买意愿，但没有下订单。随后，她点开浏览器，搜寻顾客对这几件衣服的评论，比较各商家的报价，发现有的衣服在另外一个商家更便宜，就在便宜的商家直接下了订单。比较后，她在达内拉商城定了一件衣服，然后开车来到离家较近的一家达内拉实体店铺，想试穿一下自己购买的衣服。一走进商城，一位店员迎上前来，叫出了她的名字，带她到更衣室，里面摆好了她刚刚在网上挑选的衣服，以及私人助理另外搭配的几双鞋和一件晚礼服。艾米很喜欢其中一款鞋，用手机扫描了它的商品条码，搜索到另一家店要便宜30美元，店员马上向她表示可以给予她同样的低价并建议她试穿晚礼服。艾米试穿后拿不定主意，就拍了一段视频发给自己的三个闺蜜征求意见，结果遭到所有人的反对。艾米确定了自己要购买的商品，又在互联网上搜索了一张73美元的优惠券，用手机结了账。当她离开走到商店出口时，一块真人大小的自动识别屏认出了她，以非常优惠的价格向她推荐了一款夏装上衣，艾米没有拒绝，用手机扫描了屏幕上的二维码，下单并付款，这件衣服第二天送到了她的家。

如今，全渠道零售时代来临了，这是无人能阻挡的历史潮流，也是历史发展的必然。因为信息渠道不断涌现，而一条信息渠道就是一条聚集设计产品、传递信息和销售等的综合功能渠道，因此个人或企业的营销活动都是在全渠道的背景之下的管理决策行为，因此在管理时必须应用全渠道营销战略模式。即使过去已经非常成功的企业也是如此。例如，2013年新东方开始思考线下和线上培训课程的协同运作；阿里巴巴和京东商城通过与实体连锁企业合作的方式，开始筹划将线上的商店延伸至线下发展；在淘宝网名声大振的阿芙精油，没有多少人知道它是由线下店拓展至线上、多条渠道协同作用的结果。但是如何进行全渠道零售规划及实施，还都在尝试过程中。

3.3 全渠道零售的过程与实施

本节主要从全渠道零售的购买过程、全渠道零售的销售过程、传统客户关系管理与全渠道数字客户关系管理以及全渠道零售行为过程流程图这四个方面来介绍全渠道零售的过程。

在了解了全渠道零售的过程后，本节会从全渠道信息传递、全渠道订单管理、全渠道支付、全渠道物流配送、全渠道服务以及全渠道数字客户关系管理这六个方面来整体介绍全零售实施的过程。

全渠道零售的过程

全渠道零售的购买过程

一般来讲，传统的消费者购物过程可以划分为以下七个环节：产生购买需求；收集寻找相关产品信息；对信息进行比较之后选择产品和零售商；决定购买后下单；支付；收货；使用中得到服务支持。在全渠道购物过程中，还应包括另外一个过程，即深度互动与个性化信息接收。也就是说，消费者在购物的每一个环节以及购物的每一类渠道中都能得到零售企业有针对性的信息推送，并与之深度互动。

全渠道零售的销售过程

与购物过程相对应，传统的零售行为过程可以划分为七个环节：通过各种营销手段将具有购买需求的顾客吸引到零售商的渠道中，即客流导入；向顾客展示商品；说服、建议与刺激顾客购买；顾客决定购买后的订单处理；收款；送货；提供使用支持服务。在全渠道零售中，还应当再增加一个销售过程，即全渠道数字客户关系管理。为了给顾客提供更好的购物体验，顾客在每一个购物环节形成的数据都将上传到后台，形成顾客360°的数字化肖像资源，零售企业借助后台的数字客户管理系统，为顾客的每个购物环节提供具有针对性的信息并与之深度互动。

传统客户关系管理与全渠道数字客户关系管理

全渠道零售的最后一个环节是全渠道数字客户关系管理。数字客户关系管理完全不同于传统的喇叭式单向客户关系管理，是深度互动的客户关系管理。传统的客户关系管理比较粗放，仅限于简单的问候、促销信息的推荐以及基于年龄、性别、地域等的模糊消费数据的收集，与消费者建立的是弱黏性客户关系，互动性与针对性都比较差。在全渠道零售中，可以充分整合不同渠道的消费者数据，对消费者进行数字化管理并绘制出客户360°的数字肖像，不同渠道共享客户的数字化肖像信息资源，借助沉淀于移动端的会员管理系统，可以实现与客户的充分互动，实现一对一精准营销，与消费者建立起强黏性关系。全渠道零售中的数字客户关系管理可以使传统客户关系管理中与客户之间的弱黏性关系真正转变为强黏性关系。

全渠道零售行为过程流程图

图3-2所示为全渠道零售行为过程流程图。全渠道零售就是零售企业的零售过程可以分布在不同的零售渠道类型中，且多个渠道间的零售过程可以任意相互整合，最后构成消费者完整的全渠道零售购买过程。图3-2中线条连接而成的渠道类型属于跨渠道零售，跨渠道仍然是以企业为中心的销售方式，渠道间协同度差，顾客体验价值不够高。当零售企业采用尽可能多的渠道，并通过不同类型渠道（如实体店、PC网店、移动应用程序、呼叫中心、社交商店、微博、微信等）之间的高度协同整合来满足消费者购物、娱乐与社交的目的，使消费者能够在渠道间无缝自由切换，当消费者获得较高体验价值时，就形成了全渠道零售。很显然，在全渠道零售中，消费者在购买过程的每一个阶段都面临着多种类型的渠道选择，其排列组合非常复杂。全渠道零售的本质其实就是消费者全渠道购买过程。

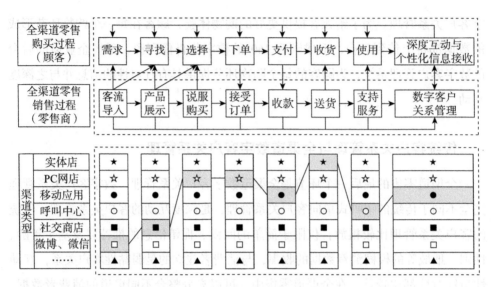

图 3-2 全渠道零售行为过程

全渠道零售实施的探索

基于全渠道零售购买与销售过程,全渠道零售企业应从全渠道信息传递、全渠道订单管理、全渠道支付、全渠道物流配送、全渠道服务、全渠道数字客户关系管理等几个方面着手实施全渠道零售。

全渠道信息传递

零售过程的本质就是信息传递沟通的过程,没有信息的传递沟通就没有消费者的购买行为。戈弗雷等指出,合理运用不同渠道的特性,能够为渠道信息沟通带来独特优势,多信息沟通渠道的合理搭配有助于顾客获得互补的利益,并提升总体沟通效果。消费者购物的过程其实就是收集、比较、选择、接受信息的过程。零售信息传递沟通受制并依赖于技术的发展,随着技术的变化,信息传递日益多样化快速化,信息传递渠道与零售渠道实现了前所未有的统一。传统零售企业能够开设出的地面实体店数量有限,而在 PC 互联网商圈、移动互联网商圈以及个人社交商圈中,则可开设出无限数量的网店、个人移动商店、社交商店或者微店,这可以促使零售企业与消费者信息触点的广度和深度达到最大化。零售企业可以通过每一种信息渠道或零售渠道与消费者进行沟通,使消费者在每一个渠道上都能便捷地获得所需信息,获得所需服务。比如,企业可以在顾客购物过程的每一个环节利用先进的数字化客户关系管理系统设计出具有吸引力的互动方式，将基于地理位置的优惠信息推送到消费者的移动终端上；可以在实体店配置自助设备，供消费者进行商品信息查询、网络评价以及在社交媒体上分享购物清单。当然，消费者也可以随时随地通过网络、移动终端等不同渠道获得商品介绍、用户评论或者进行价格比较等。只有借助充分的双向信息沟通，消费者的体验价值才能达到最大化。

全渠道订单管理

全渠道零售过程是接受和处理订单的环节，全渠道供应链体系需要一个统一的订单处理系统，从而使任何一个渠道的信息都要能够实时共享。卡伯达伊指出，多渠道战略成功的关键在于多条渠道间的组合质量或者说渠道间协同的实现。谢毅指出，渠道间协同实现的基础在于企业要构建整合的信息技术平台，使不同渠道间的数据能够在不同渠道间传递、整合并进行分析处理。为实现全渠道信息共享，一方面有赖于渠道自身，另一方面也需要产业链的支撑。供应链只有与渠道充分结合，才能实现大制造数据与大流通数据的共享。统一的订单处理系统应该能够接受消费者在任何渠道提交的订单，然后根据订单调度策略进行订单确认并选择订单执行的方法，最后将订单交给系统去执行并完成。订单调度和执行的基础是各渠道库存信息的准确共享，没有全渠道的库存管理与库存调度，将无法完成全渠道订单的调度与执行。此外，可以在实体门店配置移动终端，扩展门店展示品项的货架边界，即使店内缺货也可直接下单，订单由后台统一的订单系统处理，这可同时提升实体门店、电商渠道及其他渠道整体业绩，打破过去的渠道冲突，变分流为协同。

全渠道支付

全渠道零售购买过程是支付收款过程，这一过程应尽可能通过支付方式的多样化与整合化为顾客提供更加便利的选择，最终提升顾客体验价值。将来，在PC互联网支付、自助终端支付、电话支付、移动终端支付等传统电子支付渠道基础上，会进一步衍生出更多的新型支付渠道和工具。多元化的支付渠道使用户越来越能够体验到"按需支付"，但支付账户与支付工具的分离，也使得用户可能要针对不同的付款渠道准备不同的支付账户或支付工具，从而影响消费体验。用户与账户的分离，也会导致企业挖掘与整合多渠道用户信息的难度加大。全渠道支付的理想状态应考虑多元化支付渠道产生的用户离散化问题，将不同渠道捆绑于一个支付账户的整合支付工具可以打通多元化支付渠道，很好地锁定用户并增加消费体验价值。此外，在具体操作方面，零售企业可以在不同渠道采用多种支付方式，比如采用实体门店多方式支付、PC网络多方式支付、移动终端多方式支付、货到付现金、货到刷卡、网络分期付款等手段。此外，不同的支付方式还应与不同的配送方式合理结合起来，比如网上支付、就近实体店提货等。

全渠道物流配送

全渠道零售过程是物流配送商品送货、收货的过程，配送是零售企业客户体验的重要因素之一。传统的渠道物流一般为典型的卖库存模式，大多都是商品先入大库，之后经由区域调拨，再于终端分仓配送。在全渠道零售中，多渠道物流需求应当充分整合，终端库存品类发生改变，畅销品可配置于终端，并且这些库存可支撑全渠道需求；非畅销品类可集中于区域物流中心，当然这些非畅销品类的销售订单需要以快捷的物流服务作为支撑。此外，较第三方物流而言，全渠道零售中如有自建物流体系，则可带来更高的客户体验价值，面对消费者个性化、碎片化的需求，物流点餐式服务将逐渐成为主流，自建物流体系的价值会越来越明显，且全渠道零售物流最后一公里的效率会对客户体验价值产生重要影响。在全渠道零售配送方面，实体门店可以作为其他渠道订单的配送提货中心，消费者可通过其他渠道查看商品相关信息，并在实体店进行比较之后再付款直接提货；或者可以在网上完成支付并等待物流配送；或者于网上支付完成后，在特定时间内到就近的实体店或自选的便利店及代收点取货。

全渠道服务

全渠道零售过程是支持服务过程，保持各渠道高水准服务水平及渠道间服务协同是提高客户满意度与客户价值的重要手段。安萨里等指出，接受单渠道服务的消费者给企业带来的价值远低于接受多渠道服务的消费者。温伯格等指出，多渠道营销环境下，应注重顾客体验与顾客终身价值，应将满足顾客需求贯穿于产品和服务的整个生命周期，注重与顾客接触过程的每一个接触点。支持服务过程不仅仅局限于购买之后的售后服务，还贯穿于全渠道零售的每个过程之中，并且借助后台的数字客户资料，可使后续每次购物过程所获得的支持和服务都比上一次更加完善和周到。从服务的角度看，实体店应从一个简单的卖货中心转变成真正的体验中心、提货中心。其他所有的渠道也都应成为真正的体验中心，而非单纯的销售渠道。零售企业在处理退货产品时，可允许顾客通过不同渠道退回它们在另外一个渠道中购买的产品，全渠道服务不仅要做到交叉销售，还要做到交叉退换货和交叉售后服务。此外，还应构建全渠道零售下的消费者全渠道申诉机制，降低线上线下购买风险，建立起全渠道信赖感。

全渠道数字客户关系管理

全渠道零售的最后一个过程是全渠道数字客户关系管理，数字客户会员的扩大是全渠道数字客户关系管理追求的重要目标。Verhoef 等人指出，以顾客为中心的数据集成非常重要，将顾客购买行为视为整体是进行客户关系管理与资源分配交易数据的关键。目前，大多数零售企业的信息系统都是按照单一渠道设计的，消费者在同一零售企业不同渠道中的数据还处于碎片化状态，因而无法更好地满足全渠道购物的需求，应考虑将不同渠道独立的信息平台整合起来，建立统一的全渠道信息平台。通过不同渠道收集并整合每个消费者的消费动态数据、交易数据、历史数据、社交数据、个人偏好数据和未来数据，绘制出 360°的客户数字肖像，建立一个全渠道客户信息共享系统，使消费者无论出现在哪个渠道都能够被精准识别，并实现对消费者的一对一精准营销和服务。当消费者在不同渠道间切换时，可借助后台数据对消费者进行精确定位，并预测个体购买趋势的变化，及时推送相关信息并与之进行个性化互动，只有如此才能与消费者最终建立更为紧密持久的客户关系。

全渠道数据的挖掘分析可以为零售商绘制一幅完整的包含消费者行为、购买模式及购买倾向的画面，以便为消费者提供定制的服务，实现精准营销。通过对顾客线上线下数据库整合统一，对顾客网站关注、停留时间、购物车、线下会员资料、会员卡消费记录等数据进行大数据分析，得出顾客类型、购物偏好。例如，苏宁通过不同平台倾听客户需求：呼叫中心、在线客服、微博、微信、电子邮件、论坛以及实体店客服中心，并且客户的所有要求都必须在三个小时内处理。

全渠道客户忠诚计划。每个人都是全球消费者社区的一部分，都能提供关于某个产品的意见和看法。通过社交媒体，顾客能很快得到朋友的意见。而对于顾客的评论和意见，如今的零售商也必须及时、妥善地做出答复，特别是网络销售的好评率能直接影响销量以及围绕这个品牌塑造的社区氛围。全渠道客户忠诚计划对于吸引和留住客户非常关键，零售商可以通过客户忠诚计划的推广增加每个渠道的效益，维持品牌在不同渠道统一的形象，通过建立非常不明显的转换成本来留住客户，创造价值。

3.4 全渠道发展的机遇与挑战

全渠道发展的机遇

渠道间互动和新增渠道拓宽

传统线下零售企业的市场空间拓展由于受到时间和空间上的限制，充其量只能发展成区域型零售企业，具有一定的发展局限性。但是全渠道发展思路能够帮助传统线下零售企业向线上渠道拓展，这不但脱离了传统实体零售企业在空间上的局限性，而且丰富了时间维度，可以帮助传统线下零售企业增加市场覆盖率。渠道间互动拓宽市场效益主要体现在线上渠道和线下渠道之间的交叉效益，新增渠道拓宽市场效益主要体现在拓展线上零售业务所带来的规模经济效益和技术创新效益。

以苏宁为例，2016年苏宁已经建立起了全渠道零售业务版图，其中线下连锁平台包含了：苏宁云店、旗舰店、中心店、社区店、县镇店；线上包括苏宁易购官网及其App、苏宁易购天猫旗舰店等；物流部分包括自动化分拣中心、城市中转站、配送网点、区域配送中心及合作快递企业（天天快递）；金融部分包括苏宁银行、消费金融等，这些业务模块之间相互协作，渠道之间的互动构成了完整的苏宁易购全渠道经营模式。该模式为苏宁易购带来了显著的经济效益，2017年苏宁实现全渠道销售规模达2432亿元，同比增长近30%。一方面苏宁易购全渠道间的互动使线下盈利门店比例从2016年的42%提升至66%，线上渠道交易规模同比2016年增长57.37%；另一方面新增的渠道使苏宁易购得以不断进行技术创新，如将云店互联网化引入新业态，从而实现更大的规模经济效益。

跨渠道便利性提升消费频率

传统零售企业通过全渠道发展，形成线上和线下的连接闭环，相比线下实体零售，不但有效降低了消费门槛，而且零售企业的全渠道运营可以帮助消费者在商品信息收集和对比、下单、支付、物流、售后等方面带来极大便利，有效提升了消费者购物体验，提高了消费者的消费频率，因此带来的效益主要体现在依赖型消费者数量的增长和消费转化率的提升。

精准个性化服务提升客户忠诚度

零售企业通过全渠道发展，为消费者打造在企业品牌营销、商品推广、支付、组织协调、物流、售后等多个环节和场景的无缝对接，并为消费者提供全方位、个性化的精准服务，最大化满足各类消费者的购物需求，促使零售企业在同对手的竞争中占据个性化优势，培养了消费者的客户忠诚度和选择排他性，从而有效提升了消费者在自身企业中的消费频率和购物总量。此阶段的效益提升主要体现在消费者在购物选择中的忠诚度提升带来的收益，虽然客户忠诚度提升可以用消费频率来衡量，但它无法突出强调零售企业的企业竞争力特性。

全渠道变革提升组织管理效率

全渠道发展为零售企业带来的收益不仅体现在提升消费者体验和客户忠诚度上，更体现在零售企业的企业战略。全渠道策略的引入，倒逼企业在管理和技术上的变革，这将有效促进零售企业运营流程扁平化，帮助零售企业提高业务水平和管理水平。全渠道变革提升组织管理效率带来的效益主要体现在，通过变革促使企业管理成本和运营成本下降，虽然全渠道发展会在一段时间内增加管理成本，但是其运营形式和企业组织上的细微改变，最终将带来零售企业在经营效率上的显著提升。

全渠道发展的问题

渠道冲突

信息渠道的增加,为公司提供了许多新的可能,公司可以通过使用在线渠道、移动渠道来增加市场覆盖面和利润。但是当企业通过互联网或移动设备新增在线直接渠道时,会造成渠道冲突。这种冲突体现在两个方面,一是公司现有零售渠道和新的在线渠道之间的"内部消化效应";二是发生在制造商和属于同一供应链的零售商之间的竞争,即"相互竞争效应"。

渠道冲突的内部消化效应会导致渠道替代与反向溢出,造成渠道效率降低。研究发现,消费者一旦对现有的消费渠道产生依赖和忠诚度之后,会下意识阻断从其他渠道进行消费的想法,换言之,对于进行全渠道发展的零售企业而言,虽然多渠道发展所带来的服务质量提升和极大的便捷性会对消费者的购物满意度有互补作用,但是多种零售渠道的存在反而会产生渠道替代和反向溢出,导致渠道效率降低等问题,也就是说消费者在多种渠道进行购物时,对某一渠道的满意度越高,购物黏性越高,则会阻碍在其他渠道的消费,从而在整体上影响零售企业的渠道效率和经营效率。

全渠道的产生使得制造商(或上游供应链中的公司)可以利用直接的在线渠道或者数字渠道进行销售,而成为零售商(或下游供应链中的公司)眼中的竞争者,这就是"相互竞争效应"。这种冲突可能会导致传统的零售合作伙伴感到权利被剥夺,不利于零售商与品牌商之间的合作。宝洁公司在网上直接向美国消费者销售产品,被视为互联网商务如何撼动零售商与供应商之间传统关系的一个标志。不同于宝洁,其他公司为了减少这种相互竞争效应带来的不利影响,一些品牌制造商只利用其直接在线渠道提供产品信息和支持销售,将实际的销售渠道留给零售商。例如,Levi Strauss & Co. 和 Procter and Gamble(Tide)和 Ivory 等公司已停止直接向客户销售。

全渠道零售商竞争劣势

由于全渠道零售商对物理基础设施的投资,全渠道零售商在与纯粹的在线竞争对手竞争时处于劣势。此外,大多数全渠道零售商都是从传统的"实体店"转换而来,并且仍然从传统的店内零售中获得大部分收入。由于消费者倾向于在线和线下渠道之间交替，以便信息在两个渠道中自由流动，之前的研究发现，许多全渠道的零售商倾向于采用同质价格策略来防止同类化和尽量减少混淆。尽管如此，这种同质化的定价策略要么对网络渠道中的大多数产品都没有吸引力，要么将这些零售商的利润率大幅缩减到不太可能存活的程度。

商品全渠道销售和管理成本增加，造成成本效率降低。对传统零售企业而言，全渠道发展本质上就是在原有业务基础上的增量改变，虽然新开拓的网络零售业务有助于零售企业降低运营成本和销售成本，但是现阶段传统零售企业的全渠道发展都是建立在线下实体零售基础上的，因此线上零售和线下零售性质的不同，导致传统零售企业在短时间内很难通过资源整合和供应链管控来实现运营成本和销售成本的降低，反而要承担开拓线上零售渠道初期要付出的网络营销成本和物流运输成本等，这在某种程度上反而限制了零售企业运营效率的提升。

跨渠道中留住消费者

消费者习惯在一个渠道获取产品信息（如在线阅读产品评论），然后在另一个渠道（如本地商店）进行实际购买。由于消费者没有义务从与其建立初步联系的零售商处购买产品来征求产品信息，因此在渠道之间切换不仅常见，而且通常伴随着零售商选择的相应交换，为"跨渠道自由骑行"。跨渠道自由骑行通常会转化为在购买前阶段为消费者提供服务的零售商的损失，因为消费者从其提供的服务中受益，但交易本身不会产生收入。因此，如何在消费者跨渠道的购买前阶段留住消费者，也成为全渠道管理的另一个难题。

全渠道未来展望

关注数据，实现渠道间数据共享

在大数据时代，零售企业如果能做好对消费者大数据的深度挖掘和分析，将对企业的商业价值及服务创新大有裨益。对零售企业而言，渠道开拓是决定企业销售业绩的关键，而将不同零售渠道的消费者数据整合、归纳、分析，才能真正精准把握消费者的消费趋势和消费需求，可以说，渠道间的数据共享是现阶段零售企业提升成本效率的一大利器。百联集团是我国零售业的领头羊，早在2015年百联集团便在旗下的联华超市中推行了向全渠道转型的创新运营模式，如在店内设置电子屏，实时滚动商品优惠信息和广告信息，同时加大自家网购 App 的营销攻势，吸引消费者到线上零售平台购物。这种方式可以帮助零售企业通过各个零售渠道收集消费者数据，实现消费者无论在哪一渠道消费，都可以在其他渠道享受无差别服务。通过全渠道数据共享和大数据技术，零售企业可以对消费者的消费行为进行分析，可以有的放矢地对消费者进行归类和进行精准营销，进而增加消费者的购物黏性，大大提升零售企业的成本效率，帮助零售企业增加销售业绩。

充分结合企业实际，推动全渠道建设

零售企业在制定全渠道发展战略决策时，必须对自身企业的实际发展状况有清醒认识，这是因为在多渠道拓展和建设中不仅需要大量的专业人才，还需要数额庞大的资金投入，这对一些实力欠佳的中小型零售企业来说压力巨大，因此在全渠道发展中要量力而行，分清轻重缓急。在当前电子商务平台发展势头十分迅猛的局面下，传统零售企业要谋求业绩的增长，必然不能忽视新的零售渠道建设和广告营销方式，但在进行多渠道发展的同时也要认清自身企业的发展实际，根据自身优势决定自己能做的和做自己擅长的。

明确各渠道间互补关系，提高客户忠诚度

对发展全渠道的零售企业而言，必须明确线上渠道和线下渠道的互补关系，要注意多渠道之间的补位，使消费者在多渠道之间相互流动，避免流失。同时要保证线上和线下的协调统一，如果线上和线下提供的商品相同，但由于渠道形式的不同，在商品售价和售后服务等方面有差异，需要消费者在选择商品时，在多渠道间、在价格和服务之间进行权衡，那么就失去了全渠道发展的意义，还会导致零售企业失去客户忠诚度。因此，发展全渠道的零售企业必须明确线上渠道和线下渠道的关系，线上渠道用来进行广告营销和实际销售，同时也作为收集消费者数据和沟通信息的重要媒介，而线下渠道用来陈列实物、建设企业品牌和开展线下售后服务，二者互补共生，才能相得益彰。

第二篇

全渠道时代的消费行为变迁

第4章 全渠道环境下的消费者渠道选择行为

电子商务的出现,敲响了旧零售的丧钟。当企业沉浸在互联网红利的时候,危机也悄然而至。靠资本实现指数级发展的网约车行业,随着美团等新玩家的进入而出现新的裂痕;当两年前纯流量生意已经被视为禁区的时候,头条、抖音、拼多多的出现给互联网巨头敲响了警钟;共享单车在最接近完成垄断的时候,来了一次行业大洗牌……美团点评 CEO 王兴将之称为互联网下半场,野蛮生长的互联网时代结束了,科技赋能的"互联网+"时代开始了。过去我们将电子商务和实体零售并行的阶段称为多渠道环境,而大数据链接和移动互联技术实现了全渠道的发展。正如社会生产力决定社会关系,消费和技术的变革决定了零售的发展。想要了解全渠道零售,首先要回归零售的本质,剖析消费的初衷。

本章将在全零售渠道环境下,从消费者的渠道选择行为出发,对供应商的零售渠道战略发展模式进行研究,有着较大的理论与实践价值。本章首先介绍了零售业三次革命浪潮的消费行为变革;其次描绘了全渠道环境下特有的 SOMOLO 消费者特征;再次,对消费者在全渠道环境中渠道选择行为做了详细地阐述;最后根据消费者的渠道选择行为,对企业提出渠道管理的相关建议和渠道实施策略。

4.1 三次零售浪潮下的消费行为变革

《零售业的新规则——战斗在全球最艰难的市场上》的作者罗宾·李维斯把零售业过去 150 年的发展划分为三次浪潮:第一次浪潮是生产驱动的生产商大权在握的时代,渠道为王;第二次浪潮是营销驱动和创造需求的大众营销时代。市场主导权由卖方转移到买方,流量成为整个市场的主要驱动力;第三次浪潮以商品过剩和信息革命为发端的绝对买方市场时代，一切以用户为中心。本节将跟随零售业的三次革命浪潮追溯消费行为变革。

传统零售时代与 AIDMA 模式

在一个漫长的传统零售阶段，我们习惯了"广告回来更精彩"，习惯了超市、便利店商品周边的"惊爆价"，习惯了拿起电话传来推销员的声音……"一切生意都来源于信息的不对称"，企业牢牢地把握住了这条真理。在这种信息不对称的环境下，企业通过电视、报纸、店铺等终端媒介广泛地发布产品信息，动态地引导消费者的心理过程，刺激其购买行为。

对消费者这种心理行为的研究，诞生了这个时代奉若圭臬的经典理论。美国广告学家 Lewis ES 曾于 1898 年提出了 AIDMA 理论：attention（引起注意）—interest（引起兴趣）—desire（唤起欲望）—memory（留下记忆）—action（购买行动），这个理论很好地解释了实体经济里的消费者购买行为，并且反映了当时的营销关系。在传统零售阶段通常由企业来决定与顾客接触的通道数量和种类，线下传统零售渠道主要有两种表现形式：一种是大型超市里的位置（如货架、地堆等）、大型商业地产里的商铺；另一种是街边开设独立的专卖店。两者的共同特点是占据有限的物理位置，而这物理位置具有排他性，一旦占据，便拥有绝对优势。线上的传统媒体渠道主要是电视、报纸、广播等传播媒介，大众媒体通过企业编辑整理，向消费者传达新闻、娱乐、消费信息，而消费者缺乏便捷、畅通的反馈渠道。尽管消费者地位的不平等，但是在那个信息交互缺乏技术支持的时代，消费者只能一边选择接受企业通过大众媒体及店铺渠道的信息"洗礼"，一边通过"买与不买"来简化自己的反馈意见。

这种集权式的传播方式，培养了消费者对于企业营销的 AIDMA 反应模式，企业意识到营销的第一要务就是要借助媒体引起注意，而这条规律从中国几千年的商业街边吆喝演变中可窥一二。企业对信息绝对控制以及消费者缺乏信息多选择性的自信，成就了当时非常有名的广告语，比如亨利·福特说过，"不管你想要什么车，我们只有黑色"，以及电视里响起的"魔性"的广告歌"恒源祥，羊羊羊"……

作为"洗脑"广告鼻祖，史玉柱创造的脑白金可谓是当时的经典传奇。它的产品或许不是每个人都体验过，但是它的广告语肯定是成为一段时间内的"魔音"。史玉柱深谙 AIDMA 法则的精髓，他参与广告文案创作，并且增加了广告投放频率以及店铺货架摆放面积。让消费者在生活中处处被脑白金包围。尽管消费者对其"洗脑"不堪其扰，但是从数据效果来看，脑白金确实成为当时最畅销的保健品。恒源祥的营销负责人就曾经说过，宁愿被骂也要让人记住。这也佐证了 AIDMA 法则中"引起注意"的核心策略的重要性。

当然这些广告和企业营销理念在现在看来是荒诞可笑的，没有消费者会买单。但是我们仍然可以看出在传统零售时代，企业利用着 AIDMA 法则对消费者进行一步一步地"洗脑"，"牵引"其向着企业设好的陷阱落下。由生产观念推动的企业控制的霸权，以及消费者弱小的反抗也仅仅限于"不买"的悲哀，而这种"不买"的呼喊也会在群体的裹挟中湮灭。

互联网时代与 AISAS 模式

互联网的出现绝对是打破企业垄断传统渠道话语权局面的曙光。互联网时代带来的技术上的突破，打破了传统工业时代相对封闭、相对垂直的管理模式，走向了相对开放的互联网式的系统模式。企业以足够低的成本和消费者完成点对点、多对多的沟通与协调，保持一个近乎实时互动的状态，让以消费者为起点来重构整个商业模式成为可能。电子商务的出现降低了消费者的搜索成本，并且消费者购买过程的信息搜索阶段和选择购买阶段第一次出现了分离，买卖方信息不对称的情况得到了缓解。

2005 年日本广告市场出现了变化，四大传统广告媒体形式的投入出现了下调，而网络广告的投入却上调了 54.8%。这个变化标志着互联网对生活和产业的影响力已经初具规模。在这背景下日本电通集团提出了基于网络购买消费者行为的 AISAS 理论。对比 AIDMA 模式，AISAS 模型中新增了两个来自互联网的典型行为模式：Search（搜索）和 Share（分享）。

搜索引擎技术和网络论坛等技术平台的发展促进了消费者搜索和分享行为的诞生。搜索引擎技术极大地提高了消费者在信息获取方面的主动权，人们可以通过网络积极、精准地获取自己所需信息，相比 AIDMA 模式下消费者被动接受信息，互联网时代搜索引擎技术降低了消费者的搜索成本，也刺激了消费者进行搜索、对比行为。美国百货之父约翰·沃纳梅克说过"我知道我在广告上的投资有一半是浪费的，但是我不知道哪一半是浪费的。"这个至理名言堪称是广告营销界的"哥德巴赫猜想"。但是沃纳梅克并没有预见到互联网的诞生轻而易举地消除了困扰他良久的困惑。从世界上最值钱的网络广告公司 Google，到硅谷刚成名的小公司，都在利用互联网降低浪费率。企业只需要为消费者实际、可测量的行为付费，例如点击率、咨询电话、打印优惠券，而不需要为理论存在的受众付费。这在互联网体系有一套独有的运营指标，包括 PV[①]、UV[②]、IP[③]、转化率等，其目的都在获取流量。所以我们可以看到基于消费者行为习惯研究的搜索引擎营销优化（SEO）和搜索引擎营销技术（SEM TECH）两大搜索引擎模块的广泛应用。

另外，随着博客、BBS、SNS 等论坛平台的普及，消费者不仅仅是信息接受者，更是信息发布和传播者。因此消费者通常会基于自己的消费过程，作为论坛信息发布的依据，与更多的消费者分享信息，为其他消费者的决策提供第三方参考依据。这就是消费者对企业认可的非购买行为"口碑"的诞生，也催生了消费者的反馈渠道。有了互联网，消费者有了反馈个性化需求的渠道，这是传统媒体所望尘莫及的能力，也是互联网吸引企业的优势。另外互动和分享的传播模式赋予了企业和消费者近距离接触的机会，消费者口碑的重要性日益凸显。也由此衍生出了"水军"式病毒营销策略，"凡客体""淘宝体""咆哮体"成为网民争相模仿的潮流趋势。"水军"作为一种软性内容广告植入的方式，让商业信息饱和地覆盖互联网，品牌就会获得足够的曝光率和话题热度，再结合口碑营销，就会形成强大的宣传效应。这种互动式的营销手段，造就了消费者新的反应模式。

如果说线下渠道能够聚集相对稳定的人流，那么互联网的连接性和易访问性加速了人流的迁移，消费者的迁移能力大大提高。企业开始意识到渠道本身已经无法聚焦消费者的注意力了，而消费者的注意力却成为企业渠道优胜劣汰的标准，企业利用 AISAS 模式去吸引消费者。但是值得注意的是，即使 AISAS 模式较 AIDMA 模式已经出现互联网新特征，但仍然是在传统营销模式框架内的变化。

---

① PV（page view），即页面浏览量或点击量。
② UV（unique visitor），独立访客，统计一天内访问某站点的用户数（以 cookie 为依据）。
③ IP（Internet protocol），独立 IP 数，指统计不同的 IP 浏览用户数量。

网络广告例如搜索引擎广告、视频弹窗、多媒体广告，和原来的传统媒体广告本质并无二异，媒体是营销策略的中枢，吸引消费者注意是核心目的。因此如何抢夺消费者的注意力成为该阶段企业的首要任务。

移动互联网时代与 SICAS 模式

互联网渗透率日益增加，移动互联网新技术手段拓宽了零售业的销售渠道，也彻底改变了消费者的行为方式、购物习惯和购物模式，为消费者创造了更加便利和自由的时间和空间购物选择，使消费者拥有极其广泛的信息来源和至高无上的选择权。我们越来越习惯用手机查价格，搜索优惠信息；越来越习惯在上班途中，在就餐，在被窝里等各种碎片时间通过手机浏览信息，下单购物。各种移动终端已经不仅仅是媒介，更成为我们习以为常的生活方式。因此消费者当前呈现出购物空间立体化、购物移动化、渠道多元化、时间碎片化、传播社交化和需求个性化的特点。他们会经常通过在多个线上线下渠道频繁切换的方式完成商品挑选、购物决策和交易购买。移动互联时代的到来，不仅带走了客流，冲击了价格体系，分割了实体渠道的销售收入，瓜分了供应商资源，同时更重要的是互联网的无边界和高度透明化颠覆了零售商与消费者的地位，使消费者对信息有了更大的知情权，促使"消费者为王"的时代迅速到来。

2011年中国互联网数据中心发布的《中国社会化营销蓝皮书》指出，受网络数字时代影响，用户行为消费模式正在由传统的 AIDMA、AISAS 向 SICAS 转变。在移动互联网成为体量最大、最具效率的营销主场背景下，SICAS 模式应运而生。相比前两个模式的核心是广播式的营销系统，后者的多维互动更能与新的品牌营销生态所契合。SICAS 模式（Sense—Interest&Interactive—Connect & Communication—Action—Share）将用户消费触点行为定义为多维互动的过程。

（1）品牌与用户首先通过全网触点互相感知，对话过程既包括去向的表达，也有来向的需求响应。

（2）用户产生心理耦合、兴趣共振，并与商家形成互动。

（3）在 COWMALS 的互联网服务架构下，品牌与用户建立连接并交互沟通。

（4）用户通过电商网站、O2O 等方式产生购买行为。

（5）用户体验分享，在消费者主权时代，用户体验分享碎片将成为未来消费生产力的重要来源。

2010年是移动互联网元年，这个时代才刚刚开始。小小屏幕所带来的冲击能量是非常巨大的，它改变了以媒体为核心的传统营销模式，开启了一个去媒体化的时代。正如3G门户总裁张向东所言，"我一直相信移动互联网会重新定义广告，基于手机的广告最终会变成对用户有用的信息。"技术的变革推动了消费者行为的变革，在这个多渠道无界化、消费者跨渠道移动的趋势下，我们要仔细了解全渠道环境的新型消费者特征，这有利于企业根据新的消费者行为模式，不断寻求与时俱进的营销方法，这将是企业在未来市场竞争中制胜的关键。

4.2 全渠道时代的 SoMoLoPe 消费者

移动互联网的无边界和高度透明化颠覆了零售商与消费者的地位，使消费者对信息有了更大的知情权，促使"消费者为王"的时代迅速到来。而传统零售企业采用全渠道零售的呼声早已成潮，在构建全渠道零售的商业模型中，了解当下消费者并且为企业找到消费者是首要工作。

SoMoLoPe 消费者崛起

随着移动互联网的渐次展开与科技的不断发展，一种新的消费购物人群正在崛起：SoMoLoPe = Social + Mobile + Local + Personalize（社交+移动+本地化+个性化）。

2017年年底朋友圈突然掀起争晒"90后油腻中年"的标配保温杯，以及纷纷在社交媒体上缅怀自己的"18岁青春照"。电影《芳华》也正好在这个风口票房热卖，从而完美地将青春与中年蒙太奇地叠映在了一起。作为互联网第一批原住民，"90后"发起的互联网成年仪式散发着巨大辐射力。这形成了新主流代际穿越的影响力。

2018年，最后一批出生的"90后"已经年满18岁了，这意味着"90后"一代已经全部成年，1990—1995年出生的人群甚至已经开始组建家庭，抚育子女；1995年后出生的人群则也已经走出校门，开启职场生涯。而作为职场前辈，正逢"中年油腻"的"70后"和"80后"人群，则大部分已经进入富足化阶段，成为最具消费实力的"新中产"人群。新时代的消费者已经崛起，这样的消费群体结构变化，也进一步驱动着中国消费市场的变化。中国迎来了一个前所未有的"新消费时代"。

相较过去而言，无论是"90后"，还是"新中产"，新消费时代下的消费群体需求更加多元化、个性化、精众化，从单纯地追求"物质满足"，转向对体验、休闲娱乐、文化和精神消费的高度关注。相比上一代消费者，新时代消费者品牌意识更强，平均认知数量为20个，远超上一代的7个品牌。亚马逊华东负责人师利宾说"新的消费者需要我们提供更安全更有品质的商品。他们对时效要求更高，他们更多地被社交环境激发购物需求。面对这种全新的环境和需求，零售商需要不断创新，为客户提供超出预期的服务。"所有的品牌也都需要思考如何在新消费时代获得新主流消费群体的拥趸。因此消费者的购物历程是首先应该被关注的。

"消费者小王打算购置一台单反相机，在不明确哪一款最合适时，他可能会在微信群、微博、论坛等社交媒介上发布消息，询问亲朋好友中的相机达人，并在搜索引擎中搜寻相机的信息，从而对相机的初步认知；考虑到相机是贵重商品，他可能会倾向于在本地的实体店苏宁易购广场进行购买；出发之前，他会打开手机GPS定位搜索，用手机地图搜索附近的苏宁易购广场，并根据导航抵达实体店；在店内，他可以在导购员的帮助下，选择符合自己各种偏好的相机；当他准备支付购买时，或许还会在社交媒介上进一步寻求好友的建议……"

在这段案例的购物经历中，消费者小王一共扮演了四个角色。

- "移动消费者"（mobile consumer），他可以随时随地拿出移动终端来收集任何购物信息、逛任何店面，甚至直接付款购买。
- "本地消费者"（local consumer），他能基于LBS（即本地位置的定位与服务），随时在所在位置附近找到各类商家，并及时收到商家基于位置推送的优惠促销信息。
- "个性化消费者"（personalized consumer），他可以根据自己种种独特的喜好来选择最合适的那一款商品，而非盲目从众随波逐流。
- "社交消费者"（social consumer），他会基于社交媒体，征询好友的建议后再做出购买决策。

上述购物过程中的一幕幕，很多人都不会觉得陌生，甚至早就习以为常。而这也恰恰侧面印证了 SoLoMoPe 消费群的崛起——因为当这些购物时的行为举动你都经历过时，你已经在不经意间加入了 SoLoMoPe 消费群的阵营之中。那么究竟什么是 SoMoLoPe 消费者？其特征绕不开四个关键词：移动化、本地化、个性化、社交化，如图 4–1 所示。

图 4–1 SoLoMoPe 消费者

"移动"改变生活

新一代消费者是数字化时代的原住民，数据可以很好地说明这一点。根据中国互联网络信息中心（CNNIC）发布的第 42 次《中国互联网络发展状况统计报告》，截至 2018 年 6 月，我国手机网民规模达 7.88 亿，网民中使用手机上网人群的占比由 2017 年的 97.5% 提升至 98.3%；与此同时，台式计算机、笔记本电脑、平板电脑的使用率均出现下降，手机不断挤占其他个人上网设备的使用空间。如图 4–2 所示。

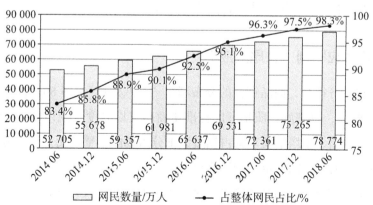

图 4–2 手机网民规模及占网民比例情况

基于这一背景，可以看出消费者们获取商品信息的方式也变得越来越多元化。他们可以通过智能手机、平板电脑，甚至智能手表等移动终端设备来接触商品信息，还能利用这些渠道对不同的商品进行比对，并综合考虑做出相应的消费决策。与此同时，消费者的购物选择也变得更加多元化，除了到线下实体店进行现场体验之外，他们还可以通过各种App进行模拟试穿或试用；除了在现场用现金或刷卡支付外，他们也能在移动终端使用电子支付。

不可消失的门店

虽然电子商务确实给消费者带来了很大的购物习惯的改变，但是由于即时满足心理的存在和对体验的迫切需求，当下的消费者越来越需要基于地理位置的产品与服务。大卫·贝尔教授在其著作《不可消失的门店：后电商时代的零售法则》中提出新零售引力法则，强调了"位置"的重要性。正如法则所述，线下位置关系到消费者的购物选择，企业需要铲除影响消费者体验产品的阻力，而距离是阻力的重要影响因素。而本地位置的定位与服务（Location Based Service，LBS）的日渐成熟满足了这一需求。LBS既可以确定消费者或移动终端所在的地理位置，又能提供基于消费者或移动终端地理位置相关的各种信息服务。基于LBS的相关技术，消费者能够准确地找到本地位置附近的商家，商家同时也能找到周围的消费者，并及时发布最新动态与优惠信息，做到精准营销。如此一来，在LBS的引导下，线上消费者被带到线下，线下消费者也被带到线上，这不仅助力了线上与线下的融合，还缩短了消费者与商品服务的距离。

"二八效应"到"长尾效应"

在短缺经济社会，商品销售的分布满足"二八效应"，即80%的市场份额来自20%的商品，口碑好、质量好的标准化商品可以高度支配市场。曾经的科龙空调、海尔冰箱、桑塔纳轿车都占据过该细分市场的半壁江山。在卖方主导的市场下消费者没有任何需求定制的话语权。

在丰饶经济社会，商品逐渐呈现供过于求的局面，权力开始从商家转移到了消费者手中。商品销售则呈现"长尾（long tail）效应"，既有集中于头部的部分热销商品，也有分割出不同利基市场的海量长尾商品，市场"头部"和"尾部"

几乎占据对等市场份额，甚至尾部更大。目前的智能手机市场就是一个典型的长尾市场，2018年中国大陆线下渠道走量的76款手机机型，iPhoneX、华为荣耀8X系列、小米8等畅销款名列前茅成为"头部"，金立、中国移动、中兴、朵唯等手机品牌组成"尾部"，形成典型的"长尾形状"。

经济学上将消费者的需求分成两种倾向，一种是大众需求，经济学上称作"巡游花车（bandwogan）"；另一种是小众需求，叫作"自命不凡（snob）"。在工业经济时代学者认为这个理论中的这两类需求的总量是一大一小，通常是大众需求占据压倒性优势，更符合经济学成本原理。但是，在互联网时代，自命不凡的需求一下就被放大了。原本的分散的个体因为互联网的连接性使得同好更容易找寻彼此，例如二次元文化社群。从消费的角度来看，大众需求会集中在头部，而分布在尾部的是个性化的小众需求。这部分差异化的、少量的需求会在需求曲线上面形成一条长长的"尾巴"，将所有利基市场累加起来就会形成一个比流行市场还大的市场，这就是所谓的"长尾效应"。长尾效应是丰饶世界的一种现象，只有头部，无法满足用户的多样化需求；只有尾部，用户则完全进入一个陌生的世界，无从下手。

当前，越来越多的消费者开始注重自身的个性化需求，他们不愿随大流，而是希望买到最喜欢、最合适的商品。以服装为例，长期以来，批量化的成本服装是大多数消费者的选择，如今许多定制化平台纷纷涌现，不仅能够根据不同消费者的需求进行专属定制，还可以让消费者参与到服装的设计与生产环节之中。此外，从时间与空间的维度看，SoLoMoPe消费群还希望在任何时候、任何地方都能买到想要的东西，其"全天候、全渠道"的特征同样明显。

信息传播的社交化

微信、微博等社交媒介的持续盛行，让消费者在购物过程中的互动参与等社交性元素不断增强，每个消费者都有能力甚至已经组建起自己的粉丝团或好友团等微型商圈。同时，消费者开始借助社交网络，实时分享各种企业与产品信息，并潜移默化地影响着他人的消费行为与决策。悄然间，这种社交化消费者的"部落式"状态逐渐打破了买卖双方之间的信息不对称，消费者开始更倾向于听取各种社交圈子好友的意见，而非商家提供的产品广告与信息，而市场主权也因此真正开始回归到消费者身上来。

在口碑营销研究领域，社交习得和社交资本是两个非常重要的概念。前者表示的是人际关系之间的信息传递，可以通过交谈，也可以通过观察获得。对于电商来说，社交习得尤为重要，因为消费者可以通过评论点赞直接或间接地向其他人展示产品。正因为如此，产品的包装不可忽视。

社交资本则更多地关注人们之间的交流，比如这个社区的人们喜欢彼此吗？信任彼此吗？我发现，如果熟悉且信任你的邻居，当信息在邻居间彼此分享的时候，真实度就更高，社区的社交习得就更有效。用经济学术语来说，传递的信号就越强。拼多多就是在这样的社交电商环境下把握了消费者社交化特征，成功成为2017年社交电商黑马，并上榜2017年年度最具潜力新零售名单。

社交电商黑马逆袭——拼多多

拼多多成立于2015年，3年不到的时间，做到了月流水400亿元的可观规模。其小程序上线后不到半年，就疯狂吸粉1个亿。截至2018年上半年总用户已经超过3亿，商家超过100万户。并获得腾讯的上百亿的投资，目前已经齐聚淘宝、京东，在电商App排行前3。拼多多不是第一个提出社交电商概念的，但是唯有它将社交电商模式发挥到了极致，这背后是对流量和用户参与度的思维模式把控。

在拼多多之前，社交电商的模式也被反复论证过，但是不管是微博还是微店等传统社交电商做得都不是特别成功，究其原因它们本质还是"网红经济"，主打关键意见领袖（key opinion leader, KOL），KOL是指拥有更多、更准确的产品信息，且为相关群体所接受或信任，并对购买行为有较大影响力的人，如微博大V、网络红人等。网红经济下的社交电商解决了流量的问题，却没有解决信息不对称的问题。KOL和其他消费者地位是不对等的。KOL发表建议，然后导入流量，其他人基本上只有购买的权力。也就是说，其他消费者其实对于商品本身做背书的参与度不强。但是在拼多多模式中，比如一件衣服正价58元，通过拼团只要39元就可以购买。用户可以将拼团的商品链接发给好友，如果拼团不成功，那么就会退货。我们看到许多人会在朋友圈，微信群发带有拼多多团购的链接，通过社交网络实现了一次裂变。任何人都可以发起团购，动员身边的人购买，这种熟人带动模式下，用户的参与感就很强。在拼多多熟人社交环境下的社交资本积累越高，消费者社交习得质量就会越高。

新媒体时代下的消费者越来越捉摸不透，他们的喜好、习惯，甚至生活方式都在不断变化之中。企业总是抱怨讨消费者欢心比追求心仪女孩更难，说到底不是你的客户太善变，而是你没有真正去了解你的客户。用对方法才能抓住 SoMoLoPe 消费者的心。

4.3　新媒体环境下的客户全渠道体验

SoMoLoPe 顾客群体的崛起，加速了消费者主权时代的到来。随着通信技术的发展，消费者面对着铺天盖地的广告攻势有了躲避和选择的主动权，企业开始发现以品牌为中心的渠道布局战略已经无法有效提升顾客资源的增量，加强品牌与消费者的联系，能让消费者心甘情愿靠近品牌才是企业建立品牌忠诚度的王道。消费者的主动参与性不再是由渠道的数量和方式决定，而是取决于消费者所能感受到的全渠道综合购物体验如何，如图 4–3 所示。

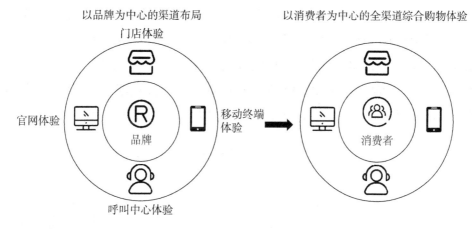

图 4–3　全渠道体验

新媒体环境

当渠道与消费环节交织在一起时，顾客就会产生体验。而新媒体的发展更是助推了渠道和消费环节的交融，消弭渠道间的界限。

"新媒体"主要指基于数字技术、网络技术及其他现代信息技术或通信技术的，具有互动性、融合性的媒介形态和平台，以计算机、电视、手机等设备为终端媒体，能够实现个性化、互动化的传播，包括微信、微博、博客、微电影、社交网站等。根据其属性可以概括四大特征，如表4-1所示。

表4-1 新媒体环境特征

特 征	内 容
数字化	当"新媒体"这个词汇开始真正普及，人类已经进入计算机时代。计算机技术实现了信息的数字化存储、加工、传播与呈现。而数字化信息的传播介质就是新媒体
融合性	媒介形态的融合：大众传播、人际传播、群体传播、组织传播的媒介融合
互动性	媒介的信息传播可以成为双向的，这也使得传授方面的双向交流成为可能，这种双向交流的能力也被称为"互动性"
网络化	在新媒体语境下，网络化指的是信息终端之间的联网

客户体验类型及维度划分

在消费者搜寻产品、购物和接受服务，以及消费产品或品牌时，体验都会产生。并且根据溢出效应，上一个环节的体验很有可能会影响消费者在下一个环节的使用意愿。学者们对体验维度的划分主要从两个方面，一是产品属性，二是消费者需求。从产品属性方面将体验划分为产品体验、价格体验、广告体验。从消费者需求方面则是由发展性需要和缺失性需要决定了体验期望（见图4-4）。

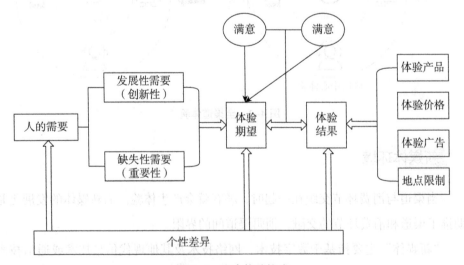

图4-4 客户体验构成

既有研究主要涉及产品体验、购物和服务体验、消费体验及品牌体验，具体如下。

（1）产品体验。产品体验产生于消费者与产品的互动，如消费者搜寻、检验和评估产品。当消费者与产品有实体接触时，产品体验是直接的；当产品被虚拟地呈现或出现在广告中时，产品体验是间接的。

（2）购物和服务体验。当消费者与商店实体环境、服务人员和政策以及管理实践互动时，就会产生购物和服务体验。

（3）消费体验。当消费者消费或使用产品时，就会产生消费体验。对消费体验的多数阐释性研究已经分析了参观博物馆、漂流、欣赏篮球赛、滑冰等消费过程及其享乐性目标。

（4）品牌体验。品牌体验是指消费者被品牌相关刺激所引发的一种主观内在（感官、情感、认知）反应和行为反应。

从"体验"概念被引入营销研究到"体验"成为一种市场提供物，学者们一直没有停止过对其维度结构的探索。从早期基于主观感知的体验维度划分到目前主流的基于心理学模组的体验维度划分，学术界对体验的理解不断深化（见表4-2）。

部分学者则通过将体验营销与全渠道营销相结合，在Schmitt（1999）提出的体验的5个维度及全渠道的4种渠道分类的基础上，认为全渠道体验可以分为以下5个方面。

表4-2 体验维度划分

基于主观感知的体验维度划分	
作　者	观　点
Holbrook & Hirschman	基于消费者经历中主观感知的体验维度被简要地归纳为3Fs，即幻想、感觉和趣味，后来被拓展为4Es，即体验、娱乐、表现狂、教义式四大维度
B. Joseph Pine II & James. H. Gilmore	按顾客的参与程度（主动参与和被动参与）和顾客与相关事件的关系（身心投入和身体融入），将消费者体验划分成娱乐型、教育型、审美型与逃避现实型四个类型

续表

基于心理学模组的体验维度划分	
作 者	观 点
Schmitt（1999）	认为消费者体验的维度及类型构成战略体验模组，它包括五个体验维度（形态）：①感官体验，即通过人的五种感官获得的体验；②情感体验，即基于内在情感和情绪的体验；③思考体验，即通过以智力创造新的认知或提供解决方案而获得的体验；④行动体验，即与身体或生活方式有关的体验；⑤关联体验，即与他人（事物）或社群相联系的体验
Gentile 等（2007）	认为体验含有以下六个维度：①感官成分，即影响消费者感觉的成分，包括视觉、听觉、触觉、嗅觉、味觉等，它能够激发消费者的美感、兴奋感、满意感等；②情感成分；③认知成分，即与思考相关的成分；④实用成分，即与产品的实用性等相关的成分；⑤生活方式成分，即反映消费者的价值观和信念的成分；⑥关系成分，即反映消费者社会背景的成分

（1）信息推送及反馈体验。信息推送的方式，推送的频率，推送的时间，推送的人群等方面都会对消费者体验产生巨大影响。另外，消费者需求是否能够得到企业迅速反馈，同样是构成消费者体验的一部分。

（2）付费项目体验。付费项目可能是商品或是服务。这里主要指产品和服务应具备的功能性体验，顾客总会期待自己的消费是物有所值的。

（3）附属服务体验。消费者在享受付费服务的同时总是会感受到企业提供的附属服务，这些服务质量的好坏有时甚至比付费体验的质量好坏更加重要。

（4）物流质量体验。对于物流，消费者最期望的应该是快速，其次是安全性。物流发货是否及时，运输是否高效，产品能够完好无损的安全送达是消费者关注的几大问题。

（5）支付方式体验。各种支付方式的涌现，消费者的支付体验也受到很大影响。能否提供安全可靠的支付的方式，也是消费者考虑的问题。

下面将结合良品铺子全渠道转型案例进一步分析新媒体环境下全渠道运营及

其带来的消费者体验。

良品铺子全渠道用户体验打造

良品铺子，成立于 2006 年，总部位于湖北武汉。过去十多年来，良品铺子在全国 6 个省份拥有线下门店 2000 多家，成长为国内休闲食品的领先企业。2013 年，从实体零售商起家的良品铺子开始向电商转型，它凭借产品和品牌优势，以及对商业运营的深透理解，很快便在多个电商平台崭露头角。2015 年 9 月，良品铺子在武汉高调宣布，国内食品零售行业首个全渠道平台在良品铺子成功上线。

2015 年双十一当天，良品铺子销售额就达到 1.23 亿元，订单量达到 129 万单。2015 年，良品铺子全年销售额相较于 2014 年更是实现了超过 100% 的增长，由 25 亿元上升至 45 亿元，成为零食零售品牌商市场份额第一。良品铺子通过整合跨渠道平台，成功打造了消费者全渠道综合体验。

提供一致性体验

良品铺子实现全渠道客户接触点的自由转化，让消费者在各个渠道上获得了一致的购物体验。例如，消费者不论用手机 App 还是通过天猫等第三方平台登录自己的账户，都能获取一致的购物推荐和折扣体验。成为良品铺子的会员后，任意平台的消费都能实现积分共享，会员能够随时随地按照自己喜欢和方便的方式兑现会员权益。

提供个性化体验

通过此次全新电商平台的上线，IBM 帮助良品铺子成功整合了分布在不同渠道的用户数据和交易信息，实行统一的会员及数据管理；通过线上线下全渠道 1000 万会员数据融合，建立统一客户视图；基于数据分析获得洞察，对全渠道会员营销计划统一管理，实现营销事件自动触发机制，初步建立了会员生命周期自动化管理。

良品铺子整合各渠道的消费者信息和历史购买信息,通过大数据分析构建360度用户视图,将顾客有效地分群,对会员实现标签化管理,实现灵活定价、个性化产品定制和个性化促销,从而为消费者及会员提供差异化服务。无论是手机App背后爱吃辣味零食的"90后"女生,还是办公桌计算机前偏好坚果类产品的白领青年,良品铺子都能根据其职业和生活方式特点,推荐不同的搭配零食,以满足不同群体的需求。

打造智慧门店,营造智慧体验

过去,良品铺子采用门店叫货模式,这已经很难满足企业当前快速扩张带来的业务需求以及不同地区消费者的不同喜好。门店经理每次叫货时只能凭经验,许多时候需要等到缺货时才能申请补货。这不仅造成了门店空间的闲置,降低了商品配置的效率,也直接影响消费者的购物体验。为了更好地实现高效的商品配置,良品铺子进一步优化全渠道品类管理体系,整合线上线下各门店的商品品类数据、陈列空间数据、消费行为数据和库存数据,并利用大数据分析技术进行分析。根据大数据分析结果,管理者可以预测不同季节各个门店的热销产品,指导货品陈列与打折促销活动,让门店更智慧,让消费者随时都能买到心仪的零食。

渠道库存联动,敏捷响应需求

良品铺子通过全渠道平台的搭建,确立了电商到集团的库存计划机制。从店铺预测、事业部计划,到集团的补货,再到工业公司的配货,良品铺子成功打通了供应链上下游,实现了"库存—订单—发货—快递—消费者"整个过程的管理监控。全新的库存计划机制,帮助经营者优化采购,提升内外部供应链体系,降低库存成本,促进资金流效率的提升。

同时,企业还能对于各个渠道上消费者的订单需求实现快速响应。高效的运营平台管理和供应链管理,能够指导商品的选货、包装以及补货,买卖双方均可随时随地通过移动设备查询货物库存,缓解货物供求矛盾,帮助企业实现敏捷物流配送。例如,用户不管通过什么渠道下单,订单信息都能实时同步到后台,并自动选择最合适的仓库进行货物运送,如果该仓库缺货,最邻近的仓库也能及时补货,快速响应客户的需求。

升级商务智能,创新消费体验

在此轮创新实践中,良品铺子基于设计思维与大数据分析技术,多维度、多视角、全方位地深度分析前台、中台、后台的数据,进一步地精确描绘消费者360°视图,为企业跨业务链规划、产品调优与创新等提供指导性的建议,并针对不同群分的消费者和会员提供差异化服务,带来个性化的消费体验。例如,为了迎合年轻用户,带动微信商城销量增长,良品铺子为微商城定制了"会说话的星空棒棒糖""来往饼"等商品。同时,在今年欧洲杯期间,良品铺子联合斗鱼进行视频直播,并在微信商城首发"看球零食桶"。

完善信息推送及反馈体验

良品铺子充分利用微博、微信等社会化媒体进行产品信息、促销活动的即时推广宣传,从而使消费者在最快的时间范围内接收到产品信息。良品铺子还成立了专门的社交电商部,听取用户意见,利用整个线上交流到交易的快速链接的通路,包括后台的订单处理、物流、门脸服务的资源,让用户体验一个不一样的消费服务。

同时,线上线下的双重结合使良品铺子可以从多个渠道接收到消费者的购后反馈,并能通过社会化媒体进行快速的处理和响应,从而为消费者带来更好的购物体验。

4.4 全渠道环境下的消费者渠道选择

李维斯还是牧马人?苹果还是华为?在过去的十年中,公司与客户互动的渠道越来越多。不管是李维斯(Levi's)、牧马人(Wrangler)还是苹果(Apple)和华为(Huawei)消费者都可以通过网络、实体店或移动 App 购买。随着全渠道的发展,消费者不再面临选择渠道的困扰,而是品牌抉择问题。让品牌直接接触消费者的零售平台也越来越受欢迎,包括线下(如连锁门店)和线上(如亚马逊市场)。因此,今天的消费者必须同时选择品牌和渠道,而问题是品牌和渠道选择是如何相互关联的。

研究人员发现，消费者会根据使用的渠道做出不同的选择，而营销人员诱导消费者转换渠道，品牌和渠道感知又会共同决定购买意愿。这表明品牌选择和渠道选择这两个过程是相互交织的。在商业实践中企业更关心的就是如何在如今全渠道环境下能跨渠道地管理自己的品牌。

消费者选择框架

不同于传统的单渠道和多渠道，全渠道的全息化触点加大了顾客流向的预测难度。尤其移动技术和大数据分析为消费者权力赋能，消费者变得更加灵活复杂。单单依靠消费者特征分类、渠道特征、产品类型以及营销活动，收益性价比并不高。根据莱宾斯坦提出的效用成本理论，我们可以概括企业和消费者的手段和目的，从而了解消费者的选择过程（见图4-5）。

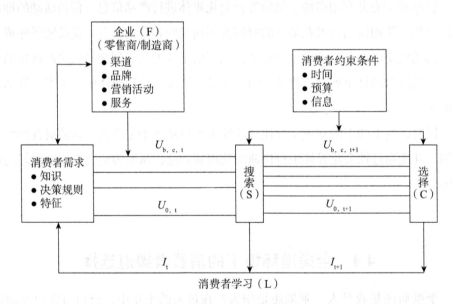

图 4-5　消费者购物选择过程

消费者的购物选择旅程起源于消费者需求，需求的激发可能来源于企业举办的营销活动的刺激，或者个人的品牌知识储备，不同消费者类型的特征以及搜索过程的习得。接下来消费者会通过线上线下等多渠道进行搜索，在第一阶段（搜索阶段），消费者在 t 时间有一个信息集 I_t，它包括了各种品牌和渠道组合（b = 品牌，c = 渠道，t = 时间）方案。该阶段可以分为两种情况，第一种情况消费者进行搜索的阶段已经有了特定偏好的品牌和渠道，并且优先选择偏好的品牌和渠道进行搜索，例如 $U_{b,c,t}$。图中线条的粗细表示了消费者渠道和品牌选择的偏好度和感知效用偏好强度，会受到企业的刺激推动，诸如品牌、渠道、营销活动、服务等因素和消费者约束条件的限制。第二种情况消费者没有特定的品牌和渠道选择，例如感知效用 $U_{0,t}$，只有模糊的需求驱动。

搜索是购物的一个关键方面，Ratchford（1982）和 Verhoef 等人（2007）对此进行了阐述。在现有的品牌/渠道组合集合下，如果消费者认为额外的搜索可以为其提供更好的关于当前选择集合或更多相关选择的信息，那么在合理的搜索成本下，消费者可能会决定进行更多的搜索。在搜索之后，随着消费者为新识别的品牌/渠道组合形成实用工具，会出现更多行。此外，以前确定的替代方案的实用程序可能会更改。因此，在 I_{t+1} 以上会出现新的线，这些线的厚度可能与 I_t 的线不同。

在搜索过程中，消费者可以在任何时候决定进行额外的搜索，或者选择在哪个渠道购买哪个品牌。这可能需要消费者具有前瞻性的判断。只有当至少一个品牌/渠道效用超过 $U_{0,t}$ 选项的效用时，才会做出选择。在做出选择之后，消费者会记住（学习）实用工具、各种品牌/渠道可取性的一般经验教训，以及如何进行评估。当下一个需求出现时，将使用这个更新后的消费者知识。图中强调了该过程的四个关键方面：F 代表企业行为（零售商或制造商），S 代表搜索，C 代表选择，L 代表从反馈中获得的信息。我们将通过这些环节进一步说明消费者全渠道选择框架和企业研究问题。

全渠道选择案例分析

本文将通过三个小故事"场景"来拆解消费者在全渠道环境下选择框架，从而逆向展示品牌和渠道选择是如何交织在一起的。

故事 1：在当当网买书

消费者小王想要购买一本经济学书籍。小王明确购买对象是亚当·斯密的《国富论》，而且他是当当网的会员。小王的导师愿意为小王所购图书报销，因此他不需要考虑经费问题。如果当当网有这本书（企业服务 F），他就会选择在此购买。小王登录当当网搜索《国富论》(消费者搜索 S)，当当网显示有货，小王选择了下单购买（选择 C）。

小王整个购买阶段如图 4-6 所示，根据上文场景，小王有偏好地搜索渠道和书店品牌选择，因此，小王在偏好的书店品牌当当网搜索所需的书籍总效用高于其他方案（箭头粗细代表感知效用强度），搜索后得知在当当网有所需目标，而且没有经费约束条件，小王不需要切换渠道比对价格，直接选择在当当网下单。

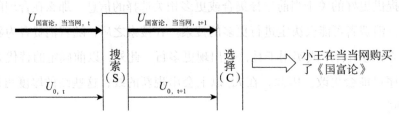

图 4-6 图书购买选择过程

故事 2：线下展厅对比

消费者周颜是两位孩子的母亲，最近她想要购买婴儿推车。由于婴儿推车这类商品体验因素比较重要，包括可操控性、舒适度等，尽管网上购买更方便，但不易真实感受婴儿推车的质量，因此周颜决定去线下实体店体验。她来到了当地最大的母婴店——孩子王母婴店（企业服务 F），想看看当季有哪些热门婴儿推车品牌和款式（消费者搜索 S）。但与故事 1 的小王不同，故事 2 中的周颜没有特定的品牌偏好。在母婴店，周颜看中了三款婴儿推车（消费者搜索 S），其中 wikider 婴儿推车是最好的选择（消费者学习 L），但是它的价格在实体店内比较贵，超过了周颜的预算。她不得不寻找其他更合适的零售商（搜索 S），周颜拿出手机搜索网上商城有没有价格更为便宜的 wikider 婴儿推车（消费者搜索 S），她发现在 wikider 天猫旗舰店内的价格比实体店更划算，且有满 599 减 50 的优惠活动。因此，周颜选择在 wikider 天猫旗舰店下单婴儿推车（消费者选择 C）。

周颜购买 wikider 婴儿推车的购物阶段就利用了实体店展厅效应，如图 4-7 所示。

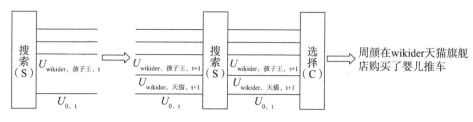

图 4-7 婴儿推车购买过程

周颜在搜索阶段经历了两个时间段。在第一个时间段内,她没有品牌偏好,基于婴儿推车的体验属性选择了线下渠道实体店,并将婴儿推车品牌范围缩小到 wikider 品牌,但是由于价格超出预算,因此 $U_{0,t}$ 的总效用是高于 $U_{wikider,孩子王,t}$ 的。在第二个时间段,周颜利用手机(移动渠道)更换了零售商,并发现在 wikider 天猫旗舰店购买 widkider 婴儿推车的性价比最高(横线更粗),最后在搜索结果上进行了选择。在周颜的购物历程中线下渠道显示了展厅效应,对于一些非数字属性的商品,消费者通常会利用线下渠道这一特性去降低购买风险。

故事 3:全渠道顾客的发展

消费者池先生要购买一条休闲裤,池先生是 Dockers 的忠实顾客,他通常是去 JC Penney 商店购买 Dockers 男装,因此池先生决定去 JC Penney 挑一条休闲裤(消费者搜索 S)。但是 JC Penney 商店里 Dockers 男裤没有合适的,刚好附近有另一家 J. Crew 商店卖男装(企业服务 F),池先生决定去 J. Crew 商店看看(消费者搜索 S)。但是 J. Crew 商店并没有池先生喜爱的 Dockers 品牌,只售卖其他男装品牌。池先生看中了一款都市风格男裤,但是没有合适的尺码。因此池先生回家上网查询 J. Crew 网上商店这款男裤是否有货(消费者搜索 S)。在网店里池先生找到了该款的经典款和常规款的尺码,他在两款的男裤中犹豫不决,而且对于网购,池先生很担心运费和售后麻烦问题。因此,池先生再次回到了 J. Crew 商店询问店员(企业服务 F)。店员给了池先生一个方案:先通过店长的移动设备预定这两款男裤,之后可以在线下商店退回其中一条不那么合适的男裤(企业服务 F)。过几天池先生收到了两条男裤,试穿后发现经典款更合适。因此,池先生返回店内并询问店员能否将要退的常规款的男裤换成经典款的另一个颜色(消费者选择 C)。店长再次使用他的移动设备完成了池先生的换货交易(企业服务 F)。经过这次购物,池先生对 J. Crew 商店好感剧增,并且成为它的忠实顾客，在之后的购买中也会经常使用它的线上线下、移动渠道（消费者学习 L）。

池先生的购物经历比较复杂，但在全渠道顾客中，这种现象并不罕见。整个购物历程可以分为 4 个步骤，如图 4-8 所示。

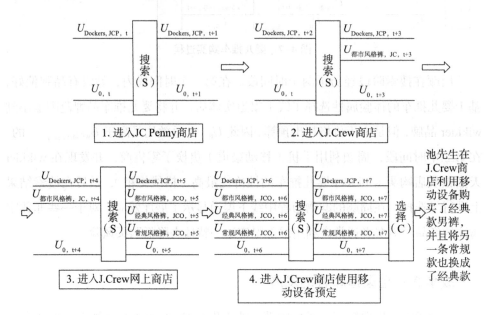

图 4-8　休闲裤购买过程

这是一个相对于前两个故事更加复杂的故事场景。服饰类商品通常包含数字属性和体验属性，属于个性化商品。池先生最初是偏好于 JC Penny 商店的 Dockers 男裤，但是经过搜索发现并不适合，因此池先生此时又回到了无品牌偏好的原始状态（$U_{0, t+1}$）；再次搜索发现了 J. Crew 商店，并找到了替代 Dockers 选择的方案，一条都市风格的男裤，但是没有合适的尺码。所以池先生进入了 J. Crew 网上商店搜索货物情况，除了前两种选择，还多了另两种选择，由于网店无法提供试穿体验，池先生仍然是无法选择其中一种方案，属于 $U_{0, t+5}$ 状态。在第 4 阶段，返回店内通过移动设备预定了两条经典款和常规款男裤，池先生发现经典款最合适。因此，最后购买了两条经典款不同色的男裤。整个购物过程有两个关键方面，第一，搜索、评估和搜索的迭代。第二，从消费者经验中学到了什么。消费者已经了解到 J. Crew 商店提供了很好的服务，实体店、基于家庭的互联网和移动设备可以以一种无缝的方式使用，这种方式定义了全渠道客户。

以上三则故事场景基本概括了全渠道顾客常见情况，在全渠道环境中，顾客对于渠道切换是非常普遍且容易的，企业也不应该对消费者渠道转移行为太过恐慌，关于顾客渠道转移行为原因分析，也可参考作者另一力作《通道制胜大趋势（电子商务环境下的市场发展战略）》。对于全渠道顾客，单一渠道的吸引力已经非常微弱，如何让消费者在转换渠道的同时仍然保持品牌的黏性才是企业需要考虑的。

4.5　企业全渠道选择策略

了解消费者渠道选择行为的最终目的是为企业渠道选择服务，以上 4 节介绍了消费者行为发展历程，以及 SoMoLoPe 消费群体，并且对客户全渠道体验和全渠道环境下客户渠道选择情况都做了详细的阐述，而本节将以企业为核心，阐述消费者渠道选择行为对企业的渠道选择的影响及企业应该如何选择自身的发展渠道，从而构建了全渠道环境客户管理组织框架。本节提出了企业全渠道管理中应注意的几点问题，针对性地为企业全渠道策略如何实施提供参考。

消费者渠道选择行为对企业渠道选择的影响

了解全渠道消费者

从第 4 节消费者选择行为的小案例所见，在如今全渠道零售环节下，顾客通过各种线上线下渠道购物行为已经稀松平常。全渠道环境为信息和产品实现提供了新的挑战和机遇，不管是 GAP 这样以线下实体起家的传统零售商，还是韩都衣舍这样以网上销售开始的新零售商来说，情况都是如此。虽然所有类型零售商都需要有效地管理产品的实现和信息的提供，但是根据企业从哪里开始、如何开始以及什么样的改进能够产生最大的影响，如何做到这一点有着重要的细微差别。全渠道服务零售商面临的挑战是：企业如何才能向消费者提供信息（关于什么产品最适合他们），而不影响产品的履行（交付）。为了在新环境中茁壮成长，来自各个行业的企业需要部署信息和丰富的策略，以减少购买过程中每个阶段的摩擦。这意味着同时以一种成本有效和吸引增强的方式提供信息，消除最初的不确定性和购买障碍，以及使零售商能够以最方便和最具成本效益的方式向客户提供产品的履行选项。

企业应对挑战策略要明确两个关键问题：①消费者如何获得所需信息来促进他们的购买决策？②消费者如何完成交易？如图4-9所示。

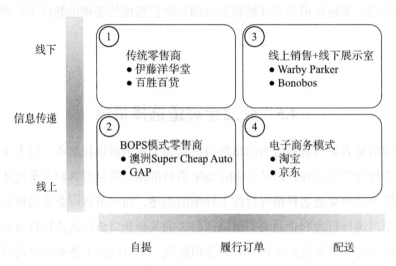

图 4-9　全渠道购物实现历程

当涉及履行时，顾客要么去商店取货，或者货物发至顾客处。信息也是如此，因为消费者要么访问商店以获取（离线）信息，要么通过在线或可能通过移动设备远程查找信息。在互联网出现之前，真正的零售商只有两种类型，第一种类型是传统零售商，在矩阵的左上方象限1中表示，所有的产品信息通过实体店脱机传递，顾客到实体店购买。许多零售商仍然只在这一象限运作，例如伊藤洋华堂或百胜百货。第二种类型是 BOPS 模式的零售商，它的前身就是目录零售商，可以被认为是当今纯在线零售商（象限4）的早期先驱。但在今天这个模式成为零售商丰富购物体验的新策略。在象限4中，信息通过互联网直接传递给客户，产品通过交付完成。商业互联网的发展刺激了纯互联网零售公司数量的增长（象限4），如 Amazon.com 和京东淘宝所示，通过在线信息传递和通过交付实现。然而，全渠道革命的巨大希望不仅在于互联网连接带来的新的零售业务，而且在于位于象限2和象限3的零售战略的出现，这一前景更为微妙和深刻。

从我们的信息和实现矩阵中可以立即看出，零售商有潜力在4个象限中的任何一个进行操作。然而，要想对什么样的信息传递，要实现什么样的组合，这些组合能够成功地实现什么样的业务以及为什么成功等一系列问题进行探讨，首先要关注象限1和象限4的范例案例，并考虑他们擅长的产品和经验。所有的传统零售商都是从象限 1 开始的，他们通过店内体验向顾客传递信息，同时满足顾客的需求。这包括其他品牌的零售商，以及销售自有品牌的垂直零售商（通常是苹果（Apple）、耐克（Nike）或巴塔哥尼亚（Patagonia）等制造商）。然而，要想在全渠道的世界中获胜，传统玩家需要通过象限 2、象限 3 和象限 4 进行扩展。同样，我们认为纯在线零售商需要遵循象限 2 和象限 3 的策略，并考虑与传统（象限 1）零售商的合作关系。

重视"展示室"

尽管互联网的飞速发展，引发了一大批实体零售的"关门潮"，但这并不能否定门店的价值。对于需要服务或具有大量触控元件的产品，产品信息的脱机交付成功率很可能由客户决定。还有其他好处，包括提高品牌认知度和正面强化品牌的合法性。Warby Paker 管理层清楚地意识到，很多客户在购买之前喜欢触摸和感觉眼镜。Warby Paker 提供了一个抽样计划回家试穿，它允许客户订单免费试用 5 天。该网站还提供了一个虚拟试戴系统，客户可以在该系统中上传自己的脸部照片，并在照片上覆盖不同的画面。尽管如此，管理层还是意识到这两个渠道可能不足以满足至少一部分客户的需求；因此，他们开设了第三个渠道，只销售库存的展厅。（Warby Parker 还参与了象限 1 的部分产品线，在纽约、波士顿和洛杉矶等地自己的零售店提供店内销售太阳镜。）只有库存的陈列室是第三方商店（通常是销售服装和配件的商店），展示着沃比·帕克（Warby Parker）的全套框架。顾客可以访问这些商店，比如费城旧城的合作伙伴展示厅，试穿框架，然后通过送货完成产品，就像他们在网上订购一样。只有库存的展厅是象限 3 的一个例子，因为信息是在线下传递的，而产品销售是通过线上交付完成的。

拓展 BOPS 功能

BOPS 在理论上为消费者提供了一个令人信服的价值主张，原因有二。首先，他们可以很容易地得到准确的信息，关于价格和供应的项目等。其次，因为他们可以挑选商品，他们可以从直接接触到购买的商品中得到满足。纯在线零售有个致命缺陷，就是消费者在交易后需要有一个等待货物抵达的时间差，等待采购的物品交付，而消费者的购物欲望无法得到即刻满足。BOPS 模式还解决了在线购物体验这个不足。除此之外，BOPS消除了消费者在搜索时遇到的一个关键问题，即他们不知道某个商品是否在商店里有售，以及它的价格是多少。本质上说，BOPS为购物者提供了最好的两方面的信息：在购买前（没有搜索摩擦）和立即完成（没有等待交付）。

管理层的预期是，BOPS之后，美国的在线销售将会增加。令人惊讶的是，这并没有发生。事实上，在线销售下降了，尽管网站流量上升了。在GAP出售的大多数商品都有非数字的触摸感属性，很难在网上交流。因此，尽管BOPS允许购物者在购物前完全解决价格和可用性的不确定性，但它不允许他们解决关于产品非数字属性的不确定性。尽管如此，商店的总销售额还是上升了。购物者确认他们想要的商品有库存并且价格合理后，就去商店检查和购买。BOPS消除了在网上有效沟通的信息（价格和库存情况）的搜索摩擦，并消除了购后等待时间。然而，在线购买并不能帮助客户消除关于非数字属性的不确定性。BOPS购物流程的一个变体是ROPO（在线调查、线下购买）或反向展厅。例如，传统零售商承诺在网上提供准确的价格和库存信息，并在网上有效地吸引顾客，他们的实体店的流量和销售额就会增加。此外，根据我们的经验，BOPS和ROPO的客户在亲自到店后，都可以在其他产品类别中产生激动人心的交叉销售。

企业渠道选择考虑因素

识别全渠道消费行为的关键激励因素

消费方式体现了一种价值判断，是在消费者受到心理因素刺激和外部条件约束的情况下完成的，除了消费者个人因素、心理因素、情境因素、社会因素、渠道特性和企业因素会对全渠道消费行为产生不同程度的影响，在全渠道购物中无缝一致体验也是非常关键的吸引因素之一。未来，体验会变成产品，这也是很多零售商获得持续收益的唯一来源。体验可以用以促进产品销量，或是直接变现。企业需要辨析这些因素和变量对全渠道消费行为的影响路径以及对消费者购买行为的激励效果，从中识别出关键变量，制定相应的营销策略。

重视与顾客的互动

全渠道消费行为既是一个消费者主动选择特定渠道和服务方式的过程，也是消费者与服务组织互动的过程。提升互动频率和改善关系质量能够帮助企业开展交叉渠道促销、加快顾客购买频度或缩短购买周期、增加顾客单次购买金额。不同渠道有着特定的信息丰富性、互动性、吸引力与关系属性，可以根据消费者渠道选择行为特征和趋势进行差异化渠道设计，满足消费者个性化的需求，提高顾客满意度和忠诚度，建立顾客信任和依赖，增加保留顾客的意向或降低顾客的流失倾向。

渠道布局大局观

在新媒体时代，渠道的铺设已不是技术难题。但是是否渠道铺设得越多越好？企业经常陷入这种误区，认为铺设足够多的渠道，让品牌在消费者眼前曝光的足够多，消费者就会被"洗脑"。殊不知除了增加企业自身的运营成本之外，并无业绩的显著提升。每家企业都有自己的主打商品，商品的类型，针对的目标群体特征，全渠道如何打造综合无缝式购物体验，依靠的渠道间协同而不是数量的堆叠。

企业的全渠道策略

平衡互联网和实体店

近年来，市场营销和零售领域出现了进一步的数字化，并遇到了具体的挑战。更具体地说，随着移动渠道、平板电脑、社交媒体的出现，以及这些新渠道在线上和线下零售领域的整合，零售格局将继续发生变化。大众媒体认为我们正在从多渠道向全渠道零售模式转变。Brynjolfsson 等作者在《全渠道零售时代的竞争》中写道"过去，实体零售店的独特之处在于让消费者能够触摸和感觉商品，并提供即时的满足；与此同时，互联网零售商试图通过广泛的产品选择、低廉的价格以及产品评论和评级等内容来吸引消费者。随着零售业向无缝的全渠道零售经验发展，实体零售和在线零售的区别将消失，世界将变成一个没有围墙的展示厅"。

在多渠道阶段，互联网和传统实体店交易的斗争非常白热化。而随着互联网的便捷性逐渐成为消费者的主要需求后，尤其互联网市场更大程度地减少了消费者搜索的成本，使消费者搜索不局限于一些知名的产品，还有利基产品的发现，实体店的发展被电子商务压制。但是互联网红利并没有持续太久，在人口红利和流量红利趋近天花板时，企业必须考虑另谋出路。进入全渠道阶段以后，零售商们重新开始审视实体店的价值，并且研究如何让实体店和电子商务有机融合，而不是对立。移动设备和大数据连接技术的出现成为那个融合的契机。

多渠道阶段互联网零售商和传统零售商的竞争最典型的反应总是"抓住当地的商店"。因此，互联网公司在交货中心，消费者服务以及免邮方面投入很多，而实体店为了保持触摸体验不得不承担巨大的库存、租金成本。然而，零售商可以采取移动渠道策略，连接线下实体和在线商务。一方面利用了实体店showroom功能，满足消费者触摸体验，同时利用移动设备完成店内线上下单，减少了线下渠道库存成本，这样实体店内可以放置更多利基产品样品；另一方面利用在线渠道查询价格和库存信息，可以将线下流量导入线上，还能将顾客消费信息数据化，建立数据库。

在零售业，帮助预测消费者未来需求的变量对公司的营销计划非常必要。迄今为止，移动互联网零售商已经对消费者以前的购买做出了各种各样的测量，来预测未来的需求。当地的市场结构可以影响消费者网上的需求，尤其是对本地化、定制化需求。例如，移动互联网零售商可以改变他们的促销策略和提供基于消费者地理位置的产品。

实施全渠道营销策略

李飞教授曾解释过"全渠道"这个名词中的"全"不是全部，而是更大范围的"多"。世界上没有一家企业可以自信说已经铺设了所有渠道，并且每种渠道都发挥了最大的效益。也就是说企业实施全渠道策略并没有标准答案，全渠道策略可以有多种形式，由于线上、线下、移动等渠道的关系和扮演的角色不同，全渠道策略也有所不同，具体策略可涉及线下渠道主导、线上及移动为辅的策略、线上和线下融合的策略、线上和线下分离的策略、移动渠道主导的策略等，企业要根据自己的发展途径慎重选择符合策略，不要一味追求渠道的数量。

第5章 在线评价的影响效应

随着电子商务的迅速发展，消费者开始习惯于在做出购买决策前到网络上浏览已购买者的使用经验和评论。同时，当消费者成功收到其在网站上购买的产品后，他们也习惯于在网络上发表自己对商品的看法和评论。在线评论指顾客对于产品正面或负面的评论信息，这些评论通过互联网被广大消费者及组织所了解。与传统的线下评论相比，在线评论具有范围广、速度快、信息量大、可存储、匿名性和可测量性等特点。在线评论作为营销沟通的一种新元素，已成为一种重要的产品信息交流渠道，在消费者购买决策中扮演着越来越重要的角色。

本章主要探索在线评论影响消费者购买决策的重要因素，构建在线评论对消费者购买决策的影响模型，探索在线评论影响消费者购买决策的作用机理，并分析各因素的影响程度，最后结合研究结果，为企业实施口碑营销提出针对性的营销策略及相应建议。

5.1 在线评论概述

本节主要论述了在线评论对消费者购买决策影响的相关文献研究，为建立本章的研究模型提供理论依据。首先，介绍了口碑、在线口碑、在线评论的概念以及在线评论与在线口碑的关系，然后介绍了消费者搜寻在线评论的驱动力，最后介绍消费者发表在线评论的动机。

口碑与在线口碑

口碑与在线口碑的含义

口碑（word-of-mouth，WOM）是人们之间的口口相传。Johan Arndt 是第

一个对口碑进行定义的人，他认为口碑是一种非正式群体影响，是两个或多个人之间关于某个品牌、产品或服务的非商业的口头沟通。Johan Arndt 的定义强调了口碑的非商业性，但将口碑传播的形式局限于口头沟通。口碑有很多种方式，不同口碑方式会对消费者在线购物决策产生不同影响，如图5-1所示。

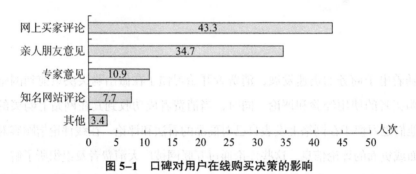

图 5-1　口碑对用户在线购买决策的影响

资料来源：CNNIC 2018 年中国网络购物市场研究报告。

在信息不发达时，口碑是消费者获取信息的主要途径。当前，口碑也是最有影响力的沟通渠道之一，消费者一般认为口碑比营销者导向的沟通（人员推销、广告、公共关系等）更有可信力。大部分用户搜索到目标商品后，除了关注商品本身属性外，还会浏览用户评论等商品相关信息。有 41.1% 的网民在购买每个商品前都看用户评论，26% 的用户购买大多数商品前都会看，只有 17.9% 的用户表示购物前不看用户评论，如图 5-2 所示。用户评论通过传递他人的直接经验，避免买家选购的失误，成为用户购买决策的重要助手。

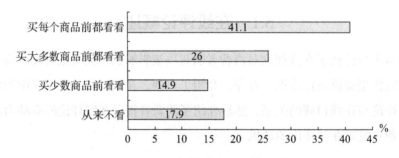

图 5-2　网购网民用户评论阅读情况

资料来源：CNNIC 2009 年中国网络购物市场研究报告。

借助互联网媒介，传统口碑表现为新的形式——网络口碑。其摆脱了传统口碑"人际圈子"的限制，传播范围更广泛，能够影响更多的弱联结消费者，且口碑形式有形化。通过网络开展电子商务最核心的价值和竞争力即在于其中的评论信息形成的舆论导向，这对消费者购买决策具备重要的影响。美国市场研究公司eMarketer与口碑营销协会在2008年报告"口碑营销"中，揭示了网络营销中口碑营销的巨大威力。eMarketer估计大约有超过一半的网络营销人员将采用某种形式的口碑营销方式，并且这一数量将持续上升。

随着互联网的飞速发展，消费者可以使用各种信息技术进行沟通，口碑信息可以在短时间内扩散到世界范围，在互不认识的人之间传播。因此，与线下口碑（即传统口碑）相区别，产生了口碑的新形式——在线口碑（online word-of-mouth, electronic word-of-mouth）。消费者在进行网络购买时，纵然可以通过网络搜索到一些相关产品信息，但还有很多信息是消费者无法通过网站直接了解到的，这些便构成消费者在购买决策上的不确定因素，同时也促使消费者在做出购买决策之前，首先搜索一些网络口碑信息，来了解更多的隐性信息，从而降低网络购买的风险。由于在线口碑的巨大影响力，诸多相关研究者都对在线口碑极为关注，并进行了分析研究。

在现有文献中，不同学者对于在线口碑名称的界定存在着一些分歧，比如网络口碑（Internet word-of-mouth）、在线口碑（online word-of-mouth）、电子口碑（electronic word-of-mouth）、鼠碑（word-of-mouse）、虚拟口碑（virtual word-of-mouth）等。但总体而言，关于网络口碑的定义都是在传统口碑的信息分享和交流作用的基础上强调了计算机和网络的媒介作用，即通过网络进行的关于某种产品或服务的口碑传播和信息交流。

通过互联网进行的信息沟通和交换也是口碑传播的一种形式，即"在线口碑"。网络客户（即口碑发送者）在网络上张贴文章的行为和人与人之间的口碑沟通行为是等同的，只不过信息呈现的形式发生了转变，由声音形式（auditory）变为书写形式（written）。在线口碑是口碑传播的一种新形式，由传统的人际沟通变成在线沟通。

在线口碑是消费者之间通过网络技术交流的所有关于产品和服务的具体特性、使用或提供商的信息沟通。在线评论、邮件包裹、分散式邮件系统、一对一邮件、即时信息、讨论区和聊天室是七种在线口碑的主要传播形式。其中，在线评论（online consumer review）是最重要的一种在线口碑形式。

在线口碑与传统口碑的异同

在线口碑作为口碑的一种，信息内容、内涵、沟通形式和传统口碑都具有一定的相似性，但是在线口碑基于互联网媒介，在表现和传播模式等方面均与传统的口碑有所区别，如图 5-3 所示。

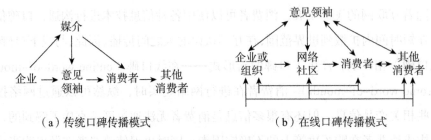

图 5-3　传统口碑和在线口碑的传播模式

从上图可以看到，在线口碑传播模式中，企业或组织、网络社区、消费者、其他消费者之间都成为逻辑拓扑结构中的节点，任意一个节点都可以进行双向传播，传播的范围和便利程度大为提高。

在线口碑与传统口碑的主要相似点：①高可信度。不管线上或者线下传播的口碑，都来源于与企业无经济利益关系的第三方，他们基于自己的经历或者某个专业的领域，对产品进行客观和符合实际情况的描述，这在大众心中比企业广告更加可信，而且在网络环境下，消费者能够搜集众多的关于同一产品的评论加以对比和筛选，综合各方意见得到一个全面可信的信息。②交互性。在现实中，人们面对面地交换信息，信息得到充分和即时的互动；在网络中，口碑的传播打破了时空的界限，参与者可随时随地凭借网络平台进行发布信息、评价信息、阅读信息等行为，口碑的传播是双向的，沟通是互动的。③降低客户的感知风险。不管是在线口碑或者传统口碑，都为消费者提供了直接的使用信息，这种来自实际使用后的评价有利于消费者对商品的资料加以确认，有利于减少顾客与企业之间的信息不对称，为之后的顾客了解商品、规避风险等提供了参考依据。

在线口碑与传统口碑的差异：①扩散性传播，范围广，速度快：在互联网中，在线口碑是一对多的扩散方式，使其传播范围广，速度更快。②信息量大，可持久存储，可测量化：网络中庞大的信息以文本形式展现和保存，这些保存的数据特性也使得口碑变得可测量。③匿名性：在网络环境中，提供意见的人基本上都是虚拟的，沟通双方大多不熟悉，口碑的发生处于弱联结的关系。④传播形式多元化：互联网上提供了更多种信息传播的形式，电子邮件、在线论坛、即时通信工具、博客、产品网站讨论区等。

在线评论

在线评论是消费者对商品质量、性能、使用体验的评价信息，包括评论者信息、评论等级、评论内容和评论时间等组成部分。根据获取信息的来源不同，可以将消费者购物时参考的信息分为第一方评论、第二方评论和第三方评论三种形式。第一方评论，是来自卖家的信息，买家通过与卖家直接接触而获得的信息。第二方评论，是指历史买家对与卖家交易情况做出的评价信息，包括对产品、服务的评价。这些信息通过买家之间的交流，"口耳相传"，可以让买家了解卖家在过去交易中的情况。卖家是无法控制这种信息的传递，所以如果卖家曾经有过欺诈行为，都将影响潜在买家的购买决策。第三方评论是关注于容易量化和观测的产品的属性信息，是基于实验测试和专家评测提供对某一种产品的评论信息。例如产品的性能、特点和可靠性。信息的来源会影响消费者对于网络口碑的信任程度。消费者对网络或者网站经营者的可信度可能会远远低于独立商家网站之外的信息来源。可见不同类型网站的信息对于消费者的影响力是不一样的。

在线评论（online consumer review）是最重要的一种在线口碑形式，已成为一种日益流行和重要的产品信息渠道，在消费者购买决策中扮演着越来越重要的角色，引起了学者、新闻界和市场营销者的关注。互联网和信息技术的发展为消费者在线分享产品评价提供了新机会。1995年，亚马逊（Amazon.com）开始为客户提供发布产品评论的功能。近年来，越来越多的在线销售者采取相似的措施。这些网站邀请消费者在卖方的网站上发布个人产品评价，或者为消费者提供第三方的消费者评论信息。随着在线评审系统的广泛应用，许多人认为，在线评论可以代表整体口碑，并影响消费者的决策。在线评论作为营销沟通的一种新元素，已成为一种重要的产品信息交流渠道，在消费者购买决策中扮演着越来越重要的角色。

本书将在线评论的交流过程界定为：在一定的沟通环境或情境下，评论来源（发表者）通过某种或某些互联网媒介制造或转发主要以文本形式呈现的评论信息给评论接收者在这个过程中评论的发送和接收可以是异步异地的（评论接收者接收评论的时间、地点、环境或情境可以与发表者不同），且这个过程是一个循环反复的过程，评论接收者可能成为评论转发者开始新一轮的评论发表。本文将上述界定的在线评论交流过程用图5-4形象化表示。

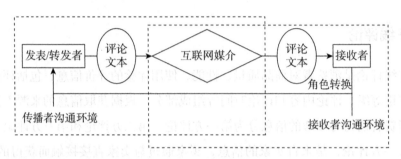

图5-4 在线评论的交流过程

在线评论与在线口碑

在线评论是在线口碑的一种表现形式，在线评论与其他形式的在线口碑有所不同。Bickart & Schindler 对各种表现形式的在线口碑的定义及特点进行了总结（见表4-1）。表中所涉及的各种口碑表现形式均以互联网为平台，但口碑传播的网络空间（或称载体）有所不同，另外在一些具体特征上也有一些差异（见表5-1），比如，在线评论具有优势，且影响力更大。与在线口碑的其他表现形式相比，在线评论网站上的消费者评论信息具有可长久保存、集中呈现、面向最广泛的人群、可被较广泛的大众所获得等特征及优点。

在线评论与其他口碑形式的研究在方法和内容上有所不同。虚拟社区、网络博客等网络空间的口碑主要是非结构化文本信息，量化比较困难，因此这些口碑形式的相关研究常采用社会网络方法、分析性模型或实验设计方法探索在线口碑信息的扩散规律。而在线评论除提供非结构化文本评论外，还提供评论者对商品观点的打分，这个量化的指标在一定程度上可以成为评论情感倾向的代理，非常有利于进一步的量化分析。

总之，无论是哪种在线口碑，它们之间最主要的差别在于表现形式不同，交流空间不同，而它们的核心内涵是不变的，即都是消费者之间关于某产品或者服务的非正式的在线交流与沟通。在线评论传承了在线口碑的一般特点，与其他形式的在线口碑相比更具影响力，另外其历史数据保存更完整，更便于开展量化分析。

表 5-1 在线口碑各种表现形式的解释和特征

形式	说明	口碑信息特征
在线评论	消费者在购物网站根据自己的亲身体验或他人的经历对某种产品或服务发表的正面或负面的看法	常持续一年以上，每条信息可被一般消费者较容易地获得
邮件包裹	包括消费者或读者评语或反馈，刊登在各类组织如消费产品制造商、服务供应商、杂志或新闻组织的网站上	可持续相当长一段时间
网上论坛	包括电子布告栏、新闻群组等，可供特定议题持续讨论的平台	
邮件列表	将消费者意见、使用经验等经由电子邮件发给邮件列表中的会员	需存档才可取得信息内容
个人邮件	个人发送信息给另一个人或一群人	
聊天室	网上群组内成员对特定议题即时讨论	讨论过程中才可获得信息，结束后信息即消失，无法复查
即时通信	网上个人与个人或群体之间的即时对话	可保留对话信息

消费者搜寻在线评论的驱动力

关于消费者信息搜寻动机影响因素的研究已经很多，如 Olshavshy & Wymer 指出购物热情、认知需求、持续性涉入、知觉收益、知觉成本对消费者信息搜寻动机存在影响；Schmidt & Spreng 指出知觉成本和知觉收益对消费者信息搜寻存在着影响。影响消费者在线评论搜寻的驱动力高低的因素主要有四个方面。

信息不对称

在信息不对称情况下，商家往往处于比较有利的地位，而信息贫乏的消费者，则处于比较不利的地位。为了缩小与商家之间的信息差距，消费者就开始信息搜寻，搜寻的信息越多，与商家之间的信息差距就越小。研究发现计算机、服装等行业中都有近一半以上的消费者在做出购买决定前会在互联网上搜索相关商品的介绍及其他消费者对商品的评论信息，互联网商品或服务评论对于消费者的购买决策有着重要影响。

可用信息的缺失

造成可用信息缺失最重要的一个原因就是信息超载。如今网络充斥着大量的信息，在给消费者更多信息选择的同时，也带来许多的不利，例如信息鉴别困难、无用信息泛滥、信息虚假等情况，消费者就很难找到自己所需要的信息。同时，相关研究表明，在网络环境下，相比于其他形式的信息，消费者在搜寻触感信息时的倾向性是不一样的。由于消费者在进行网络购物时搜寻触感信息方面的能力有限，只能通过文字、图片、音频、视频等非接触方式进行一定程度的弥补，存在着一定知觉风险，通过这样的方式消费者还是无法确定这些信息是否真实以及购买决策带来的潜在后果的好坏。因此对于消费者而言，购买决策的知觉风险越高，就越有必要搜寻。

感知认知权威

早在1983年，威尔森就提出了"认知权威"的观点，他认为认知权威是能够对他人产生影响的，它建立在一定范围内，权威大小取决于人际关系及信任的程度。认知权威影响着人对适当性的判断，只有可靠、值得信赖的人才具有权威性。由于网络消费者之间存在时间/空间断带，更多的信息是以评论的方式呈现，这些发表评论的人就具备认知权威。当然，由于小世界信息交流的畅通，会导致意见领袖的产生，他们就具备很高的认知权威，他们所发表的评论可信度就高，对其他人产生的影响就较大。

感知经济

信息经济学认为，信息是有价值的，信息的搜寻有利于人们做出正确的选择，从而提高经济效益。因此，网络消费者在购物或选择服务前会尽可能去获得更多的信息，然而消费者的时间、精力、货币等是有限的，在理性行为的假设前提下，消费者要在资源有限的约束条件下追求经济效益最大化。消费者搜寻在线评论就更具有针对性，可以减少漫无目的的信息搜寻，降低信息搜寻成本。

消费者在线评论发表动机

动机一词来源于拉丁文的"movere",指推动人们行为的内在力量。随着人们认知能力的不断提升,对动机的形成原因和它对人们行为产生的动力都有了更深入的理解,本文归纳了消费者发表产品评论的 9 种动机,分别是:情感分享、娱乐放松、信任平台、支持平台/商家、惩罚平台/商家、信息回报、经济回报、提升消费质量、感知有用性。

情感分享动机

人在购物过程中会产生积极或者消极的焦虑,通过发表评论能够缓解这种焦虑。情感分享是消费者传播积极或者消极消费体验等相关感受的一个重要动机。

Hennig-Thurau 等人的研究发现消极情绪对消费者发表评论的数目的影响是显著的。同时,蒋英播关于电子口碑传播动机对口碑传播意愿之间关系的研究结果也显示情感分享动机会显著影响口碑传播意愿。

娱乐放松动机

娱乐放松动机指消费者进行口碑交流的出发点在于娱乐放松。许多人为了追求娱乐体验才参与虚拟社区、进行电子口碑的传播的行为表明,消费者在参与社区活动来娱乐放松,故可以得出娱乐放松是消费者发表在线评论的一个重要动机。

有不少人会为了展现其在某些方面的专业知识和经验而进行评论,这些分享也成为一种娱乐行为。

信任平台动机

信任平台动机指消费者希望网络购物平台作为第三方,调解消费者同商家之间的矛盾,帮助消费者解决遇到的交易问题。社区平台应该以第三方的身份管理消费者发表的有关评论。消费者对平台作为第三方有效调解作用并保护消费者利益的预期是其发布在线评论的重要动机。这是对社区平台的信任,网络购物平台作为一种特殊的社区平台,也存在这种信任。在决定分享信息的对象或者接受对方的推荐、跟其发生交易行为时，信任起到非常重要的作用。网上购物平台提供了消费者跟商户之间进行交易的相关服务，如何获取及吸引消费者是其持续发展非常重要的问题。只有增加消费者对网上购物平台的信任，才能够促成更多交易行为。

支持平台／商家动机

支持平台／商家动机指通过发表评论支持给自己带来愉悦购物享受的网络购物平台／商家。国外比较全面的动机模型都提出帮助公司是消费者传播积极口碑非常重要的动机。

消费者跟商家之间存在互利互惠的关系，一般人都会向曾经给他好评的人以积极的评价，同时，很多时候为了得到评价而去积极的评价其交易伙伴。即消费者会主动地去支持商家，以求得到商家的积极回应。

惩罚平台／商家动机

惩罚平台／商家动机指通过发表评论惩罚给自己带来不愉快购物体验的网络购物平台／商家。这是同上一个动机相对应的消极口碑传播动机。

当消费者的一些期望没有得到实现的时候就会促使口碑交流的产生。换句话讲，消费者期望通过惩罚平台／商家来弥补这种落差，而发表负面在线评论则是其中一种方式。

信息回报动机

信息回报动机指消费者希望从网络购物平台获得所需要的消息，并同其他消费者进行交流的动机。这也是传统口碑和在线口碑传播动机中非常重要的动机，既包含信息的获取也包括信息的分享，基于这种动机，消费者之间建立起一种互利互惠的关系。

经济回报动机

经济回报动机指消费者期望得到商品折扣、商家或者平台的奖励、更好的售后服务。同信息接收者建立互利互惠的关系，分享有价值的产品信息，促使接受者产生一种回馈有用信息的责任感,这会促使消费者发表在线评论。

提升消费质量

通过发表评论使商家的商品质量和服务得到提高,网络购物平台的服务流程更加完善。电子口碑的传播有利于平台、商家能够及时了解消费者的意见和需求。平台运营人员或者商家为了提供给消费者个性化的服务需要及时作出反馈,从而给消费者更好的消费体验。蒋英播在电子口碑发表动机同发表意愿之间关系的研究中得出结论,提升服务动机显著影响消费者的电子口碑发表意愿。

感知有用性

感知有用性是指"用户觉得在网络购物平台上发表评论效用和意义的大小"。根据计划行为理论,行为意向受行为态度决定,而行为态度又由预期行为结果和评估决定,因此,消费者对在线口碑的宣传态度和意愿受电子口碑宣传的有用性影响,感知有用性高低与在线口碑的宣传成正相关关系。而感知易用性又与感知有用性成正相关关系,因此,感知有用性可以调节消费者评论发表动机和评论行为之间的关系。

消费者在发表在线评论时,单个技术模型理论等不足以全面的解释消费者的相关动机,需要将各个理论整合起来,这样才能够有效地理解消费者发表在线评论背后的驱动因素。

5.2 在线评论效果的影响因素

在线评论的效应取决于消费者对于在线评论信息的接受程度,消费者接受在线评论信息的感受或信心越强,则此类感受越有可能主宰消费者对于在线评论信息的解释和使用,进而影响消费者的态度与行为,因此了解哪些因素会影响在线评论的传播效应成为学者们十分关注的领域。本节将对在线评论效果的影响因素进行讨论,已有的相关研究和实践表明,在线评论效果受到在线评论来源的可信性、在线评论自身的特征、消费者特征和产品因素四个方面的因素的影响。

在线评论来源的可信性

在线评论来源的可信性主要指在线评论发送者的可信性和网站信誉。

在线评论发送者的可信性

在线评论发送者的可信性是信息接收者对信息传送者个人特质特征的判断和对其可信赖程度的主观认知。来源可信度是说服受众的先决条件，可信度高的在线评论更具有说服力。在大众传播领域研究中，Whitehead 将来源可信度细分为可信赖性、专业性、客观性及在线评论传送者个人特性。Ohanian 提出广告代言人的可信度主要来自专业性、可靠性和吸引力三个方面。一些学者指出来源可信度对消费者的态度具有重要影响，如 Gilly 等人认为在线评论来源的专业性和意见领导力会影响在线评论的可信度，进而影响他人的商品品牌态度、在线评论搜寻、采纳以及推荐行为。Bansal & Voyer 对服务业在线评论的研究也得到了相同的结论，即发现在线评论发送者的专业性越强，其对在线评论接收者商品品牌态度的影响越大。Sun 等人重点分析了信度较高的一类人群——"在线意见领袖"——的在线评论的影响，结果发现，意见领袖的意见影响力越强，其发表的在线评论越容易被传播，接收者参与在线讨论的频率也越高。

网站信誉

在线评论是以网站为媒介的，网站的可靠性带来的消费者信心会影响该网站上的在线评论的传播效应。网站的类型影响在线评论的说服效果，在商业网站、具有商业性质的第三方网站和非商业性质的第三方网站这三种类型的网站中，非商业性质的第三方网站的推荐对消费者更有用，消费者购物时会更多地参考这类网站的推荐。声誉较高的网站更容易被消费者信赖和接受。发表在声誉较高的网站上的在线评论的影响力更大。

在线评论自身特征

在线评论自身特征涉及在线评论内容的趣味性和在线评论类型（属性评价型评论或单纯推荐型评论）等。

在线评论类型

从对国内 10 家主要的购物网站的分析可知，在线评论形式概况如表 5-2 所示。

表 5-2 网站在线评论形式

网站名称	口碑形式	网站名称	口碑形式
淘宝	数字、文字、图片	国美在线	数字、文字
天猫	文字、图片	京东商城	数字、文字、图片
聚美优品	数字、文字、图片	苏宁易购	数字、文字
乐蜂网	数字、文字、图片	亚马逊	数字、文字
1号店	数字、文字	当当网	数字、文字

在在线评论的研究领域中，有学者将在线评论内容类型作为自变量纳入在线评论对消费者购买行为影响的研究中指出，虽然在线评论在表达上没固定的格式，但在表达信息内容上可分为属性评价型和单纯推荐型两大类型。

（1）属性评价型评论（attribute-value reviews）。属性评价型评论包含与产品自身属性相关的信息，是客户理性、客观且基于产品特定属性、性能表现的评论。例如"这款相机真不愧是配置 GX200 镜头啊，等效焦距为 24~72mm 的 3 倍光学变焦镜 CCD，拍照时聚光效果超好。"这类评论明确、清楚，并且拥有合理的论据支撑。

（2）单纯推荐型评论（simple-recommendation reviews）。单纯推荐型评论是情感导向、主观且没有基于产品属性论点支撑的评论，例如"这东西用起来挺好的！买了绝不后悔！""这款产品绝对是家庭必备。"这类评论更大程度上表达了在线评论传播者对产品使用的感受与主观意见，缺乏以产品属性为基础的论据。

在现代口碑营销研究领域中，在线评论在营销推广上的优势正越发凸显。传统的口碑信息随传随逝，而在线评论信息则可以随时随地获取，且能有形的长时间保留，能给予在线评论接受者更大的感官刺激。但不是所有在线评论都具有同等的影响力,在线评论的有用性或质量一定程度上影响在线评论的传播效果。详细地介绍产品功能或使用经历的高质量在线评论的影响高于那些简单的推荐或陈述不清的低质量在线评论。

在线评论的情感倾向

在线评论的情感倾向反映了在线评论的劝说作用,正负面在线评论从商品已使用者角度反映了商品质量的优劣,而评论阅读者可能会基于商品已使用者的在线评论来判断商品质量,决定是否购买。正面在线评论会提高消费者品牌态度和刺激购买,而负面在线评论会降低消费者品牌态度和抑制购买。

与正面在线评论相比,负面在线评论容易受到更多关注,消费者对负面在线评论信息的依赖程度也更高。负面在线评论信息比正面在线评论信息更有影响,当消费者接收到有关于某产品的负面在线评论时,明确地说明商品质量差,消费者会自然地将此产品视为不好的产品,但相反地,当消费者听到某产品的正面信息时,由于这种正面信息具有模糊性,消费者并不会因此而认为商品品质优良。

消费者通常会认为负面信息比正面信息更具诊断价值,因而在决策时更多地依赖负面信息。那些收到有关产品负面在线评论的人比那些没有收到负面在线评论的人购买该产品的概率小了24%,相反,那些收到正面在线评论评价的人比那些没有收到正面在线评论的人更有可能购买产品的概率只多12%。

在线评论内容的趣味性

对于在线评论内容的趣味性,Herr 等人分析了在线评论内容的语言特点对在线评论影响力的影响,试验结果表明,与平铺直叙的在线评论信息相比,生动有趣的在线评论信息对消费者的影响更强;与笼统内容描述,细致的内容描述更能影响消费者对商品的态度。信息内容的趣味性直接影响传播的效果和扩散的速度。在线评论相关研究中,智能性、趣味性和有组织性是网络信息内容的三个重要特征,并进一步指出网页内容的趣味性是吸引浏览者的重要因素。信息的趣味性能够提高受众对网络信息的满意度,进而影响后续的行为意愿。在线评论的交互性、信息丰富性、易使用性、实时性、有趣性等都会影响消费者对此种推广方式的接受度。其研究结果表明,在线评论内容的趣味性通过加强受众的正面情感和态度,最终影响受众的行为意愿，包括购买、回复、点击浏览、转贴和向朋友推荐的行为意愿。

消费者特征

消费者互联网体验

互联网大大降低了信息搜索成本，使各种备选方案之间的比较更加方便。具有更多互联网体验的消费者更有可能使用在线渠道收集产品信息，因为从在线渠道收集信息的成本可能低于线下渠道。互联网体验与利用互联网收集信息的频率呈正相关。互联网体验缺乏会导致消费者放弃互联网这一信息来源，具有更多互联网体验的消费者更容易访问在线评论。对于一个网络新手，使用在线信息可能唤起其对不确定性和复杂性的感知，一个具有更多互联网体验的消费者可能会对在线渠道的属性有不同的感知和更多的信心。因此，互联网体验对网络信息的评价有一定的调节作用。

具有更多互联网体验的消费者更有可能使用互联网作为他们的主要信息来源并使用互联网的信息，同时，他们也更可能受到在线评论的影响。然而，也有研究表明，具有更多互联网体验的消费者可能会发现在线评论信息不可信。因为任何人都可以提供在线信息，此类信息的质量往往差别很大。一位经验丰富的在线客户更有可能接触到低可靠性信息来源和负面体验。这会导致一个新手可能会轻易相信网上的观点，具有更多互联网体验的消费者却不会那么容易被影响。

此外，具有更多互联网体验的消费者可以很容易地从多个来源找到关于一个产品的许多评论。然而，评估这些信息来源的有效性需要较高的认知成本，这导致他们不容易受到在线评论的影响。

消费者的专业性

消费者的专业性包括其对产品的已有印象以及品牌熟悉度等。它在一定程度上是消费者对产品或服务的信心程度的标志，反映了消费者对产品或服务属性的自我判断水平。消费者的专业性是决定信息说服效果的一个重要因素，但实证研究结果却并不一致。

消费者对于先前已留下印象的品牌受到在线评论的影响更小，反之消费者对那些事先没有接触、没有形成观念的品牌的态度更容易受到在线评论的影响。在 Bansal & Voyer 针对在线评论对服务购买决策的影响的研究中，假设在线评论接收者专业水平越高，在线评论对消费者购买决策的影响越小，但研究结果显示两者关系并不显著。在线评论对专业水平高的消费者的影响大于对专业水平低的消费者的影响。而 Bone 等人研究结果则表明，与专业水平高的消费者相比，专业水平低的消费者受在线评论信息的影响更大。另外，消费者对品牌的熟悉度也可以调节在线评论的影响。负面在线评论的影响效果受到消费者对品牌熟悉度的影响，对一个品牌的熟悉度高，可以减少负面在线评论对消费者的影响。

产品涉入

涉入（involvement）概念最早由学者 Sherif & Cantril（1947）提出。他们在关于"社会判断理论"的研究中指出一个人对于某一事件"自我涉入"越深，则越不能接受相反的意见；反之，对于和自己相同的意见，自我涉入深的人不但会接受，甚至会将它扩大解释。涉入程度从 20 世纪 60 年代开始进入消费者行为研究领域。如今，涉入的概念已经在消费者行为以及广告学研究领域中广受关注与应用。

涉入是个人基于内在需求、价值观以及兴趣所感知到的与相关特定物品的相关程度，反映了消费者对该产品的重视程度。当消费者对某产品高涉入时，将会对该产品属性的差异、特点与重要性有更深入的认知态度，也就是消费者会寻求更多关于该产品的信息以及花费更多的时间与精力进行决策。可见，不同的涉入程度对消费者的信息处理方式会造成影响。产品涉入是影响消费者决策的因素之一，因不同特征的产品对消费者的意义和重要性是不相同的，因此在不同产品涉入程度中，消费者对于信息的收集以及消费的感知风险上会有所差异，由于风险与决策所需努力的差异，可以将产品区分为低涉入与高涉入两类。

目前对涉入度对在线评论影响的调节作用的实证研究较少。Park & Lee 研究了消费者情境涉入度和在线评论类型交互对评论影响力的调节作用，结果发现，对于低涉入度的消费者，基于属性描述的评论数量正向影响其购买意愿；对于高涉入度的消费者，基于简单推荐的评论数量正向影响其购买意愿。也有学者发现，消费者在购买高涉入度商品时受在线评论的影响大于其购买低涉入度产品时所受到的影响。

消费者个人特征

消费者个人特征主要包括人口特征，如性别、年龄、教育程度等。在营销领域的研究中，消费者的性别一直被当作一个有效的调节变量。根据选择性假设理论，女性和男性在处理信息以及加工信息方面具有显著的不同，女性是"全面信息处理者"，而男性是"选择性信息处理者"。具体表现为，女性在做出判断前会努力了解所有可得到的信息，如将多方面的细节联系起来进行精细加工；而男性在处理信息的时候通常采用一种基于启发式和选择性的策略，即通常把自己的判断建立在对所有可得信息中的一部分进行加工的基础上。

研究发现，女性比男性更容易受他人在线评论的影响，女性在在线购买时感知的风险比男性大，而且女性比男性更容易受网站推荐的影响。

产品因素

产品属性的调节作用

一个公司的营销策略可能不会适用于所有产品，即使这些产品属于同一类别。在线市场的扩散导致许多利基生产商的出现，利基产品生产商和那些主要通过在线渠道销售的生产商更应该关注在线评论和在线评论系统的操控，因为在线评论可能大大影响他们的销售。

有学者认为，在线评论对流行产品销售的影响更高，原因如下：第一，受欢迎的产品往往得到更多的评论，大量的评论会使这样的在线评论似乎更值得信赖。一个消费者可能不相信一个非专家，但如果 90% 的非专家都认为值得购买，那么它可能就是值得购买的。信息来源的增加可能会导致更多的信任。随着在线评论数量的增加，总体评价收敛于真实的质量。因此，流行产品的评论能比较准确地反映产品质量，从而更有影响力。第二，因为流行产品收到大量的评论，消费者更加相信他们可以在线上找到一个受欢迎的产品，这会使他们更有可能寻找流行产品的在线评论，更多搜索可能会增加这些评论的影响。相反，如果消费者相信利基产品的评论是较少的且搜索难度大，他们可能就不会搜索这样的评论，所以利基产品的评论几乎不影响消费者的购买决策。最后，流行产品的评论对消费者的购买决策可能会有一个很大的影响，因为消费者经常接触到这些评论。相比于利基产品，流行产品会更加频繁地被讨论，频繁的接触会对消费者购买行为产品巨大的影响。

与此相反，另一些学者认为在线评论对流行产品的影响更小，例如，对于流行产品，消费者对在线评论的需求可能较低，因为消费者使用在线评论是为了获得质量信息来降低风险，但流行产品本身就会传递高质量信息，购买流行产品往往会降低潜在风险。在消费者购买决策的背景下，如果消费者选择一个著名品牌，当该品牌后来被证明并没有那些不太知名的品牌更好时，他们的后悔程度低于他们选择一个后来被证明质量不够好的不太知名的品牌。对于那些消费者感兴趣的利基产品，他们有可能搜索更多的口碑信息来使他们远离可能发生的后悔，因此，在线评论可以更有效地影响利基产品的销售。

产品感知风险

消费者感知风险是消费者在购买产品或服务时所感知到的不确定和不利后果的可能性。消费者面对购买决策所产生的不确定性与后果时，若消费者较重视其不确定性或后果程度较高，则消费者所感知的风险也相对较高。

Arndt 最早提出口碑沟通是降低感知风险最主要的策略，他指出高风险感知者倾向于传递更多的产品或服务信息给其他消费者，因为这些信息被认为具有特殊价值，因此吸引他们成为社会关系中的一个交换成员。

消费者的信息搜寻大致分为两个方面，即单纯依靠储存在记忆中的经验的内部信息搜寻（Internal search），以及访问商店、听取周围人的意见、搜寻广告媒体信息等积极的外部信息搜寻（external search）。在多数情况下，内部信息搜寻往往无法满足消费者购物决策的需要，不得不转向外部的信息搜寻。

在现有的在线评论研究中，大多数学者认为在高风险的情景下，在线评论对购买决策的影响力更强烈，消费者在做购买决策的过程中会受到感知风险的影响，而且感知风险越高则消费者越会从在线评论信息中去获得更多的信息。消费者在感知风险高的情况下常常会产生从众心态，此时消费者倾向于购买推荐群体较多的产品，消费者认为跟随大众的购买行为有助于降低错误决策的概率。

产品类别

2012年中国网络购物市场研究报告指出,无论用户网购熟悉产品还是不熟悉的产品,用户评价的因素对选择哪家购物网站影响都是最大的。相对而言,用户网购熟悉产品时,受价格高低影响更大,有22.7%的比例;用户网购不熟悉的产品时,更多受用户评价的影响,占到了44.8%,如图5-5所示。

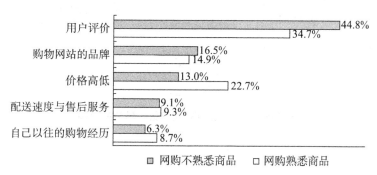

图 5-5 用户购物网站选择因素

资料来源:CNNIC 2012年中国网络购物市场研究报告。

信息产品,如书籍、电影、音乐、计算机游戏,消费者对此类产品的购买往往只有一次,属于单一购买产品。许多这些单一购买产品可以被认为是经验商品,其产品特点在消费之前很难被观测到,因此在线评论可以减少采购此类产品的风险。消费者对在线评论的依赖足够高时,在线评论对产品销售量的影响也越高。

5.3 在线评论对消费者购买决策的影响

2012年中国网络购物市场研究报告指出,28.4%的网购用户最近半年使用过社会化分享网站,这些用户中有52.8%的人表示自己在社会化分享网站上浏览、关注过商品购物方面的信息。在线购买决策过程中,在线评论对购买的各个环节都会产生一定的影响,如图5-6所示。本节主要探讨在线评论对消费者购买决策的影响,如图5-7所示,在线评论中的消费者——网站关系、评论内容的质量、评论的数量、评论的效价、评论者的资信和接受者的专业能力会影响消费者购买决策行为。

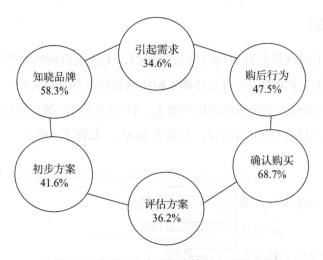

图 5-6　在线评论在购买决策各环节的影响

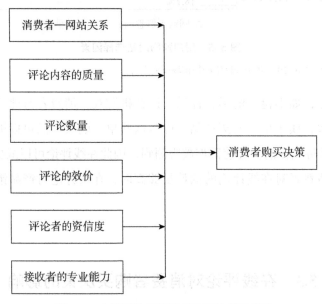

图 5-7　在线评论对消费者购买决策的影响

消费者—网站关系

消费者—网站关系是在消费者对评论发布网站逐步熟悉并接收的过程中建立起来的,是对该网站的一种接受和认可。消费者由于社会背景、教育程度、职业、个人喜好等不同,一般会选择某些或某类网站作为经常性交流的网上平台,并且在交流中会对该网站逐渐熟悉并产生较强的纽带关系。在实际购买决策中,消费者会根据所购买的产品类型,选择相关的专业网站。以手机购买为例,消费者会选择关注 IT 类的专业网站。消费者会从规模、专业程度以及在行业的影响力等因素去选择关注的评论发布网站。在虚拟环境下,消费者对评论发布网站越熟悉,则表明其与该网站的关系越紧密,从而越倾向于对网站建立信任。对网站的信任,会使消费者即评论接受者更加倾向于去接受在该网站发布的产品评论,以便获得更多有用的产品信息,从而对消费者的购买决策产生更大的影响。

消费者—网站关系越密切,在线评论对消费者购买决策的影响越大。目前,互联网网站众多,一般情况下,消费者会根据自身需要选择合适的网站进行经常性地浏览,慢慢地对这些网站会有认同感,对该网站产生信任和依赖性,对网站上传递的评论信息也认为较可信,更容易倾向接受相关的评论信息。因此,消费者—网站关系越密切,在线评论对消费者购买决策的影响越大。

评论内容的质量

评论内容的质量指评论内容的真实性、可靠性、内容与其所评价的产品的相关性,以及是否为后续购买者提供了大量有用的信息。由于网络市场较传统市场的特殊性,也产生了一些问题,一方面卖家可能会注册其他客户名,冒充买家对产品质量、卖家信誉等发表虚假的评论,这样的评论则无质量可言,这种评论不但不会对消费者的购买决策产生帮助,反而会引导他们做出错误的决策。另一方面,评论者受自身某些因素的影响,他们关于产品方面的专业知识不尽相同,他们发表的评论的质量也有高有低,不同质量的评论对于后续购买者的购买决策的影响也是不同的。

已有的研究主要从信息特征的角度来衡量评论内容的质量,例如:相关性、易懂性、充足性、可信性、客观性等。

以往的研究发现,如果评论的内容与产品密切相关、评论的内容真实可靠、评论观点比较中立、并且评论包含了大量有用的信息,这样的评论对于消费者的购买决策的影响较大。也就是说,消费者更倾向于阅读那些高质量的评论,即客观、具体、逻辑性强且能够基于产品的具体特征给出推荐原因的评论。因此,在线评论的质量正向影响消费者的购买决策。在其他条件相同的情况下,质量高的评论比质量的低评论对消费者购买决策的影响大。

评论数量

在线评论的数量是指在互联网上消费者关于特定企业、产品或服务的评论信息的数量。目前许多购物网站如淘宝网，消费者可以根据产品受到的关注程度检索商品，这意味着受到的关注程度越高的商品有更高的概率被其他购买者看到。

一些研究认为在线评论的数量对销售绩效没有影响，如 Clemons 等对啤酒工业中在线评论对于啤酒销量影响的研究中发现评论的数量对啤酒销量没有显著的影响。Godes 和 Mayzlin 通过对美国 44 个电视节目的在线评论与收视率关系的研究中发现在线评论的数量对电视节目收视率没有影响。

但许多研究却发现评论数量与商品销量存在正向相关关系，Chen 和 Wu 在其实证研究中发现在线评论数量与图书销量存在显著正向相关关系。Liu 研究了在线评论对电影工业的影响，结果发现在线评论对电影票房的影响主要体现在在线评论数量方面。Dellarocas 和 Zhang 等在对电影的在线评论的研究中发现，无论消费者评论的正负情感倾向如何，评论数量对电影票房收入具有显著的正向影响。张紫琼在其对餐饮行业的研究中指出消费者评论数量将显著正向影响餐馆页面的浏览量。郝媛媛等在以面板数据为依据的研究中发现用户评论数量对电影票房收入的影响效应随时间呈现钟形变化：在放映的第一周产生较小影响，而在第二周迅速增大，之后逐周减弱。可见大部分研究都证明了在线评论的数量将显著地正向影响商品的销售绩效。

研究发现对于某产品的相关评论越多，而且如果评论中同时存在正面的评论和反面的评论，消费者对产品的了解会更加深入和全面。同时，消费者从中获得相关有用信息的概率也就越大，越有利于消费者了解该产品，对消费者购买决策的影响也就越大。并且在线评论数量表明商品受欢迎的程度，其更重要的作用是向其他消费者提供一种通知功能，传递有多少消费者正在使用或已经购买该商品的信息，这些信息会影响潜在消费者的知觉，促使正在做购买决定的消费者关注该商品，并且可能进一步使潜在消费者产生从众心理和行为，最终引起购买行为。因此，在线评论的数量正向影响消费者的购买决策。

评论的效价

评论的效价是指在线评论的整体正负程度，是指一种总体的评论效价。根据评论的效价，可以把评论分为正面评论和负面评论，即在所有在线评论中，当多数为正面评论时，总体评论效价为正，反之为负。一般来说，正面评论对购买决策起到正面影响，负面评论起到负面影响，即正面评论会在消费者心目中树立和强化该品牌的正面形象，修正已有的不良形象，从而提高消费者对该品牌的评价，相反，负面评论会降低消费者的品牌评价。

正面的和负面的评论信息都能影响消费者的产品选择以及购买行为。论坛评论信息的正面性和数量会影响消费者对该产品的评价以及对该论坛的评价。在实际购买过程中，正面的和负面的评论都能影响消费者的产品选择以及购买行为。正面的产品评论会提供有利于该产品的信息，提高消费者选择购买该产品的可能性。而负面的产品评论损害了产品形象，降低了消费者购买该产品的可能性。但是，负面评论主要影响产品形象较差的产品。

评论者的资信度

评论者的资信度（the reputation of the review）与其所写评论对后续购买者的购买决策的影响力有关。

评论者的资信度包括可靠性和专业能力两个维度。可靠性是指沟通过程中接受者对于推荐人或其推荐的内容的信任和接受程度。消费者对论坛等级高、社会知名度高的评论者的信任程度相对较高，容易受其影响进行决策。评论者的专业能力是指信息接收者所感知到的信息发送者能提供正确信息和表现专业行为的能力，这种专业能力是接收者的一种感知。由于职业、受教育水平或较多的产品及服务使用经验，评论信息发送者会被评论接收者认为具有更高的专业水平。消费者在搜索评论信息时，会倾向于请教拥有较高专业水平的所谓专家，而且评论者专业能力越高，其发布的产品评论也会被更多的评论接收者所搜索，同时会有更多的人来关注该类产品。一般情况下，专业能力高的评论发布者能够给消费者带来更多有用的关于该产品的信息，从而帮助消费者进行购买决策。

消费者不仅会做大多数人做的决策，多数派也会因为少数派的影响而改变自己原有的购买决策。而这少数人可能充当了在线评论里的意见领袖，从而引发了从众效应，如某个知名的明星购买了某产品并给予很高评价而传播的评论信息，或是论坛里等级较高的享有信誉的评论者发布的具有说服力的评论信息。这些意见领袖就是具有很高资信度的评论者。评论者的资信度与其所写评论对后续购买者的购买决策的影响力有关，评论者的资信度越高，越容易引发消费者的从众行为。

评论者的可靠性和专业能力，即评论者的资信度正向影响消费者的购买决策。评论者的资信度越高，在线评论对消费者购买决策的影响越大。

接收者的专业能力

接收者的专业能力是指在线评论接收者所具有的关于特定产品或服务的知识及经验等，且该产品或服务是评论信息中所涉及的。研究表明，消费者专业能力调节了在线评论信息对消费者购买行为的影响。

评论接受者的专业能力越高，其搜寻评论信息的积极性越低。专业能力较高的评论接收者相信自己的购买决策能力，且对在线评论信息有较强的判断能力；而专业能力较低的评论接收者因为缺乏相关的产品知识，所以更加依赖在线评论所提供的产品信息。一般而言，在线评论接受者的专业能力越高，评论信息对于消费者购买决策的影响则越小；反之，在线评论接受者的专业能力越低，评论信息对于消费者购买决策的影响则越大。

5.4 负面评论对消费者品牌转换行为的影响

根据评论信息传播方向的不同，可以将在线评论分为正面和负面两种。从总体数量上来看，消费者正面评论所占的比例较大。虽然正面在线评论在数量上占有绝对的优势，但是占小部分的负面在线评论仍然对消费者起到不小的影响作用。本节在回顾负面评论相关文献的基础上，提出影响负面评论传播效果的因素，最后提出负面评论的规避策略。

负面评论

口碑信息包含的正、负面信息（即不同口碑方向）被学界认为是影响口碑传播效应的一个重要因素，多年来广泛地被学者们所探讨。负面在线评论是指消费者根据自己亲身经历以及他人的经历在网上发布的对某种产品/服务的负面看法。

相较于正面信息，负面信息是较为罕有的。因为当市场处于竞争状态时，若某一产品经常导致消费者不满就不容易存活，所以市场上大多数产品的体验信息是正面的。换句话说，对于存在于市场中的产品而言，其正面评论的数量通常会远多于负面评论的数量，而正因为负面评论相对来说较为罕有，因此消费者会认为负面评论更具诊断性，会更依赖于负面评论做出消费决策，因而负面评论对消费者的影响更大。

正面和负面评论都能影响消费者的购买态度和行为，负面信息会抵消正面评论的效果，消费者更关注负面信息，负面信息被认为更具有可靠性。

Arndt 最早对于正面和负面口碑效果进行探讨。他的研究中使用了新的食物品牌，并比较了正面口碑信息和负面口碑信息的传播效果。研究发现，因负面口碑而减少的销售量是因正面口碑而增加的销售量的两倍以上。他的开创性研究揭示了正、负面口碑均会对消费者的购买决策造成影响，然而相较于正面口碑，负面口碑对消费者的影响力更大。过去许多研究都指出，满意的顾客会将愉快的使用经验分享给五个人，而不满意的顾客则会将不愉快的使用经验告诉十个人甚至更多。换句话说，当企业只要提供一次不满意的服务或产品时，平均会有十倍以上的人得知此负面口碑信息，而中国古代的谚语："好事不出门，坏事传千里"，更确切地说明了这个现象。正是由于顾客对企业产生不满意的反应方式之一是进行负面宣传，借着抱怨以表达不满的情绪，因此负面在线评论信息对企业的杀伤力很大。

负面评论的延伸效果，将影响其他顾客的购买意向，如图 5-8 所示。如果企业因为某种原因让原有顾客发生转换行为，则该名顾客可能会散播负面评论信息从而影响其他顾客，让原本接受该服务提供商服务的顾客寻求转换新的服务商，而当受到影响的顾客发生转换行为之后，又有可能再次散播负面评论，影响更多的消费者，如此恶性循环，企业终将因为没有顾客而导致毁灭。

负面评论影响因素

通过回顾国内外学者对负面评论影响因素的研究，并结合本文的研究主题，整理出负面评论的四个影响因素：负面评论占比、负面属性重要性、负面评论信息强度和信息发送者专业程度，如表 5-3 所示。

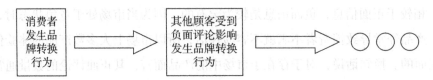

图 5-8　负面评论延伸效果

表 5-3　负面评论影响因素

影响因素	说　明
负面评论占比	负面评论占比越大，对消费者影响越大
负面属性重要性	负面评论的负面属性越重要，对消费者影响越大
负面评论信息强度	负面评论信息强度越高，对消费者影响越大
信息发送者专业程度	负面评论信息发送者专业程度越高，对消费者影响越大

本文从负面消极的评论出发，探讨负面评论对消费者（信息接收者）品牌转换行为的影响效果受到哪些因素的影响，如图5-9所示。

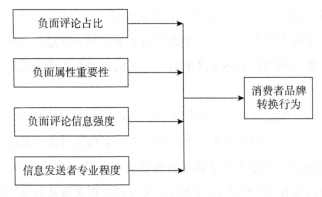

图 5-9　概念模型

负面评论占比

关于在线评论的研究已经显示，正面在线评论可以增强消费者的品牌感知，负面评论会增加消费者的负面感知，负面评论信息对消费者的影响比正面评论更大。单独的一条负面评论可能不利于产品评价，但如果是十条评论中有一条是负面的，这个信息组不但没有负面影响还可能产生正面影响，因为评论信息中包含负面信息，可以加强信息的可信度，可信性反过来影响信息的整体劝说效果，而且随着包含的负面信息增多,可信度会增强。包含的负面信息除了增加信息可信度,还会增加消费者对产品的负面感知,对品牌态度会产生直接的不利影响。

相对于正面评论,消费者更关注负面评论,因此随着在线评论中负面评论比例的增加,其对消费者产生负面的规范性影响会对消费者的品牌态度产生不利影响。如图5-9所示。

负面属性重要性

负面评论中包含重要属性时,负面评论的信息性影响会使消费者形成不利的品牌认知。

消费者搜寻在线评论的动机来自其想得到其他消费者的使用经验及得到更多产品相关信息的意愿,通过互联网对不同品牌的产品进行比较可以节省信息搜寻的时间。而在线评论信息也有其自身的特点,它不同于卖家提供的信息,在线评论信息主要是从消费者使用情境描述产品属性特征,从消费者角度评价产品表现,并且揭示一些卖家不愿意提及或没有及时披露的属性价值特征。所以,消费者浏览在线评论信息更多侧重于一种任务目标,即获取更多的产品信息及用户使用经验来对某产品或品牌有一个更加准确的认识,以便做出正确的决定。因此,相对于规范性影响,在线评论信息对消费者的影响更多来自信息性影响,而负面评论信息中涉及重要的产品属性就是一种信息性线索。

综上所述,当消费者关注的重要产品属性被负面化时,相对于非重要属性会对消费者品牌态度产生更大的负面影响。

负面评论信息强度

负面评论信息强度是指信息发送者给予信息接收者负面评论信息时,信息接收者所感知到的负向强烈程度。

负面评论信息对食品销售量降低的影响超过正面评论信息引起的销售量增加的影响的两倍多,即负面评论会阻碍食品销售数量的增加。当顾客对某个产品不满意时会向十一个熟人传播负面口碑信息,而满意的顾客可能仅会向三个人传播积极的口碑信息。企业刚推出新产品或新服务时,消费者往往会更注意有关的负面信息,负面评论将使企业广告的可信度降低,并影响消费者对产品的认知和购买态度。

另外，过去也有学者指出，从负面评论信息的角度研究，在探讨负面评论信息对消费者的影响程度的方法上，可源自于心理学对于负面评论信息的研究，其主要探讨的是个体对正负面评论信息处理方式的差异。研究发现当个体在评估特定目标时，若接收正、负面评论信息极端程度相同，则个体会给予负面评论信息高过于正面评论信息的权重，此种对消费者行为影响较大的情形，学者将其称为负面效果。消费者若对一个产品或服务有负面意见出现时，该产品或服务将从消费者心中的备选群中直接删除。

当信息发送者传播的负面评论信息越强烈时，负面评论信息对消费者在品牌转换行为上的影响越大。

信息发送者专业程度

信息发送者专业程度是指信息发送者被信息接收者所感受到的能提供正确信息的能力。消费者在搜寻信息时，拥有较高专业程度的人通常是询问的对象，并且传播者专业程度越高，在线评论信息搜寻活动就越频繁。高可信度的信息来源会使消费者对品牌的态度发生较大转变，并且这种转变可能会导致消费者转换新的品牌。信息来源的可信度取决于信息接收者对信息发送者专业程度的认定；换言之，当信息发送者让信息接收者感到其越专业时，其信息越容易导致消费者（信息接收者）发生品牌转换行为。

那些具有高度专业知识的消费者，都是对于选择市面上的产品拥有更多的了解和知识，并且专业人士会储存他们专业领域的资讯，以便适时的从这些信息中做出正确的判断和推论。信息是否会被信息接收者采纳，基于两个因素：一是信息本身是否存在明显偏见或不可被信赖；二是信息是否因缺乏准确性和数据，而不能引起信息接收者关注。在进行焦点访谈后发现，信息内容是否有参考价值取决于其描述的内容是否详细，上网搜寻信息的消费者会通过信息来源内容的深度和正确性来判断信息来源的专业程度。

专业能力能够产生更大的说服效果，信息接收者会因此减少依据自己已有的观念来检查信息准确性的动机。这里的专业能力是建立在在线评论信息接收方的相对认知的基础上。

负面评论信息发送者专业程度越高，负面评论信息对消费者（信息的接收者）在品牌转换行为上的影响越大。

负面评论的规避策略

对负面评论应引起足够重视

负面评论对消费者的线上线下的购买意愿和再传播意愿都有明显的影响。各类企业应对负面评论引起足够的重视。

在线评论通过传递他人的直接经验，避免买家选购的失误，成为用户购买决策的重要助手。对大部分的网民来说，通过在线评论获取企业或产品的相关信息已经成为习惯，并具有较强的发展势头。

以往的研究表明，负面评论对消费者的影响会大于正面评论。正面评论会帮助树立形象，而负面评论则会损毁现象，进而对企业造成进一步的危害，任由负面评论传播，必将对企业经营导致恶性循环的后果。所以，企业应该对负面评论给予充分的重视，设置专门的人员和组织机构，并投入相应的企业资源。在互联网不断普及和网民不断增加的今天，无论是网络商家、网络运营商，还是主要在线下经营的企业，都不应忽视负面评论的存在。对于负面评论信息的管理，并不是短期内的突击活动，应是企业工作的常态。企业负面评论的管理也不是孤立的，应结合企业的其他经营活动，运用整合营销传播的思路对其进行管理。

构建与消费者沟通的网络平台

负面评论是消费者在网络上发泄不满的一种方式，必然借助于一定的网络平台。如果企业提供合适网络沟通平台，则可以减少消费者在其他地方发表负面评论信息的可能性。企业应努力增加网络平台的权威性和专业性，以强化对消费者的影响，并通过网络平台加强与消费者的关系。

一般而言，消费者在对企业不满后，会试图首先和企业取得联系以求解决。所以，企业应在自己的网站，设置专门的消费者反馈区域，接收和及时解答消费者的各种意见。从而构建一个官方的正规的消费者网络沟通渠道，并打造成互联网上最权威的企业信息发布与消费者反馈的平台。

企业首先通过对自身产品和用户需求的分析挖掘，在网络社区平台上借助多种方式，在加强用户体验的基础上，提高用户分享良性体验的积极性，从而在用户中形成众口相传的口碑效应，达到促进企业品牌形象提升以及产品销售增加的目的。

对于各类企业而言，构建与消费者沟通的网络平台是及时了解消费者负面网络口碑信息的有效方式。企业可以针对在线评论信息内容，采取相应的应对措施，以降低负面评论信息的不利影响。

主动回应负面评论信息

在线评论很容易被保存和复制，所以消费者往往会接触较多相类似的在线评论信息。在线评论的数量越多，对消费者购买决策的影响越大。

减少负面评论的数量，企业首先应在第一时间主动做出反应。否则，时间越长，负面评论传播就会越多。负面评论信息的快速传播，一方面是因为负面评论信息本身的吸引力带来消费者的高关注；另一方面也是消费者希望以此引起企业的重视，并期待给予满意的答复。所以，企业应对负面评论信息进行正确的分析，采取负责任的态度，给予消费者满意答复。

找出负面评论信息的原因并给予解释

消费者在接触负面评论信息时，往往会探究其原因。消费者的不同归因结果，对于行为意愿有调节作用。总体而言，当消费者的归因侧重于企业时，对其行为意愿的影响更大，而当消费者的归因侧重于传播者个体时，对其行为意愿有弱化作用。所以，企业应对负面评论信息进行细致的分析，找准原因并给予解释，以正确引导舆论的导向。

针对具有谣言性质的负面评论信息，企业要及时澄清事实，以挽回相应的损失。同时，借助事件被高度关注的契机，也可以向消费者传播企业的正面信息，进一步培育市场。

针对消费者个人原因（主要是消费者对产品不了解、操作不当、对服务项目误解等原因）导致的负面评论信息，企业首先应澄清问题所在，以防更多的消费者误解。该负面评论信息的传播也表明，有一定比例的消费者对于企业的认识还不全面，或者对于企业产品的使用还存在不当的地方。所以，企业可以通过传播如何正确地选购和消费类似的产品，来丰富消费者的相关知识，从而借负面评论之机树立企业负责任的社会形象。

针对企业自身原因导致的负面评论，企业应积极地承认错误，并尽力弥补消费者的损失。此时切忌掩盖、逃避、转嫁责任,否则只会欲盖弥彰。更不应强制删除不利的负面评论信息,如此只能积累更多的消费者不满。正确的方法是,积极承担责任,化解矛盾,让该负面评论信息失去吸引力和再传播的价值。

加强消费者的品牌印象和产品涉入程度

消费者的品牌印象和产品涉入对其行为意愿有影响,且对再传播意愿的影响大于对购买意愿的影响。消费者先前对于企业品牌和产品的认识,会左右其对负面评论的接受程度。那企业应注重加强对消费者品牌印象和产品涉入的管理,防患于未然。当消费者对企业有正面的品牌印象或产品涉入程度高时,其对负面评论信息会有更为理性的判断。

企业加强对消费者品牌印象和产品涉入的管理,涉及整合营销问题,并且是一个长期持续的过程。需要企业投入一定的资源,内部各部门的协调运作。宣传平台也不仅限于互联网,而是整合各种媒介资源,传播企业全面的信息,树立一致的品牌形象。既要注重对老顾客的管理,培育顾客忠诚,也要注重对潜在顾客的营销,确保长期需求。

另外,企业也应该认识到负面口碑的传播,对于社会公众也会有一定的影响。即使他们不购买企业的产品,也会通过口碑信息的传播影响其他消费者的消费行为。所以,企业加强品牌印象和产品涉入程度的营销对象,应扩大到所有可能参与到在线口碑传播的群体上来。

5.5 电子零售商开发在线评论的策略

在线评论不仅是消费者进行购买决策的重要信息来源,而且是企业应当重点关注并进行有效利用和监控的营销手段。电子零售商只有采用有效的在线评论策略,才能真正使在线评论成为消费者与商家沟通的有效渠道、消费者购买决策的有效信息来源,从而推动零售商销售额和利润的增加。本节从六个方面为电子零售商有效地开发在线评论提出了相应的策略建议。

从战略高度重视在线评论

以往的研究和市场实践都证实了口碑传播对消费者购买决策有重大影响。尤其是随着互联网的迅速发展，相比传统口碑，在线口碑的传播速度更快、影响范围更广、影响程度更深，网络极大地放大了口碑对消费者购买决策的影响力。所以，企业要想取得营销成功，获取竞争优势，必须从战略高度重视在线评论的营销价值，把在线口碑营销作为企业营销战略的重要组成部分，充分利用在线评论这一重要信息交流渠道的优势，积极挖掘影响消费者购买决策的因素，并制定相应的营销策略。如果企业不能认识到这一点，很有可能失去大好的发展机遇，落后于其他企业。

加强消费者与评论发布网站关系的密切程度

研究表明消费者—网站关系越密切，在线评论对消费者购买决策的影响越大。因此企业应该在自有网站或知名度较高的网站，为消费者提供产品评论的发布平台，加强企业与消费者、消费者与消费者之间的交流沟通。另外，企业应积极建立会员制，增加会员福利，吸引更多的消费者成为会员。最后，应加强网站的日常维护，妥善管理会员资料，及时更新相关产品的信息，努力为消费者提供良好的评论发布分享平台。

重视在线评论自身特征

在线评论自身特征包括评论的质量、评论的数量、评论的效价。这三个因素会极大地影响在线评论对消费者购买决策的影响。企业要想控制在线评论对消费者购买决策的影响，首先必须控制这三个属性。

评论内容的质量会正向影响消费者的购买决策。因为高质量的评论逻辑性更强，更有说服力，并基于产品的具体特征给出了推荐的原因。在其他条件相同的情况下，高质量的评论信息比低质量的评论对消费者购买决策的影响更大。

对于目前国内的一些购物网站如淘宝网，虽然消费者也可以对其产品质量、卖家信誉以及相关服务发表评论，但是后续的潜在购买者却不能对这些评论做出评价，只能选择看或者不看。这样一来，卖家完全有可能找人冒充曾经在商家买过商品的消费者发表一些不实的在线评论——事实上也存在不少这样的情况。这些不实的评论毫无质量可言，常常会误导消费者做出购买决策。消费者一旦有过不愉快的购买经历，这会对其造成很大的影响。所以从长远来看，非常不利于电子商务的健康发展。所以，建议国内的购物网站建立系统有效的在线评论质量评估体系。所以，网络零售商要重视在线评论质量评估体系的建立，提高在线评论的质量，加大其对网络消费者购买决策的影响。在线评论的内容质量是在线评论的重要维度之一，是影响消费者购买决策的关键性因素。对于网络零售商来说，光是吸引消费者登录其购物网站，增加访问量还远远不够，必须将这些潜在的消费者变成实际的购买者。企业可以采取各种激励措施来提高评论的质量、增加评论的数量，如以奖品、折扣、积分等作为激励，鼓励大家在相关的产品评论网站上积极发表高质量的产品评论或使用体验。

评论的数量也会正向影响消费者的购买决策。企业同样可以采取激励措施来鼓励消费者尽可能多地在相关网站上发表评论。评论的数量越多，消费者从中获取相关有用信息的概率就越大，就越有利于消费者了解产品，对消费者购买决策的影响也就越大。此外，可以对产品按照评论的数量进行排序，以方便消费者进行查找。该品牌或该产品受到的关注越多，被消费者看到并购买的概率也越高，从而取得巨大的营销效果。

评论的效价正向影响消费者的购买决策。所以，企业应当重点控制负面评论的产生，同时适当增加产品或服务的正面评论。通常，负面评论信息多是来自不满意顾客的抱怨，因此，企业应致力于顾客沟通渠道的建立与畅通。借助沟通渠道，不仅可以回应顾客的抱怨，防止负面产品信息的扩散，而且还可借此得知产品或服务的改进方向。此外，可考虑在企业网站上设置相关的意见论坛或讨论区。一旦产生负面评论，应立即查明原因，尽快处理。如果是产品质量问题，要发表声明或帮助解决消费者的问题，采取各种有效措施减少负面影响。

发掘资信度高的在线评论者

研究表明，评论者的资信度越高，其所发布的评论对消费者的购买决策影响越大。因此，企业要想发挥口碑营销的作用，应当在源头上发掘资信度高的在线评论者，而且这些评论者往往是在线口碑传播网络中的关键结点。

网络零售商应重视客户评论者资信评估体系，科学有效地评估评论者的资信等级，提高其对消费者购买决策的影响。如前所述，国内购物网站虽然也有在线评论机制，但是并不完善，使有些卖家招人冒充消费者杜撰不实的评论。为了有效防止这类事件对于电子商务发展的不良影响，应该建立完善的评论者资信度评估体系。以亚马逊为例，亚马逊为在其上发表在线评论的评论者建立了一套系统而完善的资信评估体系。比如，如果评论者发表了不实的评论，那么其他阅读了该评论的消费者就不会投赞同，从而直接影响其资信等级。但是淘宝则无这样的机制，使有些人可以利用这一漏洞发表一些误导他人购买决策的评论。

同时企业也要提高警惕。资信度高的评论者在发表正面评论的同时，也可能会散布负面评论，那么相比资信度低的评论者，就会造成更大的负面影响。企业要重视这样的评论者，对他们进行积极有效的管理，扩大正面评论对消费者购买决策的影响，防止负面评论的扩散及蔓延。

口碑营销的细分战略

针对专家级和产品涉入度高的消费者，企业应当提供质量比较高的专业性强的评论信息，并且是资信度比较高的评论者提供的，这样会对这一类消费者产生比较大的影响，而新手级和低涉入度等特征的消费者受到评论数量以及感性因素的影响较大，并且容易从众，因此，企业主要提供与评论的数量有关的统计量，比如总的评论量、正负面评论数量、产品好评排行榜等。此外，也可以利用名人口碑营销来积极引导正面的口碑从众效应。

有效控制在线评论对消费者的影响力

在线评论信息有正有负，所以在线评论对企业来说是一把双刃剑，有利也有害，如何按照"趋利避害"的原则有效掌控在线评论对消费者购买决策的影响力是每个企业必须思考和应对的一个严峻挑战。一般来说，控制有三个层次：事前控制、事中控制、事后控制。事前控制的控制效果最好，事后控制的效果最差。对应于在线评论的控制也有三个层次的控制策略：在线评论前因控制、在线评论行为控制、在线评论后果控制。企业首先要做好消费者行为预测和前因控制，也就是要了解和分析消费者在在线评论影响下的购买决策行为，对评论内容的质量、评论的数量、评论的效价和评论者的资信度等前因变量进行有效控制，使其有利于企业的口碑营销。其次是做好对在线评论传播过程的控制，使正面评论的传播速度更快、范围更广、影响更深，控制负面评论传播的影响范围，尽量减少负面作用。最后是对在线评论传播后果的控制，如果已经发生负面评论带来的恶劣影响，企业必须果断地采取措施应对这一危机。同时，在之后的工作中也要引以为鉴，做好控制和预警工作。

此外，企业应当恰当地采纳这些管理学建议和对策，对在线评论施加影响时应当考虑道德因素，不能篡改真实的评论或者雇用他人发表虚假评论，这会损害消费者的利益，降低了在线评论的可信度，最终对企业也是有害的。所以，企业要从正面积极地引导消费者发表自己的真实看法，为消费者发表评论或查询评论提供良好的平台和途径，从而为消费者购买产品提供便利，这样才会达到双赢的局面。

第6章　新技术驱动消费行为

2016年云栖大会上马云提出了"五新"战略：新零售、新制造、新金融、新技术和新能源。如果说前三者是领域的新开发，那么新技术便是这一切创新的助燃剂。马云对新技术如此解读，"出现了移动互联网以后，也许原来以PC为主的芯片将会是移动芯片，操作系统是移动的操作系统，原来的机器制造将会变成人工智能，原来机器吃的是电，未来机器吃的是数据。未来层出不穷基于互联网、基于大数据技术的诞生，这又为人类创造了无数的想象和空间"。

2018年，当谈到人工智能和自动化对你的影响时，你关注的重点是什么？也许，就像京东一样，你也在考虑使用其来提高效率。京东正在建设自动化仓库，采用无人机技术、并使用人工智能规划路线，保证将92%的订单在当日或次日在中国大部分地区完成配送。但在本章中，我们关注的是这些技术能够带来的另一个重要影响：也就是它们会对消费者的行为方式和品牌的预期产生深远的影响。

在2018年，购物者逐渐开始尝试把某些零售体验外包给算法和智能设备。这意味着筛选商品、谈判、采购、配送等方面的自动化。这一趋势在Prime上已经呈现出了很多特征。亚马逊的Dash按钮已经让数百万人接受了自动下单的想法。与此同时，数以百万计的人已经在将财务决策外包给诸如Digit之类的服务，这是一款自动存钱的应用，只要有机会，就可以将少量资金转移到储蓄账户上。截至2017年3月，该公司已经为用户节省了5亿美元。这种金融外包如今已成为一种全球现象：比如尼日利亚的SusuAI，英国的Plum等。未来发展的将会是真正的自动化商务。而商业智能，以及它们激发的所有预期，都是关键所在。

第6章 新技术驱动消费行为

6.1 无人零售环境的顾客行为

无人零售新物种

亚马逊、淘宝、深兰科技等互联网商务公司——开创了自动化商务中一种强大的商业模式：无员工、智能手机驱动的实体商店的出现。2016年12月5日，亚马逊率先在YouTube上投放了一则Amazon Go概念宣传片震惊世人，Just Walk out的购物理念仿佛科幻电影场景真实还原，引发科技圈的集体欢呼，但是欢呼过后扑面而来的质疑Amazon Go（见图6-1）落地的可行性。沉寂了14个月后，亚马逊终于向公众揭开了无人便利店的神秘面纱。国内互联网巨头们当然不会放过无人零售这块香饽饽，2017年7月，中国的电子商务巨擘淘宝首次推出了"淘咖啡"：用户在门口扫描智能手机，获取他们需要的东西，然后在手机上收到账单。当然阿里巴巴CEO张勇表示开一家无人零售会员店并不是阿里的目的，借着开店试验这一套无人零售智慧系统模式的兼容性才是阿里的终极目标。欧尚中国首个"缤果盒子"无人便利店也在同年上海亮相，这是全球第一款真正意义上的可规模化复制的24小时无人值守便利店。与此同时，印度大型连锁超市HyperCity在Hyderabad开设了两家无现金商店。

图6-1 Amazon Go 宣传广告

无人零售业态分布

作为零售业降本增效的又一探索，无人零售建立在复杂的智能系统技术之上，由于技术实现难度分阶梯状，目前的无人零售业态主要分为四类，如表6-1所示。

表6-1　无人零售业态种类

业态种类	占地面积	模式	距离	举　　例
开放货架	占地面积较小（<10平方米）	开放式	距离消费者最近	每日优鲜、猩便利、小e微店
自动贩卖机	占地面积较小（<10平方米）	封闭式	距离消费者较近	友宝、天使之橙、零点咖啡
无人便利店	占地面积较大（10~30平方米）	模式不一	距离消费者较远	缤果盒子、小麦铺、便利蜂、F5未来商店
无人超市	占地面积大	半开放式	距离消费者最远	Amazon Go、淘咖啡、京东X

无人零售智能技术

无人零售在实现过程中重点有三大块技术需要突破：身份认证及顾客追踪、商品识别、支付交易。这三个环节的智能技术是支撑无人零售的骨架，我们来逐一解读目前无人零售业态中采用的比较成熟的智能技术。

身份认证及顾客追踪

身份认证或者说顾客追踪，是指对进入无人店的消费者进行识别和追踪，有利于提取相关信息，预测消费行为，降低商品损坏、丢失率。

Amazon Go顾客追踪系统

亚马逊Amazon Go的技术方案是利用监控系统监管、麦克风捕捉、GPS以及Wi-Fi信号定位。当消费者扫码进入超市后，监控系统就会认出"他"是谁并一路"跟踪"，店内麦克风会根据周围环境声音判断消费者所处的位置。此外，用户手机的GPS以及Wi-Fi信号也能协助定位的实现。当"他"站在货架前准备购物时，货架上的相机系统便会启动，拍下"他"拿取了什么商品和离开货架时手中有什么商品。

淘咖啡顾客追踪技术

阿里"淘咖啡"的技术方案是基于生物特征自主感知和学习系统的身份确认（识别率是 0.02%）和基于目标检测与追踪系统的顾客追踪。生物特征自主感知和学习系统用于解决在开放空间里对消费者身份的识别问题，将顾客的生物学特征与淘宝 ID 进行绑定，以实现对顾客的身份确认。目标检测与追踪系统主要是追踪消费者在店内的行为及运动轨迹，该功能主要依赖多路监控摄像头。

Take Go 身份确认技术

深兰科技 Take Go 的技术方案是生物识别技术（静脉识别器）。顾客进入 Take Go 无人店需要手掌按在生物识别读写器上，这个识别器不是掌纹或者指纹识别器，应该是静脉识别器，静脉识别技术要比指纹识别精确很多，也更大程度地避免了被冒用的可能性，很好地确保了用户资金的安全性。Take Go 还在顾客追踪方面引入了卷积神经网络技术，用于对整个无人零售店内物品的监测、识别与跟踪。

缤果盒子身份识别技术

缤果盒子是通过手机扫码来确认身份，顾客进入商店时需要扫描二维码（目前只支持实名认证的微信扫描）。当顾客进入商店后无须追踪，但内置了全视角视频监控，可有效震慑顾客在店内的作弊行为（比如破坏商品、撕毁 RFID 标签等）。

商品识别

商品识别主要涉及计算机视觉，是对货架上商品信息变更的识别。

Amazon Go 商品识别技术

亚马逊 Amazon Go 的技术方案是利用感测融合技术，通过手势识别、红外传感器、压力感应装置、荷载传感器来判断用户取走了哪些商品以及放回了多少商品。同时，这些数据会实时传输给 Amazon Go 商店的信息中枢，每位顾客都不会有延迟。当放回的商品与原本位置不一致时（通过图像识别该位置与现有商品不一致时）Amazon Go 会提醒工作人员将商品放回正确的位置。

淘咖啡商品识别技术

阿里"淘咖啡"的技术方案采用了结算意图识别和交易系统。顾客需经过两道结算门，对商品的识别过程就是在这两道门之间完成（误别率 0.1%）。有分析认为这套系统利用了 RFID 技术（机器视觉）。据工程师内测，把商品放进书包里、塞进裤兜里，多人拥挤在一个货柜前抢爆款，戴墨镜+戴帽子等行为下，系统基本都能识别，并自动扣款。

Take Go 识别技术

深兰科技 Take Go 的技术方案是通过机器学习，将该商品的一些特征数据信息记录到数据库中。当顾客走进 Take Go 无人零售门店并拿起商品时，不管商品的位置是在顾客手上、怀中、口袋还是背包内，系统都能监测与识别。

FAN AI 识别技术

缤果盒子一开始采用了 RFID 技术（店内商品包装上皆贴有 RFID 标签，内置的全视角视频监控），收银台检测区可对 RFID 标签进行识别，2018 年推出 AI 解决方案"小范 FAN AI"，图像识别技术取代了此前广泛使用的 RFID 电子标签，可以节省商品贴标签的人工和成本，并且改造成本极低。

支付技术

2017 年针对中国用户对无人店付款流程的期待统计显示约四成的无人店用户希望无人店付款时能够拿了就走，系统自动付款结算；三成用户希望通过自助扫码线上结算的方式来付款；仅有 8.5% 的用户还是希望有店员的协助。目前，"拿了就走"对技术水平要求较高。下面将介绍几家知名的无人零售企业的支付技术。

自动结算技术

亚马逊 Amazon Go 所采用的支付手段为自动更新清单、自动结算。用户手机里的系统（该系统与 Amazon Go 商店的信息中枢无延迟地同步进行更新）会自动更新清单，在离店时，系统会自动在消费者的账户上结算金额。

阿里淘咖啡采用的支付手段也是自动结算。当感应到顾客即将离店的信息时，结算门将会自动开启。当走到第二道门时，屏幕会显示"商品正在识别中"，并马上再显示"商品正在支付中",自动扣款,结算完成后,会有语音提示顾客此次购物所花金额,随即第二道门便会自动打开,顾客离店。同样,深蓝科技 Take Go 的顾客离开商店时会收到对应的账单,并被系统自动扣款。

扫码支付技术

缤果盒子采用的支付手段则为扫码支付,用户在商店将商品整齐放置于收银台检测区(新收银台通过图像识别、超声波、传感器等多重交叉验证,准确率超过 99%),然后扫描显示屏上的收费二维码。如图 6–2 所示。便利蜂的支付手段也是在线支付 + 扫描支付凭证。

商品自动识别

1/ 把商品随意放在收银台的"商品识别区"
2/ 显示器实时显示商品的价格并生成付链接

图 6–2 缤纷盒子扫码支付技术

将目前热门无人零售商店消费环节技术总结如表 6–2 所示。

表 6-2 热门无人零售商店消费环节技术总结

零售正品	顾客进店	选购商品	顾客离店
Amazon Go	手机扫码,需注册账户	自由挑选、实时记录	拿了即走,系统自动付款
阿里淘咖啡	手机扫码,需下载淘宝 App	自由挑选,实时记录	经过两道结算门,自动结算
Take Go	刷掌纹进门,需注册并绑定手掌脉络	自由挑选,实时记录	拿了即走,系统自动付款
缤果盒子	手机扫码,目前支持微信	自由挑选,无记录	微信或支付宝扫码付款
便利蜂	手机扫码,需要 App 或小程序	自由挑选,无记录	微信或支付宝支付并扫描凭证

无人零售三大流派

无人零售的技术方案主要分为人工智能、物联网和互联网三个流派。

人工智能流派以 Amazon Go、阿里淘咖啡、Take Go、缤果盒子为代表,技术主要包括机器视觉、深度学习算法、传感器融合技术、卷积神经网络、生物识别等,具备购物体验较好、能实现即拿即走、更有助于了解消费者需求等优势。但其不足在于技术壁垒较高,且较多的顾客拥挤在一个区域时会对系统 GPU 形成高负荷,且定位精度、多商品种类识别率限制了实用性。

物联网流派的主要代表为缤果盒子、7-11、罗森日本无人店,技术主要是 RFID 标签技术,在对货物的识别与防盗上更具优势,技术上也较为成熟,但 RFID 标签费用较高且受气温影响较大。

互联网的主要代表为便利蜂、小 e 微店,主要是利用二维码来完成对货物的识别。从技术上来讲难度较低,成本也较为低廉,但购物体验较差,过程较为烦琐。

无人零售作为新零售商业模式新物种,与传统零售业态必然有着本质的差别。当前中国无人零售行业主要呈现五大特点:以降低人工成本作为无人零售的主要切入点,在重视消费体验,拓展零售场景的同时通过多种技术手段实现大数据的收集、分析与应用，并最终实现消费流程的全面数据化以及整个产业链的智能化升级提效。

目前无人零售店还在新事物萌芽阶段，刚起步，用户覆盖率较低，还在不断试错、市场不断调试。当前行业巨头的布局、创业公司跃跃欲试，主要还是因为所谓的节约成本的优势凸显，制约其发展的主要因素就是技术问题，近几年，人工智能成为电商行业发展的焦点，目前存在很多技术不完善问题：无人店面的基础降温系统、防盗系统、自动识别系统、数据的采集都需要技术来不断完善。技术的研发以及技术精确度的提升是目前无人零售行业主要的智能之路。随着这些技术不断地被完善，无人零售店会被大量复制推广，无人零售店及用户数量会出现规模性喷发。未来无人零售肯定会是市场上主流的零售模式。可以说今后将是人工智能时代，人工智能的发展一定会带动新零售在零售业内的革新和发展。

通过高密度布点、全服务门店全面控制区域线下流量，这也是亚马逊、阿里巴巴、京东电商巨头布局无人零售的主要原因之一，做无人零售的很重要的一点的是供应链的管理，而这是电商巨头本身的优势，而为了实现线上和线下的场景融合，形成商业闭环，需要高密度布点，提升用户覆盖率。无人零售所需要的核心竞争力是供应链管理，通过大数据智能调度，高密度布点、信息、物流系统等精细化管理将运营成本降到最低，无人零售辅之以大数据，提高地方上的选品准确率和效率，提高后台供应链的流通效率，这才是无人零售之战获胜的秘诀。

无人零售店的消费者购物行为

消费者是产品和服务的使用者，如何获取年青一代消费者"芳心"成了时下无人零售参与者最关心的问题。在第六次人口普查中"80后""90后"人群约占30.6%，年龄分布在11~30岁，2017年这批人群年龄分布在18~37岁，是消费领域的主力军。另外，中等收入人群持续扩大。新消费主体转变，新时代消费者不再只关注商品价格，而是对产品的一系列个性化、高品质的追求，并且分享和社交意愿更强烈。《中国无人零售用户行为研究报告（2017）》显示，66.5%从未使用过无人店的用户，都表达了愿意尝试的意愿。那么，对于企业来说，发展无人零售必须关注的第一步就是关注这部分目标消费群体，了解他们的需求和消费特征。

无人零售消费群体

关于无人零售消费者行为研究，有学者根据消费者光顾无人零售的动机将顾客分为四类：第一类为目的型消费者，事先有计划，有实际的购物需求，看重商品的使用价值，目的性非常明确。第二类是时间型消费者，时间观念强，不用排队等候结账，节省了购物时间；同时，购买商品不受时间限制，24小时均可满足购物需求，也是符合 SoMoLoPe 消费者全天候的特征。第三类是开放型消费者，对新鲜事物持乐观态度，接受能力强，喜欢充满高科技、新鲜感的购物环境，热衷于体验购物中的科技感和酷炫感，而新时代消费群体正是极富个性的一代。第四类是便利型消费者，无人零售店的地理位置无线接近消费者，便于消费者在最短的距离内买到日常消费品。

影响无人零售购物行为因素

影响无人零售店的消费者购物行为的因素大致有六类。

第一是商品价格。价格是影响消费者购买行为的重要因素。零售业很大的成本来自运营成本、租金成本、人力成本，而无人零售店节省了大量的人力和成本，在一定程度上增加了利润，提升了效率。另外，相同的库存存放占地面积比传统超市要小，例如缤果盒子为15平方米，可放置400到500 SKU（库存量单位），七八千件库存，相当于三四十平方米传统便利店的存量，也是大大降低了成本，而其造价（10万元）约为传统店铺的四分之一。无人零售店的商品价格基本上都比传统便利店更便宜，优惠幅度在10%左右，价廉物美。

第二是店铺选址。选址也是影响消费者购买行为的重要因素。不管是共享单车还是快递、外卖，企业都在试图突破消费者最后一公里。而无人零售也是不断在靠近消费者，尽量在消费者触手可及的范围内。例如自动贩卖机通常放置在学校、企业、商场、交通枢纽、影院、图书馆、景区等人流量聚集的公共区域；开放货架多设立在办公室的茶水间和休息区，离办公室人群足够近，为他们解决此时此刻的需求；无人便利店主要设立在社区和商区，提供各种食品和应急商品。这三种无人零售形式的共同特点是足够贴近消费者，并且形成全方位距离覆盖，能够24小时满足消费者的即时需求。

第三是产品种类。产品种类及组合也会对消费者购物行为产生重要影响。产品的种类越多，组合越丰富，消费者的选择范围就越大，购买概率就越大。无人零售店由于面积的限制，相对产品品类就比较有限，没有传统便利店那么丰富，但是基本日常物品和应急物品无人零售店都会供应。除此之外目前无人零售提供的商品基本不会是需要太多服务讲解的，因此消费者可以自助选购的。

第四是支付方式。越来越多的消费者出门都不带钱包，移动支付时代，用户在购买商品时往往使用支付宝或者微信扫码支付。无人贩卖机和开放货架可以直接扫码支付，无人便利店首次进入绑定手机免密支付，离开时由系统自动扣款，之后二次购物可能手机都可以不用带，非常方便。

第五是时间成本。在传统便利店购物的普遍问题是要排队结账，比较费时。而无人零售店解决了这个问题，无人贩卖机和开放货架通过扫码支付，直接拿走相应的产品，无人便利店更是给消费者即拿即走，无须排队结账的消费体验。相比较而言，无人零售店的时间成本最少，缩短了购物时间，便捷程度最高。

第六是消费者的特质。消费者的自身性格特质也会对购物行为发生作用。谨慎型消费者对新事物持有观望的态度，受外界影响小，有较强的自我抑制力；开拓型消费者就不同，对新鲜事物有强烈的好奇心，勇于尝试和体验；从众型消费者会根据身边社交圈的行为以及新事物的流行程度来决定自己的购买行为。

无人零售购物决策过程

除了影响因素，消费者的购物决策过程也是影响无人零售购物行为的关键。决策过程通常指的是消费者在购买商品或服务的过程中所涉及的步骤，一般分为五步：问题的确认、信息的搜寻、方案的评价、购买的决策以及购买后的行为。

无人零售店提供的主要是日常消费品，对于有些参与程度较低的产品不一定经历所有的步骤，而只从问题的确认到信息的搜寻到购买的决策三步就能完成。对于参与程度相对较高的产品才会经历完整的五步。具体来说，在新零售模式下，消费的购物决策过程如下：第一步为问题的确认即消费者因为来自内部或者外部的刺激，意识到对某一种商品有需求。内部的刺激来自库存不足，或者对现有的产品不满意；外部的刺激来自市场上出现的新事物或者营销广告。无人零售店属于新事物，是需求确认的诱因，能引起消费者的注意；同时也能满足补充存货的目的。第二步是信息的搜寻，包括收集信息的多方面来源。无人零售店的相关信息可以从各方面渠道了解，比如网络、广告或者朋友的口碑宣传等，通过多方面的渠道收集到相关信息。第三步是方案的评价，消费者对来自各个渠道的信息进行分析和评估，确定要购买的产品，通过多方信息评估作出对无人零售店的评价。第四步就是作出购买的决策，即是基于收集到的信息以及相应的方案的评价，作出最终的购买决策。相对而言，无人零售店的产品普遍价值不会很高，购买风险较小，即使购买失误也不会造成很大的损失，因此消费者会相对快速地作出购买的决策。第五步是购买后行为，即消费者在使用了商品或服务后会将实际情况与期望水平进行比较，得出满意或者不满意的结果。消费者进入无人零售店后的消费体验，若满意则下次会再次重复购买行为并推荐给朋友，若不满意则会投诉并且劝阻朋友去无人零售店进行购物。

商家对于消费者的行为预测主要基于掌握的消费数据，无人零售的商业模式更少不了技术的支持，特别是移动支付和智能技术，最关键的还是依托于无人零售相关技术的优化升级。目前的技术水平还存在一定的局限性，包括无法正确有效识别商品、机械故障的风险、对购物人数有限制等。消费者的每一次消费行为都是消费数据的积累。企业根据消费数据分析消费者的购物行为、消费习惯，从而基于数据预测商品的后期销量，满足消费者在任何时候都能买到相应商品的需求，更好地提升消费者的消费体验，切实提升消费者的生活便利度。此外，企业可以根据每个消费者的消费记录和消费习惯洞察消费者将来的购物行为，从而做到精准营销，发布消费者以后可能需要的产品信息，为每个消费者定制广告推送和折扣，提供个性化服务，让消费者在无人零售店感受到更优质、与众不同的购物体验。

阅读材料

每日优鲜便利购——打造无人零售购物体验

"在终局处布局。"这是每日优鲜创始人兼CEO徐正经常挂在嘴边的一句话。而这句话落在无人零售这件事情上，每日优鲜便利购同样从终局出发进行无人零售业务布局——基于人工智能视觉识别的智能化购物体验。如果说无人零售1.0阶段是一种商业模式创新，以无人货架等销售末端作为载体，在强供应链的支持下，触达更多用户潜在消费场景的话，运营能力是这一阶段的竞争核心。而无人零售 2.0 时代的核心无疑是人工智能，这将直接影响用户更进一步的体验和对数据的采集、分析、应用。为此每日优鲜便利购选择了在人工智能领域积累颇深的腾讯云作为合作伙伴，与其在智能货柜解决方案、图像识别、云服务三个层面展开深入合作，从而利用腾讯云成熟的云端服务体系、数据挖掘分析能力以及人工智能技术能力为每日优鲜的无人零售赋能为用户带来与无人零售 1.0 阶段完全不同的用户体验。

Sean Ellis 在《增长黑客》一书中曾提出一个转化公式：转化＝欲望－摩擦，而人工智能视觉识别带给每日优鲜便利购的最大价值就是带来更好的用户体验，减少了用户购物过程中的摩擦。对于用户而言，其购物行为的欲望是花最少的时间、最少的金钱买到自己心仪的商品。如果细数整个购物流程，我们不难发现，每日优鲜便利购模式首先解决的是全场景覆盖问题，让商品之于用户的可得性更强，购物不再需要跑到很远的便利店或超市，满足了用户的第一层欲望。而人工智能视觉识别带来的是什么呢？是让用户可以省去商品清点、结算支付这一系列流程，实现取物关门后自动结算、"即拿即走"的流畅购物体验，这样的体验几乎将用户购物过程中的摩擦降到了最低，自然也更容易带来高转化率。

与此同时，视觉识别技术的应用也让自动结算取代手动扫码或添加到购物车结算，大大降低了无人货架市场此前最大的问题——货损率。货损率的降低，以及更加智能的货品选择数据分析，则将持续优化选品和补货的算法，带来商品成本的可控，从而进一步降低售价，满足用户性价比需求的同时，更容易匹配用户需求的千柜千面成为可能。而从整个行业的角度来看，当机器能够智能地读懂商品，读懂用户时，其所能够实现的即拿即走的用户体验，以及对用户行为数据的分析预测也便做到极致，这也将使这一模式能够覆盖更多的线下场景，甚至反向为线上销售导流。

对于每日优鲜便利购而言，依托于每日优鲜成熟的前置仓网络和供应链体系，便利购已经在竞争可谓惨烈的无人零售 1.0 时代站稳了脚跟了，而接下来则是创造更多差异化体验，吸引和覆盖更多用户的阶段，而便利购选择的是相信技术。在未来可预见的是，整个无人零售行业其覆盖场景会更加密集，商品品类会更多样化，而整个购物链条则将完全实现数据闭环并 AI 化。而每日优鲜便利购则早已在这些方面先行一步，在终局处布局。

6.2 移动视频直播与购买决策

移动视频直播主要指用户通过移动端进行制作或观看直播视频,其中包括通过 PC 端进行视频直播,而观看者通过移动端进行观看,或制作者通过移动端进行视频直播而观看者通过 PC 端进行观看等。其主要表现形式大多为移动视频直播平台在移动端 App 为用户提供服务。直播用户主要通过独立直播平台(含传统秀场)接触直播,也可以通过视频网站、社交平台、电子商务平台、门户网站的直播端口触达直播。

移动视频直播的兴起与发展

移动视频直播的兴起背景

移动视频直播从视频直播发展而来,而视频直播早在 2005 年就已经进入人们的生活。最早的视频直播,主要指 PC 端传统秀场,以 YY、9158、六间房为代表,商业模式主要是签约主播、礼物打赏等。随后,游戏直播兴起,以斗鱼、龙珠为代表,商业模式主要以虚拟道具购买为主。2016 年初,视频直播进入泛娱乐化直播时代。移动视频直播吸引了人们的关注,诸如映客、花椒等移动短视频 App 一夜之间如雨后春笋般崛起,在风险投资的青睐之下获得快速发展。素人主播直播自己的衣食住行,企业借助直播举办新品发布会,行业开展直播讲座、峰会论坛。因而,2016 年被称"移动视频直播元年"。

那么,近年来移动视频直播的走红,这一切的发生是巧合还是必然?接下来用 SWOT 模型来分析移动视频直播兴起的现象。

优势

(1)移动视频直播的拍摄简便,同时视频制作内容门槛低,不需要专业化的摄影器材,降低了制作成本。

(2)移动视频直播降低主播门槛,这使普通用户既可以是内容消费者,也能摇身一变成为内容生产者,参与内容生产消费的整个流程,促进信息内容的去中心化,使直播内容更加丰富全面。

(3)移动视频直播不受场地限制,使户外直播更加便捷,扩大了直播内容的范围和边界。

劣势

（1）内容同质化严重，用户在不同直播间转换成本低，导致用户沉淀难度大。

（2）直播内容具有时效性，选择直播用户活跃时间进行直播才有可能获得大流量，但此时主播众多，竞争激烈。

机遇

（1）移动互联网时代来临，移动网民数量快速增长，用户娱乐需求、社交方式逐渐向移动端转移。

（2）智能手机普及以及手机配置的提高，保证了移动直播的拍摄质量，降低直播制作门槛，使"全民主播"成为可能。

（3）直播行业快速兴起获得资本市场关注，行业投资持续增长。

（4）直播行业相关政策法规的出台，如《文化部关于加强网络表演管理工作的通知》、广电总局《关于加强网络视听节目直播服务有关问题的通知》，促进行业健康、有序发展。

挑战

目前移动视频直播变现以广告和虚拟物品购买为主，需要发展新的商业模式；

不同直播平台之间竞争激烈，高速发展之后即将面临行业洗牌，谁去谁留都是未知数。

移动视频直播的魅力所在——互动性

当你置身于直播间，你会非常惊讶地发现，主播与观众、观众与观众之间的互动过程是直播内容的重要组成部分，因此，互动性是移动视频直播最大的特点，同时也是它的魅力所在。

移动视频直播情境下的互动与一般网络环境下的互动也存在许多区别。最明显的就是，在移动直播中用户通常依赖移动设备观看直播内容。一方面，观众与观众之间通常以弹幕的形式进行交流，移动设备屏幕较小，弹幕展示区域受到限制，这就意味着需要用户持续关注弹幕，否则，可能一眨眼就跟不上大家的话题了。另一方面，移动设备携带便捷，并作为重要的"信息接收器"，我们对移动设备的高度依赖性，使它通常处于开启或响应状态。这为观看直播的用户实时查看和回复信息提供了可能。

当我们对移动视频直播的互动过程有了初步了解之后，可以再试图分析移动直播情境下互动性的维度，在这里我们将它分为同步性、响应性、去中心性和互动频率四个维度。

同步性和响应性分别代表反馈信息的两个方面——速度和内容关联度。同步性指的是直播观众在互动中输入信息和获得反馈是同时发生的程度，侧重信息反馈的速度。在移动设备中，互动随时随地发生，经常需要即时响应，因此速度变得尤为重要。同步性能够提高用户处理信息的积极性，当用户获得实时反馈并且感知到他们的信息改变了所介入的环境时，就实现了互动。响应性指直播观众接收到的反馈信息与其发送信息的关联程度，关注不同来源信息的内容关联度。接收他人丰富、相关的回应有助于增进直播间用户的人际关系。举个简单的例子，当你在观看美妆博主的直播时，你提出的问题多快获得反馈，反映的就是同步性；对方的反馈与你的提问关联性大不大，反映的就是响应性。

中心性强调 Web 2.0 下用户平等交互的特点，互动频率则凸显了互动过程的持续性。所谓的去中心性指直播观众与主播之间地位平等、访问自由和信息传播自由的程度。在 Web 2.0 下，用户从单方面的使用者转变为活跃的参与者，为内容带来附加值。根植于 Web 2.0 土壤的移动视频直播，用户除了信息发送者、接收者的身份外，更强调其作为内容创造者参与直播，直播间用户均享有言论自由的权利。互动频率是指用户之间互动的时间间隔，即互动是否连续发生。在移动视频直播中，弹幕信息更新速度快，要求用户实时关注，同时由于移动设备携带便捷，更易满足用户随时随地观看直播、参与互动的需求。

移动视频直播通过提供优质观看体验和增强认同感两条途径来吸引用户驻足。从观看体验来看，移动视频直播中的互动性容易让用户沉浸其中，产生流体验。流体验指个体完全投入某项活动时的整体感受。当个体处于流体验状态，他们完全被所做的事深深吸引，心情非常愉悦并忽略时间的流逝。移动直播中的交互情景与游戏系统内多玩家互动相似，直播平台为用户提供了交流场所和交流工具，用户聚集在一起，通过发送弹幕、私信、打赏的方式与主播及其他用户展开实时、持续的互动，容易让用户放松自我并忘记时间。

从认同感来看，在移动视频直播中，用户通过弹幕、私信、打赏等方式与主播进行互动，分享对主播的兴趣、交流信息。当用户长时间停留在某一直播间时，可能是基于关系导向，发现自己与直播间内其他用户有相同之处，群体身份和自我认同之间存在感知重叠；也可能是基于兴趣导向，欣赏主播，对主播感兴趣。

移动视频直播的发展现状

直播类型

纵观目前主流直播平台的直播类型，可以大致分为泛娱乐类、游戏类、垂直类以及版权类四种类型。其中泛娱乐类直播，包括素人直播（如脱口秀、才艺秀、生活秀）、明星直播、户外直播、创意小众直播，游戏类直播主要包括游戏操作以及解说，垂直类直播则涵盖商务直播、教育直播、电商直播、二次元直播、财经直播等，版权类直播则包括体育赛事直播、大型活动直播。

用户第一次触达的直播类型中，泛娱乐直播占比过半，其次是垂直类直播。一个有趣的现象是，泛娱乐直播和垂直直播在内容、用户均呈现两极化，各自吸引着不同的用户群体。首先，两者最核心的区别在于内容的专业性。泛娱乐类直播通常没有固定的主题，直播内容呈现多样化和随意性，且内容生产来源主要为 UGC，主播基本都是素人。与此同时，垂直类直播通常都围绕固定主题进行策划，对内容质量的诉求较高，内容生产来源以 PGC 为主。

从用户层面来看，泛娱乐直播平台由于主题不突出，直播内容同质性严重，早期用户会在不同的直播间游走，后期随着用户对主播认同感的增强，可能会关注固定的主播。由于直播间用户的唯一纽带是主播，用户内部较难形成社交联系，在用户沉淀上难度较大。与此同时，垂直直播平台的用户定位清晰明确，由于内容上的引导，用户会因直播主题或主播而留存。正因如此，垂直类平台用户内部由于对主题内容的兴趣，更容易建立社交联系，从而形成用户沉淀。

用户群体

直播发展速度究竟有多快？它的用户规模有多大？接下来，我们从几个官方数据来看看移动视频直播的庞大用户群。

根据中国互联网络信息中心发布的《中国互联网络发展状况统计报告》，2016年之前直播用户规模小于1亿人，2016年6月猛增至3.25亿人，之后进入稳步发展。截至2018年6月，中国直播用户规模已经达到4.25亿人。

午休时间以及晚间下班后是直播用户活跃的主要时间。从使用与满足理论来看，用户的使用动机包括娱乐需求、信息需求、情感需求、社交需求、价值需求这五大类。用户观看直播的主要目的是放松心情和打发时间，部分用户通过垂直类直播来获取信息、学习新技能，还有用户将直播作为跟随潮流和关注喜爱主播的途径。因此，用户观看直播的动机包括上述五个需求。但从目前看来，娱乐需求和社交需求是观看直播的主要动机，其他三个需求强度还较低。随着直播内容的发展升级，其余需求所占比重将进一步增加。尤其是近年来，越来越多的人存在知识焦虑，对信息需求日益关注，直播作为一种高效的信息传播方式，很有可能在这个过程中发挥重要的桥梁作用。

移动视频直播的商业模式

移动视频直播的变现

在移动视频直播产业链中，有三个重要对象：内容提供方、直播平台和用户。产业链上游是内容提供方，包括明星主播、职业主播、全民主播以及活动主办方，他们向平台输出优质内容。产业链中游是直播平台，平台作为内容生产者和消费者的连接桥梁，一方面与内容提供方合作获取内容，另一方面为用户提供服务。产业链末端就是用户，他们消费内容并产生付费行为。

在整个过程中，移动视频直播以直播平台为中心来进行变现。直播平台获取营收的方式主要有三种。

一是通过购买虚拟物品购买或提供增值服务来吸引用户付费。这种方式是目前移动视频直播平台的主要收入来源。用户打赏主播，平台通过与主播分成来获得收益。

然而，近年来，关于直播打赏引发的纠纷屡见不鲜，有成年人为了打赏网络主播卖房卖车甚至挪用公款，也有未成年人偷偷用父母的手机打赏主播，金额从几百元到几十万元不等。

> **阅读材料**
>
> 连刷 17 个"佛跳墙",是 16 岁少年超超在"熊猫直播"网站一次性"打赏"的最高纪录。
>
> 在这里,"佛跳墙"不是一道名菜,而是虚拟礼物中最贵的一种。一个"佛跳墙"要花 9999 个"猫币",约合人民币 999.9 元。这意味着,超超一下子就掷出了约 1.7 万元。
>
> 这笔钱,从他母亲的银行账户里,通过支付工具"支付宝",变成了他在一位网名叫"溪宝宝 77"的女主播面前的荣光,变成了每打赏一个"佛跳墙"屏幕上就会铺满的"666"(网络用语,意为"厉害")弹幕,变成自动飘过所有直播间、祝贺他给女主播送礼物的横幅。
>
> 现实中,他是江苏省徐州市一名高中二年级学生。但在"溪宝宝 77"的直播间里,他是仅次于主播的大人物。作为主播授权的"房管"——直播间管理员,他拥有禁止其他网友发言的权力。
>
> 这个世界里,升级唯一的途径是打赏。玩家通常将这一过程称为"渡劫"。
>
> 超超从青铜、白银、黄金升到了铂金、钻石级,直到 2017 年 9 月 22 日,母亲张美发现他已从自己的银行卡上偷偷划走了约 40 万元。
>
> 在此之前,她不知道什么是"网络直播"。

二是直播平台为企业提供营销推广服务进行收费。目前直播平台的营销方式主要有三类。首先是展示类广告,例如开屏广告、频道冠名、Banner 广告,这是利用直播平台的庞大用户基础,借助流量优势提高品牌曝光度。其次是原生类营销,例如主播的品牌植入、电商直播,利用直播的多维度展示及场景化展示效果,全方位展示产品优势,为用户创造具备临场感的体验效果。最后是服务类营销,例如,营销活动的直播策划、宣传及播放,利用直播的优势,主播及团队到企业活动现场提供直播服务,利用直播形式将线下运营活动转向线上推广的营销服务。

> **阅读材料**
>
> 2018 年跨年之际,HUAWEI nova 2s 带来了一场横跨全球 19 个时区的 20 个热门城市,并且 24 小时不间断的环球跨年直播活动。
>
> 这次活动打出了"陪你从惠灵顿到夏威夷"的口号,选择年轻人汇聚的一直播平台,使用黄灿灿、左边风马、小小莎老师等在"90 后"年轻人中有强大号

召力的明星主播，在跨年之际带领大家前往20个热门城市用镜头感知来自全球不同城市的跨年狂欢。

三是无直接货币形式，与其他行业构建生态圈。直播与电商的结合变得日益普遍，例如在上海时装周期间，阿里巴巴联合优酷平台直播了一场8小时的时装秀，在直播期间，启用直接购买功能，点击"即看即买"按钮可以跳转至阿里巴巴旗下的天猫购物网站。除了电商行业，移动直播渐渐侵入其他行业。例如，作为公务员考试辅导界的知名品牌——粉笔公考，从2016就开始推出直播课程，并获得众多考生的支持。

阅读材料

优酷边买边看

2014年11月，优酷土豆和阿里巴巴完成大数据对接后，推出首期创新营销产品——"边看边买"，让有电商资源的原创作者尝到了甜头；经过半年的试水，2015年4月，在阿里妈妈和优酷后台系统完成无缝对接，数据、技术的全面打通后，优酷"边看边买"全新上线，并首度在PC和移动端全面落地。说到这里，人们不禁要问：优酷为什么会推出"边看边买"这一创新业务？什么是"边看边买"，存在哪些形式？这样的合作营销模式给优酷、阿里带来哪些好处，到底有哪些方面值得研究与借鉴的？

阿里巴巴的战略规划

2013年互联网三大巨头腾讯、阿里巴巴和百度都在通过调整寻求突破，各种不同的收购、入股已经成为BAT（百度、阿里巴巴、腾讯合称）圈地活动的必备手段，行业的格局均在不停地变化。自2013年4月阿里入股新浪微博之后，就开始着手布局自己的传媒生态系统。同年，与传统媒体《商业评论》合作；2014年3月，入股文化中国传媒集团，成为最大股东。在成为媒体大亨的道路上，阿里巴巴的马云从未停止过他的步伐……

优酷、阿里强强联合

优酷土豆与阿里集团一拍即合，于2014年4月28日宣布建立战略投资与合作伙伴关系，双方实现了两个打通，一个是团队打通，二是数据后台打通。对优酷而言，有更加充裕的现金来采购版权内容以换取播放量的增长，然后再通过广告方式来实现变现，用以抵消带宽、内容和人工等成本；另外更重要的是与阿里巴巴的合作为优酷带来了海量淘宝、天猫上的卖家，电商的繁荣也使优酷看到了很大商机，可以将大量的流量实现商业化变现，进入了电商业务，商业模式将会更加多元化。

试水"边看边买"——视频电商创新业务

2014年10月30日，阿里巴巴和优酷土豆召开战略合作发布会，分别发布了基于大数据的精准营销方案"星战计划"和开放数据管理平台"达摩盘"，通俗点讲，阿里巴巴的卖家资源（广告主）将与优酷土豆的视频播放平台打通，以取得广告营销和电商导流的双重效果，把视频和购物两种场景结合起来，并首次推出视频营销拳头产品"边看边买"，借鉴傍焦营销，创新了"视频＋电商"的模式，以此实现"屏幕即渠道、内容即店铺"的优酷愿景，开启一个崭新商业模式。

内容营销与精准营销的融合

内容营销正以极快的速度发展变化着，视频网站行业就像一块巨大的蛋糕，谁的内容更丰富，"口感"就更好，用户更愿意买单。另外，付正刚（优酷土豆集团销售营运副总裁）在接受美国emarketer独家专访时透露，优酷土豆的在线视频网站的观众是15~45岁人群，将这部分人进一步细分为三组人群：活力人群（13~17岁）、中国核心消费人群（18~35岁）、商务人群（36~45岁）；移动端主要集中在19~35岁。总体来说，年轻群体占较大比例。而阿里巴巴平台现实的网购消费群体也较为年轻，以学生、白领为主。优酷与阿里的用户很大一部分是重合的，如果将优酷6亿的视频用户与阿里3亿的活跃买家相打通融合，产生的经济效益不可估量。

于是优酷、阿里合作，利用大数据平台进行精准营销。作为前端视频平台，优酷土豆可以在用户观看行为中获取信息，提供实时数据分析功能，帮助阿里妈妈的众多商家识别什么才是对的时间、对的场景、对的消费者、对的商品，商家或视频原创作者只需通过内容创作与运营，在合适的时间，合适的场景下关联合适的商品,即可轻松实现品牌或商品的传播,适时调整推广策略,吸引用户的关注与消费。例如,在户外秀或探险节目中,加入背包、户外装备等商品,更易引发消费者兴趣。作为背后的数据和技术平台,阿里妈妈则利用这个闭环让淘宝、天猫商家和消费者通过视频建立连接,优化人群定向,提升产品和服务能力。同时,商家可根据营销需求量身定制自己的视频,并进行分类精准投放,例如,户外、美食、母婴等。

"边看边买"的投放平台

视频创收平台

优酷的视频营销创新业务"边看边买"已添加到优酷视频创收平台一级目录中,初期让有电商资源的原创作者(如"Tinrry下午茶"有自己的电商副业,"背包去环游"有"迈路士户外"等电商资源)尝到甜头,参与电商的销售分成。

"边看边买"采用会员制,为扩充更多精彩的原创视频,对新的会员加入资质也具有一定要求,包括:边看边买要求用户拥有合法版权或者版权使用权的视频内容;频道订阅数≥3000人,并且频道规模满足近一年视频总播放数≥500 000次;为激发更多"草根作者"的热情,对一些作品内容精良,暂不具备等级要求的用户,优酷更以包容的胸怀放低加入门槛,增加了进行自荐的绿色通道(将用户昵称及空间链接提交在线客服)。对于商品的设置权限,由"边看边买"会员以及商铺卖家共同享有,商品出现的时间节点可在双方商讨后由视频作者设置。

整个过程可以简单描述:用户在观看视频时,在恰当的时间节点视频右下角会"浮"出相关商品,喜欢就立即买,犹豫先存着,看完再做决定也不迟,丝毫不会打断观看过程。图6-3为"Tinrry下午茶"自频道的"边看边买"视频页面。

与此同时,自频道社区论坛中有"边看边买"公告一栏,在推广初期,通过发帖进行"边看边买"的早期推广,一方面帮助希望在优酷海量的优质视频创作者寻找推广者的淘宝卖家,建立起商家与视频创作者之间的连接;另一方面鼓励有电商资源的视频作者积极上传视频共同参与2014年双十一、双十二优酷平台的活动。

第6章 新技术驱动消费行为

图 6-3 "边看边买"视频——"Tinrry 下午茶"自频道

2015 年年初,为吸引更多用户,同时维系粉丝,优酷与阿里妈妈的商家合作,增加了"边看边买"新的功能。"边看边买"会员可使用优酷专享渠道优惠促销功能,对商品设置优酷专享折扣,再添加到视频中。

自制节目以及独播版权节目

优酷的自制节目内容丰富,广受大众喜爱,加上其外购的独播版权的热门节目,覆盖了多样的受众群体,都是关注度极高的高品质节目。除了大品牌常规贴片广告的投放外,也带给了众多淘宝天猫商家投入成本较低的"边看边买"合作形式。商家在节目视频中精心挑选适合的场景,优酷土豆的视频电商营销团队根据指定场景进行打点,设置"边看边买"浮层。用户在观看视频过程中,当视频放到指定场景时,视频右下角将出现"边看边买"浮层;用户如有兴趣购买,点击"购买"按钮即连接至购买页面。

例如,在 2015 年 1 月,《最强大脑 2》上线,优酷土豆的受众中 70%~80% 高知人群占比众多,同时遍布全国,并集中于一、二线城市,这与伊利金典的目标受众深度匹配,于是与优酷土豆达成"互动特约"合作,深度诠释"最强大脑 最爱金典"。通过"边看边买"产品,让广告直接连接电商平台。当观众在优酷土豆平台观看中,节目中出现伊利金典的同时,会看到右下方出现伊利金典的广告及购买按钮,一键即可跳转购买,让品牌广告与促销抢购广告合二为一。在 2015 年 3 月优酷出品的《男神女神 2》中,同样借助"边看边买",网友可以在直播页面点击进入为女神购买生活物资，也可通过合作电商渠道购买一系列女神同款。

移动视频直播与电商的联姻

> **阅读材料**

2019年1月16日，淘宝联合淘榜单公布的数据显示，2018年通过淘宝直播带货成交额超过5000万元的店铺有84家，其中23家实现了成交额破亿元的战绩。

直播带动成交最高的5个行业分别是：珠宝、女装、流行饰品、美容护肤及童装。其中，排名最高的珠宝行业，所有商家超过6成的成交均来自直播。此外，在直播拉动成交排名前十的行业中，还出现了鲜花园艺这个相对小众的品类。

淘宝直播提出未来三年将带动5000亿元规模成交的目标。按照规划，淘宝直播将进一步在线下产业带转型、农产品上行等领域发力，深入工厂、农场和市场，撬动更广阔的专业市场，从而让原产地、线下货源集聚地的优质货品通过淘宝直播，更直接地进入电商循环体系。

2016年，电商流量获取成本居高不下，陷入流量红利消耗殆尽的困局。而直播作为一种自带快速引流特性的媒介，利用直播平台庞大的用户基数，可以帮助电商以低成本获取更多高质量流量。

同时，传统电商以图文、静态为主，展示内容有限。而直播带来一种动态、支持实时互动的信息呈现方式，能够给用户营造出临场感，进而帮助帮助用户更全面、真实地了解商品详情，直播过程中的互动还能使用户实时咨询，提高沟通效率。

那么，现阶段电商与直播是如何结合的呢？主播在直播过程中，通过介绍商品的生产过程、商品详情、使用或保养方法、促销活动、展示品牌文化等进行电商引流。以淘宝为例，如到新品上新时，通过主播在直播中展示服饰穿着效果，并与消费者实时互动，都能带来一波销量增长。

技术的不断提升能够为直播电商带来更多的可能性，包括人工智能图像识别、语音识别、虚拟现实和增强现实等技术的进步都将进一步撬动直播电商红利。譬如，人工智能视频识别技术将为直播内容提供优化性建议，建立对应商品的联系，精准商品推荐，触发用户关注；语音识别技术将为内容电商带来深层次的互动，未来用户将能够实现语音互动搜索，商家利用关键字捕捉消费需求，甚至在直播过程中根据主播的口碑展示相应商品的广告信息；VR 和 AR 技术能直击线上购物痛点，将零售带入"环境购物"时代，让消费者体验到前所未有的沉浸式购物体验，例如虚拟试衣，让用户在屏幕外也同样身临其境。

直播中购买决策的影响因素

消费者购买决策是指消费者谨慎地评价某一产品、品牌或服务的属性并进行选择、购买某一特定产品的过程。消费者决策过程涉及产品认知、信息收集、方案评估、购买决策、购后行为五个环节。

在消费过程中，消费者购买决策受到个人因素、外部因素的共同作用。个人因素包括知觉、记忆、个性、学习、情绪、兴趣、购买力等；外部因素包括文化、社会环境、家庭状况、企业形象、营销活动等。在直播中，除了以上这些因素，主播对消费者的购买决策也会起到举足轻重的影响。这是因为在移动直播中，影像内容聚焦在主播身上，为主播套上了明星光环，有效地增强了主播的个人影响力。在普通围观群众眼中，主播自带明星光环，具备丰富的阅历和生活经验，在直播间内扮演着意见领袖的角色，使得主播传播的信息更有说服力和可信度。同时主播网络知名度显著高于普通人，普通围观群众对其存在猎奇心理，在实时互动的过程中，用户加深了对主播的了解、关注和情感的投射。因此，在移动直播中，用户很容易建立对主播的信任感和认同感，从而促进购买决策的制定。

6.3 AR 技术运用与购买决策

当今的世界，人类已掌握极为丰富的数据，然而数字世界与应用这些数据的物理世界之间，横亘着一道天然断层。人类生存的世界是 3D 状态，但指引我们做出决策的数据却囿于 2D 的页面和显示屏上。今天，全球已拥有数十亿台智能互联产品，它们带来了极为丰富的信息和数据，然而，这道断层却大大限制了我们运用这些数据的能力。增强现实（AR）的出现，为我们弥合这一断层带来了希望。AR 将数字图像叠加到真实的物体上，将数据直接放到我们使用这些信息的环境中，极大地解放了人类利用信息的能力。

AR 技术的出现为线上线下零售提供了革命性创新的条件，那么零售商将如何应用 AR 技术来提升顾客服务呢？本节将从营销和零售的背景介绍 AR 技术的概念及其应用前景，通过系统性地阐述 AR 技术的媒体特性，充分了解 AR 力量，最后介绍 AR 的应用案例。

营销和零售中的 AR

第一种形式的 AR 是 20 世纪 50 年代由 Morton Heilig 在电影摄影中开发的，他将特殊电影的特征命名为 Sensorama。20 世纪 60 年代，Ivan Sutherland 在哈佛开发了 AR 的第一个原型，可以使用全息投影观看 3D 图形。但是后面很长一段时间，大型且笨重的专用设备阻碍了 AR 的普及。最近十几年随着智能手机和其他手持设备的广泛采用，不少公司和开发者对 AR 的兴趣也显著增加，因此推动了 AR 技术的进步。AR 开发成本降低、移动性提高、轻便性等都增加了 AR 的实用效益。再加上当前数字营销的逐步建成，给 AR 技术运用于销售时和消费者的各个接触点都创造了有利的环境，特别是在零售、移动和在线方面。

营销和零售背景下的 AR 概念

离我们生活比较接近的电影或科幻小说中早就出现了许多 AR 的基础概念，例如终结者和机械战警，这些电影以机器人角色为特色，通过其视觉系统中的注释和图形叠加，增强了机器人物理世界的视图。正如在电影中展示的那样，AR 可以将 3D 的虚拟对象实时集成到 3D 真实环境中的系统，并且可以实现实时交互。Azuma 等人的表述是最被广泛接受的，它强调 AR 不仅是在同一空间中虚拟和真实的共同存在，而且强调了与物理现实相结合的计算机生成源的交互排列和相互注册。它强调了实时 AR 的嵌入性（因此不同于虚拟现实）及其交互特性。

另一个与 AR 技术比较相似的技术的是 VR，AR 和 VR 的共同目标都是为用户提供丰富和沉浸式的媒体体验，因为与传统媒体相比，这两种技术都提供了高交互性和生动性。但是，AR 与 VR 还是有很大区别的。VR 产生一个完全由计算机生成的环境，在这个计算机可视化背景中，产品为 3D 可视化。而 AR 不会改变或取代用户的现实世界，而是通过将额外信息（如 3D 虚拟产品形象）集成到消费者的现实世界的体验中来丰富它。相比于 VR，AR 通过在消费者的物理空间和虚拟产品之间建立更紧密的关系来增强用户的现实世界。

AR 在零售和移动营销中的应用前景

近年来，零售商和品牌商一直在不同环境中使用和测试各种 AR 应用，以检查最适合其使用的设备。到目前为止，无论是私人还是公共零售，最常见的 AR 都是用于智能设备和大型交互式屏幕。智能设备上的 AR 应用程序允许消费者查看位于环境中的虚拟产品（如物理房间中的虚拟家具）或者通过扫描产品的商标或相关图像（如扫描杂志的广告，转变为平板电脑屏幕上的视频）。另外，大型交互式屏幕可以在屏幕上展示更大部分的物理环境，AR 呈现的虚拟元素被添加到该屏幕上。

除了使用设备之外，AR 应用程序在它们增强的实体方面也有所不同。从这个意义上说，AR 增强物理现实的能力可以将虚拟元素叠加在：人、产品或周围空间上。人的增强现实指对他人或自我的视图增强。例如，可以通过增强现实眼镜（如 Google Glass）增强其他人的视图，但是由于对头戴式显示器或护目镜的访问有限，这种应用迄今为止在市场营销中很少见。另外，用于增强自我视图或"自我增强"的应用程序已经以虚拟镜像或虚拟试镜的形式被广泛传播。虽然早期版本中存在数字试用版（用户可以在网站上，给自己上传的照片或者头像进行试穿），但是 AR 可以允许虚拟的商品在真实的环境中运行，可以提供给用户更加逼真的交互式体验。屏幕显示你身体或身体的一部分（如脸部、头部或者手）虚拟试穿（如眼镜、化妆和衣服）的镜像。虚拟试用产品是最受欢迎的 AR 应用场景，已被多家服装和化妆品品牌采用。此外，AR 应用程序还能够增强产品，通常使用智能设备扫描一个产品，然后就可以增强可视化的视图。例如一些 App 通过扫描货架上的食品，AR 可以形象地展示这个食品的营养信息，显示评论，并且还可以改变屏幕上商品的颜色或者添加一些游戏元素。最后，一些应用程序允许使用虚拟元素增强周围空间。这用于浏览产品在特定空间中的外观（如房间中的一件家具）或获取有关周围空间的其他内容（如在屏幕上可以看到附近街道上的咖啡馆在哪里）。

AR 的媒体特性与购买决策

交互性

由于每个人类行为都可能涉及交互性，因此交互性的概念和定义差异很大。然而，现有的两个互补视角提供了交互性的整体定义，有助于理解交互性在实施 AR 效果中的作用：作为技术成果和作为用户感知。突出技术特征重要性的学者将交互性定义为所采用技术的属性或该技术使用户能够更容易地与内容交互并参与内容的能力。学者强调了增强现实技术的子功能对增加交互性的重要性，这些功能包括：速度，指的是中介环境中的内容可以多快地被操纵；映射，指的是中介环境中使用的控件与现实世界中的控件有多相似；范围，指的是中介环境中的广泛内容可以被操纵。例如，在使用触摸屏电话时，在视频游戏中经历滞后响应的媒体用户将感觉到低水平的交互性，因为来自媒体的反馈被延迟。

另一种普遍接受的观点是，交互性涉及用户的主观感知，这个角度的交互性关注于引起交互感的个体特征。例如，Newhagen 等人的观点认为，如果个人没有参加互动媒体的动机，就无法体验互动感。尽管具有创建高水平交互性的高度先进技术，但如果没有动机参与，则用户可能不会体验到交互性。因此，通过以易于增强用户的主观参与决定的方式创建技术上有效的传递过程，最有效地产生用户对交互性的感知。

生动性

生动性是指"技术产生富含感官的介导环境的能力"。它结合了"实际物体的感官体验"和"幻觉"，即"想象物体的非感觉体验"。其他学者也对这一概念进行了界定，将其标记为真实性，现实性或丰富性。

在电子商务的背景下，生动性经常被解释为产品展示质量。更生动的产品描绘更有可能刺激消费者的认知阐述过程。与交互性一样，生动性也有助于消费者在未来的消费环境中在心中设想产品的预期体验，从而增强了对购买决策的信心和对相关信息的更长记忆。从技术角度来看，已知通过丰富深度来增强生动性，参考媒体用户所感知的所代表信息的质量和广度，指的是传播媒介可以提供的感官维度的数量。向多个感觉受体传递具有更高图像质量的刺激的介质应该产生更高水平的鲜艳度。例如，在电子商务的背景下，商家可以传播更清晰的多维声音和最高分辨率的产品图像，以增强消费者对产品促销的回应。

在在线购物的背景下，众所周知，增加的交互性和鲜明度允许消费者通过实现对逼真显示的虚拟产品（如形状、颜色、功能）的视觉检查来更有效地收集关于产品的信息。通过将观众的图像投影到预期的消费环境中，所展示的产品被精神消耗。这种消费体验鼓励消费者主动参与更有效的消息信息处理。这提高了消费者搜索体验的质量，从而增强了感知媒体在购物体验和购买决策中的有用性。因此，在此背景下的媒体有用性捕获了消费者如何有效和高效地搜索和获取所需信息以促进产品评估和购买决策。

新颖性

通过媒体观看体验的乐趣也与两种功能机制有关：互动性和生动性。Nicholas 等人发现，在玩视频游戏时体验更多互动功能（如范围）的人往往会感受到更大的享受感。这种关系已得到 Klimmt 等人已经证实，他们观察到交互性与对 VR 中可视化对象的控制感有关。在生动和享受的研究中，Heeter 发现，与计算机生成的本人图像进行互动受试者比只与他们的影像进行互动的受试者体验更好，从而突出了生动性对享受的重要影响。同样，Yim 等人的研究发现，产生更生动图像的立体 3D 广告比传统的 2D 电视广告能带来更大的乐趣。

在电子商务（在线购物）的背景下，还发现呈现更生动的产品可视化的交互式技术与更积极的情感体验相关联。例如，IIT 展示了在 3D 虚拟模型（即化身）上尝试各种服装的过程，在使用 IIT 的技术特征进行交付时，刺激了消费者的心理游戏和幻想。各种媒体功能能够以各种方式丰富消费者的想象力建设过程。因此，它允许消费者在不同程度上通过他们的实际环境的现实无拘无束地体验探索新的，像真实产品的冒险。这反过来导致各种水平的积极情感评估（即享受）体验到好玩和乐趣。

沉浸感

沉浸被定义为虚拟系统使用户感到被吸收，参与和全神贯注的程度。虚拟刺激或从物理世界环境中体验出一种阻止刺激的感觉。沉浸已被理解为各种虚拟体验中的中介增强剂。学者们的研究表明，沉浸和交互性和 / 或生动性的联合效应在该图像生成世界中产生了增加的真实感,即远程呈现。沉浸感还为用户提供了将虚拟产品体验为真实产品的感觉,称为"准真实"产品体验。特别是基于AR的产品演示似乎迫使用户拥有准确的产品体验,这主要是因为基于AR的产品展示,VR实际上并未阻止消费者体验。相反,计算机生成的虚拟产品,如太阳镜、手表和戒指,只能通过网络摄像头添加到消费者真实世界的描绘中,其方式与现实世界中真实的物理存在非常接近。

与VR研究中的其他流行结构一样,沉浸式消费者在AR中的体验水平取决于他们的主观评价,但是由AR的技术能力引起,例如交互性和生动性。为了让人感到沉浸,消费者需要能够更自由地以交互方式检查从不同的三维视角生动逼真地生成虚拟产品图像。一旦消费者认识到潜在的技术限制,例如使用AR(例如,计算机系统)时响应慢(交互性低)和/或计算机图形质量差(低生动性),即使没有消除,沉浸感也会受到限制。因此,根据AR提供快速响应和虚拟产品高度逼真的可视化(即交互性和生动性)的程度,消费者似乎将虚拟产品视为现实世界的一部分(高度沉浸状态)或作为计算机生成的对象添加到他们的监视器屏幕以显示近似的产品表示(低沉浸状态)(如卡通计算机生成的图像)。Heeter证明,沉浸式中的那些高(低)与消费者的评价部分来自现实世界的脱节感,从而导致缺乏经验时间感。

AR在营销和零售中应用案例

随着新零售的兴起,各大电商巨头的战场也在新零售领域打响,从无人零售到社区零售,零售产业遍地开花。但是随着零售市场新力量的不断注入和逐渐饱和,各个领域的零售巨头又开始寻找新的契机去重新定义零售产业。AR购物利用增强现实技术与新零售结合,为消费者带来了更科技化的消费体验,成为零售巨头们追捧的下一个风口。

AR购物在各领域巨头的推动下逐渐落地,为新零售注入了新的活力。对于新零售而言,线上线下的融合不再仅仅局限在渠道的融合,而是体验、场景、用户以及数据的融合,AR的出现为新零售的发展提供了全新的技术力量,AR购物时代正在来临。

线下AR引入多维体验

AR可以带来多维体验，以包装为入口，先体验后消费。零售与线下活动类似，都是满足人们对美好和快乐的追求，这也是传统线下商店的最大优点。新零售时代，一旦线下门店融入了AR，体验的维度就会从线下的触摸拍照，延伸到线上的互动和社交媒体分享。

AR试衣——提升购物体验

AR技术的出现，让品牌可以为消费者提供更好的品牌体验，通过精心打造的AR场景还能提升品牌在消费者中的关注度，同时增加品牌营销的记忆点。AR在商业领域一个比较受欢迎的应用就是虚拟试用技术，它在提供给消费者更加便捷的试用体验的同时，还能提供给消费者与直接产品试用获得的信息类似的产品信息。此外，虚拟试用创造的交互性和客户参与度可以增强在线购物体验的娱乐价值。尽管截至目前，AR虚拟试衣还没有完全达到理想的应用状态，但是一些服装零售品牌已经开始应用AR尝试虚拟试衣，其中ZARA作为AR技术应用的先驱，其应用经验非常具有参考的价值。

ZARA宣布从2018年4月18日起，在全球120家旗舰店内推出AR体验，体验的场景分别为店铺橱窗、店内展示台以及网上订单包装盒。消费者下载ZARA AR App之后，把手机瞄准特定的商店橱窗或是店内的感应器，模特Léo Julian和Fran Summers将以7~12秒的连续影像逼真地显现在手机屏幕上，她们会穿着选定的服装款式，在屏幕上走动甚至与消费者对话，消费者可以直接点击他们身上的单品完成购买。该应用还具有录像和拍照的功能，让消费者可以更方便地记录下自己的体验，并分享到社交媒体上。此外，网上购物的消费者在收到包装盒之后，把手机对准盒子，也能看到穿着盒子内商品的模特在手机屏幕上出现，如图6-4所示。

消费升级的时代，消费者的需求发生了变化，越来越多的人开始注重体验。传统广告大多被人们主动回避，但AR营销却因为体验方面的优势，让消费者纷纷掏出手机与品牌进行互动。尽管ZARA没有完全实现AR试衣，只是将身穿产品的模特叠加到商店内，但是这种AR展示已经颠覆了传统商品展示的方式。其独特的品牌营销不仅可以打破同质化的营销方式，其独特的呈现方式还让品牌脱

图 6-4　ZARA AR 试衣的展示

颖而出；而增加了消费者与品牌的娱乐互动性，在互动中可以加强消费者对品牌价值和内涵的体验；AR 让品牌与消费者的感官相结合，消费场景模拟，虚拟与真实结合产生身临其境的感觉，这种沉浸感将积极影响消费者的购买意愿。最后对于 ZARA 而言，通过 AR 技术在线下的应用，可以借此打通线上线下可以实现引流，提升销售额。

星巴克 + AR——塑造品牌价值的 AR 营销

营销与广告销售被认为是"AR 最大的应用机会"。零售商可以使用 AR 通过"虚拟现实和产品培训"以及游戏化来吸引客户，以提升客户体验。通过提供虚拟内容方面的其他产品信息，AR 应用程序可以在产品决策中支持消费者。此外因为顾客在商店中使用 AR 可以与商品和店铺交互，因此会增加顾客在商店中的体验。星巴克臻选上海烘焙坊就是使用 AR 进行营销的一个成功的例子。

2017 年 12 月 5 日星巴克臻选上海烘焙工坊正式开业，让人期待的是星巴克联手阿里巴巴人工智能实验室（A. I. Labs）利用 AR 技术为消费者打造了"沉浸式咖啡之旅"，给用户带来了线上线下无缝的连接体验。为了帮助消费者了解店内每一种设备和每一个环节的具体玩法，AR 技术几乎覆盖了这家店的每个角落。顾客打开手机淘宝"扫一扫"功能，通过 AR 技术探索星巴克"从一颗咖啡生豆到一杯香醇咖啡"的故事，也可唤起"隐藏"的在线菜单查询功能，并通过 AR 技术直观了解咖啡吧台、冲煮器具等每一处细节，体验到更多咖啡"诞生"的乐趣。例如，消费者在店内扫描现场场景，场景中每个可扫描的物体都会出现一个标签，同时屏幕上会出现一个中心点。当中心点接近标签时，手机就会出现提示，并播放透明视频，讲解该设备的工作流程、细节、运作原理，并会提醒消费者观看完整视频，了解更全面的展示和说明。同时，在这个页面里还可以找到咖啡和茶饮的隐藏菜单，并且店内的不少商品都可以使用手机扫码进入星巴克天猫旗舰店购买。

上海星巴克烘焙工坊利用AR技术对"人、货、场"进行了重构，给用户带来了全渠道无缝连接体验（见图6-5）。首先，烘焙工厂可以在支付和AR展示等环节，通过用户扫码获取会员身份数据，结合其淘宝账户信息进行会员管理；其次，店内的商品实现了线上线下的库存共享，并将进行更深层次的打通；最后，门店容易创造更加丰富的消费场景，比如视觉体验、咖啡课堂、全渠道体验等，并和线上场景相对接。

图 6-5　星巴克 AR 展示

品牌营销一直是商业运营中不可忽视的部分，无论是传统纸媒体广告，还是互联网广告，本质都是通过传播有价值的信息促成用户购买行为，唯一不变的是在这些营销方式中，用户和媒介一直是脱离的关系，很难在产品宣传和用户之间产生互动。AR技术的出现打破了这一壁垒，在当下内容决定流量的互联网环境里，它已经成为继文字、图片、食品、HTML5之后又一营销利器。通过AR技术，用户看到的不再是单一的图片或文字，而是一个小游戏、一个有趣的场景，将内容营销具体到某一件产品上，丰富了产品内容的承载空间，从被动参与到主动加入，吸引用户自发形成传播，为创意提供无限可能。

AR 与库存——降低库存成本

线下门店销售产品时，有些产品有不同的功能或者型号选择，因此会增加店铺的库存压力，并且限制店铺的 SKU。AR 技术的出现为解决这些难题提供了很好的解决方案。建筑装饰品公司 AZEK 就使用 AR 技术向承包商和消费者展示其地板产品的不同颜色和型号。当客户通过手机或者平板电脑的摄像头观察房屋，AR 应用就会自动在选择的地面上加上一层地板，并且客户还可以随意选择产品型号并更换颜色。甚至客户还能看到不同环境下的模拟图像，这大大提升了客户对产品选择的信心，并缩短了销售流程。

线上 AR 颠覆传统客户体验

传统电商信息展现方式表达有限，商品展示不够完整。比如穿戴/佩戴之后的效果、家具摆放位置、商品颜色尺寸和功能体验等，都很难在屏幕上一一展现出来。而 AR 技术与电商的结合，将完全颠覆传统的客户体验。在购买之前，客户就能看到虚拟的产品如何在真实的环境下运行，这使客户对产品拥有更符合实际的预期，更加有信心做出购买决策，并且提升了线上客户的购物体验。在这个意义上，AR 的应用将对线上零售产生更加深远的影响。

商品展示——持续提升购物体验

近年来，营销人员开始意识到增强现实在零售业中的优势，AR 作为改善消费者对购物体验感知的工具，在消费者浏览商品时增加了购买的可能性。AR 的应用让消费者能够利用周围真实的物理环境，来处理产品信息，这种情况下，消费者能够对产品有更加符合实际的预期，减少了消费者购买风险，增强现实通过视觉信息（数字和交互式图像、视频等）、文本、音频和模拟体验等提供更多能够影响和支持消费者决策的信息。事实上，如果与传统的电子商务场景相比，增强现实应用程序通过高度逼真的界面提供更多的动态 3D 动画，它们可能涉及通过 3D 动画与产品进行虚拟交互，从而提供能够弥补实际产品缺乏的增强体验。一方面，这意味着图形界面的高度真实性；另一方面，它丰富了交互模式的质量。关于图形，虚拟图像（或美学质量）的生动性和真实性通过积极影响对产品的信心来刺激用户的感官感知和心理意象形成。

第 6 章 新技术驱动消费行为

天猫将之前的 VR BUY+ 进行升级,推出 AR BUY+ 功能,消费者只需通过淘宝或天猫 App,打开扫一扫中的 AR BUY+,就能打开 AR 任意门或者进入 AR 购物世界。而作为另一电商巨头的京东,随着 AR 购物的热潮,在 2017 年 9 月之后也推出以 AR 美妆为首的 AR 购物。消费者在京东页面选择自己喜欢的美妆产品,商品页面会自动出现 AR 试妆提示,点击即可进行试妆,用户根据自身需求进行选择,从而了解产品与自身的匹配程度。其次是在家具、厨具等家居产品的线上应用。早在 2013 年,宜家就推出了一款通过打开摄像头就能看到家居在家中是否符合自身要求的互动产品。IOS 上线的 "Ikea Place" 应用及其 AR 功能,更是满足了消费者在家居上自我设计的个性化需求。消费者只需要扫描他们准备放置家具的地方,通过浏览清单的列表将产品移动到指定的位置就能看到家居在家中的 3D 效果图。在电子商务领域,网上消费者可以通过 AR 应用下载产品的全息影像。Wayfair 和宜家就提供了包含几千个 3D 影像的产品图库,并可通过 App 将这些产品投射到真实的房间中,这样顾客就能亲眼看到这些家具和装饰在房屋中的样子。宜家还使用 App 收集不同地区消费者产品偏好的重要数据。

AR 试妆

AR 试妆主要是通过摄像头捕捉用户面部数据,实时模拟化妆后的效果,实现线上虚拟试妆。通过人脸识别技术,它能准确识别用户的唇部、脸部、眉眼等特征,利用人脸特征与口红、腮红、眉笔颜色相结合,让用户只需滑动选择不同色号,即可看到试妆效果。

2014 年 10 月,巴黎欧莱雅发布了旗下 AR 美妆应用"千妆魔镜"。这款应用由欧莱雅集团自主研发,它能够利用前置摄像头结合 AR 技术,实时将动态妆容显示在用户脸上。不论是眨眼、左右摆头或做出表情,整个彩妆都会跟着变化,甚至相同的妆容在不同肤色、脸型、眼型的人脸上呈现效果都会不同。2016 年 7 月,欧莱雅还举办了一场 AR 派对,在这场音乐派对上,AR 与彩妆碰撞在了一起。该派对由巴黎欧莱雅与 OPENPAGE 杂志联合打造,派对现场除了橙色斑斓的霓虹灯,迷幻激情的摇滚风,还有数字营销机构 CM Digital 带来的黑科技。这个黑科技就是 AR 技术的运用,在活动现场,工作人员分发了 5 种不同的贴纸,大家只需站在 AR 互动屏幕正前方,举起彩妆贴纸,屏幕里欧莱雅的彩妆产品便能跟着现场的音乐飞舞起来。同时，在场嘉宾还能通过屏幕上的摄像头捕捉与这些彩妆的合照。

AR试妆能够大大提升用户购物的趣味性，辅助用户决策，提升用户购买体验。对于现在线上购物体验差，客流量少，老客户难留；线下推广无渠道，店铺租金贵、人力成本高昂的局面，AR试妆都能轻松解决问题。对于美妆行业而言，AR试妆技术其实是打通新零售的一个最佳交互连接点。一方面，AR试妆技术可以帮助传统美妆门店转型升级，促进对消费场景的改造和重塑，优化现有的高成本、低效率的销售流程。有这样一台设备放在店里，可以减少产品的陈列面积，而更注重场景化的打造，给消费者带来更愉悦的购物环境。另一方面，AR试妆技术可以大大拓展美妆产品的销售边界。在未来两到三年内，美妆销售将不再局限于纯粹的线上或者线下，在所有的女性用户集中的消费场景，比如，服装店、美发店、美甲店等实体店，都可以通过AR试妆设备进行虚拟体验，然后通过电商或无人零售的方式一键完成购买，完成闭环。这是一个快速变化的时代，层出不穷的新技术、新商业模式正在不断重构美妆行业。通过AR试妆技术的导入，可以大大提升整个美妆销售的场景和效率，也会大大提升美妆销售场景的可延伸化，这会是未来美妆新零售的发展趋势。

售后服务

在这个领域中，AR大大提升了智能互联产品创造价值的潜力。AR可以协助技术人员为消费者提供服务，就像在工厂中协助工人。通过产品信息分析预测数据，AR可以实时指导技师进行维修，或与专家进行远程连线。现场技师可以通过AR技术发现某个部件将一个月内损坏，现在就进行替换，提前解决了客户的问题，防患于未然。

欧洲电信设备供应商KPN部署了AR技术，通过智能眼镜，工程师在进行现场或远程维修时，就能看到显示产品历史维修记录、诊断信息和地理位置的虚拟信息面板。这些AR显示功能帮助他们做出更好的决策，降低了维修团队的整体成本，并且将操作错误率降低了17%，维修质量也随之提升。尽管人工智能和机器人的发展速度令人赞叹，但我们相信，结合机器的能力和人类的独特优势，才能释放更大的生产力，远超两者各自的能力。要将这种愿景化为现实，我们需要强大的人机互动界面来跨越数字世界和物理世界之间的鸿沟。

第7章 移动社交化环境的消费者行为

"互联网+"、人工智能、4G/LTE、云计算等新兴技术产业的迅猛发展,使得快速低廉的网络通信设备得到了极大的应用普及。Web 2.0、社会媒体、社交平台等网络应用的逐步推广,致使用户原创信息内容突增,频繁的用户交互,让更多带有社会关系属性的信息呈现出爆炸增长的态势。移动社交化已成为一种趋势,已经越来越显著影响到消费者行为,本部分主要探讨移动社交化环境下的消费行为。

7.1 社交平台的自我呈现与消费动机

社交平台的发展

社交媒体(social media)有很多定义。Kaplan 和 Haenlein 将其定义为一组基于互联网的应用程序,它们建立在 Web 2.0 的思想和技术基础之上,允许用户创造和交换各自生成的内容。总体来说,这包括许多技术:从博客到 Facebook 个人主页,从社交媒体游戏到维基百科(Wikipedia)。为了区分社交媒体,Kaplan 和 haenlein 依赖于一系列的理论,包括社会存在、媒体丰富性、自我呈现和自我披露,作为理论基础。他们根据社会存在/媒体丰富程度(低、中、高)和自我表现/自我披露水平(低和高)划分了六种社交媒体。这六种社交媒体包括:博客、社交网络(如 Facebook)、虚拟社会世界(如第二生活)、协作项目(如维基百科)、内容社区(如 YouTube)和虚拟游戏世界(如魔兽世界)。社交网络(SNS)是大多数人所认为的社交媒体,它被认为是高度重视自我展示/自我披露的,被定义为任何一种人们希望控制他人对自己的印象的社交互动。它被归类为中等程度的社会存在/媒体丰富性,被定义为"可实现声觉、视觉和物理接触在两个交流伙伴之间出现"。

用户通常可以在社交网络上创建个人文件和账户。随后，这些社交网络和相关的网站技术使用户能够毫无困难地添加朋友、交朋友、与朋友聊天和参与朋友的活动。社交网络让用户可以为自己建立电子档案，提供关于他们生活和经历的详细信息，发布照片，保持人际关系，计划社交活动，结识新的人，观察到他人的生活，满足归属感的需要，表达他们的信仰、喜好和情感。微信是由中国最大的上市互联网公司腾讯于2011年1月推出的，是类似于Facebook的社交网络平台。人们可以在微信朋友圈中通过发布信息来更新自己的状态（如照片或文字状态），并与他人互动，例如，点击"赞"来支持朋友分享的内容，或收到朋友的"赞"。由于使用互联网和手机都可以很方便地登录，微信各个年龄段的人中都很受欢迎。

社交网络上的用户非常多。近年来，互联网和接入互联网的设备（如游戏机、智能手机和平板电脑）迅速增长，越来越多的人参与到线上活动中。1995年，只有不到1%的世界人口能够上网。在那之后，这一数字增长了10倍，全世界有30多亿互联网用户。英国互联网接入统计显示，自2006年以来，每天或几乎每天上网的成年互联网用户人数相比2006年增加了一倍多，从1620万人增加至3930万人，相当于78%的成年人口。另外，61%的成年人会使用某种形式的社交网络，其中79%的成年人每天或几乎每天都会使用。尽管对创建和使用社交网络账户的年龄限制在最低13岁（年龄限制因不同社交网站而异），但仍有超过半数的儿童在10岁以前使用过社交网站；52%的8~16岁的年轻人承认他们在创建社交账户时忽略了官方的年龄限制。Facebook上一个典型的活跃用户平均有130个朋友，每天在网站上花费超过一个半小时，每个月在Facebook上创建90条新状态。互联网用户喜欢这一新的沟通方式以及它带来的实时互动与信息交换的便利性。像Facebook和Twitter这样的社交网络平台已经成为人们在日常交流中的一部分，越来越多的人依靠社交平台来保持联系。研究调查了社交媒体使用量增加的原因。例如，"害怕错过"导致了很多Facebook的参与。此外，社会补偿假说被认为是自尊较低的人使用增加的一种解释。另外，McCord、Rodebaugh和Levinson发现，社交焦虑程度高的人群使用社交网站的频率比社交焦虑程度低的人群更高。

用户在社交网络上也发展了很多联系人。这些社交网络平台在建立和维护社会关系方面发挥了重要作用。人们在社交平台上维护已有的社交关系以及发展新的联系人。比如，美国 Facebook 的用户预计会在 2019 年达到 1.72 亿人，每位用户在线上拥有的好友数量的中位数是 200 位。在中国，微信是最受欢迎的移动社交平台。根据 2018 年的微信数据报道，微信日均用户达到了 10.1 亿人，人均拥有通信录联系人数量比三年前多了 110%。随着人们在社交平台上联系人数量的增加，朋友圈也变得越加多样化，包括朋友、同学、同事和普通网友。

社交平台中的普遍现象：自我呈现

自我呈现这个概念最早来自 Goffman，他认为人们像演员一样通过语言与肢体来向他人传递出最可靠的自我形象。作为人际交往中的普遍现象，自我呈现是一个自觉的印象控制过程，也就是人们为了建立、改变或维持其在他人心目中的形象的努力。社交平台上自我呈现的现象非常普遍，有很多关于社交媒体上自我呈现现象的研究。人们倾向于在社交平台上用一种积极的方式来表现自己，美化自己形象以获得来自其他用户的积极反馈，因此他们会花很多时间来编辑自己发的状态，精心挑选照片，表现出理想自我以给别人留下很好的印象。人们频繁地交流着生活的积极面（而非消极面），如旅游与休闲、社会交往、快乐的心情、工作上的成就、个人能力等。

在现实生活中，人们总是将自己与周围他人进行比较，以此获得对自己能力、生活状态等的评价。Festinger 把这种将自我状态（包括能力、观点、身体健康状况等）与他人状态进行对比以获得明确自我评价的过程称为社会比较；这种比较可以是向上比较（当比较对象是个体认为出色的），也可以是向下比较（当比较对象是个体认为差劲的）。而且，这种倾向是非常强烈的，人们总是不断地将自己与某些突出的人进行比较。当个体进行了这种比较，他们的感知评价就会影响到个体的自尊，从而引发一些情感反应。人们在社交平台上分享个人信息与生活状态，而且多为经过精心选择的积极信息，使得社交平台已经成为社会比较的重要场所。研究同时表明，社交平台中，个体会更多地进行社会比较，且显著诱发向上比较。尽管向上比较有时能激励个体进步以达到比较对象的水平，但是更多时候会使个体产生消极的情绪，并导致个体自我评价的降低。个体总是关注他人的理想形象而不是自身的积极表现，在这样的比较下会产生一定程度的沮丧、自尊降低、糟糕的自我感知以及对自身感觉不满。

对于社交平台中积极信息的发布者来说，自我呈现可以增加社会资本，提高自身的自尊，显著预测个体的生活满意度。但是对于浏览者来说，他人习惯性优化自己的举措会使其产生"大家都过得比我开心、生活得比我好"的想法，从而带来消极负面的结果（如孤立、社会焦虑、抑郁等）。这是因为当人们在社交平台的使用中倾向于用十分讨喜的方式描绘自己，浏览到这类消息的用户会很容易对他们的生活状态产生肯定。人们倾向于认为他人的行为与言辞反映了他们的个人性格和特质，而不是受环境因素影响所导致。这种符合偏差（correspondence bias）是个体对他人进行评价时存在的一种归因误差，即使是在环境因素很显著且足以解释这一行为时也会发生。而且人们看到自己不太熟悉的人的行为时，会更倾向于把这一行为归因于其表面信息。在朋友圈里，当个体因为别人在社交平台上的状态是完全积极的，或者说个体只看到了积极的一面时，在符合偏差的作用下，个体就倾向于认为对方就是那么积极，就是那么完全地、全面地幸福。相比在现实中个体较容易看到一件事更多面的信息（积极的结果也许伴随艰辛的过程），个体更容易认为网络中的朋友生活幸福。因此，社交网站的使用会对个体的主观幸福感产生消极影响。姚琦等人的研究也表明，对Facebook 的使用能够使个体幸福感降低。人们使用 Facebook 越多，之后的感受越糟糕，生活幸福感也会在一段时间后下降。

移动社交环境带来的新变化

社交平台使得个体的自我呈现与社会比较现象都越加明显。移动社交化环境下，我们需要更加细致地关注消费者状态的变化与发展。

首先，多重媒介式的生活导致注意力消散。曾经我们只有电视、广播和纸媒，但现在我们不仅拥有这些，还有手提电脑、平板电脑、智能手机这些种类丰富的媒体终端，它们是如此的小巧、便捷，使得我们使用媒体的方式可以不再是非此即彼，我们常常玩微博、听电视，觉得电视不错，就抬头看一会儿再接着玩。但人类有限的认知毕竟不支持人们同时干多件事情，媒体的泛在化极大分化人们的注意力，加上广告主为吸引人们的注意力不断增加预算，加大消费信息的传输力度，过剩的媒体形式和媒体内容最终将人们的注意力消散掉了。

其次，媒体的存在大大提高了消费者的主动性。如今互联网也好，移动终端也好，都不再是一个独立的中介，而是一种习以为常的生活方式，一个"善解人意"的平台。在桌面互联网上我们能想到的所有应用，几乎都在移动互联网上得到实现。我们越来越习惯用手机查价格，搜寻优惠信息，越来越习惯在上班路上、在厕所里、在被窝里、在各种碎片时间通过手机浏览信息，购物下单。我们可以看到，移动购物的消费行为已经开始强势颠覆实体购物的模式。因媒体的无处不在、无微不至，人们几乎察觉不到它的存在，移动互联网终端设计的人性化使人们主动使用媒体的意识和能力得到了前所未有的深化。

注意力的消散与消费者主动性的增强，使得移动社交化环境下的消费者行为学理论模型也与传统互联网时代的消费者行为模型产生了变化。传统互联网时代的消费者行为模型由国际4A广告公司日本电通广告集团在2005年提出，即"AISAS"法则：Attention（注意）、Interest（兴趣）、Search（搜集）、Action（行动）和Share（分享）。北京大学刘德寰教授认为新媒体环境带来的新消费趋势使营销方式正在从电通的AISAS法则向具有去媒体性质的ISMAS，即Interest（兴趣）、Search（搜集）、Mouth（口碑）、Action（行动）和Share（分享）。也就是说，以媒体为中心的营销模式被转化成以消费者为中心。人的意义不再是媒体背后的数字指标，丰富、多元的个体价值得到恢复。所以，我们谈移动营销的时候，一定要转变媒体为王的思路，不能忘了对生活最基本的关照，不能忘了跟人们最基本的生活形态变化密切相关。相对于原来大的网站在做营销的弹出式广告、软文，伴随生活做营销的方式往往更有效。同时，吸引注意为首要任务变成以消费者兴趣为出发点。在去媒体的环境中，消费者的行为模式不再是先被吸引注意力，然后再去做其他的事情，对于移动互联网下习惯了主动使用媒体的消费者，兴趣成了一切的核心。所以，营销一定要根据价值体系和兴趣的变化去转变营销思路，为消费者提供他们感兴趣的、有用的信息。

移动社交化环境消费者心理动机

移动社交环境下，营销模式要以消费者为中心，追踪消费者的兴趣，这就需要探究当下环境中消费者的真实心理需求。例如智能手机行业，一些消费者不考虑价格只追求身份象征选择苹果手机是；一些消费者追求体面但由于苹果手机价格昂贵而选择华为；一些消费者消费能力不足而选择高性价比且颇具科技感的小米；还有一些消费者追求个性去选择一加手机……失败的企业不一定是产品做得最差，但一定是没能更好地满足某一类细分消费者的心理需求，例如三星昂贵但又无法像苹果一样体现身份，锤子个性化但性能不稳定影响使用体验，金立渠道下沉但品牌始终不够时尚。除了不同消费者的多样化需求，每一消费者的需求也非常多变。消费者也许这一刻喜欢产品A，但下一刻就喜欢产品B了。消费者面临的选择太多了，所以他们的决策随时可能产生变化。但我们可以抽丝剥茧，了解消费者最本质的心理动机，以做出精准的决策。

所谓动机，是指推动人进行活动的内部原动力（内在的驱动力），即激励人行动的原因。人只要处于清醒的状态之中，无论从事任何的活动，都是由一定的动机所引导的。网络消费者的购买动机是指在网络购买活动中，能使网络消费者产生购买行为的某些内在的驱动力。

需求动机

消费者的需求动机是指消费者生理和心理上的匮乏状态，即感到缺少什么，从而想获得它们引起的购买动机。电子商务环境给消费者提供了三种基本的需要：兴趣、聚集和交流。首先，网民对网络活动抱有极大的兴趣，这种探索秘密的好奇心理驱使自己沿着网络提供的线索不断地向下查询，希望找到自己预想的结果。其次，虚拟社会提供了人们聚集的机会。这种聚集不受时间和空间的限制，并形成富有意义的个人关系。最后，聚集起来的网民自然产生一种交流的需求，随着交流的增加，带动对某些产品和服务有相同兴趣的成员聚集在一起，形成商品信息交易市场，这样更多的人也就产生了这种网络消费需求。

扮演角色的动机

网上购物可以满足消费者个人角色扮演的动机，消费者可借此扮演社会上所认可或接受的某一角色定位，如一位母亲、家庭主妇、顾家的丈夫等，这些消费者扮演着自己喜欢的特定的角色在网上购物，心理上能够得到极大的满足，从而增加了购物的兴趣。

隐匿的动机

对于那些购物经验很少的消费者，不想或不习惯上街购买，对传统商店购物形式有着强烈的排斥，不愿意直面售货员厌恶售货员过分热情而造成的压力，对购买的东西不想让人知道或想拥有别人没有的东西等的消费者。网上购物的隐秘性和产品独特性，恰可满足这些要求。消费者利用家中计算机上网便足不出户到世界各地采购。

求乐的动机

网上商店通常装饰得色彩亮丽，由此带来的视觉娱乐和感官刺激可在一定程度上使消费者心中原先的厌烦情绪和无聊感得以转移或释放。琳琅满目的商品使消费者暂时忘却心中的烦忧与困惑，沮丧感得到了缓和。再者，上网漫游使得网络使用者有一种原始的放纵感，故有人认为上网购物是一种原始角色的后现代表现。消费者网上购物既买到了需要的商品，又带来了精神上的放松。随着微电子技术、软件技术和网络多媒体环境的发展，网上购物可以有身临其境的感觉，给人们购物带来更多的乐趣和享受。

好奇型动机

好奇型动机是指寻找事物发生的原因的一种消费动机。这种动机既是生活中的重要动机形式，也是消费者动机中的重要组成部分。好奇是每个人都具有的一种心理。促使消费者产生好奇之心并且激发其购买欲望的商品，都是些外观新奇、功能奇特或给消费者意想不到的发现的商品。网络的诞生改变了人们的生活，网络构造了一个全球化的虚拟大市场。在这个市场中，最先进的产品和最时尚的商品会以最快的速度与消费者见面。以年轻人为主体的网络消费者通过网络获得这些商品信息，这些信息很容易激发消费者的好奇心，而许多网络消费者为了追求时尚与形象、展现个性与发展自我，必然很快接受这些新商品。

求廉的动机

追求廉价是消费者追求商品低价格的一种消费动机。网上购物之所以具有生命力,重要的原因之一是网上销售的商品价格普遍低廉。由于通过网络销售产品,可以减少经销商、代理商等中间环节,采用订单生产、减少库存,从而降低了成本,加之网上折扣店和拍卖店的出现,网上的同类商品相对而言要比传统商店中的商品便宜,许多网络消费者就是冲这一点采取网络购物的。这种低价策略吸引了许多人喜欢买便宜商品的人上网寻找自己想要的商品。

方便型动机

方便型动机是为了减少体力与心理上的支出而出现的消费原因。传统购物要经历从家到店铺的路程,在商店走动和停下来选择商品、付款结算、包装商品、取货送货等一系列的过程。消费者为购买商品必须付出时间和精力,同时,拥挤的交通和日益扩大的店面更延长了消费者为购物所消耗的时间,为此必须付出更多的精力。而网上商店每年365天、每天24小时营业,网上支付或者货到付款的支付方式,送货上门等服务的特色带给消费者许多的便利。对于追求购物的方便、购物时间及精力节省的消费者,网上购物是非常好的选择。

表现型动机

表现型动机是指消费者购买商品来达到宣扬自我、夸耀自我的一种消费动机。这种消费动机因个性不同而出现较大的差异性,有些消费者的表现型动机十分微弱,有些消费者的表现型动机比较强烈。目前网络用户多以年轻、高学历用户为主,这些青年人处于少年向中年的过渡时期,少年人的未成熟心理与中年人的成熟心理共存。体现自我意识是青年人在消费中的心理需求,因此,他们更喜欢能够体现个性的商品,往往把所购商品与个人性格、理想、身份、职业、兴趣等联系在一起。青年人喜欢追求标新立异强调个性色彩,而不愿落入"大众化","与众不同"的消费心理较"追求流行"更为强烈。网络上提供的产品包括很多新颖的产品,即新产品或者是时尚类产品,并且这些产品一般来说是在本地传统市场中暂时无法买到或不容易买到的产品,因此,网络购物能比较容易地实现他们的这一要求,即可以实现他们展示自己的个性和与众不同品位的需要。

心理平衡型动机

心理平衡型动机是指由于消费者本人存在某些方面的不足,要通过消费商品来弥补个人的不足以取得心理平衡的消费动机。比如,环境信赖型消费者在周围的人们都购买了某种商品时,也会购买同样的商品以达到与周围环境的心理平衡。

对于许多网络消费者来说,由于具有追求流行、时尚的特点,看见周围的人通过网络购买商品后发现自己似乎落伍了,从而进行模仿,也通过网络选择自己需要的商品,以此来融入这个信息化的社会。有些消费者为了改变自己形象而通过网络购买商品,有些消费者因为自信心不足也通过网络购物来增强自信心,这些消费都源于消费者心理平衡的动机。这一动机与表现型动机都与社交平台中常见的自我呈现现象密切相关。

7.2 网络推荐与消费决策

面对海量的网络数据,信息带给用户的不是优越感,而是一种信息使用的迷茫。虽然门户网站、搜索引擎和专业的数据库系统能够按照一定规则为用户提供信息分类和检索的功能,本质上能够帮助用户实现信息过滤,但是仍然无法很好地解决信息过载的问题。面对海量异构信息过载问题,网络推荐系统可以为用户有效地过滤冗余信息,提高服务质量、减少成本投入和噪声影响,极大提高了用户的参与程度。网络推荐作为营销沟通的一种新元素,已成为一种重要的产品信息交流渠道,在消费者购买决策中扮演着越来越重要的角色,成为一种信息过滤的重要手段,是解决网络信息有效利用的一种有潜力的方法,同时也是解决信息超载的重要手段之一。

本节主要探索网络推荐如何影响消费者购买决策,探索网络推荐影响消费者购买决策的作用机理,并分析各因素的影响程度。

网络推荐

网络推荐的发展状况

中国网络购物发展迅猛,根据艾瑞咨询的数据,2017年中国网络购物市场交易规模预计达 6.1 万亿元，较 2016 年增长 29.6%。网商为消费者提供了种类繁多的选择，在网上几乎可以买到消费者想要的任何商品，如全球最大的综合网购商城——亚马逊为消费者提供了超过一千万种的商品。在如此庞大的选择集中，消费者要找到自己合意的商品犹如大海捞针，面对琳琅满目、良莠不齐的商品与相关信息，消费者时间、精力有限，面临信息超载难题，网络推荐系统由此应运而生。

网络推荐系统是一种为消费者推荐所需商品的信息工具与技术，既能帮助消费者更加便捷地找到合意商品，也能帮助网商提高销售额，于是在各类购物网站得到了广泛应用，并为网商带来了丰厚的回报。根据 199it 数据，亚马逊因网络推荐系统每秒卖出的商品达 73 件，超过 60% 的推荐转化成了消费者的购买行为；根据知乎数据，网络推荐系统对亚马逊销售额的贡献率超过 30%；根据比特网统计，网络推荐系统对当当网销售额的贡献超过 1 亿元。正如安德森（Anderson）所预言的那样："我们正离开信息时代，而迈入推荐时代。"

互联网推荐系统的初端可以追溯到信息检索、预测理论等诸多学科中的一些延伸研究。推荐系统作为一个独立的研究方向一般被认为始于 1994 年明尼苏达大学 GroupLens 研究组的 GroupLens 系统，该系统提出推荐系统的算法和模型，该工作不仅首次提出了协同过滤的思想，并且为推荐问题建立了一个形式化的模型，为随后几十年推荐系统的发展带来了巨大影响。该研究组后来创建了 MovieLens 推荐网站，一个推荐引擎的学术研究平台，其包含的数据集是迄今为止推荐领域引用量最大的数据集。

"推荐系统"这个概念是 1995 年在美国人工智能协会（AAAI）上提出的。1996 年，Yahoo 网站推出了个性化入口 MyYahoo，可以看作第一个正式商用的推荐系统。21 世纪以来，推荐系统的研究与应用随着电子商务的快速发展而异军突起，各大电子商务网站都部署了推荐系统，其中 Amazon 网站的推荐系统比较著名。有报道称，Amazon 网站中 35% 的营业额来自自身的推荐系统。2006 年，美国的 DVD 租赁公司 Netflix 在网上公开设立了一个推荐算法竞赛——Netflix Prize。Netflix 公开了真实网站中的一部分数据，其中包含用户对电影的评分。Netflix 竞赛有效地推动了学术界和产业界对推荐算法的研究，并在此期间很多有效的算法被提出。近年来，随着社会化网络的发展，推荐系统在工业界广泛应用并且取得了显著进步。比较著名的推荐系统应用有：Amazon 和淘宝网的电子商务推荐系统、Netflix 和 MovieLens 的电影推荐系统、Youtube 的视频推荐系统、豆瓣和 Last.fm 的音乐推荐系统、Google 的新闻推荐系统，以及 Facebook 和 Twitter 的好友推荐系统。

网络推荐的界定

关于网络推荐的定义，学者们有着不同的界定。Paul & Halr（1997）认为推荐服务指的是网站基于消费者的行为数据和偏好，以及其他相似消费者的选择，结合经营者自身的知识为消费者提供的有关商品配置和选择的建议服务；Ansari, Essegaier & Kohli（2000）认为是一种基于网络的软件，在使用者个人的兴趣、偏好、以往购物行为等基础上，做出针对性推荐；Wang & Benbasat（2007）认为是一种具备代理性质的软件，通过分析使用者的行为和偏好信息，形成推荐建议；BoXiao（2007）指出网络推荐是一种获取使用个人的兴趣偏好信息，加以综合处理，并据此做出推荐建议的软件。尽管不同学者对于网络推荐的表述不一，但所有对定义的表述在实质内容上基本一致，都认为网络推荐系统应当包括以下三方面的内容：①本身是一种软件；②需要获得使用者个人的兴趣、偏好等相关信息；③进行处理做出推荐建议。

网络推荐系统是一种信息过滤技术，它能够根据当前消费者浏览、购买、评价等信息输入，结合商品属性信息，利用系统数据库中相似消费者的历史数据，通过系统算法对其选择进行过滤，为当前消费者提供推荐建议。网络推荐有狭义和广义两种定义。狭义的网络推荐是一种软件和一种网络中的虚拟顾问，通过收集、处理使用者信息和偏好等，为消费者提供各类推荐信息，引导迅速便捷的网上购物；畅销排行榜是其中一类特殊的推荐服务。与此同时，广义的推荐系统不仅是一种软件，还包括网站从专业、商业和用户等角度，向用户发起的各种人工推荐服务，如专家推荐、编辑推荐等。本节将探讨广义的网络推荐，即软件或网站从专业、商业、用户等角度出发向用户发起的各种人工推荐。

网络推荐的分类

网络推荐的不同类型具有不同特征，会对消费者决策产生不同的影响，根据不同的标准，网络推荐大致可以分为以下几个类别。

以自动化和持久性为标准的分类

不同的网络推荐类型具有不同的特征,对消费者决策行为的影响具有一定的差异。现有学者主要从客户的角度出发,按照技术的自动化程度(degree of automation)和持久性(degree of persistence)两个标准,对电子商务环境中的推荐系统以及主流的电商网站运作进行了详细的分类梳理,并将其采用网络推荐系统具体归纳为以下五种。

非个性化推荐

由于系统对单个消费者没有识别能力,因此系统的推荐不是基于每个消费者的特点,而是根据某单个因素进行的一种自动化推荐,可以分为被动推荐和主动推荐两种。被动推荐就是在用户参与下而产生的某种结果,例如,淘宝网的按照销量推荐以及价格从高到低等就是按照单因子推荐,用户点击按照销量推荐,就会看到销量从高到低商品列表。主动推荐中最常见的热销排行榜,就是基于销售量这一因素对商品在某段时间内排序。

基于产品属性的推荐

通过研究用户历史行为数据去捕捉用户购物的动态偏好,挖掘与每位用户购物习惯息息相关的商品特征属性集,根据产品的属性特征向用户提供推荐列表,是不同于传统电子商务网站按类别进行的基于产品属性的推荐。该推荐方式主要在于分别建立用户和物品的档案资料,从而计算用户和物品之间的相似度。物品的档案通常由它的各种属性资料构成,以服装领域为例,可以为价格、品牌、类别、颜色、风格、款式、尺寸等。用户的档案可以包括他们的人口统计学资料,也可以是从他们的历史交互过的物品档案中构建,例如,用户经常购买杰克琼斯的服装,说明他比较喜欢这个服装品牌。建立了用户和物品的档案之后,可以直接计算相似度,也可以把它们当作特征放入机器学习的模型。

相关性产品推荐

网站通过对顾客的既往消费记录进行分析,做出对消费者的偏好估计,根据客户感兴趣的产品推荐相关产品,即通过记录分析消费者的浏览、搜藏、评价记录得出其偏好模型，从而据此推荐相似的产品。这种推荐方式一方面能够给顾客提供从未想到的新产品，另一方面又能够符合顾客的习惯偏好，因而容易得到顾客的信任和忠诚度，例如，当当网在顾客的购物车推荐"你可能会对以下产品感兴趣"。

协同过滤推荐

协同推荐原理是人们认为和自己在某些方面有相同偏好的人可能会在其他方面也有相同或相似偏好。协同过滤推荐又称为相关用户推荐，是网站或软件根据客户的购买记录和其他购买过类似产品用户的购买记录，对某一具有相似消费记录的人群进行偏好分析，再将他们彼此购买过或者收藏过的产品进行相互推荐，因为人们通常对和自己有过共同购买经历的人群的偏好有较高的认可度，这种推荐系统通过相似的兴趣爱好识别一组人群，然后把其中某个人喜欢的商品推荐给和他拥有共同兴趣爱好的其他人。如亚马逊和当当网都会在顾客浏览某商品时提供一个列表"购买此产品的用户90%都会购买以下某某产品"。

基于消费者输入的推荐

这种推荐首先需要网站提供给消费者输入信息的入口，比如商品评价、评论，然后网站根据这些信息进行产品推荐。

以推荐方法为标准的分类

较多的学者对推荐系统的分类和推荐算法进行了研究并取得了丰硕的成果，根据推荐结果产生的过程所使用的方法，推荐系统一般分为三类。

基于内容的网络推荐

根据产品的相似性，并考虑顾客的消费偏好，向顾客推荐与其已有兴趣偏好相似的商品。这种推荐效果是简单有效的，既能满足顾客的消费需求又能契合顾客的消费习惯。但是过分的细化使顾客失去了发现新的感兴趣资源的机会，而且没法对新用户进行推荐。

基于协同过滤的网络推荐

首先找到顾客群中有着相似兴趣爱好的用户,根据这些"志趣相投"用户的购买历史以及对商品的评价,将其感兴趣的商品推荐给他们。例如,亚马逊网站中"购买过该物品的顾客还买过"这一标签就是这种推荐类型的典型代表。这种推荐技术能够产生新颖的推荐,而且能够过滤更加错综复杂的信息和概念,但是这种推荐技术过于依赖顾客的评价,所以当顾客对商品的评价非常少或者当某商品刚刚上市还没有顾客评价时,推荐则会产生不准确或不完整的问题,即新产品得不到推荐以及无法为新顾客推荐产品的问题同样存在。同时,该种推荐方法只考虑了用户的单一偏好和产品单一属性,与现实中用户多偏好、产品多属性相违背,影响了推荐的准确性。

混合型网络推荐

为了克服上述两种推荐技术的缺点,基于混合技术做出推荐的方法被各大网站广泛应用。这种推荐技术的最大特点就是将几种推荐技术相结合。事实证明,同时使用内容过滤和协同过滤技术做出推荐,是商家最明智的选择。混合推荐能够去其糟粕取其精华,将两种推荐技术的优点结合并使两种推荐技术各自的缺点达到了最小化。混合的方法有以下七种:加权、变换、混合、特征组合、层叠、特征扩充,以及元级别。

移动社交环境下的消费决策

广义的消费者购买决策是指消费者为了满足某种需求,在一定的购买动机的支配下,在可供选择的两个或者两个以上的购买方案中,经过分析、评价、选择并且实施最佳的购买方案,以及购后评价的活动过程。它是一个系统的决策活动过程,包括需求的确定、购买动机的形成、购买方案的抉择和实施、购后评价等环节。狭义的消费者购买决策行为是指个体、群体及组织如何挑选、购买、使用和处理产品、服务、构思或者体验以满足他们需求和欲望的过程,如图7-1所示。

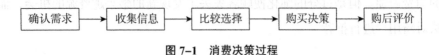

图7-1 消费决策过程

消费者购买行为的传统决策模型认为,商品信息是影响消费者行为的重要因素。人们想要获得需要的商品,首先要了解商品信息,商品信息对消费者行为有驾驭和引导作用,是消费者进行决策的主要依据。传统实体店购买情境下的消费者购买决策模型,遵从心理学提出的人类行为一般模式的S-O-R理论,即"刺激—个体生理、心理—反应"模式。刺激激起消费者的购买欲望,这种刺激不仅来源于消费者自身的内部因素,如心理因素、生理因素,也来源于外部环境因素。消费者在内外部因素的共同作用下,产生购买欲望,购买欲望驱动消费者做出购买决策,产生实际的购买行为。接下来,还会对商品、购买途径及商家进行评价,这就是传统情境下一次完整的购买决策过程。

传统的消费者决策模型

Nicosia 消费者决策模型

Nicosia 消费者决策模型主要是根据消费者购买过程划分成四个阶段:第一,从信息源到消费者态度。企业通过各种媒介,将产品相关信息传递给消费者,消费者内化后,形成购买态度;第二,消费者调查和评价相关信息,产生购买动机和意愿;第三,消费者将动机转变为实际的购买行动;第四,消费者进行购后反馈,并根据满意程度,决定是否重复购买,同时企业也通过消费信息的反馈,调整营销策略,如图 7–2 所示。

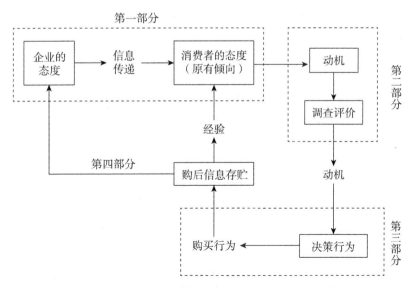

图 7–2 Nicosia 消费者决策模型

EKB 模式

EKB 模式是由恩格尔、科拉特和莱克布威尔三个人提出来的，主要由中枢控制系统（消费者的心理活动过程）、信息加工、做出购买决策过程以及环境因素构成，如图 7-3 所示。外界信息在各种因素的作用下，进入消费者的中枢控制系统，大脑通过对进行过滤加工，形成了对信息进行处理的程序，并在各种因素的共同影响下进行选择评估，而后产生决策方案，最终转变为实际的购买行为，消费者再将对购买商品的体验通过反馈的形式进入之后的购买活动中，影响消费者未来的购买行为。

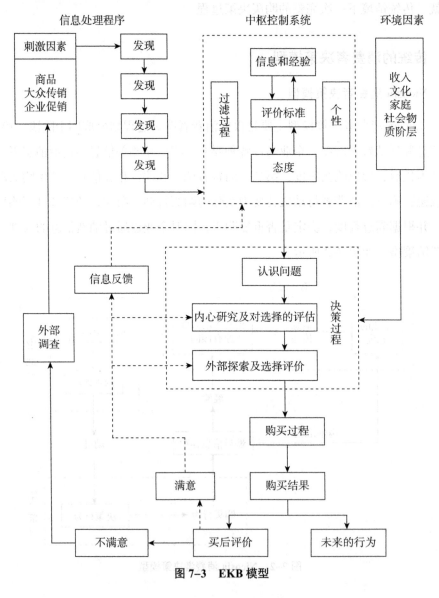

图 7-3　EKB 模型

Howard-Sheth 消费决策模型

Howard-Sheth 消费决策模型的核心是解释消费者是否会重复购买某一商品的行为,并将满意度应用于该理论上。主要从四个因素来研究:一是刺激或投入因素,来自商品因素包括质量、价格、广告媒体对商品特征的传递,以及社会方面等因素;二是外在因素,主要包括消费者生活的文化环境、消费者个性、时间宽裕程度和财务状况等因素;三是内在因素,主要描述消费者通过外在因素的刺激而产生的反应,主要为认知结构和学习结构(如选择标准和品牌认知);四是反应或产出因素,消费者通过对商品各个方面的对比评估,对商品形成接受态度,进而形成购买决策。消费者决策过程事实上是一个认知的过程,该模式也称为认知模式,认为对产品的认知最终会影响决策,如图 7-4 所示。

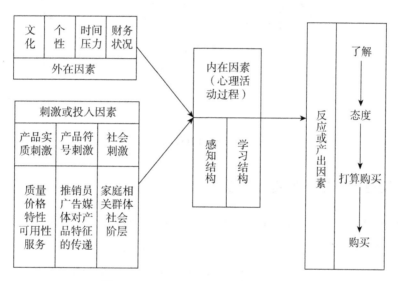

图 7-4 Howard-Sheth 消费决策模型

EBM 模式

EBM 模式是在 EKB 模式的基础上发展而来的,它分为七个决策阶段:问题识别、信息收集、方案评估、购买选择、使用、用后评价、处置。该模式认为当消费者的实际状态与消费者所预期的状态不太一致时,消费者就会产生对需求的认知,当消费者察觉到自己的需求时,便会去搜寻相关的信息来满足自己的需求,并通过大脑中已经储存的信息,以及从外部获取的信息来确定一个准则对可能选择的选项进行评价和对比,进而产生自己比较偏好的备选集,最终从这些选项中确认自己要购买的商品，之后形成购后评价：如果满意，就可能在需要的时候重复购买，否则就会导致心理失调。这是一个典型的解决问题模型，即把购买决策当作是需求认知、信息搜寻、方案评估、购买决策和购后评估的问题解决过程，如图 7-5 所示。

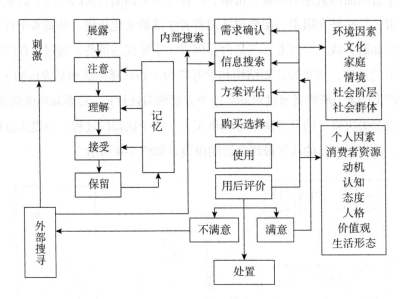

图 7-5　EBM 模式

移动社交环境下消费决策模型

消费者网络在线购物相比于传统购物而言，产品更丰富、购物更方便、交易更快捷、价格更便宜，更重要的是，消费者面对的是一个虚拟的、交互式网络购物环境。在这样的环境下，购买的不确定性增强，消费者面临的购物风险、安全、信任等问题与传统购物决策过程都有着较大的差别。因此，许多学者在传统购物决策模型基础上，不断地研究和优化网络在线购买决策模型。相比传统消费模型而言，网络在线购买更注重网络的数字化交易环境和信息搜寻、互动。在传统的决策模型的基础上，结合网络消费的特点，有学者专门研究提出了网络环境下消费者决策模型。

网络购物三阶段模型

Kalakota & Whinston 依据网络购物流程将消费者网络购物过程中的行为表现

划分为购前评估、购买行为与购后互动行为三个阶段,提出了消费者网络购物行为模式。其中,消费者购前评估阶段主要包括在网络上搜寻所需产品的相关信息、对不同商家提供的同类产品进行性价比分析以及通过在线互动方式与网络零售商进行沟通。消费者网上购买行为阶段主要包括消费者根据第一阶段的查询与评估、分析选择所需订购的商品或服务、选择商家提供的付款方式、完成网上订购的手续以及等待商品的配送。消费者购后行为主要是对本次网络购物满意程度的反馈,以及根据需要选择网络零售商提供的售后服务。此模型详细描述了消费者产生网络购物需求后的购买行为过程。

网络购物的两阶段模型

网络购物两阶段模型认为网上消费需要经历两个阶段:一是结合需求,在网上大量浏览产品,形成一个备选名单;二是消费者搜寻名单中产品的各种信息,多角度评价并侧重一些关键方面反复比较,最终购买决策。在这个过程中,网络购物平台发挥着重要作用:在第一阶段,消费者通过推荐服务和搜索等手段和方法,收集产品信息,形成产品清单,从而使能在海量产品中找到部分符合要求的有效产品;在第二阶段,消费者进一步对比清单中产品的具体信息,如在线评论、产品介绍等,做出购买决策。

AISAS 模型

AISAS 模型是在 AIDMA 模型的基础上发展起来的,是为了适合当前网络营销环境下消费者购买行为方式的改变而提出来的。该模型认为互联网时代的消费者行为经历了 5 个环节,引起注意(Attention)、激发兴趣(Interest)、信息搜索(Search)、产生行动(Action)、信息分享(Share)。首先,当某件商品引起了消费者的关注,消费者表现出对这一商品的兴趣以及购买欲望,然后消费者就会到网上检索相关信息以便决定是否购买,当购买成功后消费者将使用商品后的感受以及经验发布到网上。A+I 属于消费者的心理变化过程,而 SAS 则是行为互动的过程。A+I 部分的内容将会影响到 SAS 的每一个行为,而最后 S(Share 分享)行为所产生的内容又将进行多次加工与传播,成为 A+I 的内容,产生口碑,形成整个消费者行为的闭合循环,如图 7-6 所示。

图 7-6 AISAS 模型

网络推荐对消费者决策的影响因素

网络推荐系统能主动了解消费者偏好，结合商品属性信息有针对性地为每位消费者提供个性化推荐，能够节省消费者信息搜索成本，帮助消费者更加便捷地找到合意商品、发现新奇商品，从而提高消费者决策质量，那么到底网络推荐系统的哪些因素会影响消费者决策呢？主要包括两个方面：网络推荐系统本身的特性以及网络推荐系统给出的推荐信息特性。

推荐系统特性

推荐系统特性是指网络推荐系统本身的特性影响其对消费者决策的效果，网络推荐系统主要具有以下三个方面的特性。

（1）界面设计。界面设计清晰、简洁的网络推荐系统的易用性高，消费者更容易在系统中找有用信息，使消费者感到更满意。一些推荐系统在展示推荐商品列表时，会按照特定商品属性及其重要性对荐商品进行排序或直接提供热销榜，在推荐界面中设计排序功能可提高消费者的操控感、信任度、满意度。

（2）附加功能。一些网络推荐系统除展示推荐商品外，还提供一些附加功能，如进行推荐原因解释、与消费者互动、展示推荐商品详细信息等。

推荐原因解释：一些网络推荐系统会对推荐原因加以解释，如"我们提供这个推荐是因为您已购买……"（亚马逊）。推荐原因解释能够提高推荐的透明度，提高消费者对网络推荐系统的信任度与满意度，进而提高其推荐采纳意向。

与消费者互动：当消费者对推荐结果不满意时，一些网络推荐系统允许消费者随时修改其偏好，并根据消费者修改动态调整推荐结果，实现实时的偏好反馈。消费者对具备类似互动功能的网络推荐系统评价更高。一些网络推荐系统可为消费者提供控制自己偏好设置与个人信息等的权限。增加互动控制权会提高消费者对网络推荐系统的信任度、满意度、感知有用性。

展示推荐商品详细信息：一些网络推荐系统在展示推荐商品时，会展示其详细信息，如用户评分、评论数量、预测偏好分值等，展示推荐商品的详细信息能够提高消费者对推荐产品的感官认知和信息吸收，并且能够提高对网络推荐系统的信任度、感知有用性和满意度。

（3）推荐系统类型。由于每一种推荐系统都完全不同，导致对顾客决策的影响有差异。当前网商应用最广、消费者接触最频繁的推荐系统为：协同过滤与基于内容的推荐系统。协同过滤推荐系统首先找出相似的消费者，然后根据这些消费者的偏好信息，为当前消费者提出推荐建议。基于内容的推荐系统根据商品间属性的相似性，为当前消费者推荐与他们的历史偏好相似的商品。推荐系统类型可能会与产品类型、消费者心理特征等产生交互作用，从而共同影响推荐系统对消费者的营销效果。

推荐信息特性

消费者直接接触到的推荐服务是一条条的推荐信息，因此推荐信息的特性会影响消费者决策。推荐信息主要具有以下三个方面的特性。

（1）推荐数量。为刺激消费者进行更多购买以提高销售额，网商总是想方设法向消费者推荐尽可能多的商品。当推荐列表中有多件推荐商品时，单件商品推荐的高准确性不一定能够提高消费者的整体满意度，还要考虑所推荐产品与品牌的数量能否满足消费者的需求。总是向消费者重复推荐某类产品或某些品牌可能使其感到厌倦，同时，推荐数量并非越多越好，因为推荐商品过多会增加消费者的信息搜索成本与认知努力，降低其决策质量，导致其对网络推荐系统的评价降低。因此，适中的推荐数量可能对消费者的营销效果更好。

（2）推荐信息质量。推荐信息质量主要包括准确性、新颖性两个方面。准确性指网络推荐系统所推荐的产品和品牌是否与消费者的偏好相匹配。准确性影响感知信息质量，消费者更喜欢，也更信任准确性高的推荐信息。新颖性指网络推荐系统能够为消费者推荐其之前未曾听说过的商品。向消费者推荐热门商品，能够降低消费者的购买风险，但也有可能让消费者感到厌倦，因为消费者要么已经购买过热门商品，要么已经熟知热门商品，所以推荐信息的新颖性就显得更加重要了。当消费者对已经熟知的推荐感到厌倦时，新颖的推荐信息能够改善消费者再购买的态度，提高其再购买的意向。

（3）推荐产品类型。对于用户而言，推荐产品类型也是至关重要的，产品的新老程度和熟悉程度将影响推荐效果。当推荐建议和消费者已有的产品印象不一致甚至冲突时，会导致消费者忽略甚至抵制推荐。同时，在推荐消费者不熟悉的产品时，消费者往往会有抗拒心理，降低对推荐系统的满意度和信任。但在推荐熟悉产品的同时适当推荐不熟悉产品，则可以增加关注，提升消费者对不熟悉产品的购买。

网络推荐系统对消费者决策的影响不仅仅会受到网络推荐系统特点的影响，还会受到推荐交互特征、提供者信用、用户特征和产品特征等维度的影响。

网络推荐对消费者决策行为的影响

网络推荐系统对消费者决策过程的影响

每个消费者对于所需要购买商品的相关知识的了解是非常有限的，一般情况下，消费者在做出购买商品的决策之前对商品并没有一个比较全面的了解。消费者在购买决策过程中，首先要搜索查找大量的商品去了解商品的详细信息，并挑选出消费者最有意愿购买的一些商品，接着消费者会比较它们的关键属性，最终做出购买决策。网络推荐系统主要影响消费者决策过程中的需求确认、信息搜索和比较选择过程。

激发消费者兴趣

网络推荐系统根据使用者个人的兴趣、偏好等相关信息为消费者推荐相关产品，与广告相似，一方面，网络推荐信息起到了告知和劝说的作用，能够使消费者了解新的产品或产品受大众的喜爱程度，进而有效地激起消费者对推荐产品的兴趣；另一方面，网络推荐信息能够刺激消费者，直接或间接地影响消费者的需求确认活动，进而激发消费者的购买欲望。当消费者对某商品缺乏了解时，网络推荐能够帮助消费者了解产品，具有告知的作用，并且会成为消费者感知购买行为不确定性和风险的依据；产品的网络推荐次数越多，说明他人对该商品的关注程度越高、该商品越流行，更容易具有劝说效应，激发消费者对推荐产品的兴趣。

减少消费者的决策努力

网络推荐系统可以减少消费者在决策中所付出的努力。一般情况下，消费者的决策努力主要由决策所耗时间和产品搜索程度来衡量。网络推荐系统承担了沉闷和烦琐的基于消费者偏好的产品选集的筛选和整理，能够快速推荐出最符合消费者偏好的产品，进而减少消费者进行购买决策的总体时间。网络推荐根据消费者的搜索、浏览或购买记录，预测消费者的偏好，据此从海量的商品信息中为消费者推荐一个商品子集，由此减少消费者决策时的商品信息超负荷问题。同时，推荐系统对产品的排序以消费者的喜好程度为依据，能够减小搜寻产品的范围，这就大大地降低了消费者所需要考虑的产品选择的集合，减少了消费者需要寻找的信息量和评估信息的工作量。通过减少决策时间和缩小搜索范围，推荐系统能有效地影响消费者决策努力（缩小了产品考虑集合，较少了决策所耗时间）。

影响消费者对商品的偏好

网络推荐系统还能影响消费者对商品的偏好。消费者选购商品过程中偏好和需求是不稳定的，推荐系统能够帮助消费者了解和确认自己的需求，甚至可能改变消费偏好。在消费者没有形成固定偏好的时候，可能在购买商品的时候才形成对商品的偏好，所以常常受到推荐信息的影响，会比较关注销量最高或者评价更好的商品。例如，在一个由多因素决定的有诸多选项可供选择的领域中，消费者通常不会具备预先确定的选择偏好策略，因为他们不确定什么因素对于其个人而言相对重要，应当采用什么样的整合策略来综合评估这些考虑因素，甚至是如何在相互抵触的因素之间做出取舍等。所以恰恰相反，他们倾向于在外部环境促使他们做出选择时来形成他们的偏好。

影响消费者对商品的选择

网络推荐信息有助于顾客在最短时间内找到喜欢的产品，减少消费者选择比较的工作量。推荐系统能帮助消费者提高专业水平，从而更好地理解备选商品信息，通过详尽的商品信息，来帮助其尽快做出选择。对比那些没有使用推荐系统的消费者可以获取和搜索较少可选集产品的信息，从而导致更小的搜索组、深入搜索组以及考虑集。网络推荐系统能有效缩减备选范围，帮助消费者评估信息细节，帮助消费者有效克服认知能力的限制，降低消费者的认知成本，促进最初的可选方案的筛选，以及深入比较考虑集内的产品，进而帮助顾客最终选择。

网络推荐系统对消费者决策结果的影响

网络推荐系统不仅能够影响消费者的决策过程，还会对消费者的决策结果产生一定的影响，其对消费者决策结果的影响主要包括以下方面。

提升决策的质量

推荐系统的使用有助于改善使用者的购买决策质量。决策质量是指一个消费者购买决策的主观和客观质量。决策制定者通常会遇到一个两难的问题，即最大化准确率（决策质量）和最小化所付出的努力。但是，这两个目标经常是矛盾的，因为更高的准确率通常需要更多的努力。在使用网络推荐系统的情况下，这种情况有所好转。由于网络推荐系统承担了大量的信息处理负担（从大量的选项中筛选出符合要求的集合），消费者可以从中释放来评估可选方案，同时，消费者能够腾出更多的时间和精力来做出更好的选择，这将使他们做出更好的高质量决策。

增强决策的自信

网络推荐系统可以增加消费者对商品知识的了解和认识，了解商品的受欢迎程度和流行程度，让消费者更关注推荐商品，从而降低商品转换的几率。产品转换率是指消费者在做出购买决策后是否会后悔，若给其再次选择的机会，会选择其他产品的几率。网络推荐增加了消费者的产品知识，降低了商品的转换几率有助于增强消费者购买决策的信心。其次，网络推荐的使用有助于增加消费者购买决策的可选项，有助于增加消费者的选择控制感，增加了消费者购买决策的信心。

提高决策的满意度

网络推荐系统能处理信息、缩小和排序可选产品，减少了消费者搜寻查找时所进行的努力，同时减少了备选商品集的数目，提高了消费者的决策质量和决策信心，由于网络推荐有助于消费者的决策任务的完成，消费者的既定目标完成的越多，消费者就越满意，从而影响购买决策的满意程度。

影响最终购买选择

网络推荐能够影响消费者的功能偏好和商品评价,进而影响消费者对某类商品的态度,影响对该类商品的购买意愿与商品选择策略,从而有助于促进消费者的购买意愿。因此,网络推荐的使用会影响消费者对商品的认知,影响消费者对商品的评价,进而影响消费者的筛选策略,最终影响购买选择。

7.3 网络嵌入与用户分享

互联网出现之前,品牌厂商或者零售商需要通过不断地扩展门店来尽可能地接触目标消费人群,互联网的出现,打破了空间限制,使人们可以足不出户就能够买到各种各样的商品。这样的商业现象就意味着一种商业逻辑的更迭——由抢占"空间资源"转换为抢占"时间资源"。时间资源即用户的关注度,当用户大规模向移动互联网、社交网络迁移的时候,品牌商和零售商也要逐渐转移自己的阵地。传统的实体渠道逐渐失效,取而代之的是线上的关系网络,这种关系网络更多地体现微博、微信、论坛这样的可以互相影响的社会化网络。

Web 2.0 网络环境下,社会媒体的发展使得虚拟世界和现实世界越来越相交。我们的生活、工作、学习、娱乐等都会带来或多或少的变化,更多的人会成为社交媒体的用户并参与其中,社交媒体在很大程度上影响了人们的消费习惯和消费模式。其中,在线社群作为移动社交媒体时代的主要表现形式和载体,突破了传统的类型和模式,以多种社会化媒体的形式为广大用户提供了丰富便利的实时交流平台。小米手机通过小米社区和线上线下的活动,聚合了大量的手机发烧友群体,这些米粉通过这个社会化网络源源不断地给小米手机的产品迭代提供建议,同时又在不断地帮助小米做口碑传播,从而形成小米的粉丝社群。所谓社群,特指互联网社群,是一群被商业产品满足需求的消费者,以兴趣和相同价值观集结起来的固定群组。同时,Facebook 联合创始人、首席执行官马克·扎克伯格(Mark Zuckerberg)在 2017 年发布的最新版的 Facebook 使命宣言表示,Facebook 的使命从"赋予人分享的权力,让世界更开放更互联,"更改为"赋予人创建社群的权力,让世界融合在一起。"可见,在线社群越发的重要,让顾客之间的交流互动不再受时间和地点的限制,并影响着消费者的行为。

在线社群

在线社群的界定

德国社会学家 Ferdinand Tonnies（1881）最早提出"社群"这一概念，指任何基于情感、习惯等本质意志而形成自然协作关系的社会有机体。之后，学者将"社群"的概念融入品牌关系的研究中，将品牌社群定义为"建立在某一品牌崇拜者间的社会关系之上、非因地理连接的专门化社群"，突破了传统社群的地理区域限制，并进而提出"品牌社群三角关系"模型，强调以品牌为媒介的消费者之间的关系。Rheingold 最早将在线社群定义为一种社会聚集体，在一定的数量基础上，用户通过长期地在网络上沟通与交流，累积了感情基础，从而形成一个在线社群。多数学者在品牌社群定义的基础上对在线社群的概念进行了界定，他们普遍认为在线社群是指成员之间以互联网为主要沟通媒介所形成的结构化社会关系网络，是传统品牌社群在网络空间中的表现形式。综上所述，一个典型的在线社群具有以下特点：具备传统社群的三个特征，即同类意识、仪式和传统、道德责任；建立在某一品牌消费者之间社会关系上，突破地理区域的限制；成员之间以互联网为主要互动交流媒介。

本节中的在线社群是指那些有共同兴趣、目标或实践的人相互交流、分享信息和知识、参与社会交往的在线社交网络。在线社群涵盖了广泛的互联网领域，是由不同大小和密度群体、丰富的信息集与节点、开放的特殊利益团体构成，并进行知识分享和意识创造的复杂网络和紧密社区。在线社群作为一种新型信息交互和知识交流模式促进了网络社交平台的迅速发展，并以其功能强大的交互形式极大地改变了人们的交流方式。

在线社群的特征

虚拟社区中的社群与现实世界的社群有相同之处，不过虚拟社区中的社群没有物理空间的织形态，因此有独有的特点。具体来说，虚拟社区中的社群有如下特征。

虚拟性

虚拟性包括空间的虚拟性和身份的虚拟性。虚拟社区中的社群存在于虚拟的网络空间中,没有实际意义上的地理位置,因此不受空间约束。虚拟社区中的社群成员通常用虚拟匿名的 ID 参与交互,社群成员并不知道与自己交流、互动的人的真实身份。

共同的兴趣、需要或目标等

实体中的社群是由地缘、血缘、友情等促成的,而虚拟社区中的社群通常是由来自世界各地的有共同兴趣、需要或目标的网络用户自发形成的。共同的兴趣、需要和目标等是虚拟社区中社群形成的主要原因。

以社群成员为中心

主要体现两个方面:一是社群内容来自社群成员;二是社群具有开放、平等和自治的特点。社群成员产生了话题和内容,为虚拟社区不断做出贡献。任何网络用户都可以比较自由地参与或退出虚拟社群;社群交互不受相貌、金钱、权力、种族和宗教等因素的影响;社群成员可以真实、自如地表达自己的观点和看法;虚拟社区的建设和管理由社群成员自己完成。

社群关系的建立

虚拟社区下的社群也属于社会群体,社群成员在长期的交流和互动中会建立或强或弱的关系。通常而言,以社交为导向的社群(如 Facebook、QQ 群和朋友圈等)中社会联系相对较强;以内容为导向的社群中社会联系相对较弱。

在线社群形成的影响因素

信息价值

越来越多的消费者在产品购买前使用互联网收集信息,在线社群正成为消费者之间共享新产品和经验交流的重要渠道。Shang 等(2006)通过分析苹果在线品牌社群中用户的行为,发现"潜水者"进入论坛主要目的是获取新产品发布、产品性能、使用技巧等方面的信息,而这些信息大都由社群中的活跃用户主动上传的。用户获取信息的动机越强,用户就越可能在在线社群中搜索和利用信息,潜水者也会越活跃。最后,在线社群不是简单的信息传播器,更多是一个以消费者对品牌的情感利益为联系纽带的交流平台，因此可以将其作为一个整体在市场中发挥重要作用。

社会认同

社会认同是指个体自我察觉到他属于特定的社会群体，同时也意识到作为群体成员带给他的价值和情感意义。在社会交往过程中，人们总是希望通过努力来追求积极的社会认可，从而提升自尊。消费者的内在利他动机激励他们在所参加的在线社群中进行社会识别，在比较的过程中尽努力扩大社群内外的差距，使得社群内成员之间的同类意识增强，进而获得积极的自我评价和社会认同，最后带来的强大社会激励极大促进了消费者参与后续在线社群的行为。总之，消费者的社会认可度越高，参与社群的意图就越明显，也就更能够促进品牌社群的形成。

体验价值

体验价值是顾客从企业所提供的产品或服务中所体验到的源于内心感受的价值。企业必须努力构建起柔性化的体验网络，以便使消费者能够塑造出自己的独特体验。消费者在在线社群中的互动体验以及参与价值共创过程能够增强顾客忠诚度、满意度、情感交流以及信任和承诺，极大程度满足了消费者的社会需要价值。同时，用户会以单向消费、双向参与以及贡献等方式积极参与在线社群活动，进而产生新的经历，这种经历可能是形成品牌偏好或体验价值创造的基础。消费者通过参与在线社群中的互动体验及分享活动，能在某种程度上满足消费者的体验价值，从而形成持续的品牌忠诚。

文化差异

文化差异是指不同国家或种族文化对在线社群形成的影响。集体主义文化国家的社群成员表现出一种更为强大的同类意识、道德责任以及更加熟悉的共享仪式和传统，"信息发布、社会整合、自我发现以及身份强化"的动机在集体主义文化成员中更加突出。不同国家的用户可能因为文化价值观的差异和取向而在在线品牌社群中表现不同，因此建立在线社群时需要考虑文化差异的重要性。

网络嵌入

网络嵌入的界定

网络嵌入最初用来描述市场的经济社会结构形式，解释现代社会经济中的一些问题。后来学者们对网络嵌入研究的范围进一步扩展，认为集体或个人行为具有社会嵌入性，即嵌入在它与外部建立的各种关系网络之中，指的是经济主体的行为受到其所在社会网络的影响，因此应该将人的行为嵌入社会网络中来解释，同时将社会网络中的组织行为由嵌入在其中的个体行为来解释。

网络嵌入性是指嵌入在社群关系和网络上的不同成员的联结关系，直接决定着行为绩效会通过某种中介变量来发挥影响绩效的作用。网络嵌入高的行动者，由于社会联系比较多，获得的信息、资源和体验比较丰富，在社群中具有控制力，容易形成领袖角色和"主人"意识，获得很强的归属感（"家"的感觉）自我认同感和效能感，并且这些行动者会更愿意为社群做出贡献。

关系嵌入是社群成员经过长期的互动所形成的人际关系，主要特征是人际间的连接方式和强度，以及人际关系质量，是个体利用强大的社会关系，增强人与人之间相互信任以及喜欢程度，增加对共同利益的理解。关系性嵌入主要用关系的内容、方向、延续性和强度等指标来测度，可用4个指标来衡量关系的联系强弱，分别是互动频率、亲密程度、关系持续时间以及相互服务的内容。

移动社交环境下的用户分享

在线社群中的知识

知识经济时代不但要求各个组织通过知识管理来实现组织的核心竞争力，对于国家和社会全体来说，强调知识和学习也已成为受到全体国民所关注，关乎全民族素质提升的基础建设之一。然而对于什么是知识的定义，虽然自古以来就有众多学者曾给出过各自的简介，但到现在为止学术界仍然众说纷纭，没有形成清楚明确的定义。管理学界的学者们对于知识的定义也有着各自不同的看法。有学者将知识定义为包含有经验、情境信息价值观和专业能力的框架系统。知识是一种能够改变人们行动的信息，它可能是行动的基础，或为行动者提供更加高效的方式方法。

本节主要探讨移动社交环境中的知识分享行为，社交网站本质上来说属于一种在线社群，在在线社群情境中，虽然交流方式由传统的面对面交流转变为互联网上的交流，其中的知识的本质并没有发生变化。在线社群中的知识大部分蕴含于保存其中的文档、讨论对话、群组信息、活动过程，还包括这些要素之间的相互联系和社区成员之间的关系。在线社群知识包括显性知识和隐性知识，前者包含社区文档、讨论记录、概念模型和定义的工作流等，后者来源于社区成员的大脑。社交网站中的知识是与用户间社会联系密切相关的，本节将社交环境中，特别是在现实群中的知识描述为一个两层次的概念：一是与个人人际网络紧密结合的知识资源集合，社交网站成员拥有的人际网络能够为个体提供如何寻找合作者以及如何合作的信息，成员们知道如何找到拥有知识的人；二是网站成员在交流与分享中形成的共同知识实践，嵌入在群体中的、无法直接描述的、来源于社会实践并基于情境的智慧。

在线社群的用户分享

在线社群的出现为知识分享提供一种全新的技术手段，个体在在线社群中分享、搜寻知识，可以说知识分享是在线社群的核心。另外，知识分享对于在线社群是至关重要的，如果没有用户的知识分享，在线社群就不能得到长久持续的发展。

知识分享是成员对组织的知识贡献。知识分享行为是"协助他人发展各自行动能力的一切行为活动"。真正的知识分享表现在一方真正愿意帮助他人去发展某种新的能力、解决某些实际问题或者协助执行某些政策或程序。随着网络信息技术的发展，越来越多的人通过互联网追求与分享知识。互联网使得一群有相同兴趣、专长的人能够聚集成一个虚拟社群，以针对特定的话题进行知识的分享与交流，如人大经济论坛、小木虫论坛等。在线社群的真正意义是它把具有共同兴趣和需要的人们聚集在一起，通过网络建立起互动的基础，满足了人类的基本需求——兴趣、幻想、人际关系以及交易。就网络而言，在线社群最能够满足消费者沟通、信息以及娱乐的需求。因此，在线社群提供了一个绝佳的沟通渠道，也可以说是一个知识分享的媒介。也就是说，在线社群是人们进行知识分享、经验分享、交换想法、建立人际关系的沟通渠道，也是满足人们交友、课题探讨、信息收集与休闲娱乐的虚拟空间。今天，通过在线社群来进行知识分享的观念已渐为时势所趋。虚拟社群跳脱了时间和空间的限制，为人们分享知识提供了便利的建立工具与社群空间。

如何促进用户分享，实现用户传播，对于在线社群是至关重要的。小红书在每次周年庆的时候都会出一套快递盒子，这个快递盒做得十分有趣，这种 slogan 盒，用户收到盒子都会非常愿意分享。除了用这种创意的 slogan 之外，小红书在 2017 年 3 月的时候还做了一个活动叫作猜歌，猜电影。每个盒子里面手绘一些画面让用户猜这个电影，然后以微博话题的方式叫用户拿到这个盒子发微博并 @ 小红书猜电影，参与这个话题的讨论。参与这个话题讨论的用户，它会每天从猜对的同学中选出 3 名的用户来免费的获得小红书的一些礼品。这个话题目前的整个阅读量有七千多万，活动效果很不错。小红书在 3 月整整做了两期，由此可见，通过用户在社交平台上的这种分享还是能够比较好地达到品牌上的传播和用户上获取的效果的。同时，作为小红书社区核心功能的笔记内容的展现以及围绕内容产生的评论、收藏等互动行为，来激发用户的分享互动行为，都会促进社群的持续发展。

网络嵌入对社交分享的影响

在在线社群中，原本相互孤立的消费者，因为某种共同的爱好而最终聚集在一起。通过在线社群，这些消费者可以互动，相互了解，建立网络关系，增加相互信任以及喜欢程度。在在线社群中，有的消费者加入的早晚，是否拥有丰富的品牌知识或消费经验，都影响了这些个体在社群中的声望，因此他们在社群中的中心位置因此也不一样。所以在在线社群中的网络关系可以分为关系嵌入和结构嵌入。并且在线社群中的由于互动产生的关系嵌入和由于位置产生的结构嵌入会潜移默化地影响用户的分享行为。

关系嵌入对社交分享的影响

在线社区中的关系嵌入是指个体与他人通过一段时间互动后形成的人际关系，关键作用除了形成人与人之间的亲密性，还包括自我的认同，更好地认识自我。在在线社群中，成员之间通过一段时间互动后形成一定的关系嵌入，成员之间慢慢地相互了解、熟悉，最后产生自我认同。由于消费者进入社群的时间有先有后，通过与他人的互动，会形成不同程度的关系嵌入。通过关系嵌入，满足了社群成员在品牌社群中的空间感、效能感和自我认同的需要，从而影响用户的分享行为。

当用户在在线社群中处于强关系嵌入时，意味着该用户与其他用户有着频繁的互动关系，拥有一定数量的粉丝和追随者，为了维护自身在社群中与其他成员的紧密关系，用户更愿意分享知识来维护和巩固与其他成员的互动和紧密关系。社群中每个人都希望别人能够感知到自己，当大家都在晒物、分享时，就会不自觉就被影响，同时，用户的积极反馈，比如点赞、评论，也会激励消费者继续分享。而对于关系嵌入低的用户，他们更多的是在社群中处于潜水者的角色，希望能够从社群中获取信息，相对而言，分享行为会比较少。

王诚（化名）是一对龙凤胎的妈妈，在怀孕期间，她曾患上抑郁症，医生鼓励与人多交流。产后初入职场，孩子们两岁，她依然找不回自信。为了缓解内心的抑郁，她开始在朋友圈发俩孩子的日常，刚开始还有人留言"好萌啊"，但后来随着晒得多了，她发现点赞之交维持都难。这时候，她在小红书上注册社交媒体账号，分享萌娃的生活日常。2017年5月7日，王诚发出第一条笔记，此后一年，那些10块钱的吸管杯，小孩穿衣搭配风格，育儿经验等内容，为她带来了81.9万粉丝的关注，18.3万的获赞与收藏。有MCN找到提出签约，她拒绝，"我更在意用户是不是真的喜欢这些内容。如果点赞数很差，我会把那条笔记删掉。"正是用户在社群中与其他用户的互动交流形成的关系嵌入性不断地激发和激励用户去分享。

结构嵌入对社交分享的影响

在在线社群社会网络关系中，由于居于网络中心位置消费者的社会联系比较丰富，他们容易获得信息和控制资源，容易成为影响他人的核心人物和意见领袖，那么这些处在网络中心的行动者会表现出更加积极主动的行为，能够更好地发散信息，影响他人决策，对在线社群或品牌的宣传有积极的影响。

在线社群的结构嵌入中网络中心位置越近的个体更容易获得有形或无形的资源，更容易找到网络中的战略位置，比网络边缘的个体拥有更多的影响力或控制力，可以更轻易地与关键人物获得联系。在在线社群中，处在社群中心位置的成员占据着社群的关键位置，可以更好地获得信息，更好地掌控社群的方向，另外，网络中心位置的成员可以触及更多的其他成员，其在社群的地位和权力也要比偏远位置的成员要高，其影响力就越大，在社群中行动比较顺畅。在线社群中，用户会有由于所拥有的专业知识、经验等的不同，在社群中处于不同的相对位置，越处于相对中心位置的用户更能够采取行动影响社群其他成员的行为。所以网络中心位置的行动者是一个有能力的影响者，其效能感和自我认同得到极大的满足，更容易影响消费者的分享行为。处于中心位置的用户，相当于意见领袖，能够引导社群的发展，这会给用户带来一种权力感和地位感，为了巩固自身在社群中的地位，会激发用户采取更多的分享行为来维护自己的中心位置。

知乎成立之初，创始人周源，还有黄继新等、李申申等知乎头号员工，回答数和关注度都很高，绝对是知乎金字塔的顶尖人物。第一批用户包括李开复、薛蛮子、徐小平、雷军、Keso等业内知名人士，还有很多投资圈、媒体圈人士。这部分人由于拥有的专业知识和影响力大，他们在社群中的结构嵌入性更高，他们不仅奠定了知乎这个产品基调的基石，也带动了其在短时间内的迅速蹿红，这批种子用户为知乎的社区氛围和内容分享提供了非常重要的作用。可见，处于社群中心位置的用户更容易接触核心资源，更倾向于进行分享活动。

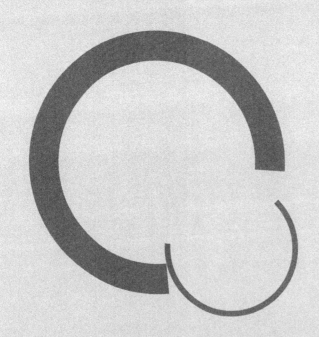

第三篇

全渠道情境下的智慧营销战略布局

第8章 零售商全渠道发展战略

随着信息技术的快速发展以及消费者主权时代的到来,全渠道零售正成为全球零售企业打造竞争优势的利器。越来越多的零售商企业纷纷向全渠道的方向转型升级,试图跟上时代脚步,占领全渠道的一席之地。因此,对企业而言,面临的问题不是做不做全渠道营销,而是怎么做的问题。

目前,欧美等国家具有相对领先的全渠道经验,梅西、宜家、eBay 等众多国际知名企业均成功实现了转型升级,走上了全渠道营销服务的道路。顾客可以通过实体店专柜、PC 端商城、App 端等任何一个渠道,随时随地浏览货品并下单。商品可以直接取货,也可以送货上门。此外,移动支付、智能试衣间、逛街应用等这些功能,也均已实现,这极大改善了顾客的购物体验,降低了顾客的时间成本、精力成本与体力成本。

中国企业也紧随全渠道的步伐,纷纷开始了全渠道战略的探索与发展,其中不乏成功转型的企业,苏宁易购、三只松鼠、阿里巴巴、京东等都是其中的代表。

零售商大致可分为以下三种:传统零售商、纯电商以及多渠道零售商。多渠道零售商既有线上零售渠道,也有线下零售渠道,且逐渐趋于线上线下融合的零售方式,这种线上线下渠道的整合,实则为构建全渠道。传统零售商主要以实体店为主,构建全渠道的战略主要通过实体+电商的模式;纯电商是纯线上销售,一部分通过与其他实体企业进行战略合作,另一部分通过自己开设实体门店来实现全渠道。本章节主要分为传统零售商、纯电商和多渠道零售商三节,分别介绍其全渠道战略,并引入代表企业作为案例加以阐述。

8.1 传统零售商的全渠道战略选择

传统零售业是相对于新型电子商务零售而存在的，是主要基于实体店面进行经营活动的零售类企业。传统零售业连锁经营业态多样，各业态之间相互渗透，其中百货店、超市、大型超市、便利店、专业店、专卖店是其主要的业态，传统零售业主要采用传统的媒体进行营销，如电视、报纸等。

近年来，零售行业增速持续降低，传统零售受到巨大冲击的同时，电商也逐渐显露疲态。可见，传统零售商和纯电商都不是零售的正确方向，对传统的零售商而言，全渠道战略的落实从"实体+电商"模式开始。以这种模式进行转型的企业有很多，我们主要选择了三家典型的传统零售商——苏宁易购、永辉超市和天虹商场详细进行分析。

模式1：实体+电商

充分整合的苏宁易购

回顾苏宁集团的发展历史，苏宁从一个专营空调的电器商铺到全国最大的电器连锁企业，再到如今成为综合性的大型零售企业，成功由传统零售企业摆脱困境，实现了全渠道的华丽转型。作为与国美博弈十多年、拥有1600多家线下门店的传统电器商城，苏宁从2013年成立苏宁云商模式开始，就开始探索其自身的全渠道战略。

逐步进入互联网领域，在互联网的蓝海建立了自己的云商模式："店商+电商+零售"服务由以往经营单一的电器商城，到不断在线上拓宽经营范围，增加日用品、图书和金融产品等，逐步走向全品类服务；借助20多年零售服务经验和资源，网罗了一大批零售商，建立了强大的零售服务系统——苏宁云台和苏宁物流；通过开放平台向入驻商户提供"店面云""物流云""运营云""知识云""金融云""IT云"和"广告云"七项增值服务，实现了线上与线下同品牌、同品质和同价格销售；利用社会化媒体与消费者进行互动和分享；通过平台与渠道商共享库存，并向渠道商提供大数据、云服务和网络银行等开放的盈利空间。这一系列举措的最终都是为了实现为顾客提供最全面的服务，充分体现了全渠道区别于单一渠道和多渠道的特点。

全渠道零售就是企业为了满足消费者任何时候、任何地点、任何方式的购买需求，采取实体渠道、电子商务渠道和移动电子商务渠道整合的方式销售商品或服务，提供给顾客无差别的购买体验（见图8-1）。苏宁正是抓住了顾客这一主体，以实现顾客的无差异体验为目的，采用"实体+电商"的模式，才实现了全渠道的成功转型。

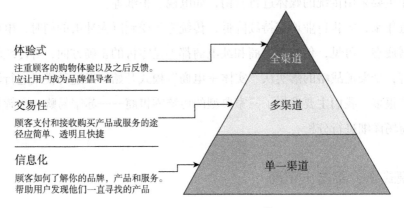

图 8-1　全渠道零售特点[①]

苏宁全渠道战略的三步走

回顾苏宁集团的发展历史，苏宁从一个专营空调的电器商铺到全国最大的电器连锁企业，再到如今成为综合性线上线下融合发展的大型零售企业，主要经历了"实体+电商"的三次转型。

稳固实体店

1990年苏宁诞生于南京宁海路，那时苏宁还只是一个专营空调、营业面积不足200平方米的电器商铺。经过1993年的"空调大战"，苏宁完成了创业初期的原始积累，逐渐扩大家电经营规模。

1998年，苏宁不再专营空调，开始迈向综合性的家电连锁经营商，成为全国性的3C综合销售商，也成为苏宁在该时期产业布局的目标。经过"专业化分工、标准化作业"为内容的品类扩展和内部组织再造后，苏宁集团顺利实现了其目标，于2003年建成了亚洲规模最大的、品种最全的单体专业电器综合购物广场。

---

① 资料来源：https://baike.so.com/doc/7556138-7830231.html。

然而，发展之路并不平坦。2006年，家电行业领先者国美大肆扩张，欲收购紧随其后的苏宁，同样具有市场野心的苏宁断然拒绝了国美的收购。与国美快速扩张的战略不同，苏宁选择了稳扎稳打，并重视技术革新，例如苏宁联合IBM、SAP上了ERP系统，大力研发自身信息系统和物流系统，实现企业标准化建设。面对强大的国美电器，苏宁没有选择正面对抗，而以新技术、质量、服务与之竞争。这场电器大战最终以国美因管理层内斗致使黄光裕的入狱告一段落。

2009年4月9日，《福布斯》公布苏宁成为排名最先的中国零售企业，超越了华为、联想等众多中国公司，成为排名第一的民营企业。

发展电商

互联网技术的发展，放大了消费者的需求和变化，个性化和便利化成为新的消费诉求。足不出户便可购遍天下的观念在消费者中生根发芽，而电子商务正好迎合了这一趋势。在B2C、C2C模式下，人们只需打开平台网站就可以购买任何地方的任何产品。移动互联网的发展让电子商务的端口从PC逐渐转向智能移动端口，以智能手机为载体的交易方式成为主流。

苏宁为了顺应互联网趋势的发展，同时也为了满足消费者的需求，开始加入电商。发展电商，首先就是线上平台的搭建。2011年苏宁战略发布会，阐述了苏宁未来十年的发展方向，会议也隆重推出了聚集其后台IT科技力量与前台运营技术的苏宁易购网上商城平台并正式投入运营。苏宁易购上线很快取得了成效：仅一年苏宁易购就实现了20亿的销售收入，且增速远远高于实体店铺。如表8-1和表8-2所示。

表8-1 苏宁易购和苏宁实体店销售收入对比　　　　单位：亿元

店铺	2010年	2011年	2012年	2013年	2014年	2015年	2016年
苏宁易购	20	59	183.4	218.9	258	502.75	805.10
苏宁实体店	735	880	800.6	835.4	516	854	681.7

表 8-2 苏宁易购和苏宁实体店收入增速对比 [①]

店铺	2011 年	2012 年	2013 年	2014 年	2015 年	2016 年
苏宁易购	195.0%	210.8%	19.4%	17.9%	95.93%	60.14%
苏宁实体店	19.73%	-9.0%	4.6%	-38.2%	65.5%	-20.2%

实体 + 电商

随着零售业的进一步发展成熟，行业竞争不仅是实体店和电商的竞争了，而是逐渐演化成了线上线下的同步竞争。如何实现全渠道，实现实体和电商的完美结合，是传统零售面临的重大问题。

面对着如雨后春笋般的各类零售业态的出现，以及共享经济的刺激，作为零售航母的苏宁明白发展全渠道是必然趋势，传统零售的发展模式是实体 + 零售。为此，苏宁开始了全渠道的布局。具体包括：从传统实体店经营模式转变为实体 + 电商模式，利用互联网技术搭建平台、拓展电商业务，实现全品类服务；价值主张从企业盈利为目的转变为以满足消费者需求为中心，提供给消费者线上线下无缝化的购物体验；在关键业务和核心资源方面，将传统店面辐射小、缺乏互动和过分依赖价值链等弊端通过依靠物联网、大数据以及全渠道服务把所有店面连接起来形成店面云从而形成转变；在客户细分、客户关系上，逐渐转向年轻化、知识化和网络化群体，通过数据对顾客进行画像和细分，重视顾客的社群互动和分享，打造全方位、智能化客户关系；在重要伙伴和渠道建设方面，克服了传统的渠道冲突、层级太长和渠道间隔断等弊端，利用供应链云服务减少渠道层级，从而实现上下游资源和库存共享的生态圈；在盈利模式方面，一方面通过大数据优化各种业务成本结构实现店面云和物流云等；另一方面通过为企业和顾客提供个性化服务，开创了新的收入来源。

苏宁通过三步走逐步实现了全渠道战略，是由传统零售企业成功摆脱困境，实现全渠道华丽转型最为成功的案例，向我们充分展示了实体 + 电商的模式。成功实践这一模式的还有永辉超市和天虹商场，下面让我们一起去了解（见表 8-3）。

---

① 资料来源：苏宁云商年报。

表 8-3 传统零售模式与苏宁全渠道模式对比

商业模式及构成要素	传统零售业的现状	苏宁的全渠道模式
商业模式	坐商模式：店铺数量有限，顾客访问有限，互动有限，只有去实体商店才能购物	云商模式：店商+电商+云服务、平台串联千万个中小企业，为顾客、商家提供一站式服务；顾客访问互动频繁
价值主张	从企业出发：以企业为中心，以盈利为目标	从顾客出发：以顾客为中心，提供线上线下无缝化购物体验
关键业务	店面：辐射有限，常出现缺货、断码、断色现象，现金支付不便，顾客需在店面自提货	店面云：平台+店面，提供全品类服务和无限延伸的货架、电子支付，物流配送到家
核心资源	传统的价值链：企业上下游价值链	互联网时代的价值链：物联网、大数据、全渠道
客户细分	传统渠道购物顾客群：喜欢逛街族，年龄偏大群体	多渠道购物顾客群：年轻化、知识化，网购经验丰富
客户关系	会员制：顾客购物经验无法分享，无法互动	社群化：互动，粉丝化，360度智能化CRM
重要伙伴	独立的渠道关系：各级中间渠道商是分隔的关系	云服务串联下的渠道关系：各级渠道商串联在一起成为云服务系统
渠道通路	渠道通路不畅：渠道上下游层级长，渠道之间隔断	渠道间无缝对接：渠道去中间化，库存共享，渠道间互通，无缝化对接
成本结构	成本压力大：租金、人力成本、管理费用等不断上升	优化的成本结构：通过平台、信息技术、物流配送等优化成本
收入来源	收入来源单一：主要来自实体店面，有局限性	收入来源多元化：既有来自实体店的收入，也有来自虚拟店铺的出租费、推介费、竞价排名费、会员费等

不断拓展的永辉超市

永辉超市是一家以生鲜为特色的区域连锁超市，旗下有永辉门店、永辉Bravo、超级物种、彩食鲜等品牌。在原有传统连锁超市实体门店的基础上，2015年8月，京东与永辉达成战略合作协议，促其加快了电商的布局和发展。建立在实体+电商的模式基础上,永辉超市不断拓展电商渠道,实现其全渠道战略。

永辉新渠道的拓展

新渠道的建设可分为自建和借用两种模式,零售企业需要根据自身企业的具体情况来选择新渠道建设的方式。在全渠道的战略实施进程中,信息的获取将成为核心推动力之一,而自建渠道便可掌握信息的主动权。永辉超市也首先选择自建线上渠道——永辉微店。虽然在入驻"京东到家"后被迫停止,但永辉微店业务布局完成后更名为"永辉全球购"继续发挥着自建渠道的作用。对大多数的中小型传统零售企业而言,建议选择借用的方式,根据零售商本身的特点选择相应的第三方平台入驻,利用第三方平台的流量优势,实现为实体店引流或为实体店提供线上服务的需求。

新渠道的布局范围要与消费者信息搜索的渠道覆盖,即网络平台、移动终端、社交媒体等,以上渠道其中任何一条新的信息流都有可能成为一条新的渠道。永辉超市也主要进行了以上渠道的布局(见图8-2)。

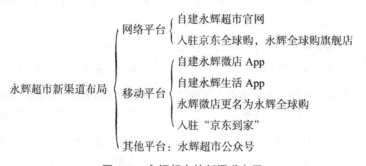

图 8-2 永辉超市的新渠道布局

永辉全渠道布局

永辉门店

2018年8月17日,永辉的第1000家店——超级物种中关村店开业。从2000年首家生鲜超市在福州开业以来,历经18年实现了"千店永辉"。永辉第1000家店不仅延续了永辉生活App、小程序"扫码购"的功能,还上线了"刷脸支付",用户通过永辉自主研发的YHshop自助收银系统,即可刷脸支付、买完即走,30秒内可完成支付。在门店消费场景打造上,该店大面积应用了最新的智慧互动屏，楼梯转角 LED 大屏幕、立柱液晶条形屏、服务台大屏幕等，科技感和沉浸感突出。可见，永辉实体门店的发展也在不断创新，旨在为顾客提供便捷的渠道服务。

永辉移动商店：永辉微店、永辉生活、永辉全球购

2014 年 1 月 15 日，永辉宣布"永辉微店"App 在福州上线试运行。通过该 App 可以实现线上订购、支付和用户超市实体门店线下提货及送货上门服务等功能。2015 年 12 月，永辉与京东的合作落地，永辉入驻"京东在家"，使永辉微店地位尴尬，还未成熟，其发展计划已经暂停。

2017 年，永辉生活 App 悄然出世。它是永辉微店的升级版，由此可见永辉集团并未放弃自建移动商店这一渠道，自建和入驻第三方平台两条渠道同时进行。永辉全球购依托跨境电商以及福建自贸区的建立，旗下全球购体验店在 2015 年 4 月落户福建自贸区福州片区，其致力于发掘全球精致商品，产地直采，销售品类涵盖美食、母婴、个护美妆、营养保健、生活家居等。永辉全球购手机 App 是一个宣传窗口和购物平台。目前也是起步阶段，App 上架产品有限，销量平平。

永辉入驻的第三方移动平台：京东到家

京东到家是京东 2015 年重点打造的线上线下生活服务平台，它既基于京东物流体系和物流管理优势，同时在共享经济风行的推动下依托"互联网+"技术大力发展"众包物流"，整合各类生活类目，向消费者提供生鲜及超市产品的配送，并基于 LBS 定位实现 2h 内快速送达，打造生活服务一体化应用平台。京东到家提供超市到家、外卖到家、品质生活、上门服务和健康到家等服务。入驻京东到家是永辉和京东合作的落地项目，依托京东到家这一平台，促进了永辉线上渠道的发展。

永辉 PC 官方店和永辉微信公众号

永辉超市官方网站只是永辉集团形象展示的平台，不具有购物的功能。永辉旗下微信公众号众多，既有永辉超市官方微信账号"永辉超市"，也有"永辉超市福建区域"公众号，更有"永辉超市某某门店"的公众号，种类繁多，让人眼花缭乱。公众号主要推送优惠活动、促销信息。

由上可知,永辉在全渠道的布局中,充分利用了实体和电商渠道的各自资源,除了建立了电商的新渠道,同时也重新打造了实体店的实体优势,紧抓"商品+服务+体验"。两者都在致力于调整商品结构、优化供应链、创新商业模式,为消费者提供更全面优质优价的商品,满足消费者"多样化""个性化"的需求。电商渠道更好地担当起了为消费者提供更便捷的商品信息搜索、购买体验和与消费者互动的作用。尤其是跟消费者的互动,只有通过信息互动在消费者与零售企业间流通起来,才能让实体和电商渠道真正的闭合。全渠道建设重要的不是在于有多少条渠道的布局,覆盖了多少消费者的信息接触点,而是在为消费者提供商品和服务体验的环节中,渠道间形成闭环,避免了把消费者的购物行为封闭在一条渠道内(见图8-3)。

永辉超市的全渠道运营
- 线下建设
  - 调整商品结构:永辉超市分级推出红标、绿标和精标店,均突出生鲜为主的竞争优势
  - 优化供应链:永辉全球购致力于全球产地直采,涉及美妆、母婴、个护、家居等品类
  - 创新商业模式:创新打造高级物种:高端超市+餐饮+App的原合体
- 线上线下协同:打通渠道。永辉微店,顾客可以App下单和支付,超市实体店提货或送货上门"京东到家",顾客App下单和支付,京东合作物流送货上门;永辉生活,顾客基于定位范围内的永辉超市、Bravo和超级物种均可下单和支付,依托京东合作物流送货上门

图 8-3 永辉超市的全渠道运营

2018年8月17日,永辉超市披露半年报,公司上半年实现营业总收入343.97亿元,同比增长21.47%,归属于上市公司股东的合并净利润9.33亿元,同比下降11.54%。每股收益0.10元。报告期内公司业务覆盖22个省市(见表8-4)。公司增加云超门店45家,闭店3家;新增永辉生活店96家;新增超级物种19家。永辉深刻认识到了在全渠道中,注重的不是单一渠道的最强或最优,也不是渠道类型的多或全,而是渠道的融合,以消费者为核心,为用户打造无缝隙的购物体验。

表 8-4 永辉 2018 年上半年主要经营数据　　　　金额单位：元

会计数据	本报告期（1—6月）	上年同期	本报告期比上年同期增减 / %
营业收入	34 397 398 611.99	28 316 886 218.71	21.47
归属于上市公司股东的净利润	933 488 337.29	1 055 218 399.21	−11.54
归属于上市公司股东的扣除非经常性损益的净利润	826 057 303.57	1 036 784 026.29	−20.33
经营活动产生的现金流量净额	1 308 273 929.47	2 605 463 252.27	−49.79
会计数据	本报告期末	上年度末	本报告期末比上年底末增减 / %
归属于上市公司股东的净资产	18 485 200 183.71	19 994 774 109.58	−7.55
总资产	31 883 513 240.22	32 870 466 733.05	−3.00

完美融合的天虹商场

天虹商场股份有限公司是国有控股的中外合资连锁百货企业，其控股股东是中国航空技术深圳有限公司，系隶属于中国航空工业集团的下属子公司。1984年成立以来，公司取得卓越业绩，已连续多年入围中国连锁百强企业。根据目标客户需求的不同，拥有百货店、大型购物中心、便利店的实体零售业态，拥有"天虹""君尚"两大零售品牌。天虹商场借着改革开放，近30年来得到很好的发展，但是从2012年开始，整个零售业受到电商的冲击越来越明显。企业也深感发展的压力和危机。2012年，天虹集团开始谋划战略改革，首先就是对全渠道的建设进行改革与建设。

天虹商场的全渠道建设

天虹商场依当前全渠道常见的形式设置了下列七个渠道：实体的百货店、购物中心、便利店；企业网上直销平台、手机端分销系统微店、手机端大众社交微信、手机端网上直销 App。实现了实体和电商的完美融合,无论消费者通过哪个渠道,都能很便利地接触到企业呈现的商品与服务。自 2013 年起,经过三年的建设,初步形成了"网上天虹+天虹微店+天虹微信+虹领巾"的"实体店+PC 端+移动端"立体化全渠道模式(见图 8-4)。

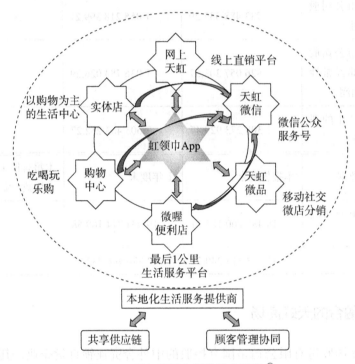

图 8-4 天虹商场全渠道融合运营[①]

实体店建设

(1)百货商场主题馆化。商品展示由按品类陈列向主题馆方式转变,既激发顾客需求,也节省选购时间。天虹按消费者在相应的时间段、相应的生活属性,或按消费者所属的类别来设置不同的生活主题馆区域,例如出游区、亲子区、运动休闲区等,从而突破了品类的变迁。

(2)大型购物中心化。天虹的大型购物中心、选址、交通及停车的便利性、入驻商户的选择等,都会依购物中心周边的消费群体的属性而定。购物中心引入众多的吃、喝、玩、乐、购各行业商户,中心的装修设计也更加依消费者喜好的主题而更具个性化,做到聚焦酷趣价值,将体验业态做到极致,让消费者从"逛

---

① 资料来源:亿欧. http://www.iyiou.com.

商场"到"玩商场",创造顾客休闲第三空间。

（3）天虹微喔便利店。天虹微喔便利店是依托现有商品供应链和社区零售营运经验,定位于社区居民生活的线上线下最后1公里服务站和居家生活的智慧管家,将其打造成为天虹线上业务的订货点、取货点和退换货点,成为社区应急消费和家居生活的帮手。天虹"微喔"主要面向社区,即周边顾客5~7分钟步行可达。提供高品质商品,其中不乏天虹直接到源头采购的商品,做到物美价廉。店中设有Wi-fi,可接入网上 天虹、天虹微信、天虹微店、虹领巾手机端购物功能,让顾客在一家小店里可以随意逛众多天虹。

电商建设

（1）网上天虹。PC机端的网上直销平台,该网站平台的功能与服务与京东商城的PC端的平台功能相似,左侧是自营模式的各商品品类,水平导航条上有品牌街、海外购、专柜新款、天虹团、积分商城,还有特别醒目的天虹官方手机端的App下载链接。主页最下方也有联营模式合作商家的入驻合作链接等。

（2）天虹微品App。天虹微品是天虹商场开发的一款基于手机开店、手机购物的移动零售服务平台。天虹60余家门店有上万名实体店员成为"天虹微品"上的"店小二",实现在线对消费者的一对一导购服务。此外,天虹微品还让消费者可在线与实体店员沟通,以提供更好的服务。

（3）天虹微信公众号。天虹微信公众号是典型的一款基于社区营销的导流平台,消费者点开天虹微信后,图文信息及下方的菜单可以将流量导入到移动天虹虹领巾App平台。天虹把自己原有的会员系统一并接入了天虹微信后台的社交化CRM客户关系管理系统,并进一步根据会员的收入、购买商品的喜好、购买习惯等属性,在微信后台对会员做了各种属性化的标签管理,使推送的营销信息具有很强的针对性。

（4）天虹移动商城虹领巾App。天虹官方App"虹领巾"是其全渠道战略的统领角色。对于购物功能上主要有两个板块：购物和优惠。购物功能板块包含了国内商品和进口商品,App中体现有海外购、到家（2小时到家）、到店等多个业务。而在优惠板块,虹领巾主要提供的是天虹商场的商家优惠券,消费者在App中点击领取电子券可到线下消费。目前主要是生活O2O和跨境体验店业务,未来将会融入医疗、社区服务、教育等方面。

天虹商场各渠道的完美融合

在全渠道零售模式中，各渠道间的信息桎梏被彻底打破，不同渠道间的商品、人员、信息、顾客、财务信息等资源实现自由流通。同时每条渠道不是独立运作的，而是在公司总部信息整合下进行渠道间协同。因此，与传统零售模式相比，信息化支持下的多渠道整合是实现全渠道零售的技术核心。

在全渠道零售的商品调研和支付阶段，主要通过各类情报搜索平台实现顾客信息、商品信息、交易信息的整合。其中，天虹商场以"虹领巾"为全渠道战略资源整合的关键，不仅整合天虹所有互联网渠道资源，还链接所有线下实体门店。首先是顾客信息，"虹领巾"旨在整合天虹线上线下的天虹会员信息，成立统一的会员中心，将顾客的手机号、微信号、微博号、QQ号和会员号相捆绑，无论以何种账号登录，顾客都以同一身份穿梭在各个渠道中。其次是商品信息，"虹领巾"整合了线上和线下渠道，将移动电子商务平台、传统电子商务平台和传统实体店平台相融合，全渠道展示线上线下的商品信息。其中"品牌街"与"品牌专柜"对接，展现综合百货或购物中心内实体店铺的精品或促销品；"天虹到家"与"精选超市"对接，满足顾客一站式生活需求，"海外购"则与"跨境电商体验店"对接，囊括了跨境电商体验店中陈列销售和扫码销售的所有商品。与此同时，"虹领巾"中的部分精选商品信息又将通过天虹微信或者天虹微品发送。最后是交易信息，"虹领巾"会把零售的小数据、商圈的中数据、百度的大数据做整合解读，并以此实现精准匹配和营销推送，从而实现高效引流，并带来销售转化。

在商品取货阶段，主要实现全渠道订单商品配货和运送的整合，即不管顾客选择哪一种渠道购买商品，都由公司统一处理订单，然后统筹配货和运送。天虹商场的总体配货运送流程包括接收订单信息、处理订单信息、配货和运送。顾客可以选择任意一种取货方式，信息共享中心根据顾客的选择将配货信息传到指定配货方，其中综合百货或购物中心多为员工配货，而天虹仓库以及供应商则多为自动化配货。配货之后，等待顾客到门店提货，或者由物流中心将商品配送到顾客指定的取货点。

截至2016年6月底，电商业务销售同比增长63%，移动端粉丝数达到586万人，天虹微品店主总数约19万人；购物中心与便利店业态快速发展，购物中心上半年客流保持两位数增长,同时收入、利润同比稳健增长,购物中心的利润总额同比增幅更是达到 633.33%。从产品来看,百货、超市的毛利率分别为 22.88%、23.48%,同比增长分别为 0.87% 和 0.26%。除百货、超市外的其他配套品类,如餐饮、娱乐等即时消费以及电器、加工修理等业务的毛利率远超百货和超市,达到 52.02%,同比增长 7.61%。

可见,当全渠道的实体和电商完全融合,且能完全实现信息共享,还能有着精准的会员系统时,这样的渠道系统对零售来说,就具有了特别的竞争优势,其与本地化生活服务提供商(餐饮、教育、娱乐、电影、旅游、出行、美容美发健身等服务业)结合起来就会产生全新的模式。

8.2 多渠道零售商的全渠道战略选择

多渠道零售商是区别于传统的实体零售和纯电商而言的,多渠道零售是单渠道向全渠道发展的中间过程。从零售渠道的演变来看,零售业主要经历了三个时代的演变,依次为单渠道时代、多渠道时代、全渠道时代。

单渠道时代:1990—1999 年,巨型实体店连锁时代到来,多品牌化实体店数量减少。单渠道模式经营的企业困境在于渠道单一,实体店仅仅覆盖周边的顾客,且近年来成本增加,利润微薄,营业困难增大。

多渠道时代:2000—2011 年,网上商店时代到来,零售商采取了线上和线下双重渠道,是"鼠标加水泥"的零售时代。多渠道相比单渠道的路径更丰富,但也面临着瓶颈:分散渠道,几套人马,管理成本上升;内部恶性竞争,抢夺资源,团队内耗、资源浪费;外部价格不同、促销不同、服务不同,顾客体验冰火两重天;左手打右手,效率下降,投资回报下降。

全渠道时代:2012 年开始,企业关注顾客体验,有形店铺地位弱化,是鼠标加水泥加移动网络的全渠道零售时代(见图 8-5)。

图 8-5 零售业演变三部曲

目前,我国很多企业都处于多渠道阶段,随着行业的竞争,大家都认识到多渠道转型全渠道的必要性，越来越多的中国传统零售企业已经开始尝试多渠道、全渠道的转型升级，但效果并不理想。很多零售企业在实施线上线下多渠道战略效果不佳的情况下，又盲目进入全渠道，导致经营更加恶化。还有很多实施全渠道战略的零售商没能发挥出渠道之间的协同效应，不同渠道之间的冲突和矛盾频发，不同渠道之间的销售掠夺层出不穷，严重影响了企业绩效。苏宁、美邦都曾遭遇过全渠道转型的失败。

全渠道零售模式与多渠道零售模式的区别并不是全渠道零售模式中渠道更多，而是全渠道零售模式运用现代信息化手段实现了多条渠道的有机整合。开展全渠道零售，顾客在哪条渠道上发生购买并不是重点，比如顾客可以先在线上浏览，再到实体店体验，却没有最终下定决心购买。但是他拍了照片分享到自己的社交媒体上，征询好友的意见，结果最终在线上下单，并又顺路去实体店取货。消费者可以随心所欲地在不同类型的渠道终端之间切换。其中一个重要的前提就是不同渠道之间能够实现无缝链接。所以，如何实现全渠道的协同是全渠道零售战略能否成功的关键所在。对大多数目前已经开展多渠道战略的零售商而言，在什么时机向全渠道转型，如何实现高效的全渠道运作，是一个极具现实意义的重大课题。

本节主要选取了两个企业作为代表介绍其如何实现线上和线下的协同发展的。全家是以实体便利店为主的企业，其全渠道的实现模式是从线下到线上，最终实现线上线下的协同发展。三只松鼠原先是典型的电商企业，经过线下的布局，转型多渠道零售，最终通过从线上到线下的模式，打通线上线下的渠道，成功完成了全渠道的转型。下面让我们一起来详细了解一下。

模式2：线上+线下

线下向线上延伸的全家

我国便利店业态始于1992年。2004年全家进驻上海，7-Eleven进驻北京。目前我国便利店品牌超过260个。便利店销售额增速高于零售行业增速。伴随人均GDP和可支配收入的持续上升，便利店业态在我国保持高速增长。便利店业态高于行业增速的成长速度，也使得其占实体零售额的比重逐年上升，由2006年的0.5%上升至2017年的0.73%。如图8-6所示。

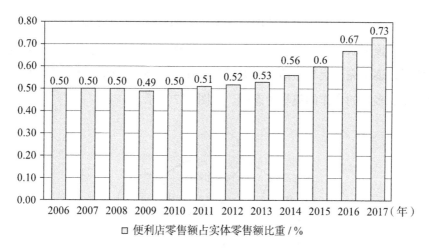

图 8-6　中国便利店零售额占实体零售额比重 [①]

由上可见,便利店零售在我国零售行业的发展还是很可观的。但是随着中国经济的增速明显放缓,各大零售业的指数继续下行。尼尔森的报告显示,快消品的增速已由 2014 年的 60% 下降至 2015 年的 20%,反之"线上 + 线下"的销售则保持着 15% 左右的平稳增长。每个企业都面临着移动互联网带来的转型挑战,随着经验的积累,全家也开始布局自己的"线上 + 线下"的全渠道战略。

1988 年 8 月 18 日,全家便利在中国台北市中山区成立,由日本 FamilyMart 公司与中国台湾禾丰企业集团合资成立,自 FamilyMart 母公司授权引进便利商店管理技术进入台湾市场,成立时就以加盟店为主要经营方式。1988 年底,第一家店于台北火车站商圈开幕,至 1997 年为期十年的创业期间,全家便利商店共计在台湾本岛开设 500 家门市,主要集中在台湾西部的大都会区。截至 2015 年,全家在中国大陆共有 1500 家门店,平均每 24 小时开一家店。

全家是零售业顶新集团的子公司。顶新集团董事长魏应行也认为,新零售是未来零售行业的必然趋势,而只有将线上线下的渠道结合在一起,才能诞生真正的新零售,所以从全家开始,打通"线上 + 线下"的全渠道模式。

全家的全渠道理念——"集享生活事业"

全家以会员作为突破口,利用对会员和店铺的了解,更充分挖掘线下会员,化线下会员为线上流量入口,以提高消费者在全渠道的占有率。以此出发点,全

---

① 资料来源:中国产业信息网. http://www.chyxx.com.

家设计了"集享生活事业"的蓝图：全家未来的发展目标是构建以人为本的会员生态系统，覆盖衣、食、住、行、育、乐六方面，用会员作为串起线上和线下活动的桥梁，逐步完成集享生活事业的愿景。通过提高会员的"进、活、黏、值"，实现多角、多边的合作的集享生态圈。如图8-7所示。

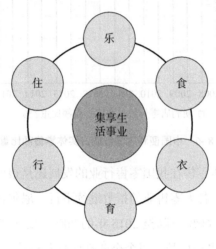

图8-7　全家的"集享生活事业"

"进"：通过线下店铺、App和微信的宣传以及会员间的相互推荐，将更多的消费者招募进来成为会员，并使用手机号码作为唯一的会员识别标准；

"活"：当月有消费一次，用来衡量会员的消费频率；

"黏"：以交易为基础（连续三个月有消费），衡量会员的黏性（例如会员通过兑换优惠券或者给出反馈来增加与全家的互动），达到让会员"买更多、常来买、来更久"的目的；

"值"：ARPU（每用户平均收入），忠诚客户累计消费金额可达100元以上。

从线下到线上

目前，全家的线上布局是两个移动商城：一个是集享商城，另一个是收费制线上超市"甄会选"。前者是全家会员积分兑换的商城，家居生活、家用电器、美妆个护、数码科技、母婴玩具、运动户外、食品饮料、服饰箱包、电子券等品类都囊括在内，每一款商品都可以抵扣积分购买；后者是全家只针对每年缴费100元的收费会员服务的线上精选超市。胡兴民说，光靠一个收费制的线上会员超市，全家每天可以有大概100万元的净利润。

全家在线下实体门店之外加上的甄会选超市具备以下几大特征。

有限的 SKU

甄会选线上会员超市由全家自营，主打全球进口商品，品类有限，远期规划的商品品项4000~5000个。目前上线品项数在三四百个，囊括休闲食品、美妆保健、母婴用品、家居杂货、酒水奶品、健康食品等品类。每个品类都是精选2~3个品牌，以此保证对厂家有议价权，也能兼顾数量和价格。

甄会选的选品标准是以其会员需求推演出来。简言之，甄会选是以客户是谁来定义要卖什么商品。

加价率不超过 8%

线下超市大卖场毛利基本在18%~25%，便利店毛利更高，而甄会选加价率不超过8%。据称，超过8%需要向顶新集团董事长汇报核准。这就保证了甄会选比天猫、1号店等电商平台都要便宜20%。

主打计划性、家庭型消费场景

甄会选线上超市按分量、包装进行区分，避免线上线下价格的冲突，比如对于在线下便利门店有售的同款商品，甄会选都以至少两件为起售单位，不会进行单个商品销售。会员要获得更便宜商品，需要大量购买。其在包装、分量进行差异化，以家庭消费需要的大包装为主。

这是对消费场景进行了"区分"。便利店主要解决消费者的个人消费和即时性消费，甄会选"线上超市"的定位是在便利店的个人消费、临时性消费之外，延伸、增加出一个家庭性消费和计划性消费的场景。

设置配送门槛，鼓励"到店自提"

甄会选提供两种配送方式，宅配到家和到店自提。对于宅配到家，甄会选设置了"满188元包邮"的较高的免配送门槛，引导会员选择到附近门店自提。

共享采购、物流、门店，"不烧钱"

甄会选共享顶新国际集团的国际采购、国际物流以及城市物流配送网络，依托全家线下便利店网点资源，服务10%的全家收费会员，不做高额成本的引流获客，以高性价比的进口商品打造高黏性。

顶新国际集团便利、餐饮连锁事业资讯及互联网+专案总顾问胡玉书一直强调，甄会选立志做全国加价率最低的电商平台。底气就在于甄会选依托的是顶新国际集团作为国际进口贸易商的"剩余产能"。"在国外能找到好的进口商品，拿到很低的价格，并且低成本共享国际物流运送到国内。"

顶新国际集团拥有方便面、糕饼、饮品、粮油、快餐连锁、大型量贩店、朝日啤酒、百事等多个事业领域和百余种产品种类。到了国内，甄会选常温商品则"共享"全家从仓储发送到门店的城市物流配送网络，在末端配送——宅配到家上则是和顺丰快递等第三方物流商合作。

由此，虽然加价率拉得尽可能低，但通过向会员收取配送费以及积分制多轮营销分导，全家甄会选以会员"大量并买"摊销成本，做到毛利很低，但是"不烧钱"，甚至物流还能赚钱。

全家成功转型的原因

全家成功从多渠道转型全渠道，应归功于全家做全渠道的逻辑不同——全家转型全渠道不是要单劈出一个增量渠道，而是从如何"留住进店顾客"出发，设计了一整套服务流程。内里来看，全家做电商的本质归根结底还是四个字：经营会员。

资料显示，由于移动互联网让每一个人面对的资讯越来越透明、扁平，选择性越来越多，1990年以后出生的消费者的品牌忠诚度非常低。同时，互联网的分流，线下网点同业竞争，店租、人员成本高涨等原因，几乎所有线下零售网点都在遭遇"客户的流失"。以德克士为例：2012年，每天进德克士门店消费的平均人数是550人，现在降到290~300人。也就是说，快一半人没有去德克士了。

因此，全家线上新推会员超市及构建"全渠道"打法，初衷都是为解决客户流失的问题。要把客户"抓回来"，当然先要了解客户为什么离开、客户去哪了。

对全家来说，3年多前，任何消费者走进全家，门店都不知道他是谁，他喜欢什么，他要什么。POS机上只有性别、年龄层等非常简单、粗糙的信息。所以，全家所在的母公司顶新国际集团在三年前开始思考如何从"经营会员"上着力，搭建会员系统。

现在，在全家已经可以体验到其线上线下客流打通的闭环，实现了"店内扫码——线上购物——到店自提——连带购买"。全家这套全渠道打法成立的逻辑是：线上购物，到店自提，可以完成一次客户到店的引流；会员店内扫码，链接"甄会选"App购物，则可以扩充全家的日商，同时降低门店运营成本。

全家实践数据表明，基本上有一半以上的顾客在进店拿货时，会再次连带购买其他的商品。消费者成为尊享会员以后，其到店频率增加2.7倍，人均月消费增加2.6倍。不过，从消费者端而言，线上线下两种消费场景串联在一起，仅仅是购物的通路打通了，并不意味着消费者一定要去"买单"。

全家是如何让消费者愿意买单且持续买单？

核心就落在全家新零售模型的第二个闭环——大数据营销闭环上。全家通过累计每一笔线上线下的会员交易数据，建立了从身份象征、消费行为、社交行为、商品偏好、RFM（消费频率）、生活风格六个维度出发累积的会员标签，不同会员可以组合产生138万种不同的应用场景。

线上会员超市逻辑同样如此。有了精准的用户画像，全家就不需要一天到晚骚扰全部的客户，整天发短信，而是可以把客户过滤，进行"标靶营销"。这样，对比其他电商平台需要付出高昂的引流成本，全家只需要按过滤的客户实行"标靶营销"，在营销成本降低的同时，一样可以达到销售目标，甚至命中率更高。

所以，全家转型全渠道的逻辑是：有了会员大数据系统，会员到线下全家门店，要做什么，全家非常清楚；会员到线上甄会选超市，想买什么，全家也了解。线上线下全渠道都以会员为核心设计和布局，最终就形成"需求到交易"不断反复即形成复购的正向循环。具体到甄会选来说，当全家能够很清楚地找到目标客户，了解其需求，有"剩余产能"能将其商品需求做精选，当然就能够在个人、即时性的便利店消费场景之外，截流一些原本流向沃尔玛、家乐福的计划性采购、家庭型消费。

全家渠道发展新局势：入驻京东到家，线上线下互有诉求

京东到家宣布，与全家便利店达成合作，全家在北京、上海、深圳、成都等城市的212家核心地段门店已经入驻京东到家。此前，京东到家已经引入7-Eleven、罗森、永辉超市、沃尔玛等众多便利店与超市。京东到家方面称，京东到家4000多万用户将为这些实体零售商进行流量赋能，1小时送达的即时配送服务会缩短商品从门店到消费者之间的配送时间，提升配送时效性和配送质量。

据全家相关负责人透露，全家已有北京、上海、深圳、成都等城市的180家门店入驻京东到家。目前，消费者可以通过京东到家在线购买到全家便利店的咖啡、卤煮鲜食及各种零食饮料、应急日用品等。据悉，2018年，全家便利店和京东到家的合作店铺数估计将达到500家。

全家和京东到家的合作是线上线下互有诉求的体现。全家通过京东到家等末端配送平台满足消费者随时随地购物的需求外，也希望借此带动店铺在高峰时段外的销量。对末端配送企业来说，引入优质零售品牌，是企业未来发展的核心竞争力。在与全家便利店合作前，京东到家已引入包括7-Eleven、罗森在内的近千家核心地段门店入驻。

通过与京东到家共同分析销售数据，门店拣货效率会不断优化，商超、便利店也可以深度挖掘不同细分场景的消费习惯，借助大数据及时调整线上商品组合，满足消费者的差异化需求。例如，以京东到家的大数据为基础，便利店根据消费者消费习惯和偏好的不同，在办公室场景增加白领高频消费的自制甜品饭团、快餐等鲜食比例，在社区场景中为消费者提供夜间配送服务等。

线上向线下延伸的三只松鼠

截至2017年7月，中国网民规模达到7.51亿，互联网普及率为54.3%，网购成为日常普遍现象。与此同时，人口红利开始消失，网民规模增长趋于稳定，线上流量红利也逐渐萎缩。根据《2016电商消费行为报告》提供的数据可以看出，电商只占社会总零售10%左右，绝大部分的流量和消费仍在线下。另外，"95后"已接近全球人口的1/4，是迅速崛起的新一代消费者，越来越重视个性化及自我体验。这些都给传统电商带来一定挑战，必须找到能够提供真实场景和良好购物体验的现实路径，才能保证持久的竞争力。三只松鼠股份有限公司（以下简称三只松鼠）也开始大力布局全渠道，从线上到线下进行探索，并取得不俗的成绩。

布局全渠道的动机

为了全力布局全渠道，三只松鼠成立了新零售事业中心。2016年9月，第一家投食店在安徽芜湖开业，店里除了琳琅满目的松鼠产品和松鼠周边外，还设有提供饮品和糕点的"水+轻食"及供顾客休憩的休闲区域。投食店被定位成承接4000多万现有客户以及更多潜在消费者的2.5次元的物理空间和体验场所。三只松鼠大力布局全渠道，发展线下投食店的动机主要有以下几点。

（1）当前，消费者在线下传统商超很难买到既新鲜又实惠的坚果零食，松鼠投食店的产生正是解决了这样的痛点，用更直观的体验、与互联网一致的价格，让消费者发现好零食及周边产品，性价比优势明显；另外，通过"一城一店"、社区推广等模式，提供体验比纯线上更好的"线上+线下"服务。

（2）全零食这一品类巨大的市场潜力并没有完全迸发出来，健康零食细分品类的消费需求快速成长。以坚果为例，坚果在一、二线城市的消费量是三四线城市的6倍，但中国60%以上的人口集中在三、四线城市，这也是三只松鼠投食店选址的重要依据之一。

（3）线上竞争的激烈、流量红利的萎缩及移动商务的发展，促使三只松鼠开启投食店计划，同时，得益于移动支付的发展和技术的成熟，全渠道的展开也更为高效便捷。

主要实施策略

体验式营销

三只松鼠认为，当前的年轻消费群体把体验和个性化看得很重要，甚至高于对产品本身的需求。在投食店的管理上，要求全员学习规章制度、口号、企业文化，贯彻"三个承诺"："产品不好吃，直接退；产品不好喝，免费换；同款不同价，当场补差价。"线下投食店的布局，核心是带来服务和体验的升级，是品牌建设的一部分。不管是门店装修的视觉效果、最具性价比的产品选择、还是极具"萌"的服务特色，都是为了消费者体验而精心设计的。

个性化优于标准化

三只松鼠每个投食店都非常注重互动,不管是方便拍照分享的超大型号萌宠、现场唱歌互动得奖品、Cosplay 舞蹈会,还是充满人情味和萌文化的服装及语言,都带动了消费者的参与兴致。同时,投食店实施千店千面的管理,每个城市都有不同的文化和消费习惯,针对每个城市制定相应的策略,为具备个性化需求的顾客提供相应的产品和服务。

IP 效应充足

在三只松鼠开的每一家投食店里,都能看到松鼠的影子,这与公司想打造的独特松鼠世界相关联,包括松鼠式微笑、打招呼及收银用语等,IP 效应充足。在芜湖投食店先于线上旗舰店发售了松鼠服装"潮牌",进一步传递健康、乐活的理念。在未来,三只松鼠希望能够重构"内容、会员、渠道",提升 IP 的变现能力。同时,以零售连锁业务为基础,连接金融、游戏、社交 3 大领域,积极推动实体店与 App 的结合,实现低成本物流 + 强势零售终端。

试水快闪店

快闪店是一种不在同一地久留的品牌游击店,指在商业发达的地区设置临时性的铺位,供零售商在短期内推销其品牌,抓住一些季节性的消费者。当前很多品牌尤其是互联网品牌都尝试了快闪店模式,以估测市场反应,为布局线下渠道作前期调研。三只松鼠在上海市黄浦区开启了萌力能量站这种新型的快闪店模式,涵盖了微型占卜室、LIVE、扫描二维码即可下单等形式,引爆市场话题。

从线上到线下成果

三只松鼠从 2016 年 9 月—2017 年 7 月,陆续在芜湖、蚌埠、苏州、南通、南京、无锡等地开设了投食店(见图 8-8),芜湖投食店开业一周的总销售额高达 110 万元,超过 5 万人进店,大大超出预期。未来计划到 2022 年共布局 1000 家,实现门店总销售额突破 130 亿,成为实体经济大环境下的全国代表性零售企业。投食店多集中在三、四线城市,目的在于提升销量。投食店可实现 PC 网店、移动 App、微信商城、各类实体门店等所有渠道统一价格,实时库存。线上可以操作查询、下单及支付,线下可以进行体验和享受个性化服务。

图 8-8　三只松鼠投食店

未来三只松鼠投食店的布局除了旗舰店，还有自助投食机、社区便利店、抓娃娃机等多种终端形式。每一个投食店，都是新零售组织体系的集合点，都有很多值得学习的地方。

8.3　纯电商的全渠道战略选择

随着越来越多的实体零售商涉足电商零售成为全渠道零售商，与只经营电商零售的纯网络零售商展开竞争，实体零售与电商零售的融合发展成为大势所趋。

"全渠道零售"由 Rigby 首次提出，自 2013 年开始，全渠道零售越来越多地被提及或引用。它是指企业采取尽可能多的零售渠道类型进行组合和整合销售的行为，以满足顾客购物、娱乐和社交的综合体验需求，这些渠道类型主要分为实体渠道、电子商务渠道和移动电商渠道。如图 8-9 所示。

| 全渠道零售 | = | 传统渠道 | + | 电商渠道 | + | 移动电商渠道 |

图 8-9　全渠道零售

实体渠道的类型包括：实体自营店、实体加盟店、电子货架、异业联盟等。

电子商务渠道的类型包括：自建官方 B2C 商城、进驻电子商务平台如淘宝店、天猫店、拍拍店、QQ 商城店、京东店、苏宁店、亚马逊店等。

移动商务渠道的类型包括：自建官方手机商城、自建 App 商城、微商城、进驻移动商务平台如微淘店等。

纯电商在不断布局线上渠道，增加电商及移动电商的渠道的同时，也开始思考，传统的线下渠道该如何实现？面对全渠道，电商该何去何从呢？面对全渠道的大势所趋，电商要加强线下渠道的布局，合理利用线上数据积累优势并不断满足客户多元购物需求。

全渠道时代已是大势所趋，线上线下结合将是必然。以往电子商务冲击传统产业的说法将被否定，电商与线下实体商业，由原先的独立、冲突，走向混合、融合，通过精准化、体验为主的模式。对电商而言，线上客户体验低下，客户信任度低一直是其痛点，并且在线上增长速度放缓，流量竞争白热化，获客成本增加的当下。搭建线下渠道，线上线下结合是必然的。只有线下渠道才能让客户正真触摸到商品，获取客户信任，增加用户体验与互动，提高转化率，增加产品竞争力。同时还可以扩充线下流量。部分电商企业的行动也论证了这一观点。例如作为互联网浪潮第一批成长起来的纯电商品牌茵曼 2015 年初告别单一的电商渠道，转型开实体店，走向"电商＋店商＋微商"的全渠道模式，到 2015 年末，茵曼线下开店 101 家，签约 163 家，覆盖省市达 23 个。还有华为的"千县计划"，小米开始招线下经销商与代理商，相信在不久的将来，会有更多的纯电商品牌加强对线下渠道的布局，以线下店为依托打造"粉丝社群"增强购物体验和互动，提升用户黏性。

合理利用线上数据积累优势。如果把新零售新零售比作一个人，"人工智能＋云计算"是大脑，而"数据"则是为身体提供能量的血液。大数据为消费者赋权，从选品、商家服务、物流等环节进行"双向"反馈，通过数据打通共享让消费三元素"人、货、物流"有机融合，不断提高消费者购物体验，激发客户深层次消费需求。线上电商通过数年的高速发展，相对线下对收集数据有着天然的优势，从客户进店到成交的一系列行为都受到系统监控，转化为数据。经过多年的发展，已经积累了海量的数据，而有巨大的优势。

满足客户多元购物需求。随着消费结构升级，消费呈现出客群年轻化，需求多样化，行为个性化，方向品质化，时间碎片化等趋势。消费者更加注重产品品质与内涵，并对低价的免疫将会越来越高。企业应该从"产品思维"转变为"用户思维"了，不断关注消费人群与消费需求的变化，生产满足客户需求的产品与服务，赋予产品内涵，满足客户的多元购物需求。

其实，无论在什么时代，零售本质并未改变：一切以消费者需求为核心。纯电商发展线下渠道也是为了更好地提高消费者的购物体验。纯电商发展线下渠道，实现全渠道的发展，可以靠战略合作，与传统大型的实体店建立合作，也可以建立自己线下的实体店，下面我们将具体引用案例介绍这两种模式。

模式3：战略合作

2017年2月20日，阿里巴巴与百联集团在上海宣布达成战略合作，双方将基于大数据和互联网技术，在全业态融合创新、新零售技术研发、高效供应链整合、会员系统互通、支付金融互联、物流体系协同六大领域全方位合作。两大巨头的"联姻"震惊业界，百联股份当日开盘即封涨停。这是马云与阿里巴巴的一次历史性回归。身为中国电商第一品牌，阿里巴巴在坐稳互联网江山后调转矛头杀回传统零售行业，试图通过商业要素重构实现更长远的发展。这不仅意味着线下与线上力量的真正融合，也折射出产业融合进程已进入最复杂的周期。

被产业界誉为"商业航母"的百联集团是中国最大的多元化全业态零售集团，在全国范围内拥有4700余家网点，遍布200多个城市，是由原上海一百集团、华联集团、友谊集团、物资集团重组而成的商贸流通巨型样本。与阿里巴巴之前合作过的苏宁、银泰、三江相比，百联集团有两大不同。

首先，这是一家业态非常复杂、完整、管理水准高超的中国零售标杆企业。自2014年转型，百联投资了价值过亿元的商品营销资源来发力O2O，它正在谋求全渠道模式的革新，它的举动代表着上海服务业的转型动向。

其次，这是一家上海市国资委全资拥有的典型国企。与生俱来的体制特征意味着其开放变革的周期不会很短，在混改窗口期下，其任何对外合作都不会随意为之，一定带有某种深远的战略愿景。

阿里巴巴虽拥有银泰、三江、苏宁等"试验田"，但三家业态远不如百联集团丰富。银泰、三江是阿里巴巴的"自耕地"，但业态单一，体量与整体影响力欠缺；苏宁虽然规模庞大，管理能力很强，能带给阿里线下经验、门店支撑、物流合作资源，但很难渗透至商超、便利店等多元化消费场景。

百联集团虽然在规模方面不及苏宁，但胜在其业态丰富，不但能补充阿里巴巴线下消费场景的不足，而且可以给阿里巴巴技术解决方案创造机会。此外，百联集团总部位于上海，当地拥有的服务业水准、客户群，都比其他三家更具头等价值。与百联集团达成战略合作，也更容易引起国际市场关注，更具品牌影响力。

阿里与百联"联姻"，将在六个领域基于全业态、全渠道开展全方位合作。

一是全业态融合创新。以消费者需求为核心，共同设计建设具备高效实体业态运营效率、全渠道订单处理能力，能实时感知并满足消费者需求的新型零售门店，拓展智能化、网络化的全渠道布局，为消费者提供创新体验服务。

二是新零售技术研发。围绕新型零售门店，阿里巴巴将开放包括人工智能、智能支付、物联网、物流技术、大数据运用等应用型新零售技术，并将成功经验向社会推广复制。

三是高效供链整合。利用线上平台及线下网络收集并感知的消费者需求及行为数据，梳理并整合各自旗下商品资源，促进优质商户资源和新品的引入。

四是会员体系互通。打通双方会员体系，采用室内外人群定位、消费者画像分析、大数据支持下的营销及会员管理等，提升门店客户服务能力。

五是支付金融互联。百联线下门店支持支付宝，百联旗下安付宝/联华OK卡接入支付宝，成为消费者优选的第三方支付渠道。在数据分享及分析的基础上向消费者及供应商提供快捷、便利及多样的支付及金融服务。

六是物流体系协同。百联物流作为菜鸟网络的物流服务商与阿里巴巴集团开展业务合作，双方共同开展物流规划，为消费者和商户提供服务。

国内电商巨头与零售业巨头双双牵手，引发了市场的强烈反应，也引发了社会各界对"全渠道"的诸多关切。按照两位当事人叶永明与马云的说法，零售业正在从价格型消费向价值类消费、体验式消费、个性化消费转变，商业零售正进入一个全新的时代。新消费时代，需要新零售模式，商业零售企业需要创新与变革，以适应这一消费变化的趋势。"全渠道"不仅仅是线上线下的融合，更是以互联网、物联网、人工智能、大数据等领先技术为驱动，面向线上线下全客群提供全渠道、全品类、全时段、全体验的新型零售的模式。今天的合作，不仅仅是上海百联集团和阿里巴巴集团的合作，也是线上和线下、技术和实业、传统和创新、过去和未来的融合，未来已经不存在纯电商或者是纯线下。

模式 4：开设实体门店

阿里线下渠道的构建除了与传统实体店建立战略合作，也开始了自营实体店的试水。盒马鲜生就是阿里巴巴对线下超市完全重构的新零售业态（见图 8-10）。盒马是超市，是餐饮店，也是菜市场，但这样的描述似乎又都不准确。消费者可到店购买，也可以在盒马 App 下单。盒马最大的特点之一就是快速配送：门店附近 3 公里范围内，30 分钟送货上门。

图 8-10　盒马鲜生店面

盒马首家店上海金桥店目前每天平均营业额可达 100 万元左右，已经实现单店盈利。华泰证券 2016 年 12 月的研报显示，盒马上海金桥店 2016 年全年营业额约 2.5 亿元，坪效（每坪的面积可以产出的营业额）约 5.6 万元，远高于同业平均水平（1.5 万元）。盒马鲜生创始人兼 CEO 侯毅透露，盒马实现用户月购买次数达到 4.5 次，坪效是传统超市的 3~5 倍。

此外，盒马用户的黏性和线上转化率相当惊人。据侯毅透露，盒马的线上订单占比超过 50%，营业半年以上的成熟店铺更是可以达到 70%，而且线上商品转化率高达 35%，远高于传统电商。目前，成熟门店如上海金桥店的线上订单与线下订单比例约为 7∶3。

阿里巴巴认为，创造盒马，不单单是为了在线下开店，而是希望通过线上驱动淘系的消费数据能力，线下布局盒马与银泰商业，以及和百联、三江购物等开展更丰富的合作形式。模式跑通后,其数据能力和技术能力会对合作伙伴开放共享。这是线上线下渠道数据的打通。

除了阿里巴巴,京东这样的大型纯电商也通过开展全渠道营销,加速渗透线下零售场景。据京东集团副总裁韩瑞介绍,今年京东双十一将全面覆盖全球200多个国家和地区,不仅是在线上,京东在全国线下布局的京东之家、京东专卖店、京东母婴体验店、合作伙伴沃尔玛在全国的400余家门店以及接入京东掌柜宝的10万家便利店等,也将通过门店科技与大数据系统完成和京东平台的融合。除此之外,京东还推出无人购超市(见图8-11)、药店等,再一步升级消费者的购物体验。庞大的线下门店零售资源将进一步为京东的线上平台输送流量,同时,消费者也将借此获得更优质的消费体验。

图8-11 京东无人超市

总结传统零售商、多渠道零售商和纯电商零售商实现全渠道的模式对零售商而言,由于不同企业的自营、联营比例不同,对全渠道的认识、投入也不尽相同,因此参与电商,开展全渠道营销的模式、路径、深度等也各不相同。就全渠道营销模式而言,本身并没有好坏之分,合适与否才是关键,所以以上模式和案例仅供读者和企业作为参考。

第9章 全渠道零售商的定价策略

据《大数据时代》一书记载，2003年，奥伦·埃齐奥尼（oren etzioni）准备乘坐从西雅图到洛杉矶的飞机去参加弟弟的婚礼。他知道飞机票越早预订越便宜，于是他在这个大喜日子来临之前的几个月，就在网上预订了一张去洛杉矶的机票。在飞机上，埃齐奥尼好奇地问邻座的乘客花了多少钱购买机票。当得知虽然那个人的机票比他买得更晚，但是票价却比他便宜得多时，感到非常气愤。于是，他又询问了另外几个乘客，结果发现大家买的票居然都比他的便宜。巧合的是，埃齐奥尼是美国最有名的计算机专家之一，自此之后，他创建了基于大数据的票价预测系统软件公司Farecast公司，该公司后来被微软公司以1.1亿美元的价格收购，而后，这个系统被并入必应搜索引擎。相比于埃齐奥尼因为一次价格吃亏却取得事业成功相比，大多数消费者不会这么幸运。无独有偶，近期国内在线差旅、交通出行、在线票务、视频网站、网络购物等诸多全渠道零售服务平台纷纷被曝出可能存在大数据"杀熟"行为——购买同样的产品或服务，老客户反而要比新客户花钱更多。对此，有平台表示"价差可能由于日期、支付方式、供应商等的不同而导致"；有平台回应"不允许价格歧视，价格不会因人、设备、手机系统不同而不同"。这些回应貌似有理，但与消费者的体验并不一致，一些平台利用大数据"杀熟"，是不少消费者曾经遭遇过的事实。为此，人民日报在2018年6月发表了《大数据杀熟,是在有意"消费"消费者的忠诚度》一文，对互联网环境下的"杀熟"行为也进行了批评。

20世纪60年代，麦卡锡将营销组合的众多因素概括为产品（Product）、价格（Price）、渠道（Place）和促销（Promotion），这一思想构筑了现代营销理论的基本框架，其中，价格自始至终是营销活动的焦点之一，在全渠道零售环境下也不例外。在大数据和云计算被广泛运用于智慧零售的今天，如何有效利用技术这把双刃剑，合理地制定定价策略，仍是当前零售新常态下面临的重要问题，本章就将以"定价"为核心,先从价格的形成过程出发,分析几种主要的经典定价方法,然后结合全渠道零售的新特点,介绍几种新的定价方法,从而对零售商的定价策略形成整体的认识,以便管理人员更好地针对实际情况选择最有效的定价策略。

9.1 全渠道定价影响因素及形成机制

价格对于公司的利润至关重要,科学的定价往往需要管理决策者系统地思考定价策略,其中正确的定义价格影响因素和了解价格形成机制是正确制定定价策略的前提,结合智慧零售的新特点,有必要重新系统地梳理这两方面的知识。

全渠道定价影响因素

以典型的全渠道零售企业为例,影响该企业定价的主要因素大致上可总结如下。

全渠道零售商的主要特点是渠道的全覆盖以及渠道之间的自由转换。由于单一渠道无法满足全渠道零售的要求,因此渠道拓展费用是零售商必不可少的开支,其成本大小取决于该零售商的渠道选择类型,如线上渠道的建设。商家可以选择自建渠道和电商平台(如亚马逊、京东、天猫、苏宁易购、美团、携程等),前者会产生网站建设、域名空间等费用,后者会产生平台佣金(见表9-1)。目前主流电商平台的费率相差不大,主要与平台的受众和流量大小有关。随着移动互联网的发展,越来越多的商家转向移动渠道的建设,除了各大电商自带的移动App,商家也可以选择自主开发手机App或者微信小程序等方式建立移动购物渠道,相应的也会产生一定的成本。

生产或采购成本

产品的生产成本包括原材料、研发、生产制造、运输、工厂利润等。如果卖家为了保障品质,对产品进行改良或微创新,成本也会增加。对于没有工厂的卖家,他们需要在市场上进行采购,采购成本的高低对定价有直接影响,如果产品的进货成本高,卖家为了保证利润,定价自然会高一些。

表 9-1 2017 年代表性网络平台零售商的典型商品的平台费

商品种类	京东商城		天猫商城		苏宁易购		亚马逊中国	
	固定费用/元	费率/%	固定费用/元	费率/%	固定费用/元	费率/%	固定费用/元	费率/%
图书	12 000	6	30 000	2	12 000	3	0	12
3c 数码	12 000	2~8	300 000	2	12 000	3~7	0	8
服饰	12 000	6	30 000	5	12 000	6	0	10
		8	60 000					
鞋靴	12 000	8	60 000	5	12 000	6	0	10

市场供需情况

市场需求对产品价格有很明显的影响。当市场追捧一个新品时,造成这个新品供不应求,那么它的价格也会随之上调。但当产品被商家线上线下大量铺货,买家的选择多样化,卖家的利润被稀释,商品的价格也会受到影响。同时,市场需求是动态变化的,可能受到经济环境、天气气候、流行趋势、地域文化、消费者偏好等因素的影响,企业在制定价格时需要综合考虑,特别需要强调的是,随着大数据和云计算的广泛运用,市场需求预测的手段得到极大的丰富。不同于传统预测方法强调经验和历史销售数据且往往采用抽样分析的技术,大数据提供的是海量的样本数据和样本类型,从而使企业往往能更精准地预测市场需求,为定价提供了更科学更可靠的需求数据。因此,企业在预测市场需求时需要重点考虑这些新方法。

预期利润水平

预期利润是企业制定经营目标的重要指标,也是影响价格的一个重要因素。零售商在选品时会考虑产品是否有市场和利润,同时,在与供应商议价时往往会预先设定一个期望利润,然后根据买卖双方的议价能力确定一个能接受的预期利润水平,根据这一预期利润水平,零售商进一步制定终端销售价格。

品牌形象定位

产品品牌定位不同,价格定位也不一样。走产品低端市场路线的品牌,价格会偏低;走中端市场的品牌,价格适中;走高端市场路线的品牌,价格偏高,但产品与服务也都是高端的。对消费者而言,品牌产品的保留价格也往往受品牌的定位高低的影响。

促销策略

大部分零售商或交易平台都会有不同主题的促销活动。如亚马逊每年7月中旬有会员日,下半年有"黑色星期五"、圣诞大促。而国内的天猫、京东、苏宁易购等大型电商平台每当重大节假日、促销节日来临之时,都会大规模调整价格,比如双十一、双十二、6·18等大型促销活动。

营销推广费用

营销推广费用包含产品销售推广、产品包装以及与营销相关的各类活动发生的费用。企业为了促进销售,增加销售收入,销售人员会设计各种各样的营销与促销手段,从而带来了名目繁多的营销费用。不仅如此,售后服务也日渐成为营销费用的重要部分,很多企业越来越重视售后服务的质量。所以,企业提供售后服务的成本也不容小视,售后成本同样构成了营销费用的一部分。具体来说,营销费用大致分为以下几类:媒介推广费、促销活动费、顾问合作费、销售奖金、销售工具制造费、现场管理费、临时设施费用等。

竞争对手的价格

随着在线购物的盛行,以及技术手段的进步,商家很容易利用数据采集软件实时的检测竞争对手同一商品或类似商品的价格变化,并采取即时的措施调整价格,因此在全渠道零售环境下,价格以及价格的变化在竞争对手之间是完全公开透明的,任何细微的变化都能被对手察觉从而产生连锁反应,因此商家在制定价格时必须要考虑竞争对手的反应。

运输费用

运输费用的差异首先来自快递品牌的选择上,例如,很多商家会选择顺丰快递提供运输服务,并在顾客购买商品时会明确告知。同时,运输商的服务品质的差异也会造成成本的差异。运输成本会被卖家转嫁到成本之中,从而影响最终的定价。

产品生命周期阶段

同一个产品,有竞争对手和没有竞争对手的定价策略是不一样的。同时产品在不同的阶段,定价策略也是不一样的。在新品上架之初,为了培养买家的良好体验,让产品快速切入市场,卖家们会将价格定低一些。但是,也不能定得太低,那样非但赚不到应得的利润,反而会让买家低估商品的价值,甚至怀疑产品的质量。处于成长阶段,卖家的产品在销量、好评、星级分数各项指标有了一些基础,销量处于上升阶段,但忠实顾客还较少,卖家则会适当提高价格,或者将价格控制在比竞争对手的稍微偏低一点的范围。当产品销量稳定后,产品的排名、流量、星级评分、销量各方面的指标都很不错,在市场上积累了不少的人气,消费者比价行为会弱化,更多地关注品牌形象与定位,此时卖家可以放心地将价格调得比市场价高一些,忠实的顾客也不会因为你提价而离开。最后,产品会慢慢地进入衰退期,会被市场上推出新的功能更加完善的产品取而代之,消费者的忠诚度也会下降,需求也会逐渐减弱,如果还有库存,卖家会降低价格进行清仓处理。

其他因素

其他因素如消费者的消费习惯、资金周转、市场竞争程度、库存情况、货币利率等,都可能会影响商家的定价策略。

全渠道定价形成机制

定价可以有效管理并发挥极强的杠杆作用,并且将价格的形成贯穿至整个企业的战略制定和实施,如图9-1所示,科学的定价应该是从企业对内外部环境的分析开始的，其中对外部环境的分析，主要包括竞争的态势、差异化以及顾客的细分，进而掌握企业所处的市场环境以及所面临的潜在顾客群体，为企业的战略制定提供宏观资料支持。另外，企业也要熟知内部的环境，包括经营成本、经营目标以及企业的宗旨，这些内部的要素也直接影响着企业战略和战术层面的策划。在全渠道零售和智能制造大环境下，无论是外部环境分析还是内部经营条件分析，以往主要依赖于管理决策者的经验或者有限的数据资料基础做出简单分析显然已经行不通了，大数据驱动的商业决策被广泛地应用于各个领域，特别是作为企业战略决策的客观数据支撑，正在发挥巨大的作用。通过对企业所处市场环境和内部情况的系统掌握，进而制定企业的具体战略。

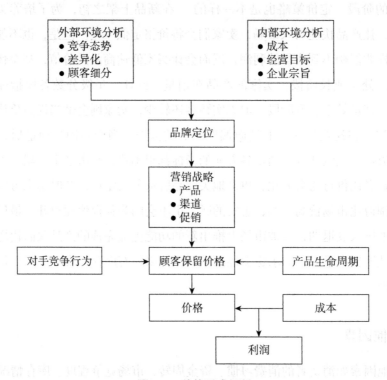

图 9-1 价格形成机制

伴随定价策略一起诞生的还有营销战略的其他几个方面，包括产品策略、渠道策略和促销策略，他们与定价策略之间的关系往往是相互依存的，高明的定价者会全面地系统地分析整体营销布局后再对战略进行分解，以免偏离战略的主线。等到企业的具体营销战略落实后，最直接的反应是消费者对企业品牌或产品所形成的印象，用经济化的方式表达即为顾客对产品的保留价格，需要强调的是，顾客的保留价格是隐形的也是动态变化的，隐形方面表现为顾客的保留价格体现在其心理层面，需要通过调研和测量后企业才能大致地掌握，而动态性则主要体现其随外部对手竞争行为以及产品本身所处生命周期和市场阶段的调整上。此外，顾客的保留价格也与顾客的行为特征有关，传统的营销手段很难捕捉到顾客的这些特征，而全渠道零售商通过对顾客行为大数据的分析，能对顾客进行精确的画像，从而能更主动地掌握个体消费者的行为特征，使得对消费者保留价格的测量从面深入到点，为产品或服务的个性化定价提供了条件。

9.2 常见定价方法

简单成本加成法

采用成本定价法的公司首先确定销量目标，然后基于预期销量预测算出平均单位成本，然后在此成本基础上加上预期利润就算出了最终价格，这种方法看上去符合价格形成的基本因素，且简单易行，因而被绝大部分公司所采用。除了操作简便外，这种方法在财务上似乎也是严谨的，因为它确保了销售的利润。但是事实上成本加成法有时也不能保证所有销售都会产生利润，由于其假设成本是销售量的函数，如果实际销售量低于目标销售量的话，那么实际发生的成本会高于预期成本，从而导致实际价格被低估，进而造成利润损失。在实践中，企业的实际销售量低于目标销售量是经常发生的，众所周知，企业对于销量的预测往往会存在牛鞭效应，即预期销量会随着需求的失真而往供应链上游逐渐放大。即使实际销量超过目标销量，也不能确保按成本加成法制定的初始价格一定就是合理的，因此成本加成法在科学性与严谨性上都存在着一定的缺陷。总体来说，使用成本加成法定价最大的弊端在于它是封闭的定价方式，会将企业与顾客隔离开来，忽略了市场研究和消费者洞察的重要性。如果公司一贯性地采用成本加成法定价，那么定价的过程往往是一蹴而就，忽略了价格调整的灵活性，进而错失市场改善的机会。

跟踪定价法

跟踪定价法是一种被广泛运用的定价方法，管理者在进行战略定价时常常会使用这种方法，即经过调查竞争者的价格，然后在近似的价格水平上进行微小调整后作为自己产品的价格。这种方法在全渠道环境下更容易实施，且价格跟踪往往是实时的。尽管这种方法很简单，不需要进行烦琐的市场研究，看上去也比较安全，可以避免因价格竞争而造成的市场份额损失，但是，这种定价方法可能会带来其他严重的影响，从而使企业付出较大的代价。

一方面，跟踪定价是一种被动消极的定价策略，会使销售者缺乏对自己所处市场地位的深入洞察，更严重的是，如果竞争对手也采用同样的定价方法，理论上会导致所谓的"伯川德陷阱"，即竞争双方因价格降低带来更大的市场份额，因而会轮流降价直至双方的边际收益都为零。现实中在很大程度上也会导致产业内所有公司的价格很容易进入下行通道，最终不仅伤害公司本身，甚至会波及整个行业。

另一方面，当竞争对手采用跟踪定价时，企业应该如何应对呢？以市场领导者为例，可采用以下几种对策：一是维持原价。作为市场领导者，因竞争对手的出现而损失部分利润是必然的，维持原价可能会使市场占有率受到损失，但不会太多，维持原价可以为企业赢得时间以制定更全面的应对措施。二是提高质量。作为市场领导者，企业在维持原价的同时，还必须提高产品的价值，比如可以改善产品、服务等，突出产品优势，在某种程度上改进产品质量，这比价格战更有战略意义。三是针锋相对。当企业的生产成本正在随着产量的增长而降低且市场对价格变动较为敏感时，采取针锋相对的措施可能会更有效。四是提价并同时提高产品质量。美国的休布里因公司曾经生产有一种"斯莫诺夫"牌伏特加酒，其在美国的伏特加酒市场上的占有率为23%，但它同时与另一种"沃尔夫施米德"牌伏特加酒在市场上竞争，当后者以每瓶降价1美元实施攻击时，休布里因公司并没有跟着对手转，而是将其产品的售价提高了1美元，并将由此增加的收入用于广告支出。与此同时，休布里因公司还另行推出了一种"鲍波夫"牌伏特加酒，在这种策略实施后不久，对手便大败而去。

差别定价法

实际上顾客对于某个产品的保留价格也是有差异的,因此,区别不同顾客并使其支付不同价格对于企业也是有利可图的,并且也为企业的差别定价创造了条件。例如,据媒体报道,肯德基的同样产品,在不同的肯德基门店价格会有差别,肯德基相关人士随后在接受记者采访时表示,这是他们启用的细分差别定价策略,在不同城市、不同商圈,综合考虑每家餐厅的租金、营业状况等因素,依据各餐厅实际情况差别定价。"肯德基进入中国 20 多年,一直采取传统的全国统一定价模式,然而在部分城市或客流量大的特殊商圈,快速上升的店铺租金形成巨大成本压力,各城市消费者的承受能力也不尽相同,这个问题需要通过差别定价来解决。"该人士表示,在一些特殊商圈的肯德基餐厅,产品价格会略高,但在一些社区等地段的肯德基餐厅,就会提供更加亲民的产品价格。另外,企业往往会采用折扣的方式来差别定价,例如,我们都知道一般优惠券金额是不固定的,我有可能"幸运的"抢到 10 元,也有可能"倒霉的"只得到几角,然而这真的只跟运气有关吗?其实,总的优惠金额是有限制的,企业把用户分成了"老用户""沉睡用户""单产品活跃用户""新用户"等,对于忠实的老用户,优惠券的多少并不会影响这部分人的购买决策,所以他们抢优惠券时总是"倒霉的";反之,对于一位新用户,他往往就是"很幸运的"的,这实质上就是一种变相的差别定价。

尽管差别定价有诸多优点,但是也会引发一些问题。例如,由于网上销售并不能增加市场对产品的总的需求量,为提高在主营产品上的盈利,亚马逊在 2000 年 9 月中旬开始了著名的差别定价实验。亚马逊选择了 68 种 DVD 碟片进行动态定价试验,试验当中,亚马逊根据潜在客户的人口统计资料、在亚马逊的购物历史、上网行为以及上网使用的软件系统,来确定对这 68 种碟片的报价水平。例如,名为《泰特斯》(*Titus*)的碟片对新顾客的报价为 22.74 美元,而对那些对该碟片表现出兴趣的老顾客的报价则为 26.24 美元。通过这一定价策略,部分顾客付出了比其他顾客更高的价格,亚马逊因此提高了销售的毛利率,但是好景不长,这一差别定价策略实施不到一个月,就有细心的消费者发现了这一秘密,通过在名为 DVDTalk(http://www.dvdtalk.com)的音乐爱好者社区的交流,成百上千的 DVD 消费者知道了此事,那些付出高价的顾客当然怨声载道,纷纷在网上以激烈的言辞对亚马逊的做法进行口诛笔伐，有人甚至公开表示以后绝不会在亚马逊购买任何东西。更不巧的是，由于亚马逊前不久才公布了它对消费者在网站上的购物习惯和行为进行了跟踪和记录，因此，这次事件曝光后，消费者和媒体开始怀疑亚马逊是否利用其收集的消费者资料作为其价格调整的依据，这样的猜测让亚马逊的价格事件与敏感的网络隐私问题联系在了一起。为了挽回日益凸显的不利影响，亚马逊的首席执行官贝佐斯只好亲自出马做危机公关，他指出亚马逊的价格调整是随机进行的，与消费者是谁没有关系，价格试验的目的仅仅是为测试消费者对不同折扣的反应，亚马逊"无论是过去、现在或未来，都不会利用消费者的人口资料进行动态定价"。贝佐斯为这次的事件给消费者造成的困扰向消费者公开表示了道歉。不仅如此，亚马逊还试图用实际行动挽回人心，亚马逊答应给所有在价格测试期间购买这 68 部 DVD 的消费者以最大的折扣，据不完全统计，至少有 6896 名没有以最低折扣价购得 DVD 的顾客获得了亚马逊退还的差价。至此，亚马逊价格试验以完全失败而告终，亚马逊不仅在经济上蒙受了损失，而且它的声誉也受到了严重的损害。

捆绑定价法

人们容易观察到，麦当劳通常以多款套餐的形式销售（汉堡、薯条和饮料）、微软的操作系统会搭载 IE 等浏览器软件、在旅游服务 App 上预订机票时往往会被推荐接送服务和目的地酒店的套餐价格，这些都是捆绑定价法的实际应用，具体来说，当商家将几种商品打包在一起，以低于这些商品价格总和的总价出售，这种定价方法称为捆绑定价法，捆绑定价法是一种非常有效且被广泛运用的定价方法，消费者一次性购买多样商品而不是单独购买某样商品时，会获得一个捆绑的折扣。

与简单的价格捆绑不同，商家还以采用特征捆绑的方式定价。在特征捆绑中，不同特征和价值的产品组合后，成为单一的多功能产品，因此，通过将功能不同的产品捆绑比单一的价格捆绑提供的附加价值更高，换句话来说，特征捆绑的整体设计本身就是具有价值的，与单独购买相比，特征捆绑使顾客获得更高的价值，公司也能制定更高的价格，例如，拥有音乐播放器、通信、浏览器等功能的苹果手机，顾客能够单独购买具备这些功能中某一功能的产品，但购买一件组合式产品能够获得更高的附加价值。特征捆绑的边际成本低于单独销售产品的成本，在苹果手机的例子中，单独的手机、浏览器和音乐播放器的生产成本高于捆绑了这些功能的一件产品的成本。当实施特征捆绑时，一些因素会对定价和产品组合策略产生影响，例如市场竞争态势的影响。对特征捆绑产品定价时，卖方可以根据前文介绍的顾客感知价值或保留价格的形成机制，测度顾客对于捆绑产品的总估值，从而准确把握价格捆绑产品的最优价格结构。

捆绑定价法是一种依赖于消费者需求异质性的定价方法，特别是不同产品间的对比需求。需求异质性意味着不同顾客对不同产品的感知价值也不同，进而使得不同细分市场上的顾客对于某种产品的估价也会截然不同。例如，假设某一价格捆绑中包括两种不同的产品，一类细分客户对第一种产品的估价高，对第二种产品的估价低，而另一类细分客户则估价恰好相反，对第一种产品估价低而对第二种产品估价高，可以将这种情况描述为细分客户的需求相反。以麦当劳的超值套餐为例，假设麦当劳向某市场提供包括汉堡和薯条的超值套餐，该市场包含两个假定的细分客户群，即汉堡爱好者和薯条爱好者，在这个例子中，汉堡爱好者和薯条爱好者对汉堡和薯条的需求为对比需求，通过对汉堡和薯条进行折扣捆绑销售，可以激励汉堡爱好者尝试薯条，而薯条爱好者则尝试汉堡。类似的情况也发生在办公软件市场，财务工作者对制表软件的估值高，营销人员则对文字处理软件和演示工具的估值较高，而微软推出的Office软件套餐则综合各种办公需求的工具。

捆绑定价利用市场上对不同产品的对比需求，促进不同细分市场上的顾客购买更多的产品。如果为了获得单个产品的最大利润而对每种产品进行单独标价，那么单个产品的最优价格只能吸引对产品估值较高的细分市场，在这种情况下，对某种产品估值没那么高的细分市场只购买其认为价值高的产品而不购买其他产品。从某种意义上来说，捆绑定价是给那些对一种产品的估值低于其他产品的顾客的优惠折扣。对于更一般的情况，捆绑的产品数量越多，顾客的支付意愿的离散程度降低越多。因为顾客对产品估值的不确定性对有效定价产生消极影响，所以捆绑策略能够创造高利润。同时，捆绑定价也受到前景理论中提到的心理账户的积极影响。由于捆绑价格低于产品单价之和，相比之下捆绑被认为是一种折扣，对顾客而言，折扣是效用的另一种来源，与单一的经济效用相比，捆绑策略创造的定价利润空间更大。

非线性定价法

非线性定价是指消费者就某一商品或服务支付的总价格同购买的总数量不成线性比例的一种定价方式,两部制定价作为一种最简单的非线性定价方法,应用得最为广泛。两部制定价在定价过程中包含两个要素,可以把第一个要素比作入场费,入场费是针对所有顾客的,忽略顾客消费水平的固定收费。第二个要素是根据每次消费水平或其他形式计量收费,计量收费由可测量的消费单位决定,一句话概括两部制定价,就是入场费使顾客拥有了购买计量要素的权利。以某酒吧为例,假设酒吧收取100元的入场费,每杯酒水收取25元。交了入场费,顾客就有权进入酒吧并消费酒水,没有交入场费,顾客就不能进入酒吧享受酒水,所有的顾客如果想要进入酒吧,购买酒水,就必须交入场费。消费酒水的数量是计算顾客消费金额的标准,每杯就是25元是计量价格。顾客可以自主决定是否消费酒水,因此他们能够决定娱乐一晚的花费。

在理想的利润最大化模型中,第一要素是为了提取顾客的所有价值,第二要素是为了回收边际成本。如果市场是同质的,这样的模型就是可能的,当所有的顾客都有相似的需求,两部制定价的理想结构是设置与顾客从消费中获得价值相等的入场费,设置与边际成本等价的计量收费。以Costco为例,他们向顾客收取会员费,然后以接近成本的价格销售商品(毛利率控制在14%之内),Costco会员续卡率高达90%,Costco年报显示,2016年持卡人有8760万人,其中4760万人是付钱买的会员卡,价格是付60美元/年,并且会员费占据了该公司的大部分利润。

现实中,两种要素都从顾客身上获取价值,并与其购买意愿成比例。实际上,计量费用在实现两部制定价时,也是公司利润的重要来源。如果市场是异质性的,两部制定价的最优结构将要求价格结构的所有部分都要产生利润。上述Costco的例子,其较低的计量费用得益于市场的同质性,他们会预先给用户画像,Costco的用户是典型的美国中产阶级:一对夫妻、两个娃、一条狗、一栋独立房屋和两辆车,更具体点的人口统计特征还包括,受过大学教育,年收入10万美元及以上,除去最富的20%和最穷的20%,中间60%都预设为Costco的标准用户,他们每周至少开车去买一两次菜,其中一次就是Costco。而在异质化市场中,两部制定价只能将源自最低需求顾客的价值传递给公司,对于其他所有顾客,公司创造、传递的所有价值由顾客和公司共享。在绝大多数情况下，每一个市场都是异质的，一般来说，两部制定价靠入场费和计量收费这两部分收费获取利润。

在顾客看来，两部制定价按照消费比例收取不同的价格。对低消费人群来说，两部制定价计算出的总体价格是比较低的，对高消费人群来说，总体价格会比较高。用两部制定价的产品通常都是不容易转售或者存储的，这样的要求源于阻止售后市场转让的需要。通常情况下，公司实施两部制定价的能力随着竞争激烈程度的加大而降低，当竞争程度加大时，公司收取入场费的能力下降，它必须提高价格结构中计量要素的价格，或者创造独特的竞争优势，以吸引更多的顾客缴纳入场费。

9.3 创新定价方法

动态定价

动态定价是利用互联网和大数据赋予的强大信息处理能力，根据消费者行为特征、供应情况、库存水平及其他价格影响因素的变化，迅速、频繁、动态地实施价格调整，为顾客提供不同的产品、各种促销优惠、多种交货方式以及差异化的产品定价方式。在此定价方式下，商家无须不断以牺牲价格和潜在收益为代价，便可及时清理多余库存。亚马逊作为电子商务巨头，拥有迅速频繁、游刃有余地改变数百万商品价格的能力，亚马逊降低畅销品、高知名度商品的价格，同时又通过提高价格敏感的弹性商品价格来保证其利润。这样不断刷新其价格低廉的美誉，而且削弱对手的竞争力。事实上，亚马逊和一些其他线上网售巨头的成功已经清晰表明，在电子商务和全渠道零售中，动态定价是保持竞争力并推动收入和利润增长的关键因素。甚至实体零售领域，随着全渠道零售的发展，线上线下的数据逐步被打通，辅以云计算、智能货架、电子价格标签等先进软硬件的应用，线下实体店应用动态定价也成为现实。欧洲的 Sainsbury、Morrisons 和 Tesco 已经在他们的试点门店中实验电子价格系统。在国内，盒马鲜生作为阿里旗下的泛生鲜零售新物种，以线上线下融合和业态创新为主要经营特征，2018 年年初，盒马鲜生位于北京经济技术开发区的旗舰店就搭载了电子标签（electronic shelf labels）系统，如图 9-2 所示。

图 9-2　盒马鲜生店内的电子价格标签

在动态定价实际运用过程中，同样也会收到客户异质性的影响。当顾客的感知价值差异性越强，市场需求的不确定因素越多，动态定价的价值及作用也就越大。例如，如果企业发现顾客需求稳定且完全可以预测时，并且顾客彼此间也不存在感知价值差异，此时采用动态定价策略的价值就很低。如果顾客对相同产品或服务的感知价值存在差异，而需求形态则相对固定，此时企业灵活运用动态定价策略，根据顾客不同的产品或服务偏好、感知价值，针对性地动态设定定价。另外，企业应当有选择地运用好动态定价，定价策略应与企业品牌战略并行不悖，同时以动态价格为竞争优势的企业首先必须要有强大的客户洞察能力。也就是说，要预测未来需求形态的变化，企业需要针对不同产品和服务，揣摩顾客的价格承受心理。所幸的是，网络技术发展至今，已经为企业提供了多种成本低廉的解决方案。跟踪顾客行为、洞察顾客心理不再是遥不可及的奢侈品。在零售行业，运用网络比较工具，企业可以对竞争对手的定价策略实施自动监控。

此外，为了推行动态定价策略，企业还要练好"内功"，包括建立绩效基准，洞悉关键部件的库存水平。要确定合适的时机，以便采用清理定价策略，或在市场供应缺乏弹性时实施动态推销或者市场细分与限量配给策略。而要建立绩效基准，就得整合前后端系统，建立更为有效的数据仓库和跨企业的流程整合能力。许多企业对动态定价还较为陌生，却不能不面对细分市场的不断变化。因此，建立必要的动态定价能力就显得越发至关重要。这就要求企业着手招募专业人才，确保高级管理层对以下两个方面给予应有的重视：即新定价模型的运用和特定客户价值的重新评估。要认识到，动态定价并非百利而无一害的灵丹妙药。因为，顾客总不愿有上当受骗的感觉。企业必须谨慎从事，同一产品价格确保渠道一致性。亦可在差异性上多做文章，拉开产品服务档次。

最后需要强调的是，动态定价策略也存在固有缺陷，其有效性要构筑在及时反应与调整的定价系统之上。也就是说，在按既定定价规则运作的基础上，离不开人为的判断。企业必须具备敏锐的感知能力，对动态定价策略有所反应。如果不具备这种感知能力，企业就该老老实实，采取稳定的定价策略。在制订定价策略的过程中，明智的做法是针对特定客户群体进行试验，甄选出最佳定价模型，然后，再对模型进行相应的调整。伴随网络销售渠道的出现，动态定价策略越发显示出日益重要的意义。它为实现客户与企业资产回报最大化创造了新的途径。同时，它还为企业建立未来竞争优势指明了新的方向，培养企业难以为竞争对手模仿的竞争能力。

顾客自己定价

在 20 世纪 90 年代电子商务兴起时，市场中电子拍卖机制为这样一种定价提供了条件：消费者首先报价，然后由卖家决定是否接受。这种定价模型称为"顾客自己定价（Pay as you want，PAYW）"，它基于消费者会表露他们真实付款的假设，报价对消费者有约束力，消费者必须提供信用卡账号或允许在他们的账户中记账，确保付款得到保障。一旦消费者报价超出设定的最低价（只有卖家知道），消费者就按出价付款，得到竞价的商品。而第一个将顾客自己定价运用于实践的是成立于 1998 年的 Priceline 公司，结果表明大部分消费者报出的是不切实际的低价，于是导致这种定价方式后来成为供应商处理超额库存的一种方法，在定价体系中扮演了边缘的角色。尽管理论上希望发现消费者关于支付意愿的真实想法，但顾客自己定价的模型没能满足原定目标，于是，一个类似的定价模型出现了，在该模型下，卖家有义务接受买家的报价，该模型于 2007 年被英国另类摇滚乐队电台司令（Radiohead）成功应用在在线销售"彩虹里（In Rainbows）"专辑，该专辑不再采用传统定价方法，而是让他们的粉丝可以以任意价格进行下载。在乐队主页的支付页面,访问者会看到一个空的价格箱,点击这个价格箱就会出现一个对话框:"给多少钱你来决定吧!"在下一个页面上又出现另一个对话框:"真的!你来决定价格!"电台司令乐队之所以把价格决策权交给听众,是由于多年来传统销售渠道一直表现不佳,幸运的是,超过180万人下载了这张专辑,虽然有60%没有付钱,但还是有40%的买家付了钱。据美国电子商务调查公司ComScore调查结果,电台司令乐队的顾客每人平均支付了2.26美元,而这可能比采用传统定价模式经过层层分销之后能够得到的收入还要多,这已经足够证明这张专辑获得成功了。有意思的是,这种模式不一定总是有效的,另一只不像电台司令乐队那么著名的乐队,Havery Danger乐队,但它也拥有自己的粉丝群,在2005年效仿电台司令乐队的模式发行了一张专辑,粉丝们下载了19万次,但是只有1%的人或多或少地付了点钱。该乐队的吉他手杰夫说,虽然平均支付金额也有8.34美元,但显然离成功还有一定的距离。为什么同样类型的产品和同样采用顾客自己定价模式会存在如此大的差异呢?也许是由于音乐行业固有的高风险特性。

通过《彩虹里》的成功案例,还是可以总结出顾客自己定价方式的五个共同特征。

(1)产品边际成本低。在线销售的产品或软件产品的边际成本均很低,类似地,任何边际成本很低的商品(即使首次投入很高,但是后续的生产或复制成本的成本很低)都可以尝试有顾客自己定价的策略。

(2)消费者忠诚度或道德水平较高。在电台司令乐队的案例中,《彩虹里》销售的成功建立在无数歌迷的忠诚上,作为乐队的铁杆歌迷们,他们关心着乐队的成长,因此也具有较强的支付意愿。在理论的解释上,古典经济学把人当成自私和理性的,而忽略了人的情感因素,芝加哥大学行为经济学领域的先驱理查德·泰勒教授指出,人类经常会对他们收到的对待做出富有情感地反馈,他强调,人们"以友好馈赠友好,以合作回报合作,以真诚对待真诚,以背叛惩罚背叛"。泰勒教授同样也指出,人们总是会表现出一些利他性的,就算没有经济激励也无所谓,顾客自己定价的模式正是利用了这一利他性的行为特点。

(3)产品可以可信地卖出不同的价格。电台司令乐队之所以利用顾客自己定价模式取得成功,另一个主要原因是他的顾客群里有一群人比其他任何人都热爱电台司令乐队。如果一件商品的顾客感知价值差异性不大,那么有顾客自己定价的方式是行不通的，顾客自己定价策略能够获利的重要原因在于该商品有着极其广泛多样性的顾客群，这么多人心中对商品的成本结构认知不会统一，从而很容易高估商品的实际成本。另外，广泛的顾客群在给出自己愿意支付的价格后，实际上实现了卖家对每个消费者收取不同的价格，从而实现利润最大化，更精确地说，顾客自己定价方式让卖家能够将价格歧视细分到每一个顾客身上。

（4）买卖双方关系密切。让顾客定价模式中买卖双方具有较强的关联性，总是很乐于去跟对方交换自己的真诚和友好。在采用顾客定价模式的企业中，同样理念的应用显得更为重要，因为顾客的支付行为完全靠自觉。

（5）高度竞争的市场环境。音像制品行业是高度竞争性行业，不仅因为有无数的乐队在互相争夺年轻的歌迷，同时因为盗版猖獗，导致很多年轻歌迷们选择听不花钱的盗版歌曲，在这样一个市场里任何一个乐队选择制定一个固定的价格，必然面临销售惨淡，而顾客自己定价模式提供了一个更好的定价机制，尽管乐队总是希望定高价来实现利润最大化。确实，在一个竞争性很强的市场中，顾客自己定价能有效地避免可能的价格战，因为消费者支付自己的价格是随机且自主的，这样使得竞争对手无法开展价格战。

零定价

免费、无偿、白送，越来越多的商品默认价格是零。当然这并不是说，因为免费，企业就无法挣钱了，免费也可以是桩不错的买卖。在"体验"成为推销的一种强有力方式的今天，人们还真是能吃到"免费的午餐"。曾提出著名的"长尾理论"的克里斯·安德森对众多企业作过调查研究，认为"如今确实存在免费的午餐，20世纪的免费是有效的市场营销策略，而21世纪的免费则是一种全新的经济模式"。作为价格策略的组成部分，"免费"其实从来没有远离现实生活。商家为了能获得用户的注意力和忠诚度，越来越多地用"满100送50""买一赠一""啤酒免费"等眼花缭乱的招法。据克里斯·安德森调查发现，因为"总有至少1%的客户愿意主动付钱，或者商家也总可以从互补的产品中获得收益"。举一个经典的例子，国内的大多数酒吧通常对女士是免收入场费的，甚至有时会举办"女士之夜"，在这样的夜晚，酒吧的女士甚至可以免费畅饮，但是对于男士是要收费的，如果酒吧里女士多了，则会吸引更多的男士进来，而且绝大多数男士们会毫不吝啬地为女士们购买酒水和其他服务以获得更多的接触机会。

事实上,"零定价"恰恰也是谷歌公司所选择的定价策略,消费者访问谷歌网站,通过强大的、让无数人生活变得更轻松美好的搜索引擎,消费者得到的一些搜索结果都是绝对免费的,与之类似的360公司也为万千国内用户提供免费的杀毒软件,这些看似免费的服务,它们为消费者创造出越多的价值,它们就有越多回报的可能性。利用累计的客户流量和信任度,谷歌等互联网公司能将这些流量和客户忠诚度的数据卖给广告商们,广告市场正是这些公司开辟的第二主导市场。与几乎所有的传媒巨头相比,谷歌公司的不同之处在于,它能够向广告客户提供完全切实有效的价值。谷歌公司的这种情况虽然特别,但现如今,"零定价"似乎随处可见,很多公司,已经发现采用免费战略有助于他们建议并维护一定规模的顾客群,免费战略如此流行,以至于传统的定价策略已经逐渐落于下风,其中最大的驱动因素当属信息的边际成本递减。随着计算机和互联网技术的高速发展,今天的人们可以随心所欲地在互联网上向全世界发送信息,无论是数据处理和存储方面,计算机的性能都呈指数化增长,而价格却在逐年降低。互联网的快速发展也凝聚了众多的用户,这本身也增加了免费服务的传导性,更为重要的是这个庞大的用户群有着各种各样不同偏好的细分顾客群。

零定价可以成为有效的定价战略,但是却不具有无所不能的魔力。与传统的定价方法一样,零定价也有自己的局限性:随着公司不断发展,总有一天需要有盈利能力。就算产品成本能压缩到几乎为零,在某些时刻一定也会有人要为摆放在货架上的产品而付费。世界上从来没有免费的午餐。不过,现代科技的发展却带来了新的可能性:世上没有免费的午餐,但会有人付了别人的账单,或者有顾客会在稍后花钱吃一顿更加昂贵的大餐!

自动定价

自动定价法,就是让商品价格随着陈列日期的延续按一定比例自动降价。商店里陈列的每件商品,不仅标有价格,而且标有每次陈列的日期,每过一段时期,商品的价格就会按照标明的折扣自动降价。以议价总部设在纽约的服装零售商Syms为例,它创立了一套能够捕捉时尚溢价的打折新方法,即一套自动降价机制,可以吸引顾客迅速做出购买决策,又能吸引他们再次来店里购买。这套机制帮助Syms保持着又高又稳定的销售额。在具体操作上,在Syms商场,女性服装的标签上都标着三个价格：全国统一售价、Syms 售价以及日后的折扣价，这三个价格一个比一个便宜，并且每个价格只保持 10 天。商品的售价在一个预知的日子里会降低，这样感兴趣的顾客就可以等到那一天再去购买了，这种做法完全不同于传统的定价方式。其实，这套机制的秘密在于，在大多数的日子里，这些服饰的时尚溢价都被标注得较高，仅仅在某一个无形的约定之日打了折扣，于是顾客蜂拥而至来购买这些散发着时尚气息的服饰。

这种自动降价机制的优点在于从以下六个方面弥补了传统定价方法的缺陷：①价格标签的不同时间段的不同价格让顾客很容易感觉到折扣价格是非常实惠的。②知道衣服将会不断降价增加了消费者的时间压力，促使他们做出购买决策。③自动降价机制能够区分不同价格敏感区间的顾客，从而更好地实施差别定价。④自动降价机制还能为购物过程添加一些乐趣，提高了对顾客的吸引力。⑤自动降价机制激发了更多潜在顾客的好奇心，激发更多的客流量，也能在一定程度上提高回购率。⑥透明公开的打折机制也大大降低了消费者的预期后悔心理，提高了顾客的满意度。

最后，自动进行的降价还避免了重贴标签，降低了价格调整的菜单成本，这在商场运营成本里是一笔典型的大支出。自动降价机制因其内在原理，也只适合某些类型的商品，这类商品首先要具有一定的时效价值，比如时装或者季节性较强的商品。并且，顾客必须热爱这类商品，很想购买，同时又深深懂得这件商品的正常价格比较昂贵，因此很感激能够拥有一定的折扣。最后，正在打折出售的商品一定要显得很与众不同，如果一件商品是那么的与众不同，而同时又在打折促销，应该很少有消费者能够抵挡这样的诱惑。

神经定价

神经定价是建立在行为研究基础上的一种定价方法，它通过测量对价格刺激物的物理反应，使用类似核磁共振成像（MRI）、脑电波测试仪等现代科技辅助定价决策过程。由于价格感知能触发大脑的反应，而现在的科学家们对这些反应的精确测量达到了前所未有的程度。在定价的研究中，重要的情感是信任、价值和渴求，研究人员通过跟踪这些情感变化，试图找到营销活动成功的原因。到目前为止，神经定价研究最为有趣的发现是，价格信息激活了大脑的疼痛中枢，因为价格很难与快乐联系起来。神经定价是行为研究的一种形式，它能发现有效的信息来为现有的知识体系做补充。核磁共振成像和其他扫描能够让研究者们客观地测量，观察影响消费者决定的下意识过程，而无须劝诱研究参与者提供口头或书面的答案。这样做的目的是更好地了解这些下意识的思维过程，给销售者提供影响他们的新方法。到目前为止，神经营销的发现和认识相对较少，人们难以获得实用的价格建议，但研究者们仍在不断学习，可以预期在适当的时候会看到这个领域的进步和新的发现，作为参与价格制定的从业者或研究者可以保持适当的关注，毕竟这种科学客观的定价方式能为未来的商业模式创新带来新的视角。

9.4 全渠道定价趋势

价格透明度显著提升

全渠道零售时代，与价格相关最显著的变化是价格透明度的积聚提升，以往人们需要探访多家商店，拜访多家供应商，询问多种报价，或者研读第三方报告后才能收集到价格数据并加以对比，这个过程枯燥乏味、苦难重重，而且耗时巨大，这就意味着很多顾客所能获取的价格信息非常有限。因此，卖家在定价的时候可以明目张胆地收取较高的价格，人们却很难发现中间的价差。随着移动互联网的普及，任何人都可以随时随地轻松了解不同卖家的价格状况。并且，随着智能手机在日常生活中渗透，价格透明度开始受到本地层面的影响，现在，打开手机 App，扫描一下商店里面的商品条形码，消费者立马就可以知道相同的产品在附近的其他商店的价格，这严重制约了较为相近的范围内实施相同商品不同定价的可能性，相同的商品和服务定不同的价格将变得越来越困难，顾客对一切情况了如指掌，如果对价格有怀疑，他们可以通过手机查询商品价格，进而在其他地方以更低的价格买到相同的产品。对于零售商而言，通过特定网站的帮助，例如，阿里巴巴网站，要找出产品价格最低的供应商，也不再是难题。因此，全渠道环境下的定价往往倾向于采用统一定价，同时借助爬虫等技术跟踪竞争对手或者市场上相同产品的价格变化，以确保顾客转向其他卖家购买商品，提高顾客的留存率。

精准定价

在定价领域，最恒久不变的现象之一就是，面对同样的产品或服务，不同的顾客有着不同的支付意愿，在全渠道零售时代也是如此。因此，制定一个单一的价格是很不明智的。许多时候，在为产品设计一个成熟的定价结构时，一个很好的做法是有意识地将产品价格分为三个等级，即低、中、高。这种定价结构确保了不同价格敏感度的顾客都能找到适合自己的商品，从而在交易失误造成损失和自动放弃盈利性销售的两难境地中，尽可能做出损失最小的权衡。互联网技术的发展为企业全面获得顾客信息提供了现实可能，从而可以对顾客做精准营销，有了更多的机会向不同顾客收取不同的价格。

定价功能化

面对更加多变的市场和海量的数据以及定价的众多原则和元素，企业在实际商业环境下制定定价策略时需要对自身价格、替代品、库存、促销、生命周期、特殊促销日（如双十一大促）、季节性因素、竞争对手价格等几十个维度都考虑，这需要通过算法的不断优化，把定价问题抽象成为数据问题和算法问题，通过数学和算法才能制定合理的价格，这个过程需要专门的算法工程师、软件工程师的参与，而对于小规模的商家显然很难承担相关的费用，于是定价功能化乃至软件化已成为趋势，亚马逊曾在2016年上线自动定价功能，京东紧随其后，在2017年3月2日宣布实施"智慧供应链"战略，以人工智能实现80%以上商品的自动补货和定价推荐。京东即将推出的动态定价算法是基于对价格、商品、用户信息的精准预判，通过持续的数据输入和机器学习训练，平衡商品的毛利润和销售额目标，计算最优价格，促进交易效率的提升。同时，通过对促销门槛、折扣力度、消费者决策树等要素的综合建模能力，优化商品的促销策略。此外，京东还表示，其价格管理系统也将进一步地开放给供应链上的各个服务环节和端口，全面涵盖生产商、零售商和消费者。

全渠道定价服务于顾客体验

全渠道零售的宗旨是建立各个渠道上一致的客户体验。无论组织的客户通过移动、在线、店内何种方式购物及享受服务，该客户都会得到一致的客户体验。这种无缝的体验增强了消费者对品牌的熟悉程度和关系，从而提升了品牌的正面形象和顾客留存率，因此全渠道零售的重点集中在提供稳定的客户服务，一致的消息传递，每个客户接触点的可用性，以及定价的一致性。全渠道零售这一零售新模式关注于如何智能使用数据，实现与消费者充分交互，更好地知晓每个个体消费者，之后绘制出消费者的客户旅程，进而了解在每个接触点上什么时候去和消费者进行沟通是最合适和最有效的。其中，定价是影响顾客体验的重要因素。全渠道的定价，既可以实行线上线下同价，又能利用线上优势拉低价格，以形成竞争优势，这需要根据品牌优势及定位来定一个合理的高价位。首先，商家应努力寻找机会以提高价格，增加利润，即使这会导致销量下降。其次，线上价格应有竞争力，将全渠道体验的价值转化为价格。另外，在线下限制产品种类，将其作为额外服务，并定高价。全渠道的促销分析也应从线上和线下结合分析，而其中唯一保持不变的是顾客的一致性体验。

第10章　全渠道体验协同策略

随着社会的进步，企业战略制定、销售终端经营方式都发生了变化，全渠道时代已然来临。从消费者的角度分析，电商平台的涌现与移动终端的崛起，为其提供了多样化的渠道选择；从企业的角度分析，其销售渠道也更加多元化。在"全渠道"时代来临之前，零售行业经历了"多渠道"和"跨渠道"阶段。处于新时代下的零售企业要提高自身发展的持续性，就必须跟随时代发展的脚步，突破传统思维模式，对原有销售模式进行改革。从这个角度来说，全渠道销售模式的应用将成为主流发展趋势。企业在实施全渠道的过程中，必须利用好现有资源，通过先进技术的应用，将不同技术平台的运营打通，但很多企业在这方面都存在问题。企业要消除线上渠道和线下渠道、实体渠道和虚拟渠道之间的隔阂，才能真正实现全渠道运营。本章从四个方面描述了全渠道的渠道整合战略。首先分析了全渠道的高效供应链，介绍了供应链管理、如何实现零售企业供应链一体化以及存货信息共享机制；其次分析了全渠道协同策略；最后分析了零售商进行全渠道整合的可行性，分析了渠道整合的价值，面临的挑战和可能存在的问题以及解决措施。

10.1　供应链优化策略

以顾客为中心的供应链的变革

全渠道销售

线上线下融合是零售业发展的必然趋势，这也是行业的基本共识。随着技术的进步，以及社交网络和移动网络的发展，这种融合必然以全渠道的方式出现，即零售企业为了满足消费者任何时间、任何地点、任何方式购买的需求，采取实体、移动电子商务和社群营销等渠道整合的方式销售商品或服务，提供无差别的购买体验。近一两年，线上巨头采取自建门店、与实体业务合作、收购已有实体零售等方式大力发展线下，即是其全渠道策略的具体体现。实体零售在这一过程中，经历了 PC 电商、O2O、移动电商、社交电商等阶段。

零售企业的基本功能即商品服务供应链。在传统的供应链中，品牌上处于上游，根据其自身的判断和渠道订单进行批量生产，然后将产品投放给渠道商；下游零售商则向渠道商进行采购，通过仓储物流系统将商品运送到终端门店，面向消费者出售。在这一过程中，供应链的不同环节基本独立运作，很少有互动协同。

在过去，传统的零售商很难实现"以顾客为中心"，这主要是因为：以前属于卖方市场，商品处于短缺状态，很容易销售产品；商家缺少与顾客交流互助的渠道；而满足消费者的个性化需求的成本比较高，商家处于控制成本不愿意去做。

与此不同，互联网商业时代下消费者处于绝对的主导地位，他们的多元化、个性化消费诉求促使零售商必须考虑全渠道销售，供应链优化成为应该被考虑的内容。即打造以客户为中心，各个环节紧密协同，一体化的供应链系统，为用户提供更好的产品，更好的购物体验，从而增强企业的整体盈利水平和竞争能力，实现良性、长远的发展。

零售商要全面的认识到供应链是全渠道的核心，不断优化供应链服务，解决传统供应链模式中顾客游离于供应链之外，没有互助的痛点。

从顾客的角度出发将顾客融入供应链之中。零售商可以获得更多关于顾客的信息；通过实体店了解客户咨询了哪些内容，通过网店知道用户搜索了什么，购物车中放置了哪些产品；通过微信公众号了解客户的需求和反馈信息；通过 App 应用及时定位顾客的位置，了解他们是否就在门店的附近。

通过上述渠道获取了客户的行为、交易和社交等各种结构化和非结构化的信息，接下来就通过大数据技术精准刻画顾客的形象，了解每位顾客的偏好、需求痛点和行为习惯等内容。

建立与客户持续深度互助的渠道和机制。零售商要积极利用 App、自助终端、快递人员、客服中心等多种渠道手段与客户保持交互沟通，鼓励客户参与产品的设计和营销过程，更好地满足他们多元化和个性化的消费诉求。

将顾客拉入供应链系统，精准定位顾客的需求后，就可以通过预售、定制、众筹、饥饿营销等多种方式进行需求管理,实现产品销售的目标。例如,众筹模式不仅能有效的解决企业新产品或者新项目运作中资金困难的问题,也是一个精准获取目标客户的过程。

在对顾客需求进行有效管理的基础上,零售商还要不断增强自身的库存能力和全渠道的订单能力。具体而言,就是打通不同的渠道库存,借助互联网信息化技术实现库存的可视化管理,实时掌握货品动态;同时,基于顾客需求定制合理的全渠道商品规划,明确自己要上架什么产品、投放多少、产品价格、促销时机及产品清仓下架时机等各个细节内容,并据此建立高效的配货和预测补货系统。

全渠道供应链零售服务

在以消费者为中心的体验经济时代,零售商在预测补货时除了要考察传统的天气,是否为开学季等因素,还应该充分考虑每位客户的个性化需求以及痛点,通过全渠道模式为他们提供最佳的购物模式,只有这样才能获得消费者的认可和忠诚。比如,一位30岁的女性会员,之前很喜欢喝可乐,但是最近几次购物中却买了叶酸,这时商家就需要考虑向该会员推荐一些婴儿用品,进行个性化的服务。

在物流的配送环节,零售商需要充分利用互联网技术建立智能仓库,实现货物的自动化包装、分拣和配送,提高物流的效率,如零售电商巨头亚马逊拥有基于自动化设备、智能机器人和云拣选等构建的智能化高效物流配送系统。

在打造智能仓库时,零售商还应该注意构建仓库本身简单的加工和服务能力,即仓库要具有个性化生产、包装能力,以充分满足不断涌现的就近生产服务需求。同时,在建立智能化仓库时,还要充分考虑淡旺季不同的需求,使得仓库具有一定的弹性,既不会在销售旺季造成仓储物流资源浪费和成本过高,又能有效应对双十一等大促活动期间的仓储物流需求。

物流运输环节,零售商则要考虑如何优化路径,提高运输效率,让顾客获得更好的实效体验。从当前看,物流配送的"最后一公里"难题依然是国内商家面临的一大痛点。绝大多数零售商都没有自己的物流体系,需要依靠第三方物流公司,这导致他们不仅无法掌握配送环节,而且也无法直接接触客户,进而影响对自身服务的优化改进。国内各大零售商中,只有自建物流系统的京东在物流配送方面做得比较成功。

供应链服务的第三个方面是建立货物的跟踪追溯系统，不仅零售商自己要明确某件商品是哪家工厂生产的，也要让顾客了解购买的产品来自哪里，这有助于提高消费者对商家的信任程度。同时零售商还要积极与上游供应商建立信息共享机制，实现对货品的实时跟踪，比如，当顾客从货架中购买了一瓶饮料，商家立刻就能知道并且及时补货。

随着互联网整体商业生态的成熟，很多消费品生产企业开始跳过零售商，通过自建渠道的方式与终端消费者直接对接，将"触角"延伸到全供应链，如不断增加各类天猫旗舰店，这一行为必然会对很多零售企业造成巨大的打击。对零售商来说，最佳的应对策略是向供应链的上游拓展，打造自己的品牌。简单来讲，就是零售商构建自有的生产供应体系，在精确定位顾客个性化需求的基础上，强化对原材料供应商、生产工厂、仓储物流等各个环节的协同管理，通过建设集成业务体系实现产销两端的精准对接。

全渠道零售还需要和日渐兴起的"工业4.0"紧密结合起来，构建覆盖产业链各个环节的全渠道供应链系统。零售商要充分把握未来C2B个性化定制的发展趋势，突破单纯的零售思维的束缚，从全渠道供应链的视角出发，将"触角"拓展到生产、物流、金融、跨境电商、顾客营销等更多的领域，整合多方元素构建一个充分满足全渠道零售的供应链体系，从而借助整个供应链生态的力量在未来的全渠道零售竞争中占据主动。

全渠道库存数据交互共享系统

随着国内零售行业进入转型升级的精细化运营阶段，全渠道成为备受追捧的新零售业态。从社会化零售图景的角度来看，零售渠道从传统的线下商超逐渐发展为淘宝、京东等大型综合电商平台再到各类垂直电商和移动分销电商，然后回归到百度、谷歌等占有最大流量的搜索平台，最终通过与仓储物流的有效结合打通线上线下，实现全渠道营销。

零售商市场中的卖货渠道很多，但整体流程大致相同：首先是品牌上将生产出来的货品投放到仓库，其次在各种零售渠道中获取消费者订单，最后通过物流系统或者快递公司将产品送达到客户手中。在这个供应链体系中有两个关键的环节：一是生产商将商品生产出来存储到仓库中；二是各零售渠道与产品库存进行对接共享，零售渠道获得产品订单后，仓库可以及时将货物配送到消费者手中。

供应链是全渠道零售的核心。整个流程可以概括为工厂—仓库—消费者，即工厂生产出货物放到仓库，然后再通过各种零售渠道从仓库送达到终端消费者手中。从零售端来看，当前消费者可以通过线上、线下等各种零售渠道获取商品信息和购买商品，从而为客户带来了"所见即所得"的消费体验。

在打造多渠道库存数据交互共享系统时，要着重把握两个核心优化点：库存的优化和渠道的优化。前者是围绕仓库进行库存优化，后者则包括三个方面，即品牌销售的三大渠道——线下渠道，如超市、实体门店等；PC渠道，如淘宝、京东、唯品会和各种垂直电商渠道；快速发展的移动渠道，如发网平台从最初几千名店主迅速发展到几十万个店主，而如张大奕等微博大V也借助网红经济效应具有超强的零售能力。

总体来看，零售渠道的发展趋势是越来越"轻"。无论是PC电商还是移动电商，其库存都是直接在仓库中，因此仓库是全渠道销售中的核心环节。商家通过各种渠道完成商品和消费者的对接后，再由仓库将产品配送到顾客手中。随着线下、PC端和移动端等不同零售渠道的深度融合和协同，渠道的扁平化、去中心化特质将在零售库存优化中具有越来越重要的作用。

下面举例说明全渠道共享库存的巨大价值。商家通过天猫、京东、唯品会、亚马逊四大渠道卖某件商品，如四个渠道相互独立，则商家需要针对每个平台分别备货（4倍库存）；而如果实现多渠道共享库存，则只需2倍甚至1倍库存即可。其中，仓库是不同渠道融合的载体，通过多渠道共享一份备货，大幅提高了库存周转效率、降低库存成本，从而有效解决了传统零售中的核心痛点——库存高的问题。

在竞争激烈的零售市场中，零售商面临的最大痛点是仓库中的产品没有完全卖出，导致库存居高不下，进而影响资金流转和新品销售。因此，如果围绕仓库这一环节优化仓库，通过多渠道共享库存的方式降低商家整个供应链的库存成本，提高库存周转效率，就有助于解决商家在全渠道营销中库存量高的核心痛点，提高零售效率和效益。

华润万家的供应链优化整合

全渠道销售是指零售企业打通线上、线下，有效整合线下实体渠道、线上PC渠道和移动端渠道，实现在任何场景、任何渠道都为顾客提供优质的商品或者服务以及无差别的购物体验，从而满足用户碎片化、多元化、个性化的消费诉求。在这种新零售的态势中，供应链处于核心的地位，是打造全渠道零售模式的关键。

近期，"全渠道零售"已经成为移动互联网的营销热刺，受到越来越多的零售商的青睐，推动零售行业逐渐进入全渠道零售时代。总体来看，全渠道模式包括三大主体：消费者、零售商和供应商。其中，具有线上购物习惯的消费者是全渠道销售的出发点和推动力量，零售商则是基于消费者在各种碎片化场景中的需求提供有效的解决方案，供应商主要对前端需求进行快速反应。在这一过程中，供应链系统的优化整合是全渠道销售成功的关键。

2014年，华润万家重新涉足电商运营，为了推动电商战略的顺利实施，公司在全国大型门店推出有条件的免费送货服务，围绕门店、消费者需求和订单处理能力打造配送体系。这一物流配送服务系统为华润万家打造全渠道零售模式提供有利的供应链支撑。

传统企业运营中，物流部门大多处于边缘地位，不受重视，甚至常常受制于其他的部门。而华润万家供应链建设的独特和成功之处是将物流部门独立出来，通过物流系统对整个供应链流程实施监控，及时发现问题进行优化改进。

物流的两端连接着采购和运营，对整个供应链中出现的问题更具敏感性，能及时发现和预判出可能的风险，减少企业和供应链建设和运营中的损失。基于此，华润万家将物流部门提升到与采购部门平等的地位，从而保证了物流运作的独立性，在提高物流运作效率的同时，又可以通过物流系统对供应链的各个环节进行有效的监管，实现更为合理的采购。除了保持物流部门的独立性，华润万家供应链建设的另一个独特之处是通过对门店和供应链伙伴等资源的有效整合，减少物流车辆回车空载、降低物流成本。

空载率高是国内公路运输产业面临的一大痛点，既增加了物流运输成本，也影响了资源高效合理的利用。对想要打造全渠道模式的零售企业来说，如何利用自身众多的实体门店和供应链伙伴资源解决物流运输的这一痛点，降低车辆回程的空载率，减少物流成本，是必须要考虑的内容。其中，在回程运输区域范围内建立足够多的实体门店，是解决这一问题的先决条件。

10.2 供应链一体化策略

全渠道零售运营管理

一般来说，零售商的运营主要是集中在高效地补充存货、降低成本和缩短商品周转时间上。为客户提供在线渠道，零售商必须用与实体店铺不同的方式来管理。电子化供应链是电子零售商最昂贵、也是最关键的业务，其中物流和库存管理成为电子零售企业的核心竞争力。大量实例表明，保证充足的货品、分拣和包装、快速低成本地运输和配送是关键因素。

采用全渠道零售模式的企业能够随时随地满足消费者个性化需求，为消费者提供丰富的多元的场景体验，将实体渠道、电商及移动电商进行高度整合，为顾客提供优质而完善的购物服务。以用户需求为中心，去中心化、全渠道运营是全渠道零售的几大特点。

零售模式发生变革，自然需要零售企业在供应链管理等诸多方面做出优化调整。对于全渠道模式下的企业运营管理，有学者曾提出过"1+N+n"模式，其中"1"代表一个品牌；"N"代表线上及线下的各种渠道；"n"则代表各种优质的服务。

下面讨论电子零售商主要的运营问题，这是决定其多渠道零售整体性能的关键因素。

商品供应水平

商品可得性是对客户满意度最重要的参数之一，其是指实体商店的客户通常可以在商店比较不同的商品。店铺的商品可用性是指商店货架上摆放商品以供顾客购买的可能性。客户可以询问销售人员商品是否有存货，或者何时再次补货。

在线客户端需要在网站上显示尽可能丰富的信息，而不仅仅是商品参数。在线渠道提供了显示商品库存的可能性，甚至能够显示多渠道环境下剩余的库存和所在的店铺及位置。消费者可以在实体商店试用商品、直接购买或者退货。

显示商品是否存量充足、补货的延迟都是影响销售和客户满意度的重要因素。

全渠道库存管理

由于在线订单可能由不同的商品组成，而这些商品可能来自不同的仓库。它们组合而成的订单一般难以缩减成本并快速交付。此时，设立中央仓库和订单履行中心可能更适应在线渠道的需求。当然，多渠道零售商也可以直接在实体商店提货以准备网上订单。对于一个网上订单，零售商可以灵活地采用各种方式将商品交付给客户。从多个仓库取货，能为客户提供更多购买的选择，因为多个渠道可以共享存货。而商店经常会收到直接从制造商，或者从综合的物流平台发来的货物，承担暂时的仓储或交叉运输职能。因此，实体店内的库存也可以为线上客户供货。

集中库存更容易监测不同商品的库存水平。如果零售商同时用线下商店的库存为线上客户备货，那么这些不同地点的库存水平是很难监控的。这对多渠道零售商同样是个难题。集中库存模式下多渠道客户在网上订购商品，也可以在附近的商铺退货。

商品可用性的信息是客户购买决策的一个关键参数，因而库存信息的准确性是非常重要的。

订单确认和履行

客户利用线上渠道搜索想购买的商品类型和数量，并提交付款信息（通常是通过信用卡），因此在线渠道成为一个自助服务通道。消费者输入的所有信息都触发了订单准备和交付过程。

一般来说，零售商把商品成箱成件地从中央配送中心运输到商店，而后必须重新考虑订单的准备，因为这种大批量的供货不是专门为小型客户订单服务的。零售商必须重新编排这些订单，按照每个订单的需求，把成箱的商品分拆后单独包装，再配送给客户。

零售商的另一个选择是在线下商店里提供来自线上订单的提货服务。在这样的商店里，商品不仅可以直接出售，也可以为线上客户服务。

此外，零售商还可以合并来自多个仓库的订单，从仓库和商店分别提货，组合成用户需要的订单。这需要一个特定的过程，零售商备货的过程越复杂，保持较高的质量和效率就变得越困难。

商品交付

除了商品的可用性，不同的送货方式也为线上渠道客户的购买决策提供了重要的参数。不同的送货服务水平决定了零售商的差异：如在 24 小时内交付，在一个提货点交付，或使用国家邮政等。

为客户送货上门是线上渠道的重要特点，实现这项服务需要解决运营的成本和组织问题。消费者的在线订单通常较小，零售商要尽可能采用高效的方式，并在承诺的交货时间内送达。送货的成本可以完全或部分由客户支付。送货上门是线上客户选择零售商的一个重要依据，因为线下渠道没有这种直接的交付成本。另外，交货成本也可以作为一个营销工具，为客户提供特殊优惠，如为客户下一个订单免配送费，或设定免配送费的最小订货量（如订单超过 99 元则免费送货）。

逆向物流

线下商店的客户通常可以在购买前看到、触摸和试用商品，因此客户的退货有诸多条件的限制。同时客户也经常选择换货，返回商店的商品被重新摆放回货架，出现缺陷的商品则被处理掉。而在线客户不能直接看到、触摸和试用商品，因此，电子零售商通常为不满意的客户提供良好的退换货服务。

在客户眼里，退换货的处理必须快。零售商要么接受换货，要么赔偿消费者，这个过程必须是高效的。退换货不仅耗费了人工，而且影响库存管理。在客户眼里，线下的实体店铺是更方便的退换货渠道。

一体化供应链构建

采购与供应链管理

营销及服务体验影响的是零售企业的口碑与品牌，而采购和供应链管理水平，是零售企业能够高效低成本地为消费者源源不断地提供优质产品的重要基础。企业应该采购与供应链设计根据目标群体的相关数据，来对消费需求进行预测，并对促销策略进行优化调整。

部分零售企业已经打造出了一种和优质上游生产商进行合作的系统供应链体

系（见图 10-1），并发展除了 OEM、OMD、反向定制、买断报销等各种采购和供应模式。在零售企业与上游生产商进行合作的过程中，采购规模越大，企业将拥有更多的议价权。所以对线上及线下诸多渠道的用户需求进行整合，从而实现大规模的采购，将使企业在市场竞争中有望获得更大的成本优势。

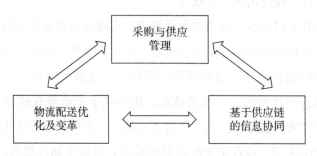

图 10-1　供应链一体化模式体系建设

事实上，在全渠道模式中，采购及供应管理给零售企业带来的不仅是成本及流量优势，零售企业还将去除很多不必要的订单处理及仓库物流环节，在节约成本的同时，还有可能降低企业的经营风险。供应链一体化模式体系建设如图 10-1 所示。

物流配送优化与变革

零售产业的持续稳定发展，离不开物流提供的强有力的支撑。在全渠道零售模式的供应链管理中，物流配送环节也必须做出优化调整。

传统渠道如何应变全渠道需求

传统渠道物流是将商品运输到各个区域内的仓储中心，然后由这些仓储中心将商品配送至各个末端分仓，最后根据各门店的以往销售数据为其配送商品。而将线上和线下的诸多渠道物流需求进行整合后，产品库存策略将得到优化调整，非常小品类的产品将被存储在各个区域的仓储中心；而畅销品类的产品则将被存储在末端分仓，从而有效提升产品的流通效率，降低物流成本。

厂家和全渠道平台的物流整合

生产商和全渠道平台进行物流整合，对于控制物流成本、减少物流资源浪费具有十分积极的影响。国美和海尔旗下的日日顺物流进行合作,前者在全国范围内拥有超过 1600 家线下门店以及覆盖县级以上城市的自由物流配送网络;后者则在全国范围内拥有超过 2800 个物流配送站以及 17 000 多家服务商网点,能够很好地解决"最后一公里"配送问题。

自营物流服务打造不可替代的核心价值

和第三方物流服务商的合作相比,当零售商具备自有物流时,在为用户提供服务的过程中,就可以更为灵活、高效地提供物流配送服务。随着人们需求个性化程度日渐加深,商家需要根据用户需求为之提供定制化的物流配送服务的解决方案。

零售商在非节假日期间举办促销活动时,第三方物流服务商的配送服务尚可满足配送需求。但是当遇到顾客购买高峰期时,订单的大幅度增长会导致物流配送不及时、丢件、包裹损坏等问题,严重影响用户的购物体验。而通过自建物流就可以很好地解决这些问题。

快速满足顾客需求

建立消费者全景数据库,加快供应链响应速度

互联网是一个以消费者为中心的商业时代,对消费者的关注是影响商家零售成败的核心。在线交易系统中,商家的每一笔交易都对应一个消费者,换句话说每一个消费者对商家来说都意味着一笔交易。因此,在优化物流之后,商家要投入更多的精力去关心每一个消费者,通过多种方式收集消费者各个方面的数据信息,建立消费者全景数据库,实现精准化、个性化、定制化营销。

同时,当天猫、京东、亚马逊等不同渠道中的订单被集中到一个仓库系统时,零售商就可以通过这些信息的整合分析,了解到每种商品是通过哪种渠道销售给消费者,进而通过对前端销售预测、补货策略、库存分布等流通数据进行分析,提高整个供应链系统的实时响应能力,优化客户体验。

在体验经济时代,以用户为中心的 C2B 个性化定制模式逐渐取代 B2C 模式成为未来主流的零售形态。C2B 模式有效运作的核心是商家能够建立消费者全景数据库,依托全景数据库实现不同场景下的消费者连接,通过提供最适宜的产品

和服务获取商业效益。而这一过程的实现离不开后端供应链系统的有力支撑,即零售商要构建一个能对不同渠道消费者需求进行及时响应的供应链系统,优化顾客的消费体验。

整合服务渠道,提升客户体验

无论是传统零售企业,还是电商企业,在转型全渠道零售模式时,需要对客户体验给予高度的关注。在消费者主导的移动电商互联网时代,如果不能给顾客带来良好的服务体验,即使再好的商业模式也不能让企业取得成功。全渠道零售的服务整合需要做好以下几点。

(1)不仅注重线下体验,更要强调线上体验。需要注意的是,线上购物呈现出信息明显的移动化特征,购物信息获取、商品浏览、下单、交易支付及物流信息查询等都是通过智能手机等移动终端完成的。

(2)用户体验的关注点发生变化,以前人们可能仅是单纯关注产品体验,但如今人们同时关注售前、售中以及售后的购物全流程服务。

(3)以用户为中心,重新进行服务整合功能。国美和海尔的合作是典型的代表,国美在全国市场拥有超过200家专业维修中心以及3000多位专业的维修人才;海尔日日顺则有超过7600家县级专卖店、2.6万个乡镇专卖店以及1.9万个村级服务网点。二者进行合作后,可以快速高效地为用户提供优质服务,能够让线上消费者前往门店直接体验产品、参加促销活动、享受售后服务等。

从传统渠道转型为全渠道零售,已经成为未来零售行业的主流发展趋势,无论是实体零售企业,还是电商企业都需要在采购、仓储、物流、营销、服务体验等供应链管理的诸多环节做出有效的调整,只有这样才能在全渠道零售真正爆发之时,分的一块较大的市场蛋糕。

乐友:App+网上商城+连锁店

乐友是国内孕婴童行业领先的连锁零售企业。在1999年成立之初,公司定位是打造线上母婴产品销售平台。不过当时国内互联网整体商业生态不够成熟,因此公司随后专注于打造线下实体门店连锁经营。2014年,乐友公司首创"App+网上商城+连锁店"三位一体的全渠道经营模式,通过专业化、一站式服务为用户提供便捷舒适的购物体验，受到广大消费者的青睐，逐渐成长为国内领先的孕婴童连锁零售商。

乐友育婴童在打通与融合线上线下的发展过程中，始终将供应链建设作为重中之重，不断增强自身的供应链能力，从而为销售模式的转型升级提供了有力的支撑。乐友供应链建设最具特色的地方是高度重视信息系统的自主研发和大数据分析能力。

在成立初期，乐友就投入大量的资源精力自主研发 CRM 会员管理系统和 ERP 供应链管理系统。这两套信息系统长期积累会员的信息和商品信息为公司后续开展的大数据和精准营销提供了有利的支撑。因此，与其他公司从零开始不同，乐友打造 O2O 和全渠道销售模式有良好的信息系统基础。

与多数全渠道零售商一样，乐友也是通过第三方物流公司进行商品配送。不同之处在于，乐友将仓库配送系统和门店配送系统完全打通，让公司旗下的所有实体门店都可以像仓库那样进行发货，从而有利于优化配送路线，提高配送效率。

乐友在建设全渠道供应链时也十分注重产品质量，通过许多方式为消费者提供高品质孕婴童产品，赢得了广大顾客的信任与青睐。国内消费者在购买孕婴童产品时更关注的是质量安全，对价格因素反而不像购买其他物品那样敏感。对此，乐友通过获取上游品牌上的授权直供、开发自有品牌产品、进口海外优质产品等多种方式，保证全渠道销售模式下始终能为顾客提供高品质的产品。而整合供应链上、下游资源，与供应链伙伴建立深度合作关系，也成为乐友全渠道供应链建设的一大亮点。

10.3 全渠道协同策略

本节将针对零售商如何进行渠道协同策略，它可以利用哪些资源进行协同以及如何进行协同管理，这两个问题进行介绍。

渠道协同的来源

线上渠道和线下渠道相结合的企业有大量潜在的多渠道协同来源，如图 10-2 所示。而纯粹的互联网公司或纯粹的传统渠道公司则没有。根据经典竞争优势理论，竞争优势的来源是共同的基础设施、共同运营、共同的营销和共同的客户。

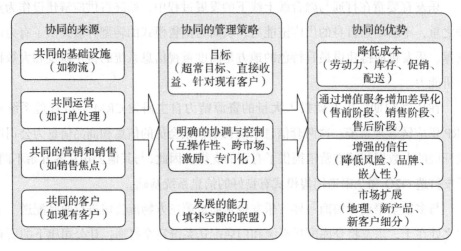

图10-2　线上与线下渠道协同的来源、管理策略与优势

共同的基础设施

使用公共的基础设施是公司依赖于同一个物流系统（仓库、卡车等）处理电子商务分散的商品以及将商品交付给自己的零售店。另一个重要的基础设施是可共享的IT基础设施。最近的实证研究表明，企业结合现有的IT基础设施建立自己的电子商务的效果可能更好。

共同运营

订单处理系统之间共享线上渠道和线下渠道就是共同运营的典型案例。它可以跟踪客户在渠道之间的转移，发掘成本节约的潜力。

共同的营销

线上渠道和线下渠道也可能有着共同的营销和销售资产，如常见的商品目录、了解商品和客户需求并指导潜在买家的销售人员，或者广告和促销活动。

共同的客户

线上渠道和线下渠道相结合的企业可能面临这种情况：不同的渠道可能拥有同一批潜在买家。这使得线上渠道和线下渠道相结合的企业能够同时满足客户便捷性和即时性的需要，为客户进行更好的服务，提高客户保留的能力。因此，线上渠道和线下渠道如果能够协调分享这些资产，就能获得更好的效果。

共同的资产

渠道协同的来源的另外一种观点是线上渠道和线下渠道相结合的企业拥有许多形式的互补资产，而纯粹的互联网公司可能不会有。已建立的公司有现成的供应商和经销商关系网、市场经验、客户群和其他互补资产，可以使他们像电子商务企业那样更好地创新。

渠道协同的管理策略

实践证明，企业利用现有的基础设施、运营、市场和销售力量以及客户也可以从渠道协同中收益。实体的基础设施，例如仓库、配送系统及零售店都能加强电商供应的价值。线上渠道与线下渠道整合需要配合使用大量运营系统，如集成的订单处理系统和售后服务系统。利用现有销售力量和电子商务能加强和现有客户间的关系。许多企业利用共同运营来为客户进行更好的服务，其中线上业务大多建立在积累的目录营销经验和远途运输经验之上，同时线上与线下渠道协同的管理策略，可以在一定程度上避免渠道冲突。

目标调整策略

企业花了许多功夫去说服现有的线下零售店接受线上渠道，让他们明白线上渠道与他们现有的渠道是合作共赢的关系，而不是纯粹的零和博弈。同时，实体零售商的管理层人员制定的电子商务策略，对实体零售企业来说，也是线上渠道产生的间接效益。对于传统零售企业，关注线上渠道的焦点并不是依靠线上渠道直接赚取的利润，而是由此能加强与客户的关系，从而为企业提供间接的效益。目标调整策略还表现在决定优先集中地对现有客户和已经有实体店的社区进行管理。

协调和控制策略

实现多渠道的协调和控制的管理行为也有许多方法。在某种程度上，每家企业都试图协调不同的渠道以保证渠道间的互操作性。许多公司重新设计业务流程和信息系统，以保证线上渠道与线下渠道之间的互操作性。电子产品零售商就是个突出的例子，为了使客户能在线搜索商品库存，他们不仅重新设计了整个商店的数据库系统，还开发了一个新的业务流程使这项服务能够正常运行。

全渠道企业为跨渠道合作制订了许多激励方案，特别是通过开发补偿计划，使线下渠道的员工或业主能通过线上渠道受益，这在需要企业迎合用户的行业更是有效。大部分起源于网络的客户订单根据客户的账户或所在的地理位置被分派到特定的实体商店进行配货和发送。然而，许多消费者导向的零售商也在做同样的事情，即使零售商店完全属于母公司。例如，电子产品零售商依据响应网络订单的速度奖励店铺经理。

企业还积极促进线上渠道和线下渠道的交叉销售。提供优惠券、礼品卡，在线高亮显示店内的活动，利用网站的 URL 提供贴花和海报等服务，都是常用的交叉促销方法。

最后，企业在跨渠道中选择合适的渠道提供专业化服务。例如，银行努力将低利润的大众市场服务迁移到更高效的网络渠道中进行，在网上银行提供更有利的利率，以鼓励客户使用线上渠道。

能力发展

为确保足够的电子商务能力，许多企业结成联盟，填补线上渠道和线下渠道之间的重要差距。这种企业联盟相当普遍，特别是与其他的互联网公司结盟，以提供重要的服务或扩展到新的市场。例如，建筑材料供应商与家居建材电子商务公司结盟，为家居消费者提供服务。另一个例子是音乐零售商和广泛使用的数字音乐网站之间的联盟，零售商可以因此提供流行的个性化服务。

许多企业依靠互联网渠道，把终端客户从产品信息搜索、下单、填写表单等其他日常任务中解放出来，从而提高了劳动生产率。在许多行业，如工业零部件供应商或建筑材料供应商，即订单在本地备货，而不是从中央配送点备货，使线上渠道的使用使销售人员更有效率。

利用线上渠道来区分公司的产品和服务也是有效的。例如，可以使用网络为消费者提供产品定制服务，如汽车制造商允许客户"按单定制"车辆，然后通过经销商来销售。网络还可以帮助客户取货，或取得更多的售后服务。

渠道的有机结合可以明显地提高消费者信任。许多企业基于已有品牌的力量提高了线上的销售额。例如，一些知名的电子和音乐零售商，都允许客户在线下商店退换货，即使商品是从线上渠道购买的。在美国，银行曾经试图建立一个完全独立的网络品牌，但是由于未能利用现有客户对于原有品牌的信任，最后被迫重新规划网络银行战略，转而考虑与传统银行结合。许多影响较大的品牌和连锁商店还能提供定位服务和许多独特的本地服务，作为整合线上线下渠道的手段，一个常见的策略是在品牌的中央网站设置直接到达本地零售商店页面的链接。

添加线上渠道也能帮助企业进行市场扩展，尤其对于那些还未在全国建立广泛的线下渠道链的企业。例如，礼品专卖店能够从各个省份、甚至从国外获得新订单。例如建筑材料供应商企业，以前只为企业客户服务，现在通过网络，可以将业务延伸到消费者市场。

10.4 全渠道整合可行性

本节的重点是分析全渠道零售商渠道整合的可行性。零售商冒着风险，花费时间、精力进行全渠道运营是否值得？在全渠道中如何进行利润分配？本节将针对这几个问题——进行解答。

渠道整合的要素

在美国，大多数互联网用户喜欢在购物时使用多个渠道。研究发现，82%的受访者更喜欢使用多个渠道了解新商品，77%的客户在网上搜索商品信息，59%的客户选择通过邮寄或在实体商店获得商品，39%的客户希望能够通过两个渠道退货。客户使用多渠道与零售商进行交互期间，多渠道整合提供了平台来满足这些消费者的需求，从而导致了多渠道的协同效应。多渠道协同效应已经得到了广泛认可。然而，多渠道整合的具体要求和策略是不明确的。目前，大多数零售商仍在尝试不同的策略和途径。

下面，从六个不同的客户接口（即零售商和消费者之间的接触点）讨论多渠道协同和整合的要求，如图10-3所示。这些因素决定消费者怎么看待与多渠道零售商的互动，以及消费者在购买和消费过程中利用不同渠道的能力。

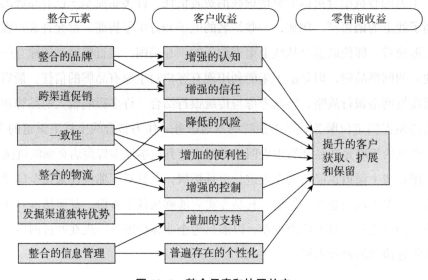

图10-3 整合元素和协同效应

品牌

跨渠道品牌整合，即在不同的渠道使用相同的品牌名称、标志、口号和颜色，并在多渠道输送相同的品牌图像，以加强客户跨渠道的品牌认知度和品牌联想。这提高了消费者的认知创造（如消费者经常简单输入零售商的名称从而找到网站）和信任（品牌是零售商和其商品的质量的代表）。此外，消费者在多个渠道看到相同的品牌名称能提高其对品牌本身的认知度。

渠道交叉促销

渠道交叉促销包括零售商在不同的渠道提供信息，同时为消费者使用多个渠道设立资费上的激励（如赠予消费者优惠券）。交叉促销能够把消费者引向其他渠道，这加强了客户对于多渠道的联系的感知，并对其他渠道提高了认识和信任。以 Gateway 为例，为达成这个目的，它成功地运用了实体样板房。同样地，加州的服装零售商 GAP 把它的实体店作为其网站的一个强大的广告媒介。另外，Web 站点也可以为实体店带来交易，尤其是对于一些地理位置较差的零售商更为明显。

一致性

一致性使得用户可以放心地选择各种渠道购物，增加了消费者的便利性和控制，降低风险。这需要零售商在线上渠道和线下渠道都准备充足的商品。此外，如果某种商品只能在一种渠道销售，那么这种商品的信息也可以在多个渠道查询。实体店内可以设置展台供客户预定只在线出售的商品。商品的定价也应该一致，包括促销折扣（如清仓促销）。不过，零售商也可以为网站提供特定的折扣（如运费优惠等）。一致性甚至应该延伸到客户支持和政策上（如客户保障、商品退货政策）。缺乏一致性会破坏消费者对于多渠道协同的感知，限制他们对于渠道的选择。如果零售商在商品的选择、定价、支持和政策上缺乏一致性，那么不仅仅会失去重要的客户，甚至还会扰乱和激怒客户。

物流整合

零售商整合物流的能力与提供店内取货和退换货服务的能力有关，例如线上渠道提供库存信息。GAP 公司认为，顾客在线购买服装会增加在实体店退换货的可能性，这主要是因为实体店退换货比较方便，花费的成本也比较低。Jupiter Media Metrix 在 2001 年发布的研究显示，美国 83% 的在线买家青睐在实体店退货，59% 的客户喜欢在线订购商品但从线下商店拿货。

特定渠道的功能

不同渠道的特定功能可以满足客户的不同需求。线下的实体商店在商品展示和与客户进行互动方面是有优越性的，例如客户可以与售货员互动、轻松浏览目录、询问呼叫中心，而网站在客户寻求信息化服务以及数码配件方面则更胜一筹。

多渠道整合并不意味着特定渠道的优势的磨灭。相反，多渠道零售商可以利用特定渠道的独特功能提高他们的客户服务。通过多渠道整合，这种增强的支持可以帮助零售商得到几乎全部的客户群。这样的渠道分工也可以节约成本。然而，这需要零售商精心地操作，因为当客户发现他们需要的服务或商品只能在他们不能访问的渠道内获得时可能会大发雷霆。

信息管理

信息管理可以为客户提供信息服务，为客户创建个性化的环境。这不仅提高了零售商响应客户需求的能力，甚至能积极地预测客户需求。另外，顾客也应该被给予在渠道内访问他们的个人信息的权利。生成个性化渠道需要收集客户在所有渠道的信息并整合，包括消费者使用跨渠道寻求销售支持的各种行为信息。目前，只有少数零售商能做到这种程度。Jupiter Media Metrix 的研究显示，只有18%的多渠道零售商有能力评估客户的综合账户活动，而67%的在线消费者希望商店的工作人员能够查看他们的在线账户信息。跨渠道信息管理的一大难题是客户在不同渠道的行为可能是不同的。零售商在解释数据时要考虑到这些差异。另外，比较不同渠道之间的信息可以帮助零售商识别不同渠道的优点和弱点。最后要注意的是，零售商必须解决客户关于个人隐私的担忧。

渠道整合的方式

保证渠道的互操作性可以有效促进企业获得可持续的优势，因此也可以得出渠道间的合作形式。这里可以根据合作伙伴所提供的资源来区分合作方式：如果企业间进行简单合作，那么资源整合一般较为松散，而更紧密的合作就要求真正整合不同企业的资源与能力。如果企业进行持续性的紧密合作，那么对于资源和能力的安排就更复杂，也因此具有更多风险。

不同渠道在信息传递、分销和客户服务上各有千秋，因此合作的形式可以用渠道功能来区分。然而，合作不仅影响到客户生命周期的售前、销售和售后阶段，同时也影响商品本身。因此，基于最终利益的整合形式分类需要考虑目前的状态是否需要提升或是否需要培养一种新的状态。在这种背景下，基于两个维度区分合作形式被提出，如图10-4所示，分别是资源贡献（纵轴）和产生的效益（横轴），形成了五种跨渠道的合作形式。这些合作形式并不是独立的，而更像是企业的整体合作营销策略的一部分。在实践中，合作伙伴还将面对这些形式的混合，因为合作通常致力于获取多种形式的协同效应。

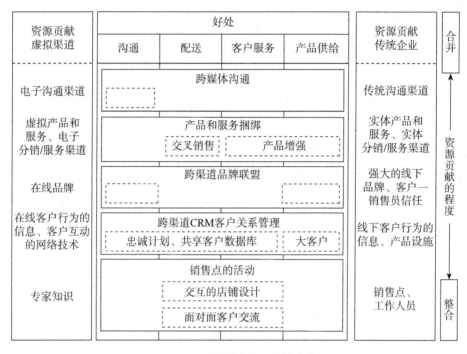

图 10-4　跨渠道合作形式的分类

跨媒体沟通

网络和印刷媒体的战略组合优化了传统的广告营销策略。线上渠道的特性是快速和全面地实现与客户的交互，而印刷媒体则能够引起客户的注意，快速激发客户的兴趣。显然，对企业来说，整合在线和传统媒体密集的跨媒体沟通对全渠道发展具有显著的优势。实施这种战略时，利用合作伙伴的渠道比使用传统大众媒体（如印刷媒体和电视）更能够大幅度降低成本。在线企业可以从邮件、线下的合作伙伴的建筑物上、汽车车体上或销售终端的杂志等渠道的广告上获利，而传统广告公司可以在合作伙伴的互联网平台上投放广告。

商品和服务捆绑销售

一个商品可以被分为三个层次:"核心商品""一般商品"和"附加商品"。按照客户的预期,顾客价值可能已经随着一般商品的增强而增加。例如,一家电子企业在互联网上与当地汽车租赁机构合作,因此客户可以在同一次交易中同时完成旅游时在当地租车的业务。在附加商品层次,企业之间的竞争基于售后服务、担保和交付,可能甚至超过了客户预期。例如,在现有渠道的基础上建立一个新的服务渠道,以供各自的合作伙伴使用(如互联网服务门户或交付服务)。

企业在进行渠道合作时,往往与第一个合作伙伴的合作通常旨在增强自己的核心商品,而与第二个合作伙伴的合作则可能旨在获得额外的分销渠道以接触现有销售范围外的客户。这样的跨渠道销售通常是合作伙伴提供的独立服务,旨在向现有客户销售适当的商品。这种策略不仅大大提高了客户需求满足的质量,也提高了客户需求满足的数量,提高了盈利能力,减少了成本。

跨渠道的品牌联盟

引入跨渠道的商品捆绑时,两个合作伙伴在各自的广告中共同表现双方商品的特色可能会增加双方的品牌形象和宣传。当这种联盟中线上与线下渠道品牌一致的时候,感知质量将得到整体提升。

广告联盟对于新品牌或要进入新市场的知名品牌尤其重要。不管是哪种情况,利用合作伙伴的优势并与之分摊成本都可以被用于提升品牌认知和品牌知识。因此,当电子企业与拥有已经建立的实体品牌的伙伴合作建立更强大的线下市场,或者传统企业想与在某块在线市场小有所成的电子企业合作,以把业务扩展到这块在线市场(本身的品牌较弱)时,跨渠道的品牌联盟是非常有益的。

跨渠道的客户关系管理(CRM)

信息技术的发展改变了获取竞争优势的方式。在网络经济的框架里,数字信息渠道的发展将促使信息作为一种生产要素产生更广泛的经济生产效应。从效率和有效性角度来看,有关客户的信息影响了竞争优势的基础。

CRM 可以被视为是一种"管理方法,在客户接触点结合了 IT 和业务流程优化的思想"。当在 CRM 领域合作时,合作伙伴可以整合他们的信息和知识资源。一个共同的客户数据库,包含从线上渠道和实体渠道获取的数据,可能有助于解决整个"客户难题",支持许多运营和战略决策。互联网使企业容易确定哪些用户访问了什么网站,从而允许电子企业在短时间内生成高质量的客户档案,使他们能够对客户进行个体描述。相反,要想有效地收集客户的个人数据,传统零售商需要跨越线上和线下的渠道间隔,可能需要通过会员卡或优惠券进行客户识别和客户忠诚度计划。

客户价值最大化意味着客户成为价值创造过程中不可或缺的部分,并对价值创造产生重要的影响。随着网络的发展,大规模定制的新潜能得以激发。"定制意味着为消费者提供特定的商品或服务来响应特定客户的需求,而大规模定制意味着用具有成本效益的方式来实现这个过程"。为了实现永久性的客户个人问题解决方案,线上企业、线下企业和客户三方合作将是有效的。因此,客户贡献识别和解决问题所需的信息,线上企业贡献互联网技术,使客户能以一种有效的方式个性化地配置实体商品,而线下企业则实现商品的生产和交付。如图 10-5 所示。

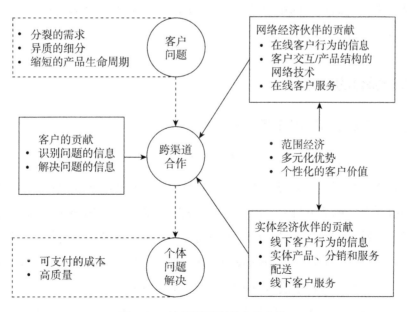

图 10-5 大规模定制的合作方法

销售网点活动

由于日益增长的市场集中化和国际化，以及日益增长的邮件订单分销渠道的发展，销售网点的竞争压力越来越大。传统零售商因此开始尝试线上渠道与实体渠道结合的商业模式，使用电子市场的互联性来为更广泛的市场提供产品或服务。这也包括使用交互式自助服务机，使得零售商能利用互联网的力量为更广泛的市场提供客户关怀，帮助客户自助获取商品和服务。同样，在合作伙伴的网点设置交互式自助服务机可以使电子企业把业务扩展到实体。这样，电子企业的服务创新就通过线下合作伙伴为客户提供了额外价值。

为了克服跨渠道媒体的不连续性，交互式自助服务机通常与基于会员卡的客户忠诚度计划结合起来。协作的跨渠道客户忠诚度计划可能包括在各自伙伴企业内的积分累计与兑换，店内终端提供的电子价格折扣券，以及在实体现金取款处使用的打印好的网络优惠券。另外，线下伙伴还能分发"电子优惠券"，具有独特的识别代码，客户可以在线上现金取款处使用。

相比媒体渠道，机构渠道（如商店和销售人员）使得传统的零售商可以向客户提供面对面的服务。因此，合作伙伴的零售终端也可以在预售、销售和售后阶段为消费者实现面对面的渠道功能，包括购买实体商品的实践经验、个人咨询、维修服务和交流。

渠道整合的价值

全渠道整合的协同作用结果

全渠道零售商是否应该整合他们的渠道，在现有业务的基础上加入互联网业务还未定论。许多公司最初的选择是拆分组织，将互联网业务独立分拆出来，或者至少授予互联网业务自治管理的权限。美国图书零售商 Barnes & Noble 就是采用了这种策略，它实质上已经放弃了公司的实体资产业务，而这曾经是公司最大的资产组成部分。原因是 Barnes & Noble 早期经常受到互联网业务的大肆宣传的影响，认为实体业务已然进入发展的尾声甚至即将被淘汰。

如今许多电子零售商已经不复存在，全渠道零售商在线上和线下渠道都展开了激烈的竞争。越来越多的线下竞争者意识到全渠道整合是一个更可取的策略。Answerthink's Retail Solutions Group 研究发现，美国一些多渠道零售商在他们研究中获取数据的最后一年获得了 82%~93% 的增长，而他们都有一个共同的特点：在不同的渠道为消费者提供一致的购物体验。这是因为它们的全渠道策略使得不同的渠道协同起来为消费者服务，而这反过来还能够提高零售商在客户获取、扩展和保留方面的能力。因此，大多数情况下，虽然实现多渠道协同有许多困难，但比起多个渠道各自为战，独立地为消费者提供服务，多渠道协同作用的优势更为明显。

Steinfield 等人第一个指出实体商店和网站之间潜在的协同作用。他们审查了消费者在所有的购买和消费活动中，可能从多渠道整合中获取的潜在利益。图 10-6 描述了消费者的购买和消费过程（purchase and consumption process，PCP），它囊括了消费者为满足其需要可能执行的所有活动。它分为售前和售后两部分，消费者在这个过程里与商家进行接触，因而客户行为会受到显著的影响。PCP 是关于客户扩展和保留的周期性过程，消费者后续的购买行为会受到早期与商家交互体验的极大影响。由于它包括了零售商和客户之间所有可能的接触点，因此 PCP 是一个研究跨渠道协同效应的理想框架。下面我们基于 PCP，以网站和实体商店之间的为主。联系多渠道整合的三个目标对协同效应进行讨论（见图 10-7）。

图 10-6 PCP 购买和消费过程

强化认知

作为与零售商交互的第一步，消费者首先需要对零售商和它的商品有印象，即所谓对零售商或商品的认知。零售商争夺这种消费者的认知，是因为这对于吸引客户至关重要。然而，无论是实体零售商还是电子零售商，这都是很困难的。实体零售商经常通过商铺地理位置的优越性创建消费者对商品和品牌的认知。然而，一旦没有占据绝佳的地理位置，他们就处于劣势。创建消费者的认知对在线电子零售商也是一大挑战，因为他们无法从地理位置中受益。因此，电子零售企业需要在市场营销和广告上花费更多的投入，作为他们获取客户的成本。

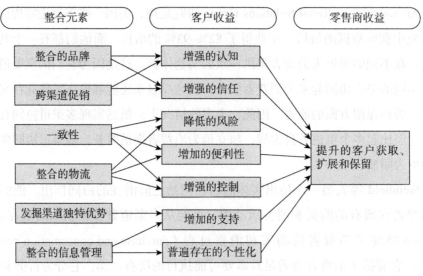

图 10-7 整合元素和协同效应

通过多渠道整合，零售商可以利用他们的网站和实体商店彼此作用，促进不同渠道的消费者认知水平。根据麦肯锡的一项研究，全渠道零售商把实体渠道的消费者带进网络渠道只需要大约 5 美元，而电子零售商需要平均花费 45 美元来获取客户。这种认知创造的提升对零售商和消费者双方都是有利的。

增强信任

消费者信任和风险感知可作为影响消费者购买意愿相互依赖的因素。感知的风险和交易的潜在收益决定了消费者是否信任对方，即形成信任控制机制。信任可以是一种信仰或期望，如零售商许下了相关承诺，那么消费者就可以依赖他们，相信他们不会利用消费者的劣势来盈利。尤其在零售商与消费者的第一次互动中，信任是格外重要的，这在很大程度上决定了零售商能否获取客户。

缺乏在线消费者的信任是电子零售业的一个重要阻碍。消费者对于如何进行购物和支付以及隐私、安全和伦理的信息的相关使用规范有一定程度的预期。网络的发展只有数十年，缺乏足够的信任建构，因而电子零售商想获得与实体零售商一样的信任是很难的，这常常导致消费者不信任他们的商业行为。消费者的信任还受卖方投资的实体资产、设施和人员的影响。要做好这一点，与商家的事前交互，与信息丰富的售货员沟通，以及强大的社会和法律的保护对于消费者信任的建立都有着积极的影响。因此，将电子商店与传统零售网点结合起来可以有效地增加消费者信任。这种结合必须足够紧密，让消费者觉得在线渠道与线下渠道不是各自独立的。

降低风险

风险可定义为消费者对参加某项活动的不确定性和不良后果的感知。消费者购买行为受到感知风险的显著影响，并因此影响客户的获取、扩展与保留。降低感知风险与更积极的购物态度有关。此外，当感知风险较小时，消费者可能会绕过搜索和评价阶段，从而降低了零售商进行破坏性的价格竞争的可能性。

有两类风险会对电子零售业产生较大的阻碍，即个人风险和绩效风险。前者涉及购买行为可能带来的有害后果，比如信用卡号码失窃；后者是关于一件购买的商品能否得到预期效果的担忧。电子渠道更高的感知风险主要来自感知信息的有限和个人交互的缺乏，客户可能因此想获得额外的保证来抵消这些风险。多渠道零售商有许多方式可以减少在线风险，如向客户提供购买前在实体店铺内的商品检查，或者网上订购线下取货，或者保证线上购买的商品能在线下商店退换等服务。相对地，在线提供足够的信息也能够帮助减少线下的风险。

增加便利性

客户满意度的一个最重要的条件是购物的便利性。反过来，客户满意度可能会对客户的获取、扩展和保留产生积极的影响。便利性包括定位商家、寻找物品、预订和取消订单、并退货和退款的易用性，以及订单的及时交货。多渠道整合提供了很多机会改善这些因素。便利性也意味着购买活动可以随时随地进行。因此，线上和线下渠道的结合应该能进一步提高购物的便捷性。消费者可能会通过在线渠道或线下渠道，或者综合两种渠道来进行搜索，在某个渠道订购商品而在其他渠道取货。

增强控制

感知控制对客户满意度具有积极作用。消费者可能选择不同的渠道，这种可能性增加了客户感知控制的水平。此外，感知控制的水平会随着资源的可得性和行为机会的增加而得到提升。网站，作为一种客户自助使用的工具，可以精确地为消费者提供一些资源和机会。与只使用实体店铺相比，使用支持线下购买的零售商网站（如进行信息搜索或售后支持）能进一步增加消费者的感知控制。

增加支持

消费者的生产力取决于一系列已经拥有的商品和服务，分配给生产的时间，以及能够把商品和服务在给定的时间分成各种数量的最终愿望。增值服务和辅助商品可以支持客户的生产者角色，并因为不同客户不同的能力和知识而有所差异。提供这种支持也能够减少商品化的风险，同时增强的支持尤其能加强客户扩展和保留。多渠道整合给零售商提供支持的能力，与交易发生的渠道无关。此外，由于多渠道的客户可以利用所有的渠道，一些辅助商品和服务具有特定渠道的特点，可以利用各自的渠道优势。

普遍存在的个性化

当市场成功匹配消费者的个性化需求时，消费者就能参与到相关的市场行为中。相应地，客户保留程度也就越高。对部分零售商来说，个性化需要更好地理解客户的需求，从而提供更恰当的商品和服务。多渠道整合允许零售商收集跨渠道的信息，从而更全面地描述客户偏好，进而在多个渠道匹配个性化的需要。客户保留和扩展也因此而加强。此外，从多个渠道获取综合的客户偏好信息也有利于客户获取。最后，如果零售商能保证消费者接触到各种渠道的所有个人信息（如过去的购买记录），客户将从中获得更多的直接收益。

跨渠道合作和竞争优势

解释企业选择跨渠道合作的原因，还可以从以下两个广泛应用的战略管理理论框架角度出发，即市场主导论和资源主导论。

第 10 章　全渠道体验协同策略

市场主导论

市场主导论是假设企业在市场中的地位决定它的独特性和成功。从这个意义上说，充分理解市场是制定一个成功的竞争战略的先决条件。根据波特的"五力模型"，驱动市场竞争的五个力量包括现有竞争对手之间的对抗、供应商的议价能力、买方讨价还价的能力、替代商品的威胁和进入壁垒。

尽管部署互联网技术给传统公司带来了许多好处（如信息的广泛使用和业务流程的改进），但是互联网也给利用这些优势获取利润增加了难度，因为网络对于竞争力的有效效应是负面的。这种现象被波特称为"互联网的大悖论"。波特的三个与跨渠道策略直接相关的理论成果应该被高度关注：第一，由于在线商品很难保护其专利权，互联网会减少竞争对手之间的差异性，从而加剧他们之间的对抗；第二，一个行业内在线渠道的建立降低了用户的转换成本，从而增加了最终用户讨价还价的能力；第三，在线渠道是一种新的替代威胁，几乎所有的线下渠道都受到影响。这是由于互联网能同时提供沟通、分销和服务三大功能，因此可以应用在客户生命周期的每个阶段。例如，在音乐行业，互联网上广泛分布的 MP3 文件大大威胁了通过传统的零售商店分销的光盘。

近年来，波特的研究沿着客户的期望和需求产生了一些变化。这些变化源于消费者对于个性化、移动性、便利性和自主决策的需求增加。由于客户的议价能力的提高，他们的行为已经发生了改变。如今，最终用户常常同时使用线上和线下渠道互为补充：他们在一种渠道内浏览商品信息，而在另一个渠道购买，并根据他们的需求目标选择最好的商品、最优质的服务和最合理的价格。跨渠道客户的每次购买，都会根据自己的需求灵活使用各种渠道，在不同的渠道里灵活转换，进行购买的售前、销售和售后活动。客户甚至希望可以选择特定的渠道来接收商品有关的信息、联系零售商，甚至购买或更换商品。

通常，个人的购买决策还可能涉及竞争对手的渠道。例如，客户在一家当地书店决定购买某商品（预售阶段），但最后在 Amazon.com 上完成了交易（销售阶段）。因此，为了避免客户从自己的一个渠道转移到竞争对手的渠道，企业需要适应消费者的需求进行渠道组合，建立覆盖整个客户生命周期的渠道联盟，确保消费者在任何时间、任何地点都能够进行购买活动。

技术进步和消费者行为的变化暗示跨渠道的概念将成为很多行业的驱动力。

还有许多电子企业需要基于全新的混合型价值链重新调整他们的战略，以汇集线上和线下的商业活动。

市场主导论表明，跨渠道的概念可能是维持竞争优势必不可少的因素。然而，这并不能完全解释用合作的方式实现跨渠道的潜力。同样，考虑到电子企业运营环境的不稳定性，这种基于静态环境的假设是比较片面的。因此，"制定可持续的企业战略时，应该围绕企业能够做什么，而不是围绕企业应当满足什么需求"。

资源主导论

公司的资源主导理论（resource-based view，RBV）关注公司的内部组织，特别是关注其内部资源和能力。RBV 理论假设不同种类的资源分布在公司的不同部门，而且这种资源的差异会一直存在。因此，研究人员推断，当公司对资源的处置是有价值的、罕见的、可模仿但不可替代时，他们就能够实现竞争策略的优势，而且这种优势不会被竞争对手轻易复制。

根据 RBV 理论，合作源于想获得合作伙伴有价值的资源与能力，而这种资源与能力"不能有效地通过市场交易而取得"。同样，基于企业核心能力的假设，企业间的合作应该建立在一组共享的能力上，目的是获取更广阔的市场，或者更优质的顾客感知利益。因为培养这种能力往往是困难而又昂贵的，所以企业应集中在他们当前的核心竞争力上，而把另外的业务外包给更擅长的合作伙伴。

电子企业的核心竞争力与传统企业有很大的不同。因而，经常能看到一些电子企业的独特功能和传统企业的专业资源互补的例子。这些资源的组合是跨渠道的互补性很好的实践成果。例如，传统企业通常拥有一个地区甚至一个国家的潜在客户网。这样的客户网可以被电子企业利用，用来平衡其市场准入方面的财政赤字。作为回报，合资企业建立了在线分销渠道，而这通常基于合作伙伴现有的网络。

谈到实体资源，企业实体贸易的运营毫无疑问发生于他们潜在的网络经济合作伙伴之前。实体经济企业配备有制度完善的渠道，对实体经济而言，由于存在店铺，他们能够直接接触其客户。研究表明，这种线下资产可以作为在线商品的补充，因为"通过网络购买商品的顾客非常重视通过线上线下渠道相结合的零售网点获得售后服务的可能性"。例如，可以在商店退换在电子平台上购买的商品。

除了实物资产，无形资产可能也是每个合作伙伴都很感兴趣的方面。当为已有的线下渠道添加在线渠道时，传统企业的管理就开始面临一些问题，因为在线渠道需要完全不同的技能来管理。跨渠道的合作可以避免这种问题，因为电子企业在网络技术和电子商务策略上具有明显的专业知识优势。此外，一个企业渠道组合的复杂性随着新增加的渠道成指数增加，因为跨渠道的服务质量必须保持一致。在这种环境下，与在特定的渠道方面拥有优势的企业合作，可以帮助控制成本，提高渠道利用的效果和效率。

无形资产包括品牌等战略性资产。虽然成熟的网络经济玩家，比如 eBay，往往投入大量资源来建设一个品牌，但这不是年轻的电子企业真正有效的方法。同样，许多电子企业的企业形象仅仅获得少量增长。与传统企业集团相反，电子企业缺乏明显的买方——卖方信任。这与技术有关，也与交易伙伴自身缺乏知名品牌有关。在这种背景下，信任一个成熟的品牌，可以弥补缺失的经验和信息。

综合观点

综合市场主导和资源主导的观点如图 10-8 所示，基于市场主导的观点应用于解释需要跨渠道的战略，RBV 思路解释了实现这些协作方法的策略带来的福利。

基于市场主导的观点和 RBV 思路能够解释跨渠道的合作与竞争优势之间的关系。然而事实上，网络资源的专利权很难保护，这使得时间因素成为制定策略必须考虑的一个重要方面，而且竞争优势持续的时间也是不可预知的。因此，在受在线渠道深入影响的行业，以及伴随在线渠道而生的行业里，商业模式和整个市场的结构尚不清楚，故而面临的挑战不仅仅是实现其竞争优势，还有如何维持这种优势。

解释企业如何以及为什么在这些行业实现竞争优势，研究人员已经扩展了 RBV 的思路。他们认为动态能力是一系列的过程，是公司"整合、重新配置、构建和发布资源——去适应甚至引起市场的变化"。从跨渠道合作的角度，这些过程可以通过各自的合作伙伴影响其外部资源。因此可以假设，成功的跨渠道合作代表企业的一种动态能力，是利用合作伙伴的资源产生适应市场的先决条件。

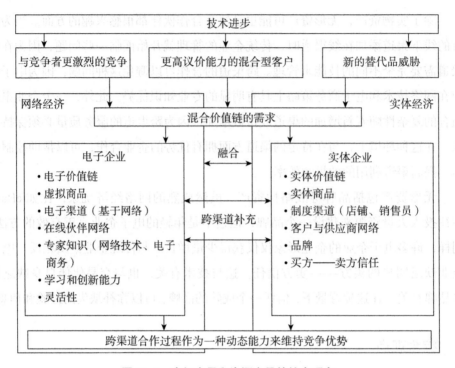

图 10-8　市场主导和资源主导的综合观点

电子企业开发这些功能可能更加容易，因为网络经济中许多商业模式是明显依赖协作的。同时，电子企业比起成熟的公司往往具有更优秀的学习和创新能力。相反，传统企业的管理者往往具有较低的模糊承受能力和风险承受能力，经常需要面对行政壁垒。这允许电子企业能够以客户为中心进行更高程度的创新。因此，实体经济企业应该把电子企业作为灵活而紧凑的业务合作伙伴，专注于解决产生的创新性问题，采用新的方法来营销并获取更多的客户。传统的公司则带来大部分的资产：品牌、商品、分销渠道和供应商网络、客户关系和实体网点。

协同应用和效益

在线下渠道与线上渠道相结合的模式中，有三种基本的价值链关系普遍存在。第一组企业主要是批发商或为供应商，他们一般使用线下渠道与线上渠道来销售，是"B2B 批发商"。他们同时使用两种渠道为下游企业提供服务，受图 10-9 中区域 1 的影响。第 2 组 B2B 企业主要是向其他零售商或经销商供货的供应商或批发商（如汽车、自行车）。这组企业受到第一组企业的影响，因为这组企业使用线上渠道提供信息、接受订单，或者为终端消费者提供增值服务。然而，不是为了利用这些服务绕过经销商，他们通常选择与外部零售商/经销商网络合作，由他们交付或维护实际的实体产品。这种关系是在图 10-9 中的区域 1 和区域 2 共同表示。最后，第三组企业主要是 B2C 零售公司，他们既有实体渠道，又有线上渠道，表现为图 10-9 中的区域 3。

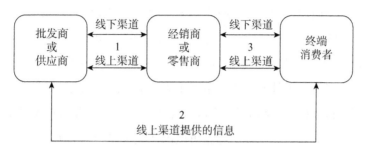

图 10-9 价值链中的线下渠道与线上渠道的关系

这三组公司的实体资产产生的杠杆作用没有明显差异。线上与线下渠道相结合的模式在 B2B 企业和 B2C 企业中一样广泛。最大的区别在于，B2B 企业，如电信供应商或网络运营商，更有可能依靠区域代理商，并强调与客户的长期关系。他们使用线上渠道是为了节约劳动力成本，提高销售人员的盈利能力，以及为客户提供长期服务。线上和线下渠道整合产生的协同效应有以下四个方面，如图 10-10 所示。

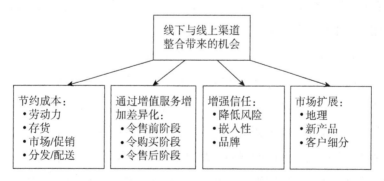

图 10-10 线下与线上渠道整合产生的协同效应

节约成本

这三组企业中使用渠道组合或者计划服务来降低成本。焦点在于使用渠道组合来提供商品或服务，比通过单一渠道的成本更低。降低成本可以从以下四个角度出发。

（1）存货。一些公司已经减少或计划减少本地实体折扣店的库存，转而使用线上渠道为客户提供全面的商品和服务。它们大多是 B2C 企业，在租金昂贵、但人流量大的地方拥有零售商店，比如书籍和音乐零售商。节省的部分成本可能源于减少零售商店的过剩库存，减少每个店铺存货的比例，以及缩小实体店的规模。减少大量的小容量物品能为大容量的物品或新货物腾出空间。

（2）人力资本。节约成本的另一个主要来源是更高的劳动效率。许多 B2C 企业使用线上渠道作为补充，将原本属于店内员工的大部分工作转移给消费者自助进行。客户自行搜索商品信息，在线或在店里下订单。自助服务不仅降低成本，还可以增加客户满意度。实体店铺就可以因此减少雇佣的员工数量，或者让员工把精力投入销售、市场推广和其他工作中来。银行和大多数 B2B 公司尤其应该致力于增加销售人员从事更高价值活动的时间。

（3）分发/配送。B2B 企业通过经销商网络进行销售，而经销商则倾向于将商品的分发和配送交给他们的合作伙伴来完成。许多 B2C 零售商的实体店铺同时也是在线订单的线下取货地点。这大大节约了成本。许多公司一直试图在有限的成本下尽可能为消费者提供送货上门服务，而如果客户能接受自己提货、且乐于自己提货，就为公司节省了分发和配送商品的成本。如果消费者要求将在线预订的商品送到某实体商店，那么实体店就能聚合多个订单。同时这种做法还可以与定期的库存补充结合起来，进而进一步节约了成本。由企业在当地的某实体店铺提供的送货上门服务可以提高分配的成本效益。

（4）市场/促销。对于 B2B 和 B2C 企业，综合的渠道策略为商品市场和促销的协同提供了机会。网络能够促进商品和服务的发展，还能突出实体商铺及其商品的特色。同样，实体店铺内公司的宣传资料和现有的广告，都能够促进线上渠道的发展。企业以前将印刷好的商品目录邮寄给客户，而现在可以通过网络低成本更广泛地传播。使用网络吸引客户比通过传统呼叫中心或互访吸引客户所需的成本更低。

显而易见，这些提升效率、削减成本的机会对于应用这些方法的公司有着广泛的影响。这样一来，以前不盈利的服务现在可能能够盈利，而不单成为运营的必要成本。

通过增值服务增加差异化

整合的渠道之间互相补充，能帮助企业提供新品种的服务、提高顾客价值，并帮助增加企业的差异化。一些增值服务与企业的盈利能力直接相关。差异化的协同效应可以大致分为售前/信息阶段、购买阶段和交易的售后阶段。

（1）售前阶段/信息阶段：这个阶段中，有两个渠道使得客户受益。客户在实体商店检查商品，然后在网上下订单。他们可以使用线上渠道收集信息，然后去商店查看商品。订购过程可能发生在实体店里，也可能由消费者在家里通过互联网完成。这与 B2C 企业和 B2B 企业都息息相关。以 B2B 企业为例，电信运营商业务中心，其实体店铺的目的是展示商品，然后消费者通过在线渠道下单。公司还可以使用线上渠道作为库存的补充，在线上提供商品的详细信息。

（2）购买阶段：这个阶段包括在线服务支持线下购买。例如，除了通过传统的店铺销售以外，企业还提供在线订购，消费者可以从这种额外服务中获得更便捷、更灵活的购物体验，甚至能够在实体店铺内自行取货。在许多 B2C 的案例中，零售商会通知消费者货物已经备好以供拿取的时间和地点，避免了消费者取货时不必要的奔波。越来越多的 B2B 企业与经销商网络合作，使用线上渠道为消费者提供"按单定制"服务。以自行车厂商为例，自行车零件供应商将消费者的购买的 DIY 自行车零件发货到当地经销商，然后在那里拼凑和组装起来售予消费者。

（3）售后阶段：这个阶段包括线上、线下协同提供的在线账户管理、社会支持、忠诚度计划和各种售后活动，例如安装、维修、服务提醒和培训。例如，网络设备供应商的客户通常使用线上渠道预定服务网点的安装和服务。汽车经销商则计划当客户的车辆需要服务的时间，利用其网站以及电子邮件提醒客户，并安排访问。

增强信任

线下渠道的使用会使消费者对线上渠道产生更强的信任。尤其对于 B2C 零售商处理更多短暂的客户关系时，这种渠道协同更为关键。相比纯互联网公司，线上线下渠道相结合的企业可以通过三个方面增强消费者对他们的信任，包括减少消费者风险、融入当地的社会和商业网络、利用品牌知名度。降低感知风险是由于消费者可以亲临体验实体店铺并退货或投诉。融入当地的社会和商业网络可以增进企业的社会声誉，甚至能够因此节省为此付出的昂贵的法律费用。特别是对于风险较高的交易，消费者还有可能把企业的社会关系看成一种约束机制。不仅如此，在竞争激烈的行业，消费者可能更青睐已经投身于本地市场的企业。最后，品牌也可以构建消费者对于商品的信心和信任。企业能够利用自己知名度高的品牌使消费者在网络上更方便地搜索到他们，而且信任他们的附属服务。

市场扩展

第四种协同作用是使用线上渠道帮助公司扩展并进入新的市场。一般来说，B2C 零售商比 B2B 公司更重视这个方面，也许是因为 B2B 企业更关注长期的客户关系。利用线上渠道可以帮助企业超出其实体店铺的范围扩大自身的影响力，找到全新的地理市场、全新的商品市场或者全新类型的买家，其中每一种都能为现有的线下渠道提供独特的优势，这些优势大体可以被分为两大类：商品市场扩展与地理市场扩展。

商品市场扩展包括使用网络管理库存过剩，以增加现有的商品种类。消费者可以通过网络查看更多的商品，而更小规模的店铺可以因此与较大的超市和网上商店"品类杀手"更有效地竞争。网络还可以帮助公司扩展商品范围，为客户提供补充商品。

地理市场扩展是指许多公司利用网络进入新的地区，尤其是当公司在其他地区的竞争力较弱，商品供给不足，或在该地区市场效率低下时。例如，荷兰的自行车经销商可以通过网络跨境销售，将自行车卖给德国的客户。有趣的是，地理市场扩展还使得公司的一些售前赞助商消失了。尤其是提供语言或特定的文化商品的行业，如书籍和音乐厂商，都开始将其业务往海外转移。

新零售大势所趋之下，如何顺势而为

如何避免线上渠道与线下渠道之间的冲突？什么步骤可以使得企业从跨渠道整合中更好地获益？抵制诱惑绕过现有的渠道是很重要的，渠道冲突在不同的公司的表现形式可能是不同的。B2B 和 B2C 企业采用以下举措，提高了跨渠道合作的成功率。

创建一个共识：需要一个电子商务频道

许多公司努力建立起一个共识：我们需要一个电子商务渠道。这常常得到实体销售网点意识到竞争正在不断加剧，但当电子商务可以帮助当地分支机构减少无益的日常事务时，分支机构就成为积极的支持者。除了解决实体渠道的困难以外，企业还可以建立共识的活动还包括征集创新的跨渠道合作方案，从而在电子渠道创造了全面的承诺。

关注现有的客户基础和可送达的地区

电子商务相关的研究往往关注访问新的、遥远的客户的能力，但如何使用电子商务丰富现有的客户关系是至关重要的。企业最初是寻求改善客户保留和盈利能力的方法，但是这些方法并没有现成的方案。关注现有客户可能包括：为电子商务客户提供方便的访问，可以通过公司现有的营销渠道增加新服务的意识；现有客户更有可能是使用新服务的潜在客户；现有客户如果遇到困难，知道去哪里寻求帮助。

注意电子商务间接产生的利润

通过互联网为客户提供的增值服务对于客户使用现有的实体网点、公司的公众形象和顾客忠诚度都有积极影响。例如，银行在发达地区的门户网站提供自己的服务得到的效果并不理想。门户网站也许是不成功的，但它增强了银行在当地的形象。某书店也承认其网站并没有带来显著的销售业绩，但这是其忠实顾客所期望的服务。在音乐商店，关注店内 CD 烧录带来了更多的客流量。

设计组织奖励方案，促进渠道合作

渠道合作还需要关注采取明确的措施确保电子商务的奖励计划没有对现有销售网点产生不利。在银行业，这种分配方案确保任何在线交易产生的收入都归入当地网络银行的账户。在其他零售业，选择在实体商店拿取和支付在线购物增加了实体商店的销售额。如果员工薪酬计划与销售业绩相关，电子渠道必须确保不减少实体商店的销售业绩。然而,并不是所有的公司都重视这个建议。电信运营商并没有把在线销售的份额归入实体零售网点的销售,因此在零售商店,销售人员并不是很支持中央网络渠道。

积极进行跨渠道促销

跨渠道促销是一种普遍的方式。公司想在每个渠道都增加销售额。在银行业,银行分支机构的员工积极推动、鼓励和指导客户使用在线渠道。在音乐商店,游客到零售商店可以免费拿一张光盘,享受其合作伙伴——互联网服务提供商提供的免费上网服务,访问音乐商店在内的网站。在其他行业,许多公司使用简单的促销定位器来促进他们的实体渠道。甚至广告和库存公告都被用来为实体店铺带来客流。更复杂的网络—实体促销也被广泛运用。例如在银行,只要在线的客户表示对一些需要建议的服务感兴趣,比如抵押贷款或商业银行服务,他们就会在当地的分支机构为消费者提供金融服务专家的咨询。也有公司在实体店铺提供在线折扣或优惠券。

运用每个通道的优势通过跨渠道的专门化服务

线上渠道也有不同的优势和弱点。一些企业采用双渠道的方法来为服务分配最合适的渠道。这种渠道专业化在银行业表现很突出,形成激励措施——通过降低交易费用,提供更有优势的客户利率利息促进客户使用在线或电话管理日常银行事务,而在需要建议的业务上则鼓励客户进入国内分支机构进行当面的沟通。在汽车行业,汽车经销商和汽车进口商都认识到线上渠道的作用是提供信息和获取互补服务信息(如贷款、保险等)来支持消费者购买汽车。然而,一个可以提供提货、维修服务,并测试驱动器的实体店铺是至关重要的。他们使用每个渠道,如使用网络提供详细的商品信息、帮助定位、客户预约,或引导消费者进入实体店铺。然而,渠道专业化有时也会产生问题,例如对于自行车经销商,他们只专注于网络的折扣销售和为遥远的客户服务,而忽视了实体店铺在本地销售和高端商品销售中的作用,这使得客户感到困惑,甚至会失去在线购买的一些业务。

寻找机会来创建新的双渠道商品和服务

全渠道的最常见的例子是使用在线渠道创建订单、定做商品,然后从当地的实体店铺提货。自行车配件的进口商、书店零售连锁店、音乐商店等发展新的服务时都遵循这种客户控制商品的方法。

协调并确保渠道之间最低程度的互通性

公司经常把电子渠道放在与传统渠道平行的位置,甚至要求客户通过快递而不是实体店退回在线订购的商品。另外,管理者又试图实现无缝对接的渠道整合。所以,在交易的不同阶段,无论是线上渠道还是实体渠道都不应该被重复使用。这通常意味着可以在线下订单,在实体店提货,然后在实体店进行退换货或维修服务。这种模式要求整合系统必须更加发达,以适应信息在跨渠道的传播。这不是一件容易的事。一些健康食品商店和许多自行车经销商与零件进口商合作,并没有连接到互联网的计算机,在线订单必须传真给商店和经销商。跨渠道的互操作性(在线查看店内库存)需要昂贵的代价,集成旧的和新的信息系统并不容易。因此,他们不能获得跨渠道的无缝运营。

形成联盟填补渠道间的缺口

对传统的实体店铺来说,只做电子商务是非常困难的,因为实体商店通常太小,库存有限,缺乏广泛的品牌认知,也缺乏IT技能维护高质量的网站。在这些情况下,许多商家成立了联盟以弥补其不足。例如在线健康食品中介,与一些实体的健康食品杂货市场结盟,在当地提供提货和付款服务。自行车经销商与自行车配件进口商结盟,为消费者提供装配、交付和服务。这些联盟是合理的,因为网络中介代表实体商店产生了额外的业务,这其中并不具备专业的开发技术,还促进了各自电子商务渠道的发展。

NEXT 全渠道整合

NEXT是英国一家提供男装、女装、儿童时装和配饰,以及一系列家居用品的零售商。NEXT品牌和零售概念形成于1982年,开始时提供多款自有品牌女装和配饰。1984 年 NEXT 引入了男装，1985 年引入童装和家居用品，1987 年发展成一个全线时尚供应商。1988 年，除了已经建立的实体零售店，它又开始为顾客提供 NEXT Directory 的商品目录。而后，在 1999 年，NEXT 开始在网站 www.NEXT.co.uk 上提供在线目录。

近年来，网络成为 NEXT 订单的主要来源。现在，超过 70% 的家用商品订单是在网上进行的，覆盖了英国两百万以上的活跃用户。2010 年，NEXT 的总利润中，64% 来自实体零售店，11% 来自目录营销，超过 25% 的利润源于网络。

NEXT 还有其他的公司业务，包括负责 NEXT 的品牌产品的设计、供应和购买的 NEXT SOURCING；2008 年收购了品牌 Lipsy，其产品主要针对年轻时尚的女性群体；品牌 Venturn，为想将客户管理外包出去的客户提供专业客户管理服务。母公司 NEXT 集团，在伦敦证券交易所上市。截至 2010 年 1 月，公司的财务总收入是 34 亿英镑，净利润 3.64 亿英镑，比 2009 年增长了 20%。

NEXT 的商业战略是"一个品牌，三种渠道"

自从 1982 年 NEXT 建立了零售链，公司就作为一家单独的渠道零售商运营，通过零售商店出售商品。这个时期，公司战略目标在于新的零售概念：精品高档零售店。随后几年，NEXT 提供多种多样的产品，建立了覆盖几乎全部生活用品的品牌联盟。六年后，公司将 NEXT Directory 目录（一本 350 页的精装硬皮目录）作为第二种渠道对零售店进行补充。然而，这种目录营销早期并不成功，公司并未因此获利。在五年多以后的 1993 年，把普通零售店和邮寄到家的目录有机结合的商业模式的潜力才逐渐显现出来，公司的"一个品牌，两种渠道"模式才正式形成。由于在目录渠道也提供同样质量的产品，NEXT 获得了巨大的成功。1999 年，第一家网上商店开业，NEXT 的商业战略开始向"一个品牌，三种渠道"转换。

在 NEXT 品牌旗下，公司运营了多渠道的零售系统，包括如下三种渠道。

（1）零售店：在英国和爱尔兰有超过 500 家零售店；在欧洲大陆、斯堪的纳维亚半岛、俄罗斯、中东、印度和日本，有超过 180 家店，开拓了国际市场。

（2）目录渠道：在 2010 秋/冬目录中，容纳了 1300 多页的产品，为男士、女士、孩子提供了全面的产品选择。同时还有家具产品的额外目录。

（3）网络商店：1999 年在国内建立了网站 www.NEXT.co.uk，2009 年还通过网站 www.NEXTdirect.com 将家居用品业务扩展到美国等 30 多个国家。

NEXT 大约有 243 万活跃用户使用目录和网络购买家居用品。网络订单的比例从 2001 年的 7% 增长到 2010 年的 70%。网络商店的交易量近年来居于上风，比零售店更多。从 2010 年 8 月到 12 月，NEXT 的零售店交易量下降了 3%，而 NEXT Directory 交易量上升了 9%。

每种渠道的优势和服务

NEXT 的每种渠道都提供独特的服务，如表 10-1 所示。

表 10-1　各种渠道的优势和服务

渠道	优势 / 特色服务
零售店	• 可以触摸、试用商品 • 与售货员沟通 • 立即拿货 • 没有运送和交货的时间延迟
网店	• 扩展了产品范围（电器、鲜花和礼物） • 更多图片和产品信息 • 客户评论 • 24/7 不间断服务 • "最新单品"产品和价格更新迅速 • 迷你店铺（As seen in，NEXT TV，Catwalk Looks） • 检索功能 • 便于查询产品库存 • 个人账户（包括账户总额、余额、最近购买记录、配送地址） • 时尚评论 • 设计博客 • 电子杂志
目录	• 轻便、易于处理 • 便于浏览 • 方便在客户间进行传阅和分享 • 24/7 不间断通过电话进行服务

NEXT 渠道整合

NEXT 提供几种跨渠道的功能，简化客户的购买过程，加强客户满意度。

（1）Quickshop：客户可以根据产品的目录编号在线购物。因此，他们可以快速而方便地订购在目录上看好的商品。

（2）在线订购订单：可以在网络商店购买免费赠送的目录。

（3）找到一个商店：通过输入城市或邮编，客户可以查询到最近的零售商店，以及具体的地址和交通路线。客户还可以找到更多关于营业时间、商品范围和服务的信息。

（4）免费存储交付：客户可从网上订货，在零售商店取货。同样，已经下了订单和配送的货物可以退至零售商店。

（5）目录卡：使用一个目录卡，同一个目录账户可在零售商店进行货物的购买、退货或更换。

NEXT 建议客户访问和使用个性化的零售渠道。因此，每个渠道都可以与其他渠道结合使用。当客户在零售商店购物时，他们可以在互联网商店查询参考；当他们访问网络商店时还可以查询目录。

在这个案例中，NEXT 不断从单一渠道零售商供应商向多渠道整合供应商发展。NEXT 的第一次尝试新渠道——目录渠道时，体会到完全分离的、自给自足的渠道不是客户想要的体验。此后 NEXT 通过应用新"一个品牌，两个（加上后来发展的网络渠道是三个）渠道"的商业战略，多渠道整合的系统的潜力逐渐被发掘出来。除了渠道的整合，NEXT 还促进每个渠道独特性和优势的发挥。例如近年来，网络商店的相关性已经大幅增加，考虑到 NEXT 在线市场的发展，未来这种关联性会进一步增强。

第四篇

后电商时代的制造商全渠道智慧营销

第11章 数据赋能产品开发创新

在新产品开发的背景下,大数据带来了围绕发现市场机会和为客户提供高价值产品的过程改进的能力。产品创新通常起源于业务模型的价值创造块。在许多公司中,产品创新意味着产品更新价值。本章节将会详细地探讨产品创新和数据赋能产品创新的途径和流程。

11.1 产品创新

产品创新的内涵

产品是联系生产者与消费者、企业与客户的纽带。任何产品都有生命周期,因此,产品更新就显得极为重要。科特勒在《营销管理》一书中写道:"公司需要通过不断地开发新产品与新服务以及开拓新市场来增加收入。新产品开发决定着公司的未来。产品及服务的改进和更新对保持或增加公司的销售具有决定性影响。世界性的新产品与新服务可能会改变整个行业、整个企业,乃至改变生活。"

在社会学范畴里,创新是指人们为了发展需要,运用已知的信息、不断突破常规,发现或产生某种新颖、独特的社会价值或个人价值的新事物、新思想的活动。经济学讨论的创新,是指利用已存在的自然资源或社会要素创造的矛盾共同体的人类行为,或者可以认为是对旧有的一切所进行的替代、覆盖。经济学家熊彼特1912年出版的《经济发展概论》。他提出:创新是指把一种新的生产要素和生产条件的"新结合"引入生产体系。它包括5种情况:引入一种新产品,引入一种新的生产方法,开辟一个新的市场,获得原材料或半成品的一种新的供应来源,以及建立一种新的行业地位。

创新作为一种基本的企业行为,其具体的表现形式是多种多样的,且涉及企业活动的所有方面。根据其场合的不同,可分为产品创新、工艺创新、市场创新和管理创新。本章节主要讨论产品创新内容。

从广义上来讲,产品创新并不局限于产品本身的创新,形成产品的价值链各个环节都蕴含着创新的因素。从狭义的角度来看,产品创新是指改善或创造产品,进一步满足顾客需求或开辟新的市场。本书采用狭义的定义,即产品创新是基于用户需求创新出新产品或对市场上产品功能进行的改造创新。企业产品创新则是指企业为了获取利益通过创新的手段进行资源整合创造某种新产品或对已有产品功能进行改造创新的活动过程。

产品创新过程

产品创新包含了过程和产品两部分。其中不断推出用户满意的产品是产品创新努力追求的目标,而这又是通过产品创新过程来实现的。过程是一个或一系列连续有规律的活动,这些活动以确定的方式发生或执行,导致特定结果的实现。科特勒指出,新产品开发过程主要包括八个部分,如图11-1所示。它们可以被划分为三阶段:寻找产品创意阶段;甄别创意阶段;建立产品概念阶段。

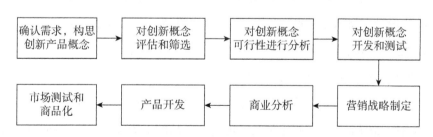

图 11-1 产品创新流程图

企业新产品开发的第一个阶段就是寻找产品创意。有关创新产品的概念可以从各种渠道获得,如用户的需求或者竞争对手的创新,实验室里的科学发现及重大的技术发明等,企业可以产生成百上千的产品构思,并从中选出最后的创意。虽然不是所有的构思都可以转变成商品,但寻求尽可能多的创意却可为开发新产品提供较多的机会。但必须注意,企业必须系统而不是任意地搜寻创意。

近年来,故宫文创越来越火爆,消费者被其开发产品的实用性和艺术性吸引,其产品研发过程充分地联动了各方的力量。最初,北京故宫受台北故宫"朕知道了"胶带启发,开启文创产品道路,并通过其官网发布创新需求,举办"紫禁城杯"文创产品设计大赛,征集创意和创新的产品和技术。在数字化技术较为发达的当时,故宫文创抓住这一热点,推出"数字故宫",成功地实现了创新。

第二个阶段是甄别创意。取得足够的创意之后,要对这些创意进行评价,并从技术、制造和商业的角度分析其可行性,挑选出可行性较强的进行开发。在甄选创意时,需要考虑两个因素:一是该创意是否与企业的战略目标相适应,表现为利润目标、销售目标、形象目标等几个方面;二是企业有无足够的能力开发这种创意,表现为资金能力、技术能力、人力资源、销售能力等。创新产品的设计开发包括研究与开发、工程设计和其他开发产品原型等方面的活动;创新产品的测试包括使用测试、各种形式的市场测试等测定创新产品市场反应的活动。

紧接上述案例,故宫的建筑、文物、历史故事,甚至故宫猫均成了研发团队取材的对象。故宫博物院藏品众多,考虑到无法对所有藏品及元素进行研发,故宫文创团队就先选择一些能代表自家特色的藏品进行挖掘。研发人员查阅大量史书资料,并对其进行整理,摘取有潜力成为爆款的"御用"名句,将其添加到帽子、眼罩、钥匙扣、折扇等生活用品上。如眼罩上面刺有"朕不能看透"。在文创产品的设计中融入了"朕""本宫"以及其他被广大消费者认可的元素,这种设计元素的添加能够为购买者提供"社交货币",为产品提供一种奢侈品化的特征,从而激发自主炫耀的行为,引发口碑传播。

第三个阶段是建立产品概念,即将有价值的构思进一步转化为具体的产品形态。创新产品的制造与商业化包括确定创新产品的市场投放战略、确定目标细分市场、营销计划及市场投放时间,以及与供应商的联系等活动。

产品创新方式

根据产品创新风险和回报以及产品形态变化的差异性程度,通常产品创新有以下两种方式:渐进式产品创新和颠覆式产品创新。

渐进式产品创新

渐进式创新指利用现有产品和业务流程不断改进技术并主要服务现有用户群的创新方式，是在目标比较明确的情况下，对达到目标的方法所做的改进。这意味着它只是企业在产品功能、性能、质量、技术、市场定位、商业模式中的某一两个方面进行相应的改进和提高，以满足客户不断变化的需求。如一种提高了安全性能的新车型、格力的节能空调、添加了新的硬件或软件的新型号手机等都是一些渐进式创新的例子。虽然变化不大，但其仍然是有价值的，因为它满足了消费者的显性需求。

颠覆式产品创新

与渐进式创新相对应的就是颠覆式创新，又被称为破坏性创新或突破性创新，颠覆式创新指采用新的技术导致企业原有生产资源沉没或者主要用户发生改变，它所带来的是以全新的方式送达的全新的产品和服务，可以被看作在目标模糊、结果未知的情况下所做的探索，它意味着针对新技术、新营销战略与新管理方法所进行的重大突破，如苹果 iPhone 的研发，数字技术导致胶片相机的生产资源沉没、电子商务吸引了大量商场消费者等。这种创新方式虽然不稳定，但却能给企业带来巨大的突破。这种创新将创造新市场，有时甚至会创造出整个新行业，其往往着眼于满足客户的隐性需求。相对于渐进式创新，突破式创新要求企业承担更大的技术及市场风险。

渐进式创新与突变式创新会带来不同的效果。渐进式创新重视内部资源，依靠全员创新，对企业发展和产业格局破坏小，投资风险小，有利于现有企业的长期发展，但企业发展相对缓慢，产业结构调整能力相对弱。渐进式创新在传统产业尤其是制造业的非模块化技术领域是主要创新方式。突变式创新重视外部资源，依靠少数精英创新，具有颠覆产业结构的能力，企业容易出现爆炸式增长，但投入风险大，不确定性强，容易破坏现有产业体系，造成大量企业退出，员工失业。突变式创新容易出现在技术进步快的新兴产业，特别是模块化技术广泛应用的领域。如表 11-1 所示。

表 11-1　渐进式创新与颠覆式创新区别

项目	渐进式创新	颠覆式创新
目标	明确	模糊，结果未知
稳定性	较高	较低
需求显隐性	显性	隐性
资源依赖	重视内部资源，依赖全员创新	重视外部资源，依赖少数精英创新
风险	较低	较高
发展结果	相对缓慢	易出现爆炸式增长
适用企业	传统产业	新兴产业

虽然颠覆式创新更容易产生爆炸式的增长，但这并不意味着渐进式创新不重要，相反，它非常重要。有调查显示，在企业创新中，有 80% 的企业进行的创新都是渐进式的。绝大多数企业的绝大部分时间都在进行持续性技术创新，即微创新。所以，破坏性创新是对持续性技术创新的超越，而不是对他的否定或放弃。渐进式创新与突变式创新是相互补充、相互促进的关系。一方面，渐进式创新为突变式创新打下坚实基础。渐进式创新积累了先进技术和各类生产要素，培养了用户群，为突变式创新创造条件，渐进式创新与突变式创新在一定程度上是"量变"到"质变"的关系，因此突变式创新很少出现在经济落后国家，一般出现在渐进式创新基础较好的国家。另一方面，突变式创新提高了渐进式创新的起点。突变式创新发生后，创新进入新的周期，推动创新不断改进完善。从总体上来看，渐进式创新是常态，突变式创新是偶然现象。

如何进行颠覆式产品创新

《奇点临近》里有一个观点，当技术刚开始出来的时候，通常进步不是很快，但是到一个拐点的时候，它就会呈指数级进步。当某个产品的技术已经超过顾客的需求的时候，这个产品的技术进步对企业来说就没那么重要了。一旦技术过分进步，就会出现边际效应递减。从渐进式创新的角度来看，会发现两个必然的逻辑趋势：技术一定越来越高级，产品一定越来越复杂；客户必然越来越高端，定位必定越来越高大上。有种力量推着渐进式创新的公司往更高的技术方向发展，势不可挡，但最终，这些企业会困于技术的牢笼，无法挣脱。这种案例尤其体现在一些大公司中，如柯达公司。

颠覆式创新的秘密在哪里呢？答案就是技术的加速进步。相比渐进式创新，颠覆性创新则选择了一种完全不同的路径。目前市场上有很多高端用户，然后有持续性技术带来的进步，但是世界上并不只有高端用户，还有低端用户。当领先的技术满足高端用户的时候，对大部分低端用户来讲，就是性能过度，这部分群体要么买不起，要么不会用。然而低端用户人群却蕴含着巨大的机会，这时候如果能有一个破坏性创新的产品出现，换言之，更简单、更方便、更便宜、更可控的产品，将会开启一个巨大的低端市场。另外，技术进步的步伐一定会超过市场需要的步伐。破坏性创新技术开始于低端，但不会止步于低端，它会进步的。

从全球各国实践看，美国始终处于颠覆式创新的前列。19世纪以来，美国企业在发电机、电灯、火车、电话、计算机、互联网、人工智能等领域的创新，给全世界带来了革命性的变化。德国、日本等国家经济也处于世界前列，但颠覆式创新相对较少，企业主要还是渐进式创新。中国过去更多注重技术的提供，但随着5G技术成熟化和商用化，中国企业颠覆式创新的可能性越来越大，但如何完善创新网络，快速聚集各类创新资源仍有待讨论。

产品创新常见形式

产品创新常见形式之一是产品组合创新，即将现有不同的产品进行打包捆绑，由用户进行选择，以达到满足用户需求、提高用户忠诚度、实现产品交叉销售的目的。产品组合是业务融合的最基本的形态，也是业务创新的一种形式。如手机和宽带业务捆绑，实行优惠政策；书店打造"书籍+咖啡店"模式都是产品组合创新的例子。

产品组合策略要达到较好的市场效果，需要在实践中遵循以下几个原则：①有效性原则，即不能为组合而组合；②客户导向性原则，客户需求是产品组合的起点和归宿；③综合服务性原则，要能满足客户综合化服务需求，展现企业综合服务的形象；④动态优化原则，即根据客户需求的变化对产品组合进行优化调整；⑤价值导向原则，即产品组合的最终目的是要实现客户和企业价值最大化；⑥科学性原则，即要求企业强化客户细分，运用科学的方法，实现精确营销。

另一种产品创新形式是模仿创新,在很多人的观念中,模仿等同于抄袭,很难和创新画等号,但事实上,模仿是创新的一种方式,它是站在巨人肩膀上看世界的一种方式,不仅可以节约大量研发和市场培育方面的费用,降低投资风险,也回避了市场成长初期的不稳定性,降低了市场开发的风险,提高了产品创新的成功率。通常情况下,竞争对手有什么产品推出市场取得了好的效果,或者说竞争对手有什么新产品经过判断将有很好的市场前景,那企业就会研发相关产品推出市场。

产品模仿创新具体包括两种方式。第一种是完全模仿创新,即对市场上现有产品的仿制。一项新产品从诞生到完全市场饱和需要一定的时间,所以创新产品投放市场后还存在一定的市场空间,使模仿成为可能。如浙江卫视的《中国好声音》模仿荷兰的一台选秀节目《荷兰之声》,英国和美国甚至在购买版权后将其整个制作班底都请过来全程安排整个流程;浙江卫视的《奔跑吧,兄弟》模仿韩国综艺节目 Running Man 等。第二种是模仿后再创新,这是对率先进入市场的产品进行再创造,也即引入他人技术等要素后,经过消化吸收,不仅达到了被模仿产品的技术水平,而且通过创新,超过了原先的产品。这需要企业在掌握被模仿产品的核心能力后,改进产品功能、外观和性能等方面,使其更有市场竞争力。如中国的高铁系统、移动支付、互联网等方面的发展已远远超越了西方国家。

还有一种创新形式是自主创新,自主创新是相对于技术引进、模仿而言的一种创造活动,是指通过拥有自主知识产权的独特的核心技术以及在此基础上实现新产品的价值的过程。一个国家的发展,只有拥有强大的自主创新能力,才能在激烈的国际竞争中把握先机。同样地,这也适用于企业,企业若想保持长久的竞争力,是离不开自主创新的。这也是三种创新中最难、成本最高的一种产品创新形式,但它带来的回报也是最高的。

新产品开发策略类型

新产品开发策略类型的选择需要充分考虑市场所属的领域、竞争对手的情况、企业所处的环境以及现有的资源等因素。目前,几种典型的开发策略主要有进取型策略、紧跟型策略和防御型策略。

进取型策略

这种新产品开发策略是以抢占市场为目的，率先推出新产品，利用先发制人的效应来第一时间抢占市场份额。这种策略的优势是企业可以第一时间占领市场，让消费者认为只有第一个上市的产品才是最正宗最优质的产品，其他的都是冒牌货。另外，由于没有定价的竞争参照物，这种新产品可以使企业获得较高的利润。但是这种策略同样也具有很大的风险。如果企业对为了经济形势发展的把握和对市场的需求分析不够，往往会导致入不敷出的后果，在投入了大量的研发费用后由于市场的反馈不理想，发生亏损。因此，采用这种策略的企业需要有雄厚的经济实力和研发能力，同时要求能够对市场的需求和变动趋势有很好把控能力。

紧跟型策略

这种策略的实质是模仿别人。当市场上其他竞争对手推出新产品后，立即进行积极的模仿和改进，然后以具有竞争力的价格进行推广。选择这种策略的企业由于自身实力的限制，在新产品开发问题上心有余而力不足，只能紧跟别人的步伐，在模仿中寻求创新。这种策略的特点是开发成本低，承担的风险小，企业可以保持实力，在关键时刻有可能一跃而上。但是对产品的质量要求程度较高，一旦质量发生问题，将使自身陷于困境。

防御型策略

这种策略是一种相对消极的策略。与紧跟型策略不同，选择这种策略的企业一般是处在该行业的中下游，面对强大的竞争者只能被动地进行模仿，为的只是能够延长企业的生命周期。这种策略虽然能够最大限度地降低研发和营销成本，但是由于产品质量和服务存在着巨大的差距，只能走较为低端的路线。

11.2 产品创新途径

无论是社会化媒体环境带来的产品的快速迭代，还是成本降低带来的竞争加剧，都要求企业在社会化媒体环境下对传统产品研发模式进行改造，以便于适应现代市场环境。以下两种方式是企业充分运用社会化媒体环境进行的产品研发模式。

内部创新

内部创新，即在企业内部的自我创新。在这个竞争越发激烈的时代，越来越多的传统企业开始明白了内部创新的重要性，但其中成功的屈指可数。尤其是一些大企业，内部创新常常受到限制，这取决于其管理流程和价值观。在产品创新时，为了求稳，大企业往往会做一些铺垫，如用很多人进行市场调研、流程研究等。但流程重要还是产品创新重要呢？流程＝提高效率＝排斥变化。如果某个流程定义了完成特定某项任务的能力，那就等于同时定义了无法完成其他任务的能力，所以流程是十分重要的一环。尤其是变化特别快的高科技公司，千万不要让流程控制住。价值观＝决策标准＝不做什么的标准。由不同价值观的成本结构和盈利模式决定，通常反映在可接受的毛利率和感兴趣的市场规模。价值观鼓励你做一些事情，同时也决定让你不做另外的事情。任何事物都有两面性，对创新而言，流程和价值观是有阻碍作用的。相对而言，小企业更适合内部创新，其公司层级少，缩短了沟通距离。而且，因为小企业的资源远远不如大企业，为了企业生存和获得竞争优势，小企业往往选择进行内部产品创新。

在内部创新的过程中，管理者需要注意团队激励，包括物质层面和精神层面。百度曾经设立内部创新奖，由李彦宏亲自颁奖，发给一个五六个人的团队，平均每个人100万元人民币的年终奖。内部创新做得好的团队一定要重奖，同时，对于失败的团队也不能罚。

开放式创新

在社会化媒体环境下，企业与客户之间沟通的便利性不断增加，因此，企业可以通过品牌社区等社会化媒体与客户交流和互动，进而搜寻消费者对产品的反馈信息，然后根据这些信息对产品进行设计和修改。在这个过程中，消费者仅仅起到了对产品信息反馈的作用，并未直接参与到产品的研发和设计中，整个模式由以下四个群体构成。

企业产品研发团队

企业产品研发团队是产品的主要设计者。团队成员由公司的正式员工组成，设计出产品的原型让内测团队和其他反馈团队进行体验，并根据体验反馈信息对产品进行修改。

内测团队

内测团队是由企业的核心忠实用户构成的。他们对企业的产品非常了解，因此在企业研发出一个新的产品以后，交付给内测团队成员使用，这些成员出于对产品的热爱会对公司的产品进行反馈。

活跃反馈用户

活跃反馈用户是由企业的忠实用户构成的团体。他们对产品有较多的了解，在使用产品的过程中十分关注产品外观和功能等方面是否满足自己的要求，并会在企业开放的社会化媒体平台上对不足之处进行反馈。

一般反馈用户

一般反馈用户是由企业一般的消费者构成的。他们偶尔会使用企业的产品，并针对产品不能满足自己需要的地方偶尔通过社会化媒体平台进行反馈，相比较于活跃用户而言，他们认为企业改进产品与否并非十分重要。

就数量而言，在四个层次中，从内到外是以数量级的形式递增的，因此企业的内测团队和活跃反馈用户反馈了大部分的产品改进信息，然而，企业一般用户群体数量巨大，所以他们反馈的信息量也是极大的。所以，为了有效地通过这种模式进行产品的改进，企业必须注重以下两点内容。

（1）利用有效的形式对优先需求信息进行收集。由于客户反馈信息量巨大而且呈现碎片化，因此会给公司处理这些信息带来较高的成本。为了解决这一问题，企业应该在运用社会化媒体平台时，要建立标准化的格式让消费者进行信息反馈，并通过投票等方式有效地避免相同需求的重复出现，进而达到低成本地收集到优先需求的信息。

（2）公司核心团队对产品发展方向的把握。无论是内测成员还是公司的活跃反馈用户，相比于企业的核心研发团队而言，都属于业余成员，因此无论是技术上还是在企业战略上，都不如企业核心研发团队专业。所以，产品研发的大方向一定要有公司内部人员掌控，避免过度依赖外部反馈信息造成的公司产品研发失误。

研究发现，大部分新产品来源于顾客提出的创意，而不是来源于企业内部的头脑风暴会议或者成熟的研发活动，因此有必要将顾客从一个纯粹的消费者转化为一个合作设计者。顾客参与新产品开发作为一种新的产品开发形式，能够有效地提高企业的经济利益，目前已被很多企业接受。同时，用户作为价值创造者的作用已经受到学者的重视。为了在新产品开发中整合用户资源，获取用户价值，加深企业与用户之间的交互程度，企业必须联合用户，让用户参与到新产品的开发流程中。商业用户创新的一个例子是开源软件，它是由一个用户社区共同开发的，与公司内部开发的产品竞争。

众包模式是随着社会化媒体发展以及科技的进步而产生的另一种新型的顾客参与产品研发模式，与客户参与研发的同心圆模式不同，该模式中，所有成员都是平等的，相互之间可以自由地产生信息的传递，而且该模式中消费者和企业之间是没有明显的界线的，所有的用户直接参与到产品的研发和生产中，而不是紧紧地起到产品使用后的信息反馈作用。该模式中的成员只有一类——业余爱好者。

随着社会化媒体的出现，网络上形成了众多的专业性论坛，这些论坛通过不同的主题进行划分，进而吸引众多的业内专家和业余爱好者聚集。在专家和业余爱好者进行讨论的过程中，会产生大量的有价值的产品和信息。所以，企业如果通过这种专业性的论坛来利用大众智慧进行产品的研发，那么这就是众包模式。

美国芝加哥的无线（Threadless）T恤公司就利用众包来设计新T恤。该公司网站每星期都会收到上百件来自业余或专业艺术家的设计。然后他们把这些设计放在网站上让用户打分。每星期有4~6件得分最高的T恤设计会被投入制造，然而能不能量产还要看公司是否收到足够多的预订单——只有预订单达到一定数量的T恤才会正式被排入生产线。这样一来，企业等于稳赚不赔。

在传统的产品开发模式中，企业的产品是由企业雇员进行研发的，雇员进行产品研发的动机是获得金钱上的报酬。而在众包模式中,业余爱好者生产产品的动机发生了转变,据相关研究表明,主要有以下动机促使着业余爱好者进行产品研发。

(1)需求层次理论下的满足个人需求的动机。随着社会生产能力的提升,人们的生活水平得到改善,因此,根据马斯洛的需求层次理论,人们不再满足于大批量同质化的产品,他们认为企业生产的产品不能体现自己的个性,于是他们开始自己生产产品,通过自行研发来获得和产品相关的利益,而科技的进步带来的先进生产工具使他们可以更便捷地制造自己喜欢的产品。

(2)社会交换理论下社群交往动机。社会交换理论也以"互惠规范"为基础,也即在一个群体中,个体从群体获得一定的利益以后,愿意向群体贡献出自己的一份努力,进而维护群体关系。而社会化媒体的交互平台为人们打破了传统群体的时间和空间的限制,使人们在更大范围内依照自己的兴趣结成群体。

(3)沉浸理论下的网络沉浸动机。沉浸是行为者进行某种活动时,意识集中在一个非常狭窄的范围内,一些不相关的知觉和想法都被过滤掉,只对具体目标和明确回馈有反应的状态。而在社会化媒体下的网络环境中,个人开发者可以与其他人进行充分的交流,进而获得自己想要的信息进行产品研发,并在这种沉浸过程中享受愉悦感,所以会一直进行产品研发。

在以上动机的推动下,大量的业余爱好者以社会化媒体为平台,进行产品的研发和设计,而这种网络形式的组织形式相比于传统的企业组织在产品研发商有以下优势:一是动机促使下的研发积极性的提升。由于在众包模式中,业余爱好者进行产品研发的首要目的是满足自己内心的需求,因此,相比于金钱等外在刺激,这种形式的动机更有利于激发研发者的积极性。二是思维的开放性。由于业余爱好者来自不同的领域,因此再进行产品研发时,打破了原有领域的陈规,可以更好地进行不同领域的结合,产生更多新颖的想法。三是生产能力的巨大提升。由于社会化媒体打破了时间和空间的界限,因此某一领域内可能有无数个业余爱好者进行产品的研发,因此形成了巨大的生产能力,让一些传统研发方式中看似不可能的任务很容易的得到实现。

无论是以企业为中心的客户参与产品研发的同心圆模式,还是众包模式,都是随着社会化媒体的产生而出现的新型的产品研发模式,极大地改进了企业的生产能力和客户满意度。因此,在当今社会化媒体环境下,企业应该对自己的产品研发模式进行改革，来适应当今环境的需要。

用户参与新产品开发可以有效地集成用户需求信息和企业产品创新能力，用户已经成为企业创新开发的新源泉，其角色已经从被动的接受者到主动的创造者，甚至有些公司完全将新产品开发的前端交给用户。但用户在产品开发过程中，可能会忽略企业的定位和品牌的调性，这需要企业的严格管控。

宝洁通过其网站 Connect+Develop 发布创新需求，征集创意和创新的产品和技术，使依赖于内部创新的研发策略转变为依赖于外部创新的研发策略。2006年，宝洁在市场上的新产品创意有35%来自外部，而在2000年，这个比例却只有15%。宝洁在六年的发展中产品开放的成功率增加了一倍，而研发投入与销售收入的百分比从2000年的4.8%下降到2006年的3.4%。

企业实现用户创新的基本路径

领先用户识别

在用户中，有一类特别的用户——领先用户，其不同于普通用户，也不同于产品的创新采用者。领先用户的概念早在1986年就由麻省理工学院埃里克·冯·希贝尔（Eric von Hippel）教授率先提出，他认为许多趋势被市场所影响，在这些情况下，一些用户会先于市场中的主要群体察觉这些趋势，并更早发现市场新的需要，这些用户被称为领先用户。领先用户往往最先产生新的需求，但生产者可能会因为担心市场规模太小等种种因素而不愿意生产和研发，所以领先用户不得不自己动手满足需求。

领先用户是市场需求的风向标，企业可以通过识别领先用户，有效把握市场需求信息，吸纳领先用户参与产品创新，可以提高企业产品创新效益。领先用户的识别方法除传统的调查问卷、采访等之外，可以利用软件对互联网数据进行筛选获得。

用户—企业平台搭建

识别领先用户是为了吸纳领先用户参与企业产品创新，因此，用户—企业合作平台的搭建必不可少，互联网的快速发展为用户—企业平台的搭建提供了条件，平台的搭建有利于获取用户需求信息，有利于领先用户的识别，有利于用户反馈产品问题的发现和问题的解决,还有益于产品的宣传。目前,越来越多的企业建立社区,与用户进行双向互动,产生了海量的数据,这些数据又反向帮助企业识别领先用户。

组织设计与流程再造

用户参与到企业产品创新过程要求组织要进行重新设计。组织设计的恰当与否关系着"企业—用户"平台的有效运行,组织设计不合理,"企业—用户"平台的作用则难以发挥。组织设计既要考虑到企业内部的纵向关系又要考虑到部门间的横向关系,跨职能的新产品开发团队是适应用户参与产品创新的较好的组织安排形式,它相对独立于企业职能部门,又与企业的重要职能部门,可以与企业保持有效的沟通与合作,来实现新产品的开发工作。由于吸纳了用户的参与,企业产品创新流程也要进行再造,流程再造需要考虑到用户特点及项目性质,只有对企业产品创新流程进行重组、设计,才能使企业组织具备足够的灵活性,以利于及时、准确地获取用户创新,实现其价值。

用户创新过程控制

用户创新指的是使用某种产品、工艺或服务的用户,凭借自身的力量或者同时利用外界的资源,就其所使用的对象进行的部分改进或设计出全新解决方案的活动。用户创新过程控制表现在对用户参与企业产品创新的产品设计、产品开发、产品测试、产品发布等各个环节的控制上;用户参与企业产品创新过程,给企业带来用户价值的同时,会引发很多不确定因素,给产品创新过程带来一定的风险。产品开发项目选择的正确与否,关系着产品创新的效率和能否给企业带来利益。用户参与企业产品创新还给企业带来关键技术流失的风险,因此,企业需要对用户参与创新的过程进行有效控制。可以结合创新产品与用户的特性通过制定详细可行的产品开发项目,有效控制产品创新过程,使创新活动朝着计划目标进行,以实现用户参与的新产品开发项目的成功。

使用领先用户法的优缺点

这一方法的优势在于,领先用户方法已经被一些公司所采用,并且与传统的内部生产方法相比，确实能为公司带来更好的创新绩效。但是缺点在于，领先用户方法不容易使用得好，因为它与传统市场研究有很大不同。同时，大多数生产者其实并不想学习如何使用它，除非他们被迫需要生产突破性的创新产品，而不是仅做一些渐进式的产品改进。不过，已有 25% 的美国公司说他们在使用这一方法。

典型案例 11-1

小米：为发烧友而生

北京小米科技有限责任公司正式成立于 2010 年 4 月，是一家专注于智能硬件和电子产品研发的移动互联网公司。其智能产品以小米手机为主，同时在智能健康产品、小家电、电视、计算机和生活用品几大领域进行辐射，开拓了多条产品线，成为中国第四大互联网公司。此外，小米公司很好地结合了"产品"与"服务"，继而令智能产品更具有人情味，成为与华为、三星相比性价比更高，更有市场竞争力的品牌。

"为发烧而生"是小米的产品理念。小米公司首创了用互联网模式开发手机操作系统、发烧友参与开发改进的模式。为识别领先用户，小米公司内部人员不仅进行线下发掘，还通过互联网平台，对大数据进行分析筛选来获得，比如通过对论坛、微信、微博、贴吧等众多关注小米的粉丝中的发帖量、有效意见、互动频率、在线时间等来识别和挖掘领先用户，领先用户对手机产品开发、改进与销售有很大帮助。

小米用户——企业平台的搭建主要有两种形式，一种是通过互联网平台所搭建的论坛、微信、微博、QQ 粉丝群、贴吧及社交软件米聊等虚拟形式，其主要功能是实现用户与企业间及时沟通，实现信息的动态交互。小米通过设立某产品专门社区，用户将自己的创新成果发布在该平台上，然后由其他有更好方案的用户改进，以促使其进一步完善。另一种形式是设立专门的企业——用户线下平台，用于用户直接参与企业某产品的开发，用户的潜在需求和创意是企业的重要创新来源，在经过小米手机公司培训及技术引导和支持后，直接参与到小米手机的开发中来，这样有助于用户明确表达自己的需求，把他们的概念和要求转化为设计方案并参与到产品的研发。

组织设计与流程再造是针对那些直接参与手机产品开发的用户而展开的工作，由于用户的参与势必会打破原有的组织形态与流程，这就要求组织的重新设计与产品流程的再造。小米手机公司根据用户的技术能力设立相应的岗位，并确立职位说明书，如根据某用户提出的外观意见并采纳后可以由其负责外观方面的相关工作。产品的创新流程也不是一成不变的，由于用户的加入，小米手机产品创新流程的各个环节也无不融入用户的身影，例如产品设计的外形上，2016 年新发布的小米手机 5 小米公司就针对用户需求开发了一种紫粉色，以满足更多女性用户的需求；选用陶瓷新材质及双曲面的设计使用户手握手机舒服度更佳。在产品开发环节，小米邀请有专业技能的用户成为产品开发者，MIUI 团队会接受用户的意见和反馈，对每个递交的改进点进行初级判断，最后将有效的反馈和意见列入系统改进的排列序表中。小米还将一些非核心功能外包给粉丝来开发，小米也鼓励粉丝在 MIUI 系统开发增值软件，粉丝们帮小米做了大量的研发工作，比如，翻译了 25 种语言的版本，为小米适配了 143 款机型等。

小米对用户创新过程控制主要体现在两个方面，一个是对用户参与到小米产品创新的各个环节的控制，如针对用户设岗，明确职位要求及各岗位间的衔接与工作进度的推进上；另一个是对技术流失的风险控制，小米通过与用户签订相关知识产权协议来解决，协议中标明关键技术的来源，以确定技术来源的归属，对于创新成果知识产权归属的问题，若由用户创新而来的技术，小米会根据公司需求，通过购买的途径创新来解决，在知识产权的保护上，小米也及时申请相关专利，截至 2015 年 10 月 30 日，仅成立 5 年的小米公司共申请专利的总数超过 6000 件，2015 年小米发明专利申请就达到 3738 项，也说明了小米对知识产权保护方面进行着不懈努力。

由于手机领先用户在很大程度上代表手机市场发展的方向，对领先用户的识别就显得尤为重要，加强对领先用户的识别要从速度和广度上入手，加强对领先用户的识别速度可以不断更新手机市场需求信息，尽快地进行定位市场；加强识别领先用户的广度可以尽可能掌握大量的市场需求信息，有利于小米手机市场的精准定位，开发适销对路的手机产品。

加强用户参与创新的深度。从目前对小米用户创新过程的分析来看，用户在手机外观、测试、销售等方面的参与度比较高，由于用户技术能力限制，对直接参与手机研发的用户并不多，虽经大量用户参与评测，创新产品与用户所需产品还是有所偏差，无形之中还加大了手机产品的改进成本，更多的领先用户参与小米手机创新的开发过程才能有效保证创新产品更大程度上符合市场需求。小米可以通过对领先用户的技术培训与知识学习,让更多的领先用户参与到小米手机的研发过程中。

11.3 大数据环境下的产品开发创新

大数据已经逐渐渗透进人们的生活,各行各业都逐渐采取大量的数据进行商业分析和决策。日本茑屋书店创始人增田宗昭表示,品牌、数据库,这种不会反映在资产负债表里的知识资产,在将来的商业社会中将是决定生存死亡的因素。中国人民大学商学院毛基业曾表示,"得数据者得天下,越来越多的领先企业正在运用科技的力量,数据的力量做一些真正改变世界,造福人类的事情"。上海纽约大学商学部主任陈宇新在《哈佛商业评论》2018中国年会上演讲表示,"小而美的时代已经到来,从需求来看,个性张扬,消费者会愿意买单;但是从供给侧角度来讲,大数据、云计算等技术让我们很好地洞察用户的消费行为,未来创新毫无疑问为科技赋予了驱动。"甚至有研究表示,每隔14分钟,全球就有一位广告经理登上某个舞台屏气凝神地宣布"大数据就是一片新原油"。由此种种,可以看出,大数据的力量不容小觑。

赋能及数据赋能

大数据具备4V特点,即大量性、高速性、多样性、价值性。大量性即网络用户通过互联网发邮件、聊天等都会产生的大量数据和信息。高速性即随着5G时代的到来,数据的传输速度也是与日俱增。多样性即数据的来源、类型等都丰富多样。价值性即数据的价值不言而喻,不论对于个人的生活数据记录还是系统情况统计都能够反映出其社会价值,有利于明确以后的设计战略和方向。

大数据作为一种可再生资源,日复一日地被创造出来,越来越多的企业提取精炼数据并从中寻找价值,精耕细作。对用户来说,在这个大数据时代,生活的每一个角落都布满互联网公司的触手,每个人的起床时间、通勤轨迹、搜索记录、消费喜好、闲逛路线、收货地址、浏览习惯、聊天记录、移动轨迹以及地点定位等私人数据被成千上万只复眼观察、记录、分析,这些信息被追踪、拆分、交易、共享,被完全商业化,但很多人并未意识到这一点。这种将数据重新嵌入人类生活的做法影响至深。但如何使数据变得更加人性化，以达到为公司带来更为长远的商业价值似乎是每个企业亟须考虑的问题。

赋能是指通过特定的方式给予特定人群能力，包括生存能力、生活能力和发展能力等。数字赋能是指通过大数据、移动互联和人工智能等数字化工具对特定的人群进行赋能，使他们获得相应的生活技能和生存能力。信息时代的来临将大众从闭塞的生活状态带入了充满信息的世界，在这里数据逐渐积累形成大数据，这些数据在经济、文化以及社会发展方面都有一席之地，如电子商务、医疗健康等领域。尤其在营销领域，大数据在为营销决策提供信息方面有着不可低估的力量，包括跨消费者领域的决策，如问题识别、消费者搜索、购买行为、消费、购后参与和购后评价。

小米的健康类产品，小米运动App能够连接小米手环、体脂称、智能跑鞋等设备，其记录的数据能够通过小米运动App进行实时上传，同时支持亲友数据共享。简而言之，小米将个人健康概念扩大到一个小团体，可以是家庭成员、部门同事或健身团队等，那么家庭里老年人以及小孩子的身体情况能够及时反馈给其儿女和父母，有利于进行食物营养和健康运动的良好搭配。或许在将来，小米的数据库中记录的身体数据能够分析出各个地区的身体状况特征，再结合空气质量等外部条件能够推测该地区人群的高发疾病情况，从而联合企业、政府和社会有针对性地加以改善。

大数据对产品创新的影响

大数据正在改变新产品的开发过程。大数据有助于获取和利用市场信息来满足客户需求，它可以在新产品开发中发挥核心作用。大数据和创新之间的这种趋同在许多行业都很明显，并引发了新产品开发流程的重大变化。

很多企业正在大力投资大数据能力，以利用其分析为商业布局做出决策。IBM创新调查显示，在创新中使用大数据和数据分析的公司在收入增长和运营效率方面超过竞争对手的可能性高于36%。然而，尽管有潜在的好处，一些公司仍未能有效地利用大数据。长期以来，企业一直希望获取对开发新产品有用的知识，并减少将这些产品推向市场所需的时间。现在，来自个人消费者的原始数据前所未有的数量和种类，导致了所谓的大数据革命。获取知识和理解数据的过程已经从决策支持到分析处理、商业智能、分析现在的大数据。成功的产品引进需要大量整合综合和不同类型的知识和品种知识。

大数据如何为产品创新赋能

大数据可以帮助制造企业在产品设计、制造、生产管理、营销、使用、维护等全生命周期进行创新。如图 11–2 所示。

图 11–2　实现数据驱动的流程

大数据 + 精准定位

处于物质极度丰富的时代，人们的需求越来越个性化和多元化，如何尽力满足每个人的需求成为众多企业考虑的问题。有研究指出，新产品特性和客户偏好之间的契合度会影响新产品的成功。如果一个产品本身定义错了，出发时的方向选错了，那之后的努力都是徒劳。传统营销对客户需求的确认，来自一些线下调查，不具备客观性和大样本量的支持。然而，在移动互联网高速发展的今天，海量的数据积累，为企业进一步了解客户偏好和客户定位提供了良好的基础。

首先，数据可以对老客户进行画像分析，对用户数据的挖掘意味着对市场的细化和精准定位，进而选择有针对性的用户进行营销。在整个市场增速减缓、用户需求多维度的情况下想要更好地留住客户，需要对用户进行更多分层，精准识别用户习惯，通过有效渠道触达用户，以及在用户使用习惯上影响用户。对于企业，管理者需要运用第三方数据对标竞争对手业务和用户、把握行业的发展趋势，还需要运用第一方数据制定战略目标、提供系统支撑和工具路径，最终以数据思维驱动业务增长，助力企业精细化运营和管理用户。

用户画像，简单来说就是通过一系列简短、精炼、易识别的语言来描述一个人或物。进行画像分析是为了了解用户，因此需要收集用户所有的数据，主要包括静态信息数据和动态信息数据两大类，静态数据就是用户相对稳定的信息，如性别、地域、职业、消费等级等，动态数据就是用户不停变化的行为信息，如网页浏览行为、购买行为等；通过分析这些数据，给用户贴上标签并打上指数，标签代表用户对该内容有兴趣、偏好、需求等,指数代表用户的兴趣程度、需求程度、购买概率等;在得到用户的完整生命周期时,营销人员即可在不同的生命周期内采取不同的策略。用户画像就像一座桥梁,连接起企业与用户之间的信息和认知鸿沟,通过大数据技术,把用户错综复杂的消费行为和难以捉摸的心理状态,用更加理性的方式,为企业呈现出来,让企业在营销决策中真正做到有理有据,决胜千里。

用户行为体现了其购物的需求偏好,基于用户行的为特征可以对其未来的购买行为及偏好进行判断分析。越来越多的企业基于用户的行为大数据,结合宏观数据,采用智能机器学习算法,实现市场销量的预测。

大数据 + 产品设计

在确认客户偏好和需求之后,企业可以根据诸如产品模型、设计知识,还有产品生命周期过程大数据等,对包含知识价值和相互关系、设计人员水平做出准确评价,并快速找到最合适的设计师、所需要的知识和产品模块,最终自动产生新的产品方案。

很多企业积累了大量的数据,但却没有利用这些数据获利的专业知识,造成转化率低。有研究发现,成果与客户需求之间并没有形成良好的匹配。所以,企业需要根据需求去反推,将技术转化成市场真正能用且好用的东西。

越来越多的企业将硬件产品和软件结合,实体产品、虚拟服务与体验越来越融为一体,实体产品相当于人体的四肢,而软件功能在于在精神意识层面对收集到的数据进行分析并上传到大数据库。现代产品仅仅有实体是不够的,最重要的是和应用程序或是服务这些软产品相互关联,也就是加强了数据在不同平台上的关联性,形成数据共享互通,从而能够从反馈的评论,记录的数据信息和分享的内容等多方面了解用户的需要。通过"软件与硬件整合 +App"的创新模式,能够实现技术、用户、设计和商业的融合,例如小米手环结合小米运动手机 App 能更好地了解用户的身体情况,实现实时监控身体数据(步数、心率、睡眠质量、体重等信息),在这一过程中形成用户设计大数据的参与,从而帮助改进产品,使之满足用户需求。同时,将信息进行反馈,使用户了解自己的身体状况和运动情况并推荐健身产品。

大数据 + 产品使用

现如今产品越来越智能，不仅用户使用方便，如远程控制空调；而且企业可以自动获取用户使用习惯数据，如风速、风向、温度等，来帮助企业更好地创新和服务用户。产品使用和大数据积累分析相辅相成，为客户提供更完整的体验。而这种体验一般会形成三个正反馈回路，这三个正反馈回路促进了企业生态的形成。第一个正反馈回路：用户和用户的相互增强。第一批用户的评价高，就会产生非常好的口碑效应，继而带来更多新的用户，这种用户群的形成呈指数型增长趋势。第二个正反馈回路：产品与产品的相互增强。一个产品卖得很好，取得了商业上的成功，也会吸引更多的产品和服务不断入驻，口碑在产品和服务中也会呈指数型趋势放大。第三个正反馈回路：用户越多，产品离用户越近，越能积累用户的数据和信息，也就越容易挖掘、发现用户的新需求。这种新需求可以吸引更多的产品和服务，为用户提供更丰富、更完整的体验，从而吸引更多的用户群体。

大数据 + 产品维护

在产品维护方面，大数据的应用比较广泛，例如飞机的发动机都是在发动机公司租赁的，发动机公司通过远程监控获得大数据，这些数据不仅帮助其进行产品维护，提高维护水平。同时这些数据也帮助他们不断地了解产品性能，改进产品，提高产品创新。此外，若非租赁形式，产品生产企业也可以通过将传统产品接入传感网络，获取来自产品运行状态大数据，在为用户提供预防性的维修、故障诊断、减少能耗等服务的同时，获取用户需求，了解产品状态，帮助改进产品。

对航空工业创新发展来说，工业大数据的内在价值是产品优化设计。通过对生产制造、试验试飞、服务保障和产品运行数据的分析，能够发现生产过程中质量、产品运行故障等的内在规律，以发现产品设计缺陷，促进产品优化改进。

数据不是万能的

目前，大数据热席卷了整个商业世界，很多管理者认为有了数据就可以提供消费者想要的产品和服务，从而占领他们的心智。然而，事实真的是这样吗？

第 11 章　数据赋能产品开发创新

首先，很多企业都在强调数据赋能产品创新，但往往企业的创新偏离了核心功能，违背了产品的初衷。在进行数据赋能时，企业一定要时刻提醒自己，这个产品的核心功能是什么，让创新围绕核心功能展开，在核心功能上进行突破，做到同类产品中的最好，不回避正面战场。如支付宝作为第三方支付平台，致力于提供"简单、安全、快速"的支付解决方案。但在发展的过程中，支付宝一直想拓展用户社交领域，2015 年，其支付宝界面曾开拓"我的朋友"功能，随后一年通过"敬业福""圈子""校园日记"等尝试社交化，但其所有的尝试均以失败告终，如今支付宝砍掉了大部分社交功能，专心做起了支付功能，回归到商业和金融领域。利用其长期积累的数据，支付宝推出了一系列符合商业和金融属性的功能，如花呗、口碑、线下二维码、淘票票、芝麻征信等业务，均获得了较大成功。

其次，大数据对未发生交易行为的预测很好地凸显出了实践中的问题，数据量的增大会带来规律的丧失和严重失真。而且，数据运行过程中不同的数据会相互融合，发生变异形成新的数据，以至于很难发现事件背后的规律，也就是商界所说的"大数据的傲慢"。此外，从客观上来说，企业并不能掌握全量数据，而且数据的质量参差不齐，这些均意味着管理者还是有很大的决策空间。管理者必须了解到数据背后的各种影响因素和计算方法，并学会对数据的准确度、样本大小、客观性和质量进行批判思考。有财务和商业活动异常明确的显示，再丰富的数据和分析工具也不能弥补相关知识的匮乏和判断的失误。领导者要确保公司流程和人员素质能跟上计算能力和信息收集的步伐。为了弥补信息洞见方面的缺陷，大数据——哪怕再全面、分析得再好——也必须要有好的决断作为补充。

2012 年，瑞士软饮料公司 Rivella 打算推出新口味，在开放创新平台上征集消费者建议，共收到 800 条反馈。在分析过程中，管理者发现一个提议很受欢迎：研制一款健康的姜味饮料。但公司调查后发现，原来只是少数几个用户在疯狂吸引点赞和评论，制造声浪。尽管网上评论热度很高，但公司认为姜味饮料会遭到失败，便放弃了这个方案。

有研究发现，消费者低估可行性的价值，青睐中等程度的原创性；企业则看重可行性，且要么选择高度原创性的方案，要么选择较为普通的创意。所以，消费者在网上发表的意见，难以作为创意质量的评判依据。

大数据为我们带来便利，提高了效率，在为企业带来利益的同时方便了人们的生活，但效率从来不等于幸福。所有的东西都可以量化，用数据来衡量，用公式来计算，但幸福感却不能被量化。

所以，大数据远不是万能的，它只是一个强大的工具。在很多领域，大数据的使用，的确远比传统的数据分析更容易解决真正的社会问题。但大数据应用的关键，还在于挖掘数据背后的商业逻辑，有效地运营数据帮助商业决策。说到底，数据的背后是"人"，是人的行为和决定，是组织间的互动与博弈。数据背后的消费者行为、市场机制、规律都非常复杂，没有对商业本质的基本把握，没有用行业经验排除干扰因素就滥用相关性，结果只是在海量的数据噪声内搜寻噪声，并制造更多噪声。企业必须始终把顾客价值放在首位，将数据作为一种手段，才能实现顾客价值的最大化。

典型案例 11-2

华为 FusionInsight 平台"精炼"大数据

作为 ICT 领域的领导者，华为很早就着手开展大数据平台研究，并推出了华为大数据平台 FusionInsight。据悉，FusionInsight 是基于 Hadoop 架构的集大数据存储、查询、分析功能为一体的企业级平台，帮助企业快速构建海量数据信息处理系统。而针对海量数据处理问题，FusionInsight 平台包括海量数据引擎 FusionInsight HD 和实时数据处理引擎 FusionInsight Stream 两个核心组件，能够对高达百万维度的数据进行全量建模，并进行实时分析和发掘。

王纪奎介绍，FusionInsight 具备跨域（BOMN 位置）、全量（完整性）、安全（金融等保）、海量（1.5PB／3 个月／市）等特点，可以实现应用、平台、数据分层解耦。基于该方案出色的表现，FusionInsight 已经在金融、通信等多个领域发挥流式事件实时处理优势，进行实时分析和决策。华为客户包括招商银行、上海联通等。迄今为止，FusionInsight 已在全球拓展了上百个大数据项目，有超过 40 个项目已经交付，其中 10 多个已经商用。

事实上，目前提供大数据平台的企业不少，比如国际 IT 巨头 IBM、微软、HP 等。相比于这些企业，华为大数据的优势在哪里？王纪奎介绍，华为更能深度理解运营商从底层到运营使能层，从上层聚合平台到服务层。这是因为运营商所拥有的位置、信令信息，如 BSS、OSS、MSS 域的数据，绝大部分来自网元层面，而非 IT 系统，而华为更懂网元。

第 11 章 数据赋能产品开发创新

大数据已成为华为未来的战略方向之一。

从 2009 年起,华为就开始有节奏地投入大数据,如今已经取得开源社区、客户和生态伙伴的共同认可。其具体举措包括:在 Apache Hadoop 和 Spark 社区投入高级专家持续贡献内核代码,已取得社区排名全球第四的成绩。2011 年发布第一个平台版本,成功帮助电信运营商改善了基站投资结构,大幅降低了高端客户的离网率;2013 年发布全新架构的 FusionInsight 大数据平台,并快速在金融、公安、政府和教育等行业取得突破,已累计成功部署了 500+ 项目,同时已有 200+ 合作伙伴的行业方案采用了 FusionInsight 平台。

华为始终秉承以客户为中心的理念,反映在大数据领域,就是贴近行业典型客户进行联合创新,有针对性地提供平台解决方案,并引领合作伙伴在平台上持续构建价值应用。FusionInsight 的整体结构分为三层:最底层的 DataOS 是基石,可支持主流的开源处理引擎 MapReduce 批处理、Spark 内存迭代、STORM 流处理,以及华为自研的 MPPDB,它是业内唯一的全栈企业发行版,可满足不同场景的数据处理需求。同时,自研的 Elk 可支持企业的 SQL 应用无缝迁移到大数据平台;中层的 DataFarm 是伯乐,是让数据有效流动起来的关键所在,支持 ISV 利用平台能力进行多源数据的实时集成,支持各类开源的算法库,使能客户和伙伴的挖掘能力,帮助数据分析师不断地进行试错和模型训练;最上层的行业增强解决方案是加速器,在 DataOS 和 DataFarm 的基础上,针对行业典型大数据场景(如金融业的风控),有针对性地优化并预置参数、算法、模型和逻辑包,大大缩短了基于大数据的新业务上线时间,满足了在线应用的高要求,填补了企业高要求与无序开源的空白,最后联合 ISV 开发上层应用,提供关键场景的端到端解决方案。

FusionInsight 在平台水平能力上持续做厚,支持多集群统一管理及多租户、容灾备份、存储 EC、数据加密、OMS 支持 HA 等高级特性,支持全 Web 化的交互式体验,以及不断丰富的数据治理工具,让大数据从企业的实验平台走向生产、走向关键业务。

金融行业近年来受互联网冲击很大,去中介化让金融脱媒、客户脱媒、甚至信息脱媒甚嚣尘上,各大银行备感压力。2014 年,随着以 FusionInsight 为代表的大数据解决方案开始走向商用,这一局面开始得到改观。比如,国内一家领先的商业银行在采用了华为的 FusionInsight 进行潜在小微贷款客户的全量挖掘后,其名单转化率比采用传统的数据仓库提升了40倍，或有金融资产预测误差率则降低了一倍；另一家银行过去主要通过批量发送推荐短信的方式开展营销活动，无法做到个性化，致使客户多有抱怨，而采用FusionInsight后，理财推荐的短信发送量比过去下降了82%，而命中率却上升到了95%，真正实现了千人千面的精准营销；还有一家银行在信用卡征信采用FusionInsight后，其发卡时间从15天大幅缩减到了立等可取，在安全性更好的前提下达到了实时体验。

交通管理是典型的大数据行业，其数据特点也是非常典型的5V，面临着新形势下的反恐压力及人均警力严重不足的困境。华为FusionInsight帮助中国某省的公安部门实现了上千个数据库的高效集中，形成了统一的大数据平台，强大的SQL能力帮助交管部门无缝迁移了应用，支持秒级发现套牌车、分钟级发现同行车、实时交互查询高危车辆、自学习优化交通网络效率，用智能的方法有效缓解了城市拥堵。

在政府行业，很多政府部门都拥有海量的价值数据，但这些数据高度分散，应用也呈现烟囱式分布。华为通过将其FusionInsight大数据平台与FusionSphere云平台联合，正在为多个政府部门建设统一的大数据云数据中心，将云计算和大数据结合，实现了大数据能力的服务化，让数据能更加高效地开放，更好地服务于民生。

电信行业也是数据高度密集的行业，电信运营商更是应用大数据的先行者，华为较早就进入了这个领域，通过FusionInsight平台帮助全球多个TOP运营商构筑了融合的大数据中心。比如，中国某省的运营商利用FusionInsight实现了VIP客户的预防性维挽，并优化了基站的投资分布，当年就为该客户节省了几百万元的支出，同时，通过开放技术还让客户的移动位置数据很好地服务于各级广告主，让数据真正变现成了货币。

上述成绩的取得，离不开华为各级合作伙伴的大力支持，FusionInsight发布之初就非常注重生态链的构建，每个行业的TOP ISV都与华为的大数据实验室成功实现了对接；与此同时，华为近期还与国际领先的数据挖掘厂商SAS签署了战略合作协议，率先在国外某客户成功实现了FusionInsight的商用，迈出了国际化的坚实步伐。

第12章 基于移动社交的品牌塑造

随着社交媒体的发展,越来越多的企业意识到在 UGC 时代下,对于品牌的塑造必须要和社交相结合,利用社交媒体的特点和优势来凸显品牌的优势和价值。商业与社交媒体相融合,进而产生了近年来越来越热点的电商词汇:社交电商。在移动社交时代,企业如何有效塑造品牌成了一个重要课题。

12.1 UGC:用户创造时代

随着进入 Web 2.0 时代,"用户思维"越来越被企业管理者所接受,用户逐渐成为互联网的中心。网络上内容的产出逐渐由专业机构(企业、组织)转变为成千上万的普通用户:每一个用户都可以生成自己的内容,互联网上的所有内容由用户创造,而不只是以前的某一些人,因此互联网上的内容飞速增长,形成一个多、广、专的局面,这对人类知识的积累和传播起到了一个非常大的作用。任何人在任何时间和地点可以对企业的产品进行点评和消息转发,人人都成为信息的发射端,互联网迎来了 UGC 时代。

用户创造内容(user generated content,UGC),用户将自己原创的内容通过互联网平台进行展示或者提供给其他用户。UGC 并不是某一种具体的业务,而是一种用户使用互联网的新方式,即由原来的以下载为主变成下载和上传并重。国外的 YouTube、INS 等网站都可以看作 UGC 的成功案例,就国内而言微博、豆瓣等同样是基于 UGC 的网站。社区网络、视频分享、博客和播客(视频分享)等都是 UGC 的主要应用形式。其实提到 UGC 就不得不提社交媒体,可以说社交媒体是 UGC 内容产生的载体,UGC 内容的传播离不开近年来社交媒体的蓬勃发展。随着社交功能的逐步划分,社交媒体出现了以不同社交功能为基础的多种发展类型(见表 12-1)。

表 12-1 UGC 网站类型

类型	内容
好友社交网络	基于现实的人脉关系创建的社交网络，用户可以更改状态，发表日志，发布照片，分享视频等，从而了解好友动态。 例如，Facebook、My Space、开心网、人人网（校内）、朋友网（QQ 校友）等
视频/图片分享网络	这类网站以饰品和图片的上传和分享为中心，基本不基于现实好友关系，更多的是陌生人之间通过共同喜好而结合的弱关系。 例如，YouTube、优酷、搜狐视频、bilibili、花瓣网、INS 等
知识分享	这类网站是为了普及网友的知识和为网友解决疑问的。 例如，百度百科、百度知道、维基百科等
社区论坛	这类网站的用户往往因共同的话题而聚集在一起。 例如，百度贴吧、天涯社区、知乎等
微博	手机等便携设备的普及让每一个微博用户都有可能成为第一现场的发布者，解决了信息的实时传播问题。 例如，Twitter、新浪微博等

典型案例 12-1

豆瓣网：UGC 的聚合力量

豆瓣网，创办于 2005 年 3 月，几乎没有任何商业宣传，截至 2012 年拥有 5600 多万注册用户，ALEXA 排名稳定在 1600 名左右。原因在于其独特的内容生成机制。豆瓣网所有的内容，分类，筛选，排序都由成员产生和决定，完全自动。在豆瓣网，用户和用户之间有很多互动的可能。豆瓣内容形成的起点，是主动型的网民提供的自己所读过的书、看过的电影、听过的音乐的清单，相关评论和博客。这些内容提供了很多个基础节点，这些节点之间又因为网站技术系统所提供的相应功能，例如条目、"标签"或网站推荐，开始产生各种联系，从而编织出内容的基本网络。豆瓣的社区提供了一种以"兴趣爱好"为纽带扩展人际关系的可能。这种关系的形成无须刻意，它更多的是伴随着内容关系的形成而自然形成的。但是，也正是这种基于兴趣的人际关系，更加富有黏性，更加牢固。

12.2 社交电商：电商新黑马

社交电子商务（social commerce）是指利用社交网站、SNS、微博社交媒介、网络媒介等多种传播渠道，借助社交互动、UGC 等进行品牌货产品推广，实现更有效的流量转化和品牌销售的电子商务新模式。

在传统网络时代下，PC 端是电商交易的主导入口，此时为 Web 1.0 时代，随着移动互联网的兴起，移动端逐渐成为消费者连接电商平台的主要通道，进而进入 Web 2.0 时代。在 Web 2.0 时代，消费者越来越注重个性化需求，用户的主体和中心地位日渐凸显，越来越多的商业内容和营销由终端用户创造或主导，如近年来风靡"80后""90后"的微博、小红书、抖音等自媒体平台内容，用户人人都成为媒体人，可以通过自己所创造的内容对企业的品牌塑造产生影响。

社会化电商的基本特征

与传统的电子商务相比，社会化电商将人际关系融入进来，实现了与用户之间更好的沟通体验，极大地改善了用户的使用感受，也更能将用户摆在中心地位。与传统电子商务相比，其具有如下特征。

用户互动化

社会化电商与传统电商最大的区别在于用户互动性得到了极大提高。

在传统电商环境下，品牌信息往往是被动接受，消费者仅能通过在线点评进行商品大致判断的模式。社会化电商则完全打破了传统电商环境下，用户与用户、用户与企业之间无法直接交流沟通的局面：用户与企业、用户与用户之间可以基于社交媒体展开信息交流活动，用户可以对以往购买的商品或购物经验进行点评或分享；当其他用户需要进一步了解信息时，可以基于社交媒介与发布信息的用户进行交流互动。社会化电商用户在社会化电子商务平台上自由地分享消费体验，通过频繁的社会交互对其他用户的消费行为产生影响。

与传统电子商务用户更多地依赖于系统的个性化产品分类、搜索引擎、购物车或基于偏好的推荐系统来形成购买决策完全不同，社会交互起到了非常重要的消费决策指导作用。社会化电子商务用户间交流互动、信息反馈，以及意见领袖的出现,均能起到更好指导用户消费的作用,提高社会化电子商务购买转化率。在如今,当消费者决定外出就餐时,他往往会直接打开类似于"美团""大众点评"这样的点评性团购网站,查询餐馆的口碑。消费者在通过其他用户的评价进行餐馆的选择同时,还会关注点评应用上的团购信息,这样一套完整的"信息收集+购买"行为就得以完成了。

用户黏性化

社会化电子商务网站吸引且能留住用户的能力称为其具有的黏性。相比于一般的电商品牌,社会化电子商务网站由于存在社交因素,用户往往会在这类网站上花费更多的时间,这也就意味着社会化电子商务网站的用户黏性会更强。较高的黏性是建立良好的客户关系、将潜在用户转化为实际客户、将实际客户变为老客户的关键。社会化电子商务的黏性有利于交易行为的发生且可能持续发生,这是传统电子商务所不具备的特征。就社会化电商代表之一的微信朋友圈而言,其用户年龄分布以"80 后"和"90 后"为主,习惯于信任他人发表的评论与经验分享,通过社交群的口碑传播,形成了高认可和忠诚度,他们可能会随时随地购买没有刚性需求的物品,而且通常是在闲暇时间被动地注意到商品,产生购买欲望,进而产生购买行为。

平台低成本化

传统电子商务平台汇聚了大量的用户和商品,需要组织运营进行流量分发。通过竞价排名、页面展示等赚取营销费用,繁杂的类目与搜索增加了用户购物的时间成本,同时用户还要承担高额的店铺引流成本。社会化电子商务去中心化,开创多个流量入口,不同入口对应特定的消费群体,通过群体用户的交流互动去精准匹配用户的个性化需求,大大降低了企业运营成本和用户搜寻的时间成本。

信息碎片化

移动网络与社交媒体的发展,不仅用户群体细分碎片化,用户群体购物时间的选择碎片化,用户所获取的信息也呈碎片化状态。传统电子商务环境下大量商品与海量信息的增长,在满足用户购买需求的同时,增大了用户选择的心理与时间成本，因此用户越来越倾向于借助朋友的推荐与介绍，在购买决策时倾向于接受亲友或其他用户的意见与建议，在有限的碎片化时间内，通过社会化电子商务平台推荐的及时、有效的信息进行物有所值的商品或服务购买。社会化电子商务已经形成全新商业逻辑，"社群流量—口碑推广—电商流量"通过利用用户碎片化时间，将用户从"去购物"变成"在购物"。

内容社交化

社会化电子商务区别于传统电子商务的最大特征即内容大多由用户生成，且信息内容可基于用户的社交网络进行传播与扩散。社会化媒体是社会化电子商务发展的技术载体，社会化媒体技术的应用使得用户与用户之间以及用户与企业之间可以进行实时、多渠道、个性化的社会交互活动，不仅使得用户可以获取更为真实的由其他用户生成的购物信息、评论信息，同时也使得社会交往过程中没有明确和强烈消费需求的用户因受到其他用户生成信息内容的吸引而产生消费需求。商务与社交网络的结合为用户提供了更加个性化的服务，使得用户在购物过程中的社交性与享乐性需求得到极大满足。

社交化电子商务的类型

就目前社会化电商的发展情况来说，从电商基础来看，主要存在以下三种社会化电子商务。

社交网站+商务活动

社交网站+商务活动的社会化电商，在各种社交网站、平台或社区上加入电子商务功能，开展电子商务业务，主要是凭借社交媒体的社交优势促进电子商务交易，有代表性的有新浪微博和 Facebook 的 F-commerce 以及微信小店等。例如新浪微博，企业和明星开通了微博账号，他们不仅通过动态更新微博内容进行产品发布、促销、售后、客户关系管理等，还通过名人或明星效应等带动信息的传播扩散。

电子商务网站+社区

在电子商务网站基础上构建社区，整合电子商务网站中的社会要素，通过增加社会功能实现用户之间的交互，主要目的是通过网络社区的影响来提升用户体验和黏性，促进电子商务交易的实现。如淘江湖，是依靠亚洲第一的个人交易网上平台淘宝网，帮助用户实现与其他社交好友的联系，及时了解最新动态，获得信任网络中更可靠的信息，相互协助并实现信息分享。

第三方社会化电子商务

第三方社会化电子商务重视社交媒体与电子商务的双重作用，既有电商网站的各种功能，又有自己构建的社交图谱。第三方社会化电子商务对现有电子商务企业的产品与服务进行整合推广，一般不自己提供商品与服务，通过为电商平台引流而获取相应的报酬。第三方社会化电子商务平台服务的对象通常是具有相同或相近兴趣爱好的群体，平台会为用户提供商品搜寻、评价、评级、点赞、回复与分享等功能。如早期的美丽说，用户可以在平台上进行购物经验的交流与分享，既有社交功能，又有展示功能。一方面用户通过社会化电子商务平台分享内容来展现自己，另一方面社会化电子商务平台也为用户之间的交流互动提供了途径。

典型案例 12-2
YouTube——网络红人创造的品牌奇迹

就在不久之前，品牌主们还觉得在 YouTube 这样的网站上投放自己的电视广告是一件很入流的事情。但现如今，他们发现必须和 Michelle Phan（YouTube 美妆达人）这样的社交网络红人合作才能赢得观众的关注。现在已经有超过 150 个品牌在 YouTube 上和那些多才多艺的网络红人合作，与此同时，这些品牌还与许多不同的广播电视网一起打造新的广告，力求让观众觉得有趣还能参与其中。

"YouTube 上的那些红人现在已经越来越向主流流行文化靠拢了，"YouTube 的内容商业总监 Jamie Byrne 说道："许多品牌与这些红人的合作仅仅是他们大规模社交媒体营销的一部分。"而就在去年，谷歌推出 Google Preferred 广告拍卖系统，这是一种新的广告计划，各大品牌可以支付更高价格，在排名前5%的 YouTube 视频频道中投放广告，比如时装、美容与美食等频道，而且能够定位具体的用户群。这样一来就能保证这些广告位能够在最受欢迎的地方被人看见。Google Preferred 目前为止深受营销者的好评，原因也很简单，根据 YouTube 的统计数据，Google Preferred 引入的广告回响率高达 80%，平均将品牌关注度提升了 17%。而 Google Preferred 在本周也将被作为 Google New Front Presentation（最前沿项目发布会）的一员被宣传。下面，我们将介绍那些顶尖品牌商们是如何与 YouTube 网络群星合作，来吸引观众眼球的。

Toyota：Youtube 明星 Rhett & Link 浏览量 1000 万

当 Toyota 想要测试他们的新款车 2015 Camry 性能，他们找到了 Collective Digital Studio 的喜剧二人组明星：Rhett&Link 来拍摄新车广告，完成一次疯狂的试车体验。这次惊心动魄的试车过程中，两人必须驾车经过一段九曲十八弯的泥路弯道，还穿过会喷射火焰的圆环。"Toyota 的这款新车有许多看点，我们想试试看这些点能被挖掘的有多深。"Toyota 的社交媒体策略运营经理 Florence Drakton 解释道。

为了扩大广告的影响力，Toyota 在 Google Preferred 上购买了广告位，2 分钟的短视频在 Toyota 的 YouTube 频道上达到了 7 万 4 千次观看量。而 Rhett&Link 则给 Camry 这辆车带来了不少的曝光度，在这对网络红人的 YouTube 日常脱口秀 Mythical Morning 中，其中有 6 期给 Camry 做了宣传，而这一举动让 Toyota 广告的观看量立刻飙升到了 1000 万。就算像 Toyota 这样的大品牌也无法强迫观众来观看他们的广告，而将广告植入那些网络红人的节目中反而更有效率。正如 Rhett&Link 组合中 Link Neal 所说："我们的观众看视频不是为了看 Toyota 的广告，而是为了看我们的节目。"

Lionsgate：YouTube 红人（包括 iJustine、Feast of Fiction 和 ThreadBanger 在内的 5 人组合）浏览量 250 万

Liongate（狮门娱乐公司）是一家北美娱乐公司。1997 年公司始创于加拿大温哥华，目前总部位于美国加州的圣莫尼卡。截至 2011 年，它已成为北美商业上最成功的独立电影和电视发行公司。

狮门娱乐公司曾经与 5 个 YouTube 网络红人合作，开展了名为 District Voices 的线上营销活动。5 个网络红人每个都被分配到了一个"区域"，这和当时火爆一时的《饥饿游戏》电影中 Panem 国的分区是一样的。与此同时，这 5 个网络红人还穿上《饥饿游戏》中的道具和服装，制作和电影相关的小视频。

"我们不想让观众觉得我们仅仅是雇用了几个演员来念念剧本而已，"狮门影业的全球数字营销研究执行副总裁 Danielle Depalma 说道。而 iJustine——Youtube 达人 Justine Ezarik 在这次营销活动中专注于介绍"第六区"的交通情况，而来自烹饪频道 Feast of Fiction 的网络红人 Jimmy Wong 和 Ashley Adams 则为第九区烹制芝士饼。总的来看这 5 则视频一共为狮门影业带来了 250 万的观看量。狮门影业的这次营销活动就是为了创造一些具有新鲜感的原创内容，这些原创有趣又新鲜的内容反而能让人觉得非常真实，丝毫没有广告的痕迹，就好像是出自《饥饿游戏》忠粉之手。

Macy's：时尚博主 Claire Marshall, Jenn Im, Shameless Maya 及更多红人在内 浏览量 100 万

在现在这个博主已经可以击败杂志小编的时代，百货巨头 Macy's 与时尚博主 Claire Marshall 等人合作，寻找最新潮的设计师。Macy's 设计的为期 8 周的"The Next Style Star"活动召集了 16 位新锐设计师进行比赛，赢取价值一万美金的奖金，另外冠军还能在 Macy's 的纽约旗舰店中展示自己的作品。

在每周的活动中，设计师必须在 10 分钟内利用来自 Macy's 门店的产品来搭配一款服饰。而这些视频也只在 Macy's 指定的合作伙伴：Maker 的相关平台上播放，而每个视频都内嵌了 Macy's 官网的链接，方便观众直接点击链接进入官网购买产品。Maker 的销售总监 Jason Krebs 说，Macy's 非常了解视频观众起到的作用。"他们不仅仅是购买者，他们还是影响者——他们能影响到其他人的购买决策。"

培养意见领袖

KOL 意见领袖

提到社会化电商，就不得不提 KOL 即意见领袖。如果说成千上万的普通用户为社会化电商带来丰富的内容，那么真正能够为电商企业带来收益效应的则是这些头部的 KOL。这是因为消费者总是认为那些专业、具有权威性的"带头人"

往往能够做出更好的购物决策。而这些"带头人"就是我们所说的意见领袖,意见领袖是在团队中构成信息和影响的重要来源,并能左右多数人具有态度倾向的少数人。尽管不一定是团体正式领袖,但其往往消息灵通、精通时事;或足智多谋,在某方面有出色才干;或有一定人际关系能力而获得大家认可从而成为群众或公众的意见领袖。在消费行为学中,KOL 特指为他人过滤、解释或提供信息的人,这种人因为持续关注程度高而对某类产品或服务有更多的知识和经验。

参照群体理论

为什么消费者会选择相信相对"弱关系"的意见领袖呢?这往往是因为人总有一种"趋向美好"的倾向。通俗来说,就是消费者都渴望自己能够通过消费行为来弥补自己的理想中的自我和现实中的自我之间的差距。而意见领袖们往往在某些方面(例如,知识、相貌、财力)为人们所崇拜,从而成为人们渴望成为的一类人,这就涉及参照群体这一概念。

参照群体(reference group)又称标准群体,指那些作为人们判断事物的标准或仿效模范的群体。参照群体具有两种功能,即规范功能和比较功能。当人们把某一群体视为自己的参照群体,那么,他们就会以该群体的目标、行为标准、伦理观念、价值判断、理想、愿望和生活方式要求自己,并自觉或不自觉地以参照群体的规范对照自己的行为、态度,并修正自己的行为态度(见图 12-1)。同时,人们也将参照群体的各种规范作为判断事物和他人的标准。人们的参照群体可以是他的所属群体,也可以是他们心目中想要加入的群体或理想中的群体。

参照群体影响
- 一致性:群体成员渴望相互一致的趋向
- 群体权威性和专业性:当消费者认为某人或团体具有权威性时,往往更加渴望一致性
- 相关信息和经验:购物经验匮乏又对广告不信任的消费者更有可能寻求他人的建议
- 产品显著性:显著性产品更加能够脱颖而出
- 个性特征:顺从的人容易受到参照群体的影响

图 12-1 参照群体影响

典型案例 12-3

小红书：明星 KOL 的全民"种草机"

"社区+电商"的玩法，从来不是小红书独创的，但在美丽说、蘑菇街岌岌可危之际，小红书靠着明星入驻，杀出一条流量带货的血路，这招实在漂亮。那么，小红是怎样运用 KOL 策略的呢？

让明星们的粉丝举家搬迁的操作，小红书也不是第一次做了。从明星带货先驱的林允，到陆续入驻的范冰冰、戚薇、江疏影，再到后来的《偶像练习生》和《创造 101》选手……越来越多的明星在小红书安营扎寨。截至今年 6 月，大大小小的明星总计超过了 150 位。

当然，凭借这种策略，小红书也进入了高速增长时期，App store 中国区的排名节节升高，产品的数据增长也让人相当羡（嫉）慕（妒）。截至今年 9 月，小红书的用户量已经突破了 2 亿，月活跃用户接近 3000 万，是一年前的 5 倍。

事实证明，小红书引入明星级 KOL 的运营策略是很成功的。也许有人会说，请明星赚流量，只要有钱，随便哪个明星都能请到！但是，砸钱＝流量？大错特错，请明星绝不是砸钱就能做好的事。但是，新晋玩家小红书却在明星级 KOL 运营上，把套路玩得得心应手！

1. 如何选择 KOL

虽然有钱可以请到明星，但绝对不是想请谁就请谁的。显然，小红书在 KOL 的选择上很有自己的一套，除了关注明星的流量情况，它还会从如下几个角度考量。

（1）符合平台的定位

小红书的 Slogan 是"标记我的生活"，平台的定位是为爱美女孩提供时尚、美妆以及生活方式上的相关指南。所以，小红书请来了林允、范冰冰、王子文等明星，而这些明星与平台的定位还是高度相符的。

有预算请 KOL，这是前提。但是，一定要选择与平台的定位相符的 KOL。毫无疑问，明星肯定是最大的一类 KOL，但也不是所有的平台都适合请明星。在选择 KOL 之前，平台一定要明确自己的定位，深入研究用户喜好，精准投放 KOL。

（2）产生持续的话题和热度

对于一个社区平台而言，有话题、有热度的重要性是不言而喻的，小红书也不例外。所以，小红书引入的KOL除了是流量体质，都还蛮具话题性。比如，之前火爆全网的综艺节目《偶像练习生》和《创造101》，小红书邀请了其中的人气选手入驻平台，狠狠地刷了一把存在感。同样地，借着热剧《延禧攻略》的东风，小红书把里面的主角邀请入驻平台，成功带来一波的流量。除了蹭流量热度来引入明星，小红书还会邀请那些本身就很会"炒作"的明星。从范冰冰，到张雨绮等明星，她们向来是微博热搜的操作狠角。所以，选KOL一定要选自有话题、自带流量体质的。

（3）为平台创造价值

看到小红书请明星大获成功后，不少平台也开始有样学样，纷纷砸钱请明星。大众点评就在今年4月份，同样花重金请了流量明星，如张艺兴、朱亚文等。但是，没能复制小红书的成功。

其中有一个很重要的原因在于，大众点评邀请明星级KOL入驻平台，让明星高调亮相，出来冒个泡就完事。但是，通过邀请明星运营的小红书，从社区定位本身去引导明星，让他们分享与平台调性相符的内容，增加用户的黏性。

魏璎珞扮演者吴谨言从开通账号以来，共更新了25条内容，包括亲自为网友示范《延禧攻略》中的妃嫔们唇妆画法。富察皇后秦岚和纯妃娘娘王媛可也随后开通了自己的小红书账号，内容也以美妆为主。

引入KOL的目的，是帮助提升平台的价值。如果引入与平台定位不符的KOL，不仅没有贡献价值，甚至会对损伤平台的价值，这就不免赔了夫人又折兵。

2. 如何发挥KOL的最大价值

请来明星级KOL是第一步，是引入用户的一种手段。帮助KOL熟悉平台的玩法，尽可能多地留下来他们，需要配套的运营手段。只有这样，才能发挥这群KOL最大的价值。

（1）吸粉

KOL最大的价值是什么？是粉丝。所以，第一步就是将这些KOL的粉丝也拉过来。说起用户的拉新，这里就必须要提一提新浪微博早期的运营。新浪微博在早期邀请明星入驻，吸引了一大批普通用户加入微博，这让新浪微博快速实现了早期用户增长的目标。到了后来，很多产品都在学这一招，比如早期的知乎，后来的分答，都是邀请知名人士入驻，对于吸引新用户效果明显。

（2）留存

一打开小红书，首页前10条一定会有4条以上明星发的内容。事实上，小红书在利用明星做用户留存。

当用户进入一个新平台的时候，操作不熟练，内容不熟悉，是很容易流失的。但是，如果能在小红书上看到自己认识的明星，除了能感觉到小红书的高逼格，用户还会不由自主地进行阅读笔记、点赞笔记、评论笔记、关注博主等关键用户行为。对于自制力差一点的用户，只要在平台的逗留时间稍长一点，就很容易被优质内容转化为死忠粉。

（3）带货

明星带货早就成为一种新型粉丝变现形态，杨幂每次的机场秀、街拍，基本上都是时尚风向标和购物新指南。这条路，在小红书上同样走得非常顺。林允通过推荐隐形双眼皮贴、睫毛胶等，件件成为爆款。仅用一年时间，在微博上常遭遇diss的她，就在小红书积累了956万粉丝，目前超过了微博粉丝数。

范冰冰是另一个成功案例，她本来是为推广个人护肤牌"FANBEAUTY"入驻小红书，却意外走红成"带货女王"，分享的酒糟面膜、娇兰熬夜眼霜、娇兰口红、GM墨镜等商品引发了全球抢购。

虽然，小红书直呼自己是一个UGC内容分享的社区平台，但"种草带货"的变现模式还是十分给力的。免费用户转变为付费用户，普通用户转变为高级用户，KOL都可以在其中发挥了重要的作用。网红做电商便是一个典型的例子，KOL靠自己的影响力和粉丝的信任卖商品，促进销售转化。

3. 如何留住KOL

无论是明星级KOL，还是普通的KOL，他们都是因为擅长某个领域，并持续输出一些干货内容，才会积累起了一波又一波的粉丝。所以，平台要为KOL提供足够多的落脚点，如粉丝的反馈、平台影响力等，否则就可能会流失他们。

从这点出发，在平台上建立机制是一个很重要的运营手段，如推荐、激励、约束等。虽然看起来都是基础工作，但是只有打好底子，才能稳稳地接住KOL和用户。其实，很多重金砸出来的产品，一时风光无限，但最后都落得一个昙花一现的结果，无非是在运营这块上吃了亏。

（1）资源倾斜

在 KOL 入驻平台的时候，安排推荐位给 KOL 的优质内容，让 KOL 感受到平台对他们的支持。

（2）专属特权

区别于普通用户，KOL 才更有荣誉感。

（3）官方互动

帮助 KOL 和粉丝搭好桥梁，让平台的用户可以多了解 KOL。在这里，我实在忍不住吐槽下大众点评，像张艺兴这样咖位的流量明星，你是怎么忍心做到让他只有 7.1 万粉丝数的呢！

（4）粉丝福利

不定期的为 KOL 策划粉丝互动活动，让 KOL 明白平台是在一起帮它做粉丝维系。

4. 总结和思考

当运营分工越来越细，要求越来越高的时候，KOL 运营这个环节对于很多人来说，是逃不掉的。请 KOL 入驻平台，无论从流量获取，还是用户留存来看，都是是一种不错的运营思路。从小红书的成功案例，最后总结一下 KOL 运营的要点：KOL 的形象要符合平台的定位；KOL 能够持续不断地产生话题和热度；KOL 能够为平台创造价值；平台最大化地发挥 KOL 的价值。

建立电子口碑

在品牌营销领域，口碑传播者和传播的信息有特定的内容，正如 Emanuel Rosen 在《口碑营销》中所说"口碑是关于品牌的所有评述，是关于某个特定产品、服务或企业的所有的人们口头交流的总和"，它是一种在企业自身、竞争对手、媒体、渠道成员、意见领袖和消费者等各群体内部及群体之间形成的关于品牌信息的非正式的人际传播。而品牌建设的关键在于口碑传播，口碑传播（Word of mouth）是指用户或是消费者,通过明示或暗示的方式,不经过第三方处理加工,传递关于企业的产品、品牌、服务、厂商、销售者，以及能够使人联想到上述对象的任何信息，从而导致受众获得信息传播的信息以及品牌的体验和评价、媒体对品牌的宣传报道等。如图 12-2 所示。

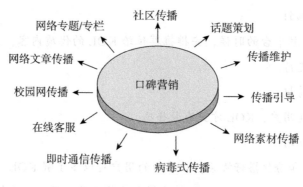

图 12-2　口碑营销

口碑在传播途径上包括直接或间接两种形式，以及基于互联网和其他通信工具的人际交流。一般来说，品牌口碑的形成方式有两种：一是纯粹的依靠人们的自然传播；二是借助大众媒体进行传播。在此，将口碑作为品牌传播的工具，一方面需要加强品牌自身对消费者的影响力，另一方面则需要积极地介入传播过程、制造有益于品牌的口碑。

电子口碑的两种形式

在电子商务时代，传统品牌的口碑传播也发展出新的发展形势：电子口碑。随着 Web 2.0 的出现，网络上的用户生成内容（UGC）越来越多。电子商务网站（以下简称 EC-eWOM）提供的在线评论作为电子口碑（eWOM）的一种重要形式，在帮助消费者做出决策方面发挥了重要作用。

与此同时，社交媒体中的电子口碑（SM-eWOM）在推动网络购物方面发挥了更大的作用，尤其是随着社交商务的出现。如今，购物者正转向社交媒体，分享他们对所购商品或服务质量或购物体验的看法。这种 SM-eWOM 形式包括消费者在 Twitter、Facebook、微博等平台上的帖子，以及对他人帖子的评论。SM-eWOM 从印象管理、情绪调节、信息获取、社会联系、说服等方面影响消费者（Berger，2014）。据中国互联网络信息中心（CNNIC）在 2012 年，43.1% 的用户收到朋友在社交媒体上的推荐时体验到了消费冲动，38.3% 的用户将引用 SM-eWOM 购物决策之前，和 37.2% 的用户会喜欢与朋友分享他们的评论在社交媒体。社交媒体已经被用来了解用户的喜好，并作为一种营销工具引起了企业的关注。

> 典型案例 12-4

御泥坊——软传播品牌战略花小钱做大推广

身为"淘系"起家的御家汇前身成立于2006年,直到2011年开始迎来爆发。目前,旗下除了御泥坊外,还有小迷糊、薇风、花瑶花、御泥坊男士、师夷家等品牌。招股书显示,2015年和2016年"御泥坊旗舰店"在天猫的成交排名分别为第4名和第7名,2016年我国面膜市场容量为180.72亿元,而御家汇在我国面膜市场占有率约在5.54%以上。

虽然,御泥坊在部分人眼里还并非网络知名产品,但至少体验过的客户对其满意度还是相当高的。从用户的评价中可以看到,在其官方旗舰店里显示"产品与描述相符"一栏,平均分为4.8分,高出同行业平均水平34.73%。在淘宝排行榜的"关注指数榜"中,我们发现,用"护肤品"一栏中"御泥坊面膜"与"御泥坊品牌"均居第一;在淘宝上搜索面膜类热销单品,排在前10的面膜中,其中御泥坊就独占3个单品,其中还有一个单品排名第一;在面膜类热卖品牌排行榜中,御泥坊品牌排名第一。通过现代的网络信息宣传,御泥坊日益受到大量知性、时尚女性的青睐,在发达地区如:上海、北京、广东等地的消费者占整体消费者数量的50%以上,部分国外及港澳台地区的消费者也慕名而来,在线上御泥坊有着相当高的知名度。

口碑营销是御泥坊取得成功的重要原因之一。网络口碑是在网络技术迅速发展的背景下产生的新的口碑传播方式,传播范围之广、速度之快,是线下口碑传播所不能比拟的。网络口碑传播不受时间、空间的限制,鼠标一移一点就能快速地把信息传达给目标受众,节省大量时间和费用。消费者也能通过网络方便地搜索品牌信息,减少信息收集过程,为消费者做出购买决策提供重要的品牌信息资源。御泥坊在新媒体传播渠道的营销中,几乎把网络上能做的方式通通都做了一遍,从微博,贴吧以及博客论坛等都做满了。

"御泥坊"主要的销售平台是网络,网上商店是"御泥坊"产品销售、品牌传播的主要阵地,在世界最大的网购平台面膜类热卖品牌排名第一。进入"御泥坊"淘宝网官方旗舰店,消费者不仅可以看到琳琅满目的产品,还可以看到各种产品的销售记录、消费者对各种产品的评价。好产品会说话,产品销量、顾客评价是产品品质最好的证明。"御泥坊"实实在在、不掺假的网店销售数据向消费者表明"御泥坊"的受欢迎程度,受到消费者的青睐。顾客评价是消费者心声的真正体现,一条条评价详情为"御泥坊"撰写了最好的广告语,体现出"御泥坊"的良好口碑,是消费者品牌选择、产品购买的主要参考依据,让消费者买得放心、用得安心。"御泥坊"借助网络传播方式,借用网络口碑,让消费者告诉消费者,有力的说服消费者购买,在节省大量的宣传、广告费用的同时,还能起到比广告更加有效的传播效果。

把握消费心理

在移动互联时代,品牌运用移动社交媒体进行品牌塑造除了需要关注对品牌意识、形象的管理以外,还应该关注消费者进行购买决策本身的心理活动状态,需要将消费者购买决策过程理论有机地运用于社交营销的各个方面,这样的营销活动才能更符合消费者消费习惯,满足他们的购物需求。消费者购买决策是指消费者为了满足某种需求,在一定的购买动机的支配下,在可供选择的两个或者两个以上的购买方案中,经过分析、评价、选择并且实施最佳的购买方案,以及购后评价的活动过程。它是一个系统的决策活动过程,包括需求的确定、购买动机的形成、购买方案的抉择和实施、购后评价等环节。如图 12-3 所示。

图 12-3　消费者购买行为

这里以小红书为例,小红书的商业逻辑其实就是以消费者决策模型为基础建立的:首先海淘购物达人将自己海淘购物心得以笔记的形式发布在小红书笔记分享社区,成千上万的笔记总有一篇会直击潜在消费者的内心(有些用户甚至开始并没有购物意愿,但在笔记阅读的过程中逐渐产生了购买意愿),笔记的阅读过程就是消费者信息收集的过程;在阅读大量笔记后消费者往往形成了对某类商品的几种购买方案,在反复阅读笔记进行比较后,消费者会产生购买行为。为了解决消费者的购买意愿,小红书顺势推出"福利社",满足消费者的购物需要,促使消费者最终达成购买行为;在商品购买之后,消费者会在使用过程中产生许多关于商品的用后反馈,小红书社区就为用户提供了这样一个可以让他们对产品进行评价的平台,此时用户会以笔记的形式发布于小红书笔记分享社区,这样一个以消费者购买决策模型为基础的商业闭环就此形成。如图 12-4 所示。

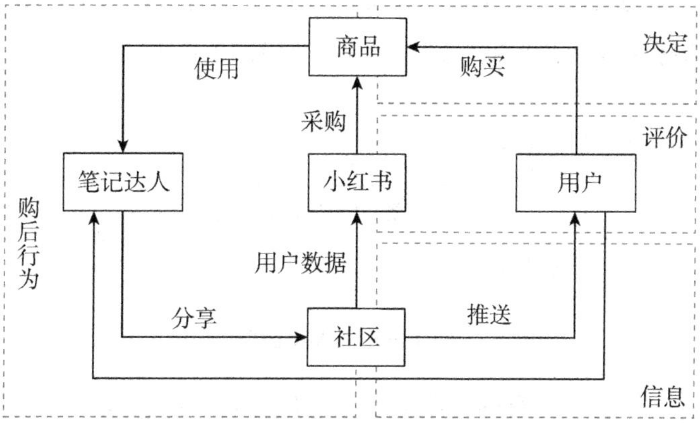

图 12-4　小红书基于消费者购买行为的商业逻辑

12.3　移动社交环境下品牌塑造

在移动社交环境下，品牌塑造将遵循掌握信息源头、培养品牌意识、建立品牌知名度和形成品牌价值的思路，进行品牌塑造，如图 12-5 所示。

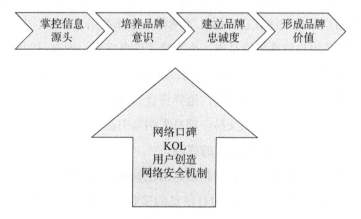

图 12-5　移动社交环境下的品牌塑造策略

掌控信息源头

信息化时代，消费者每天面对数以万计的商品信息，看似信息透明让消费者有了更多的选择，但是事实上各种信息良莠不齐，真真假假难以分辨。消费者比以前任何时代都更为看重信息质量,只有可靠的信息来源和翔实丰富的信息内容才会吸引消费者的关注。企业在考虑提高信息质量时可以参考 LAM 模型,并从中心路线和边缘路线两个角度来进行思考。如图 12-6 所示。

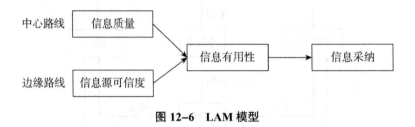

图 12-6　LAM 模型

信息质量:信息所具有的说服力。信息质量是对信息准确性、全面性和一致性的衡量,当信息被证明具有很强的说服力时,认为信息是高质量的,否则认为是低质量的信息。信息源可信度:信息接收者认为信息源所具有的胜任能力和可依赖的程度。感知有用性:个人运用新系统或技术时所感知到的自身表现增强或改善的程度。

社会化电子商务是电子商务与社交媒体融合发展所形成的电子商务的一种衍生模式,它使用社交媒体和 Web 2.0 技术协助完成电子商务交易,具有用户生成内容、用户交互、社会网络、兴趣与消费、社会认同等典型的社会化特征。社会化电子商务用户首先关注社会目标,如网络、合作和信息共享,其次关注购物。社会化电子商务用户信息采纳是指一个连接了信息需要与搜寻、信息选择与评价、信息吸收与利用的一个复杂的动态过程,强调用户通过社交网络主动接受信息,并根据信息源可信度和信息的质量,选择符合自身需求和兴趣偏好的信息,通过对大量信息的处理来辅助完成交易。信息采纳是引起社会化电子商务用户态度和行为改变的前提,关系着商务交易的成败。

中心路线是指人们对能够证明新信息的论据进行仔细的思考,努力改变对信息特质的认识与态度。当论据有力且信息的接收者具有较高的涉入度或能力时,会对接收的新信息进行系统全面的思考与分析,参与信息处理过程更加积极,会对接收到的新信息进行高度的精细加工,因此态度或行为模式会有新的改变。边缘路线是指当人们涉入度低或能力不足时,一些启发式的边缘的线索会改变用户的态度。作为新信息的接收者,如果缺乏对新信息系统深入分析的能力与主动性,就会凭借信息源的知名度或自身主观情感对所接收的信息进行低精细度的加工处理，形成短暂的行为或态度改变的模式。

通过 LAM 模型可以发现，当用户对品牌并不了解时，他们往往更加关注信息源的可信度。而当消费者对品牌产品有一定的知识储备时，他们会凭借自己所有的检验知识更加关注信息本身的质量。

培养品牌意识

在互联时代下，信息呈爆炸式的增长，消费者面对不计其数的品牌信息，每天都有新的品牌崛起也有品牌被淘汰，在数字化信息时代，培养消费者的品牌意识就显得尤为重要。在上一章我们提到，想要打造强势品牌，最关键的是建立基于顾客的品牌资产，而形成积极有效的品牌资产的核心是形成差异化效应。顾客对不同品牌形成差异化反应的根源是对品牌知识的认知，是品牌意识在起作用。那么，在移动社交时代怎样培养消费者的品牌意识呢？移动社交，其最终的本质是社交，社交实际上是双方关系的一种交互行为。因此在移动社交条件下企业要想培养消费者对品牌的意识，最重要的就是加强交互性。具体来说可以从两个方面来入手：一是提高用户的自我控制能力；二是加强品牌与消费者的双向沟通。

首先是提高用户自我控制能力。对于品牌商来说什么是用户的自我控制能力呢？当个人有机会选择内容和影响交流时，用户控制就表现出来了。例如，品牌社区的用户可以对自己感兴趣的内容进行自定义搜索，并且可以根据自己感兴趣的内容与其他用户进行交流，甚至改变他人的看法时，用户就会感到自己对品牌信息存在一定的控制能力，这种时候用户会体验到一种参与感，进而对品牌理由更加深刻的印象，形成品牌意识。

而双向沟通，可以理解为用户与品牌系统之间的交互（如品牌通过网站或电子邮件、聊天等方式为客户提供服务等）。这就是指在移动社交环境下，想要维系良好的用户关系，培养品牌意识，必须加强对于社交功能的使用，评论区的互动、私信、甚至语音等多方式交互的方式都会使消费者感受到来自品牌的"人情味"。

一方面，用户通过对于信息控制能力的感知，感受到自己对于品牌建设的参与感，进而自然而然对品牌给予了更多的关注；另一方面，品牌通过不断优化与用户的双向沟通过程，与用户建立情感联系。通过用户自我关注和品牌建立联系两种方式促使消费者逐渐培养形成了品牌意识，品牌意识的形成进而产生了更丰富的品牌联想，最终有利于塑造品牌形象。

建立品牌忠诚度

培养消费者对于品牌的意识仅仅是做到了让消费者对品牌有熟悉感，在购买时能够想到本品牌，但是却没有办法保证消费者会选择本品牌或是在初次使用本品牌后仍会进行回购。一个真正的品牌，"昙花一现"塑造的是失败的品牌，"历久弥新"才是最终的追求。随着移动互联时代的到来，每天有很多新的品牌出现在人们的面前，也有很多曾经火爆一时的品牌销声匿迹。我们不禁想问这些品牌在建立初期也取得了不错的成绩，为什么最终会走向失败呢？归根究底就是这些品牌没有能够在消费者心中建立品牌忠诚度。品牌忠诚度是消费者对于品牌一种持久的信任和偏好，消费者一旦形成了品牌忠诚度往往会产生回购和优良口碑行为。试想一下，在最初的新鲜感失去后，还能够抓住消费者的就是对品牌的忠诚度了。

那么在移动社交环境下，品牌商应该怎样建立消费者的品牌忠诚度呢？这里提出一个多阶段的塑造方案，供读者思考。第一阶段，品牌商需要关注消费者在品牌社区的意见寻求行为和品牌社区本身内容的趣味性；第二阶段，品牌商应该引导消费者逐渐对品牌社区产生认同感，并通过各种方式提升品牌的社交媒体参与度。在通过这两阶段的努力，消费者将会逐渐形成品牌忠诚度。

第一阶段中，在上面的章节中提到过，在UGC用户创造时代，用户在购买商品时尤为关注KOL的评价和意见，所以他们在进行购买决策时往往会关注一方面关注意见领袖的专业意见，另一方面关注普通用户的购买评价，进而进行信息收集。品牌商在这个阶段应该关注意见领袖和用户的在线评论是否有利于品牌，需要关注的是，千万不要一味地追求好评，品牌商应该关注电子口碑的完整性，仅有好评会让用户产生怀疑，进而反而降低对品牌好感。此外，品牌商还应该加强对于品牌社区内容的趣味性，试想一下一个品牌社区充斥着广告，商业气味浓烈必然导致用户反感。因此品牌商可以通过热门话题的制造、参与度较好的活动（抽奖、征集评论、集赞）等方式来提高社区内容的趣味性，让用户自己向大众讲述他的"品牌故事"。在完成第一阶段的塑造后，用户往往获得了品牌的口碑信息，并且因为众多趣味性的品牌活动，用户的参与度提高，进而用户在不断的品牌接触中提高了对于品牌社区的认同感。这时，品牌再进行相对商业化的社会媒体宣传和参与，就会引导用户产生购买行为，并以口碑和内容为基础，最终形成品牌忠诚度。

形成品牌价值

品牌价值

在 Web 2.0 时代，企业对于品牌的塑造不得不基于移动互联网和移动社交而建设。企业首先需要知道，移动互联时代，用户创造成为内容的核心，让用户自己来讲好"品牌故事"才是品牌是建设的正确方向。那么让用户自己来将"品牌故事"就要做到：首先，用户有好的"故事"可以讲；其次，企业能提供好的舞台让用户来讲"好"故事。

结合前面的章节，事实上良好的网络口碑、品牌信息来源的可靠和内容的翔实已经为品牌提供了更大一部分故事素材。但真正想要有好的"故事"可说，企业还应该从精神层面来"加把料"：塑造品牌文化和品牌认同感。通过一些适当的事件营销激起目标消费者在情感上的共鸣，再利用网络口碑效应形成正向积极的品牌意识和品牌形象，从而最终使消费者与品牌间形成认同感，塑造品牌的无形品牌资产。而仅仅做到精神层面却没有基层建设，同样是"天方夜谭"，所以品牌建设无论是在任何一个时代，最基础的还是产品或服务的质量。"打铁还需自身硬"，只有把质量维持好，移动互联网时代的各种营销手段才能让品牌塑造得更好。

品牌的伦理道德价值

进入移动互联时代，智能手机逐渐取代 PC 端，成为人们生活消费最常使用的终端。智能手机特别便于收集大量的客户个人信息，包括消费者的位置和他们的移动浏览行为的细节，如搜索引擎查询，网站访问，访问时间，查看或购买的产品等。这些信息对于品牌商来说至关重要的，它们为企业提供了推出高度个性化广告的基础，为实现"千人千面"的精准营销提供了数据支持。这种做法有助于创造高度相关的广告，从而提高推广努力的有效性，减少盲目低效的广告投入行为。尽管这类广告具有显著的好处，但涉及跟踪消费者在线活动的做法不得不涉及一个关乎伦理道德的问题：是否侵犯了消费者的隐私。

随着消费者维权意识的逐渐提高，保障消费者隐私应该成为每一个企业在品牌建设时必须考虑的问题。那么从何保障消费者的隐私？企业可以从网络安全机制的角度进行考虑，首先可以建立或与权威的安全支付第三方机构进行合作，从消费过程入手保障消费者隐私和安全；其次，用户账户的隐私管理同样重要，企业需要建立"用户—商家—相关部门"的联动机制，可以很大程度上降低用户对于隐私安全的担忧；同时，在利用用户"足迹"数据，精准营销时可以进行自定义选择，让介意隐私信息利用的用户可以关闭精准推送程序，这样将选择权交给用户，体现企业的"人性关怀"。

典型案例 12-5

小红书——移动社交领域的电商"头号玩家"

小红书：基于 UGC 社区的电商基因

从购物攻略发布者的 PGC（专业生产内容），到海外购物信息分享社区的 UGC（用户原创内容），再到社区性电商，短短两年间，小红书几经战略转型，从 PC 端到移动端，由分享社区到自建跨境电商，小红书基本形成了"社区发现—商城购买—社区评论"的商业闭环。

UGC 社区

毛文超建立小红书 UGC 社区的初衷很简单：女生除了得到商品本身以外，还喜欢通过晒自己所购买的商品来满足自身购物之后虚荣感，然而微信朋友圈涉及私人社交关系，微博公开又太过暴露，因此小红书就为她们提供这样一个充满和谐的晒物之地。在小红书 UGC 社区，来自世界的用户都可以"岁月静好"地分享她们想分享的一切好物，有相同兴趣的用户往往会聚集在一起讨论、分享。小红书抓住消费者晒物的痛点和需求，迅速找准了自身的定位。毛文超一直在强调小红书的社会属性，作为工具 App，在"社区＋电商"的商业模式下，毛文超首先做的就是巩固和提升 UGC 社区的建设，这是小红书"安身立命"的根基，小红书的发展壮大离不开 UGC 社区庞大的用户数据和流量支撑。

定位精准化

小红书 UGC 社区首先对目标群体进行了定位群分化：最开始毛文超将目标用户瞄准了爱好出境游的"85后""90后"，这部分用户往往对海淘购物具有强烈的欲望，与小红书社区定位高度匹配，用户黏性高；随着小红书用户群体的不断扩大，小红书将用户重新定位于 18~30 岁的学生和白领，这类用户渴望品质生活，热衷海淘产品，对购物、晒物的欲望强烈。与此同时，社区定位也由为跨境或即将跨境者提供交流机会和平台扩大为生活分享社区，毛文超希望打造出一个可以让每个人自由做自己的"虚拟城市"。在这个社区中，从时尚穿搭、彩妆护肤、美食、运动到读书、电影、母婴等生活日常中的各类关键词都能在平台上展现，用户创作、上传、分流，进而得到同类族群的反馈，进行交流，最终形成热衷分享、沟通的社交氛围。

平台社交化

怎样才能吸引更多的小红薯，让更多的小红薯热衷于在平台上发布自己的购物笔记，让小红书的平台更像一个年轻人的购物交流社区呢？毛文超主要从两方面入手：首先，小红书 UGC 社区实行去中心化，鼓励每一位小红薯发表自己意见，社区后台编辑仅以笔记的内容质量高低作为推送与否的评判标准，强调笔记的真实性，不会设置大 V。小红书还推出了用户成长体系，从尿布薯到皇冠薯，共设计 10 个等级，每个等级设置对应专属贴纸，升级要求包括发布笔记数量等多个方面的考核。"让用户自己做小编"，当其他平台千方百计地招募编辑、绞尽脑汁编写推送时，小红书的编辑却在烦恼面对海量的用户笔记应该推送哪些。

另一方面，毛文超效仿风靡欧美的 INS，打造小红书的"KOL 效应"。小红书首先精准拿捏了"女人喜欢和什么人聊天"这一问题，定位于中高端消费者，这样的定位使小红书获得国内外优质的海淘种子用户，他们拥有专业的购物知识和丰富的海淘经验，善于撰写高水平的购物笔记，进而逐渐成长为社区中的中心用户。这样的模式在保证 KOL 高魅力值的同时，有效地形成了 KOL 驱动效应：首先，KOL 用户推荐的好物往往会受到大量用户的追捧，形成购物热潮；其次，随着人们的生活节奏越来越快，相比自己去搜索、了解，在购买产品时，用户更倾向于接受他人尤其是 KOL 用户相对权威的推荐而直接购买；最后，小红书社区达人体系的扁平化，使得普通用户与达人的沟通沟通更加流畅，让每一个用户都享受平等、自由的交流氛围。

内容质量化

毛文超深知口碑对于小红书的重要性：就社交属性而言，培养用户对于小红书笔记社区的信任感成为小红书社区发展的重中之重。既然小红书是笔记分享社区，那么提升用户信任首先就需要从笔记的质量开始。小红书对用户的笔记撰写有着严格要求：在结构上，用户在分享购物心得时，除了码字以外，还要上传高像素照片，编辑商品名字、照片、价格以及购物地点，照片下面还有该商品的标签，同时每篇笔记的最后提供用户与发布者互动的评论区；笔记内容方面，为了维护社区的"纯洁性"，小红书优先推送中性化、专业性强的"干货笔记"，对于有广告倾向的笔记一律不推送并对用户实施惩罚。同时，在大数据时代，小红书还利用数据处理技术将散落的用户心得集中到同类专题，形成一个又一个兴趣部落，提高了分类笔记的专业化水平。通过对笔记质量的把控，小红书社区笔记逐渐形成了客观、专业、全面的用户印象，小红书 UGC 社区的用户口碑得到全面提高。

自有商城

在瞿芳和毛文超看来，小红书的本质是购物分享社区平台，因此首要目的是满足用户的社会化需求，其次才是购买，因此小红书与传统电商平台依赖于系统的个性化分类、搜索引擎、购物车或基于偏好推荐系统来促成用户购买的"导购式"商业模式存在很大的差异。小红书不会主动推送商品信息，它更像是一份购物攻略，吸引读者自己来探索：小红薯们首先会在社区里根据自己的兴趣浏览某件商品的笔记，进而激发其购物的欲望，如果此时"福利社"刚好有这件商品，小红薯自然会下单购买，使用一段时间再去社区进行反馈，这样一个清晰地"社区—商城"相互回流的商业闭环就形成了。

社区的引流

小红书社区为"福利社"商城提供了源源不断的用户资源，精准的社区用户定位使得小红书的用户黏性普遍要高于其他跨境电商平台：社区客源引流＋高黏性使得小红书商城的用户平均转化率高达8%，最高可达20%，而天猫的转化率仅为25%。

社区不仅仅为"福利社"提供稳定的用户资源，同时提供大量精准、极具针对性的产品信息。用户的购物笔记和这篇笔记的受欢迎程度将决定小红书优先选择何种商品进入自建商城，小红书通过社区数据精准选品，选品以长尾、小众化口碑产品为主，部分选品来自社区沉淀的内容，避免所卖商品的同质化与价格战，进而利用平台打造流量爆款。这种基于用户思维的预判式销售模式一方面会使得推荐产品入选的小红薯颇具成就感，另一方面也是对小红书商城商品自身销量的保障。

与此同时，社区还为"福利社"提供了良好的口碑保证。小红书用户出于对小红书社区笔记的信任，在阅读笔记"种草"之后，往往更倾向于直接在"福利社"购买商品。目前，小红书电商渠道的转化率高达8%~10%，而在经过一定程度的策划之后，松下一款入门级吹风机在小红书内一天的销量就超过了它在大型电商平台旗舰店内一个月的销量。

挖掘用户痛点

小红书利用社区里形形色色的小红薯所分享的生活，转化为消费。小红书抓住了消费者购物时的矛盾心理：很多时候，相比于广告，消费者更愿意去相信他人的推荐，往往他人对商品一句评价的效果远远胜过商家所打出的十条广告。当用户产生购买某件产品的欲望时，为了了解该产品的实际口碑，她会打开小红书App，搜寻与产品相关的笔记，从而获得相关的信息。而小红书社区众多的KOL们凭借自身购物知识的专业性将笔记的内容与粉丝效应相结合，传播知识的同时，提高了粉丝对产品的购买率和忠诚度，进而进一步激发了社区用户对所推荐产品的购买欲望。试想一下，当有购物愿望的用户看到相关笔记推荐后，她的购物欲望会增强，此时当她发现笔记最后来自"福利社"的产品购买链接，用户购买的几率就会大幅提升。

同时这种笔记式的推荐还为用户营造了一个自然的购物场景。通过精美的图片呈现和充满诱惑的文字描述，使得用户阅读笔记时就仿佛将自己置身于日本银座、美国的时代广场。毛文超认为当把一个故事讲好时，消费者就会自然而然地融入故事，在特定的情境下购物欲望就会被激化，而一篇篇优质、直击用户偏好的笔记就成为讲好故事的关键。

小红书 2.0：基于 UGC 的品牌升级与社区电商特色创新之路

要想在"社会化电商"发展的新时代让小红书站稳脚跟就必须以"用户为核心",对现在的"社区+电商"模式进行全方位的升级,进入小红书 2.0 时代。小红书目前主要用户群已经从"80 后""85 后"转向"90 后""95 后"新生代女性,这部分"95 后"用户的线上消费红利还没爆发,小红书现在要做的就是扩大产品 SKU,开放平台,实现用户价值最大化,激发市场红利。因此小红书在本阶段将基于"用户思维",从目标用户、品牌、产品、渠道和寻找流量爆点等各个方面入手,推出全新的电商升级布局策略以此提升用户体验,试图将小红书升为级更加多元化、高品质的综合性社区电商综合生态系统,实现用户价值最大化。

定位扩展

想要更好把用户作为小红书服务的核心,首先做的就是让小红书尽可能地接触更多类型的用户。在服务用户这点上,小红书将重心主要放在社区的建设上,并从两个部分进行升级:一是从用户本身入手,扩展目标用户群体;二是从内容入手,扩展笔记类型。首先小红书在社区中将讨论区扩展到护肤、美妆、旅行、数码、健身、家居、男士健身、母婴等 18 个品类,基本满足了所有用户的需求偏好。在笔记的类型上,为了增加笔记形式的多样性,小红书仿效近年来风靡全球的抖音小视频模式,新增小视频类笔记,这种笔记形式更能符合当前大众碎片化浏览习惯,更受"95 后"年轻人的喜爱;小红书还扩展了实验测评类笔记,以满足"90 后""95 后"用户对干货类笔记知识的需求。从文字、图文到视频,从 UGC 到 PGC,小红书从内容丰富度、个性化入手保证用户增长和提升用户黏度。

流量营销

(1) 明星+KOL

小红书对社区的升级还体现在对社区流量的提升,而这契机之一就是明星用户的入驻。2017 年 1 月女星林允儿开始在小红书社区上晒笔记,记录日常穿搭、推荐平价美妆用品,分享素颜照、推荐美食、直播化妆,这类日常标记行为迅速打破了女明星在公众心中的距离感,林允被网友调侃为"被演戏耽误了的美妆博主",凭借自己作为女明星对美容美妆的相对权威性成为新一代"带货女王"。小红书平台在也因为入驻的明星、各路KOL形成独特的UGC氛围:明星推荐用户购买,用户商城下单,一个完整的"社交+电商"闭环就此实现。目前小红书上实名认证的明星达到150位,打开小红书界面,仿佛一个明星美妆版的微博,而明星的入驻也使小红书成功吸引一批粉丝用户。

(2)冠名流量节目

如果说明星入驻是小红书流量营销"无心插柳柳成荫"的举动,那么2018年的两大流量综艺则是小红书用来激发"95后"用户市场的"核弹级武器"。2018年小红书先后联合赞助了偶像竞演养成类真人秀《偶像练习生》和《创造101》,随着节目的火热开播,作为联合冠名商,小红书除了常规的在节目中的植入、Logo、口播、贴片外,还邀请偶像练习生在小红书中发布动态,开通官方投票通道,让粉丝为喜爱的练习生打call。这两个流量活动都是定位于"95后"年轻目标群体,小鲜肉和大长腿一个都不少。对于小红书来说,以此带来的曝光量毋庸置疑是巨大的:《偶像练习生》《创造101》两档流量综艺后,小红书在年轻群体中的认知度与公信力正逐步增加。同时小红书联合节目主办方,将营销效果扩散到节目外围,并深度和自身产品进行联动,无疑更是增加了商城产品的曝光率:比如某某比赛选手同款产品很快就出现在平台上,并受到其粉丝的关注,成为轰动一时的爆品。小红书以商品种草、拔草,好物分享等内容起家,具有天然的商业基因,用户对于平台上出现电商模式接受度更高。相比起其他社区平台内容化电商发展过程中的挣扎、内容与商业化的博弈,小红书是在商品内容上建立起的UGC流量,具有相当的用户黏性,更容易形成"种草—平台购买—线下送货"的消费闭环。

(3)大数据精准营销

为了实现"千人千面"精准营销这个目标,2015年小红书挖来前谷歌全球技术总监郄小虎担任公司CTO。郄小虎自2016年初开始主导系统升级,平台从人工推荐转向机器推荐,通过用户搜索、浏览、点赞、收藏等行为,构建用户画像,应用智能机器学习技术,精准分析用户需求,并向其推送相关笔记内容、商品,满足用户个性化需求,促使其更高频使用小红书;同时智能机器学习技术能够根据笔记内容,自动识别软文、删除软文,保证笔记内容真实性,打造真实消费口碑库。从2017年开始,小红书开始根据用户的搜索习惯进行内容的智能分发。经过一年多的调试，从用户下沉和年轻化等角度来看，算法模型效果初显成效。小红书试图通过"千人千面"打造与其他电商推荐逻辑的本质区别，举个例子，当用户在其他电商中搜索"冰箱"，系统会推荐给用户更多的冰箱，或是推荐其他相关的厨房家电。而小红书的数据维度则更加多样化：它会根据用户曾浏览过的所有笔记背后的几百个标签，通信录中的人曾浏览过的笔记的标签以及同时看了此商品的用户曾经浏览过的笔记标签等，为用户构建画像和数据模型，提高推送精准度。

品牌升级

随着小红书社区影响力的不断扩大，有时候一篇来自明星或是KOL的产品笔记就可以使一件单品卖到全网断货，这似乎远比一只广告来得更有用。当资生堂想在中国做其高端线产品Elixir的口碑营销时，第一个想到的是小红书。"我们做的市场调查发现，中国消费者在购买美妆产品时格外看重口碑。"资生堂的数字营销总监Mika Kanai这样解释。为了推广Wrinkle Cream这款产品，资生堂找了99名小红书用户，把他们当作小型KOL，生产出了推广新产品的"内容"。瞿芳认为在社交媒体时代，广告被重新定义了。广告变成了口碑，变成了真实的推荐。而小红书上面的每一篇笔记都是真实的口碑推荐，对于用户而言这就是最好的广告。"在美国，这样的社区是Instagram，在中国，就是小红书。"因此，除了自营以外，小红书大量引入第三方品牌，在降低成本的同时，为了保证品质，除了官方旗舰店，小红书对于品牌入驻采取"邀请制"。

2018年年初，对电商模式进行了全面升级后小红书火力全开，可以明显感受到其对于用户增长及GMV增长的渴望：2018年3月小红书用户突破7000万，逐渐向"95后"、二、三线城市拓展；2018年5月，小红书用户突破5000万，月度销售额已经突破10亿，成为国内最大的海外购物平台，估值超过150亿；2018年6月小红书获得阿里巴巴领头的3亿美元融资；截至2018年7月底，小红书电商事业部人数是年初的两倍，这还不包括相关支持部门的人数增长。过去的半年，团队人数也几乎翻倍。面对未来瞿芳说："一路上人们对我们有太多的标签和解读，我们只想用事实和结果回应。从7月份迈入创业的第六年开始，我就默默地改掉了自己的签名，把小红书创始人改成了小红书写书的人……"

参考文献

[1] 陈慧娟. 新零售模式下电商巨头的线下战略布局——以京东和阿里为例 [J]. 商业经济研究, 2018（6）: 67–69.

[2] 尼尔森. 新零售，中国电商的新战场 [J]. 中国连锁, 2017（9）: 55–58.

[3] 金思喉. 流量红利催生超级电商 新零售巨擘后院起火 [J]. 中国品牌, 2018（5）: 56–56.

[4] 蔡强. 基于见福便利店案例的零售企业全生态系统模型研究 [J]. 管理评论, 2017（10）: 248–257.

[5] Iansiti M, Levien R. Strategy as ecology.[J]. Harv Bus Rev, 2004, 34(3): 68–78.

[6] Teece D J, Pisano G, Shuen A. Dynamic capabilities and strategic management[J]. Strategic Management Journal, 2015, 18(7): 509–533.

[7] Gawer A , Cusumano M A . Industry Platforms and Ecosystem Innovation[J]. Journal of Product Innovation Management, 2014, 31(3): 417–433.

[8] Kramer M R, Pfitzer M W. The ecosystem of shared value[J]. Harvard business review, 2016, 94(10): 80–89.

[9] Rigby D. The future of shopping[J]. Harvard Business Review, 2011(12): 64–75.

[10] Li H, Kannan P K. Attributing Conversions in a Multichannel Online Marketing Environment: An Empirical Model and a Field Experiment[J]. Social Science Electronic Publishing, 2015, 51(1): 40–56.

[11] 李飞. 全渠道零售的含义、成因及对策——再论迎接中国多渠道零售革命风暴 [J]. 北京工商大学学报：社会科学版, 2013, 28（2）: 1–11.

[12] 齐永智，张梦霞. SOLOMO 消费驱动下零售企业渠道演化选择：全渠道零售 [J]. 经济与管理研究, 2015（7）: 137–144.

[13] 龙亚平. 基于 SoLoMo 的移动商务信息生态系统的构建研究 [J]. 电子商务, 2013（9）: 55–56.

[14] Verhoef P. C ., Venkatesan R., McAlister L., et al. CRM in Data- Rich. Multichannel Retailing Environments: a Review and Future Research Directions[J].Journal of Interactive Marketing, 2010, 24(2):121–137.

[15] Downes, Edward J. and Sally J. McMillan (2000). Defining Interactivity: A Qualitative Identification of Key Dimensions [J]. New Media and Society, 2 (2): 157–179.

[16] Lee, Kwan Min (2004). Presence, Explicated [J]. Communication Theory, 14 (1): 27–50.

[17] 赵宇翔, 范哲, 朱庆华. 用户生成内容（UGC）概念解析及研究进展 [J]. 中国图书馆学报, 2012, 36（5）: 68–81.

[18] 田莹颖. 基于社会化标签系统的个性化信息推荐探讨 [J]. 图书情报工作, 2010, 54（1）: 50–53.

[19] 周志民, 张江乐, 熊义萍. 内外倾人格特质如何影响在线品牌社群中的知识分享行为——网络中心性与互惠规范的中介作用. 南开管理评论 [J], 2014, 17（3）: 19–2.

[20] 胡世良. 赢在创新: 产品创新新思路 [M]. 北京: 人民邮电出版社, 2000.